二十一世纪普通高等院校实用规划教材　经济管理系列

生产与运作管理

仝新顺　刘芳宇　主　编

清华大学出版社
北　京

内 容 简 介

生产与运作(运营)管理是企业三大主要职能(财务、运营、营销)之一,本书立足于系统性、实用性和前瞻性,围绕生产与运作系统的构建和运行两大主题,按照生产与运作管理三个层次的决策内容(生产与运作战略决策、生产与运作系统设计决策以及生产与运作系统运行决策),从企业运营与战略管理、产品研发与服务设计、运营系统选址与布局、流水线与大规模定制、精益生产与敏捷制造、运营计划与项目管理、质量控制与品牌管理、设备管理与物资管理、资源计划与集成制造、绿色产品与绿色制造等方面进行编写。整体编排彰显了结构设计新颖、知识体系完善、方法措施实用的宗旨。每章除讲述的内容外,还包括"学习要点及目标""引导案例""本章小结"以及"复习思考题"等栏目。除出版纸质教材外,本书还配有PPT课件和测试题,并提供相关网络视频,以增进师生互动。

本书注重理论联系实际,突出管理技能的提升,适合高等院校物流管理、电子商务、工商管理、市场营销、会计学、财务管理等管理类专业学生阅读,也可供 MBA 研究生阅读。

本书封面贴有清华大学出版社防伪标签,无标签者不得销售。
版权所有,侵权必究。举报:010-62782989,beiqinquan@tup.tsinghua.edu.cn。

图书在版编目(CIP)数据

生产与运作管理/仝新顺,刘芳宇主编.—北京:清华大学出版社,2020.6(2025.1 重印)
二十一世纪普通高等院校实用规划教材. 经济管理系列
ISBN 978-7-302-55317-5

Ⅰ. ①生… Ⅱ. ①仝… ②刘… Ⅲ. ①企业管理—生产管理—高等学校—教材 Ⅳ. ①F273

中国版本图书馆 CIP 数据核字(2020)第 057531 号

责任编辑:陈冬梅
封面设计:刘孝琼
责任校对:吴春华
责任印制:丛怀宇

出版发行:清华大学出版社
网　址:https://www.tup.com.cn, https://www.wqxuetang.com
地　址:北京清华大学学研大厦 A 座　　邮　编:100084
社 总 机:010-83470000　　邮　购:010-62786544
投稿与读者服务:010-62776969, c-service@tup.tsinghua.edu.cn
质量反馈:010-62772015, zhiliang@tup.tsinghua.edu.cn
课件下载:https://www.tup.com.cn, 010-62791865

印 装 者:三河市龙大印装有限公司
经　销:全国新华书店
开　本:185mm×260mm　印 张:18　字　数:430 千字
版　次:2020 年 6 月第 1 版　　印　次:2025 年 1 月第 6 次印刷
定　价:49.80 元

产品编号:084663-01

前　言

习近平总书记在中国共产党第二十次全国代表大会上的报告中明确指出，要办好人民满意的教育，全面贯彻党的教育方针，落实立德树人根本任务，培养德智体美劳全面发展的社会主义建设者和接班人，加快建设高质量教育体系，发展素质教育，促进教育公平。本书在编写过程中力求深刻领会党对高校教育工作的指导意见，认真执行党对高校人才培养的具体要求。

企业可持续发展能力取决于其竞争力，而竞争力的形成取决于企业生产与运作(运营)能力。本书立足于系统性、实用性和前瞻性，围绕生产与运作系统的构建和运行两大主题，按照企业运营与战略管理、产品研发与服务设计、运营系统选址与布局、流水线与大规模定制、精益生产与敏捷制造、运营计划与项目管理、质量控制与品牌管理、设备管理与物资管理、企业资源计划与集成制造、绿色产品与绿色制造进行编写。本书注重理论联系实际，突出管理技能提升。本书主要有以下几个特点。

（1）编写主线新颖、清晰。内容涉及生产与运作战略制定、系统设计、计划运行与优化控制，做到了知识体系完整，结构设计新颖，管理主线突出。

（2）理论与实践相结合。本书在选取内容时，参阅了大量相关的科技文献和最新研究成果，力争与国内外最新教学内容保持同步。在理论知识之外，精选多个案例进行详尽分析。在案例选择上，以本土案例为主，并尽可能选择不同的领域。

（3）内容结构科学先进。每章包括"学习要点及目标""引导案例""本章小结""复习思考题"等栏目，在对内容系统整合的同时，兼顾了制造业生产和服务业运营，刻意减少了学术性研究内容。

（4）载体和配套内容丰富。除出版纸质教材外，还配有PPT课件和测试题。同时，我们还将建设"运营管理"课程网站，提供网络视频，以增进师生互动。

本书由郑州轻工业大学仝新顺教授负责结构确定和统稿。他主讲的"生产与运作管理"课程被评为河南省2019年一流本科课程(也被河南省推荐参与国家级一流本科课程认定)。参加本书编写的人员及具体分工如下：第一至三章由仝新顺编写；第四、五章由刘芳宇编写；第六至八章由仝新顺编写；第九、十章由刘翠红编写。研究生张排杰、赵瑞祥为本书提供了大量有价值的资料。这里要特别感谢经济与管理学院院长刘珂教授的支持与帮助，在此一并致以衷心的感谢。本书的出版也受益于河南省2019年一流本科课程立项资助、河南省研究生教育优质课程项目(hnyjs2016kc10)的部分资助。

本书适合于高等院校物流管理、电子商务、工商管理、市场营销、会计学、财务管理等管理类专业学生阅读，也可供MBA研究生阅读。

本书虽然有一定的编写基础，但仍难免有疏漏之处，恳请各界专家、学者批评指正，以使其日臻完善。

编　者

目 录

第一章 企业运营与战略管理 1
核心概念 1
引导案例 1
第一节 运营管理概述 2
一、运营管理的概念 2
二、运营管理的发展历程 4
三、运营管理的系统构成 5
四、运营管理的目标和任务 6
第二节 运营战略管理 9
一、企业战略 9
二、运营战略 13
第三节 供应链和供应链管理 19
一、供应链 19
二、供应链管理 22
本章小结 31
复习思考题 32

第二章 产品研发与服务设计 33
核心概念 33
引导案例 33
第一节 企业研发 34
一、企业研发的内涵与对象 34
二、企业研发的内容 34
三、企业研发的策略 35
四、企业情报 36
第二节 新产品开发 38
一、新产品的内涵与重要性 38
二、新产品开发的程序和内容 40
三、新产品的开发策略 42
第三节 产品设计及其评价 43
一、产品设计的方法 43
二、价值工程 45
三、并行工程 48
四、产品设计的评价 50
第四节 服务设计 51
一、服务设计概述 51
二、服务系统及服务设计方法 54
本章小结 57
复习思考题 57

第三章 运营系统选址与布局 59
核心概念 59
引导案例 59
案例导学 60
第一节 运营系统的选址 60
一、运营系统选址的重要性 61
二、运营系统选址的影响因素 61
三、运营系统选址的方法与步骤 64
第二节 运营系统的布局 68
一、运营系统布局的内容与层次 68
二、运营系统布局的基本原则和设备布置类型及原则 69
三、运营系统的总体布局 73
本章小结 81
复习思考题 81

第四章 流水线与大规模定制 82
核心概念 82
引导案例 82
案例导学 83
第一节 流水线的组织与布局 83
一、生产线与流水线 83
二、流水线的组织设计与平面布局 87
第二节 大规模定制生产 96
一、大规模定制的产生背景 96
二、大规模定制的基本内涵 97
三、大规模定制的特点与类型 97
四、实施大规模定制的方法 98
五、实施大规模定制的条件 99
六、大规模定制的基本策略 100

本章小结 101
复习思考题 101

第五章　精益生产与敏捷制造 102

核心概念 102
引导案例 102
案例导学 103
第一节　准时制生产的内涵与实施 103
　　一、准时制的起源 104
　　二、准时制的实质 104
　　三、准时制的目标与主要原则 105
　　四、准时制的实施方法 105
　　五、实施准时制生产的管理工具——
　　　　看板 106
第二节　精益生产 110
　　一、精益生产及其特点 110
　　二、传统生产与精益生产的区别 ... 111
　　三、精益生产的管理原则 112
　　四、精益生产的实施步骤 114
第三节　敏捷制造 115
　　一、敏捷制造的产生 115
　　二、敏捷制造的内涵 116
　　三、敏捷制造的三要素 117
　　四、敏捷制造的关键技术 119
　　五、敏捷制造的管理措施 119
　　六、企业迎接敏捷制造的对策 121
本章小结 122
复习思考题 123

第六章　运营计划与项目管理 125

核心概念 125
引导案例 125
案例导学 126
第一节　运营计划系统 126
　　一、运营计划体系 126
　　二、运营能力 129
　　三、生产计划指标体系与期量
　　　　标准 131
　　四、生产计划的制订步骤及滚动式
　　　　计划 133

第二节　综合生产计划的编制 134
　　一、综合生产计划的环境 134
　　二、综合生产计划的编制策略 135
　　三、综合生产计划的制订方法 136
第三节　主生产计划 137
　　一、主生产计划概述 137
　　二、主生产计划的制订 138
第四节　作业计划与作业排序 140
　　一、作业计划 140
　　二、生产调度 141
　　三、作业排序 142
第五节　项目计划与控制 144
　　一、项目与项目管理 144
　　二、项目计划编制 157
　　三、项目计划控制 166
本章小结 166
复习思考题 167

第七章　质量控制与品牌管理 168

核心概念 168
引导案例 168
案例导学 169
第一节　质量与质量管理概述 169
　　一、质量 169
　　二、质量管理的基本概念 170
　　三、质量管理的发展历程 172
　　四、全面质量管理 175
　　五、质量管理体系 178
第二节　质量控制技术 181
　　一、质量波动与数据统计 181
　　二、质量控制技术概述 182
　　三、最新质量控制技术 190
第三节　品牌管理 192
　　一、品牌与品牌管理 192
　　二、品牌命名与设计 193
　　三、品牌塑造 196
　　四、品牌战略 198
　　五、品牌管理策略 199
本章小结 200
复习思考题 201

目录

第八章　设备管理与物资管理 202
核心概念 202
引导案例 202
案例导学 203
第一节　设备管理 203
一、设备管理概述 203
二、设备管理的发展历程 204
三、设备管理的主要内容 206
第二节　物资管理 215
一、物资管理概述 215
二、物资消耗定额管理 217
三、物资供应计划和采购管理 219
四、仓储管理 222
五、库存控制 224
本章小结 226
复习思考题 227

第九章　企业资源计划与集成制造 228
核心概念 228
引导案例 228
案例导学 229
第一节　订货点法和ERP的发展历程 229
一、订货点法 229
二、ERP的发展历程 230
第二节　物料需求计划 231
一、MRP的基本原理 231
二、MRP的计算模型 232
第三节　制造资源计划(MRPⅡ) 238
一、MRPⅡ的产生背景 238
二、MRPⅡ的特点 242
三、MRPⅡ的集成管理模式 243
第四节　ERP的基本原理 248
一、ERP系统概述 248
二、ERP系统构成 250
三、ERP系统实施 252
第五节　计算机集成制造系统 254
一、CIM和CIMS的定义 254
二、CIMS的关键技术 255
三、CIMS的一般结构与实施 256
四、CIMS集成的内涵 257
五、CIMS的发展趋势 257
本章小结 257
复习思考题 258

第十章　绿色产品与绿色制造 259
核心概念 259
引导案例 259
案例导学 260
第一节　绿色技术的产生与内涵 260
一、绿色技术的产生背景 260
二、绿色技术的内涵 261
三、绿色产品的概念与特点 261
第二节　绿色制造 262
一、绿色制造的研究现状 262
二、绿色制造概述 263
三、绿色制造的要求 263
第三节　绿色设计 264
一、绿色设计的概念及其特点 264
二、绿色设计的种类 265
第四节　绿色工艺 266
一、绿色工艺的实现途径 266
二、绿色工艺的主要问题 267
三、绿色工艺规划技术 267
第五节　绿色包装 268
一、绿色包装的概念 268
二、绿色包装的内容 269
第六节　国际环境管理标准 270
一、ISO14000环境管理体系标准
　　产生的背景 270
二、ISO14000环境管理体系标准的
　　内容 270
三、ISO14000的主要特点 272
四、实施ISO14000的意义 273
第七节　再制造工程 273
一、再制造工程的发展 273
二、再制造工程的内涵与内容 274
本章小结 277
复习思考题 277

目录

第八章 没备管理与物资管理 202

核心概念 202
引导案例 202
案例导学 203
第一节 设备管理 203
一、设备管理概述 203
二、设备磨损及补偿形式 204
三、设备管理的主要内容 206
第二节 物资管理 215
一、物资管理概述 215
二、储备定额与储备管理 217
三、物资供应计划和需求计划 219
四、仓储管理 222
五、库存控制 224
本章小结 226
复习思考题 227

第九章 企业资源计划与柔性制造 228

核心概念 228
引导案例 228
案例导学 229
第一节 信息化浪潮和ERP的发展历程 229
一、信息点 229
二、ERP的发展历程 230
第二节 物料需求计划 231
一、MRP的基本原理 231
二、MRP的有效应用 232
第三节 闭环资源计划(MRPⅡ) 238
一、MRPⅡ的产生背景 238
二、MRPⅡ的特点 242
三、MRPⅡ的效果与管理思想 243
第四节 ERP的基本原理 245
一、ERP考虑的因素 248
二、ERP采用的标准 250
三、ERP系统实施 252
第五节 计算机集成制造系统 254
一、CIM和CIMS的定义 254
二、CIMS的关键技术 255
三、CIMS的一般结构与功能 256

四、CIMS集成的内涵 257
五、CIMS的实施现状 257
本章小结 257
复习思考题 258

第十章 绿色产品与绿色制造 259

核心概念 259
引导案例 259
案例导学 260
第一节 绿色技术的内涵与内容 260
一、绿色技术的产生背景 260
二、绿色技术的内涵 261
三、绿色产品的概念与内容 261
第二节 绿色制造 262
一、绿色制造的研究现状 262
二、绿色制造的含义 263
三、制造业的变革 263
第三节 绿色制造 264
一、绿色制造的内涵及其特点 264
二、绿色制造的种类 265
第四节 绿色工艺 266
一、绿色工艺的研究内容 266
二、绿色工艺的主要问题 267
三、绿色工艺及其技术 267
第五节 绿色包装 268
一、绿色包装的概念 268
二、绿色包装的内容 269
第六节 ISO14000环境管理系列标准 270
一、ISO14000环境管理体系标准
产生的背景 270
二、ISO14000环境管理体系标准的
内容 270
三、ISO14000的主要特点 272
四、实施ISO14000的意义 273
第五节 再制造工程 273
一、再制造工程的发展 273
二、再制造工程的内涵与内容 274
本章小结 277
复习思考题 277

第一章 企业运营与战略管理

学习要点及目标

(1) 了解运营管理的概念及其内涵。
(2) 了解运营管理的发展历程。
(3) 理解运营管理的目标、任务及其在企业管理中的地位和作用。
(4) 了解战略和运营战略的内涵。
(5) 熟悉运营战略的基本类型。
(6) 理解供应链的内涵,熟悉供应链的发展阶段及其分类。
(7) 掌握供应链管理的方法、原则。

运营管理 制造业 服务业 运营战略 供应链 供应链管理

沃尔玛的总成本领先战略

美国沃尔玛百货有限公司(简称沃尔玛公司或沃尔玛)是世界上最大的连锁零售商。据经济日报2019年2月13日消息,德勤年度报告显示,2018年全球零售业表现强劲,全球最大的250家零售商销售收入高达4.53万亿美元,同比增长5.7%。其中,沃尔玛公司的销售收入超过5000亿美元,蝉联榜首。沃尔玛发展的一个重要原因是,成功运用了成本领先战略并予以正确实施。沃尔玛的经营策略是"天天平价,始终如一",即所有商品(非一种或若干种商品)、在所有地区(非一个或一些地区)、常年(非一时或一段时间)以最低价格销售。为做到这点,沃尔玛在采购、存货、销售和运输等各个商品流通环节,采取各种措施将流通成本降至行业最低,把商品价格保持在最低价格线上。沃尔玛降低成本的具体举措如下:

第一,将物流循环链条作为成本领先战略实施的载体。
(1) 直接向工厂统一购货和协助供应商降低成本,以降低购货成本。
(2) 建立高效运转的物流配送中心,保持低成本存货。
(3) 建立自有车队,有效地降低运输成本。

第二,利用发达的高技术信息处理系统作为战略实施的基本保障。
沃尔玛开发了高技术信息处理系统来处理物流链条循环的各个点,实现了点与点之间光滑、平稳、无重叠地衔接,使点与点之间的衔接成本保持在较低水平。

第三，对日常经费进行严格控制。

沃尔玛对于行政费用的控制非常严格。在行业平均水平为5%的情况下，沃尔玛整个公司的管理费用仅占销售额的2%，这2%的销售额用于支付公司所有的采购费用、一般管理成本、上至董事长下至普通员工的工资。

为维持低成本的日常管理，沃尔玛在各个细小的环节上都实施节俭措施，如办公室不配置昂贵的办公用品和豪华装饰，店铺装修尽量简洁，商品采用大包装，减少广告开支，鼓励员工为节省开支出谋划策等。另外，沃尔玛的高层管理人员也一贯保持节俭作风，即使是总裁也不例外。首任总裁萨姆与公司的经理们出差，经常几人同住一间房，平时开一辆二手车，坐飞机也只坐经济舱。沃尔玛一直想方设法从各个方面将费用支出与经营收入比率保持在行业最低水平，使其在日常管理方面获得竞争对手无法抗衡的低成本管理优势。

【案例参考】搜狐零售百科-成本领先战略——沃尔玛发展壮大的秘密(改编)

运营管理是企业三大基本职能之一。今天的国际贸易和市场竞争环境比以往任何时候更显得动荡不定，更具不可确定性，这在很大程度上导致了企业管理层对有效制定、选择、实施战略的管理艺术性。进入21世纪，国家乃至企业竞争，已经走向产业链竞争和供应链的竞争。要理解运营管理的本质，采取科学合理的运营战略，从更高层次上融入全球市场，提高供应链竞争优势。

本章改变了传统教材的编写方法，借鉴欧美商学院运营管理教材的布局风格，把企业运营总体性知识模块进行前移和集中。首先，介绍运营管理的概念、发展历程、目标与任务，对运营系统的构成做了总体概述。其次，在简要说明企业战略的基础上，介绍运营战略的定义、地位、内容、分类，重点就6种基本运营战略进行详细说明。最后，针对21世纪的供应链竞争需要，简要介绍供应链的内涵、分类及发展历程，接着重点说明供应链管理的定义、特点、原则、方法和实施步骤。

第一节 运营管理概述

一、运营管理的概念

生产劳动是人类创造一切财富的源泉，不从事生产劳动，人类将无法生存，社会也无法发展。所以，自从企业这个组织形态在人类社会出现以来，生产运营就一直是企业存续的立命之本。随着时代的发展和社会历史的推进，人类社会生产活动的内容、形式不断发生变化，生产活动的领域不断扩大，生产劳动的手段不断丰富，与生产活动相关的各种管理知识不断更新。因此，现在的生产管理(Production Management)被很多人改为生产/运营管理(Production/Operation Management)或运营管理(Operation Management)。运营管理可以看作是对提供有形产品(生产)和无形服务(运作)的整个运营系统进行设计、运行、评价和改进的一系列管理活动的总称。制造业生产与服务业运作的区别详见表1-1。

运营管理的本质是转换.mp4

运营管理的本质是转换.ppt

第一章 企业运营与战略管理

表 1-1 制造业生产与服务业运作的区别

特 性	制 造 业	服 务 业
产品形态	产品是有形的、(部分是)耐久的、可触摸的	产品是无形的、易逝的、不可触摸的
可度量性	易于度量，有规定的标准	难以度量，一般很难确定固定的标准
可存储性	一般可长时间存储，以满足不同时期消费者对该产品的需求	不可存储，有需求就需随时生产提供，才能满足顾客不同时期的需求
一致性	生产和消费不同步，不具备一致性	生产与消费同步进行，具备一致性
可控制性	产品在提供给顾客之前可以提前控制、检验产品质量	在为顾客提供服务之前不能控制、检验服务质量
顾客参与性	产品的生产过程对顾客并不重要，顾客不参与产品的生产	服务的过程对顾客非常重要，服务的生产离不开顾客的参与和互动
需求响应性	响应顾客需求周期较长	响应顾客需求周期很短
区域性	可服务于地区、全国乃至国际市场	主要服务于有限区域范围内
生产规模	所需生产设施规模较大	所需生产设施规模较小
缺陷后果	对有缺陷的产品进行修理完善后可重新使用	服务出现问题后，一般不能修理，只有通过其他办法才能弥补缺陷，挽留顾客

从企业生命生存延续的角度分析，运营管理其实就是一个"投入原料→加工转换→形成产出——提供产品(服务)到客户"的一系列过程，即组织将自身所拥有的人力、物料、设备、技术及从供应商那里购买的各种资源作为运营投入，根据用户需求将各种资源(投入)加工转换为能够满足用户需求的有形产品或无形服务(产出)，借助市场营销活动、售后服务等生产性活动等将产品(服务)提供给客户，同时还必须随时关注顾客反馈，及时调整运营方向，确保产出适合市场需求，最终实现投入的增值。组织生产与运作活动过程如图1-1所示。

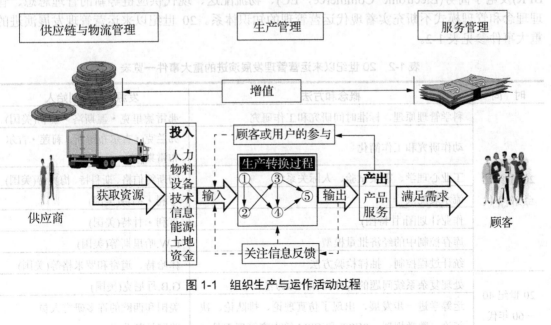

图 1-1 组织生产与运作活动过程

二、运营管理的发展历程

由生产管理到运营管理，其发展大致经历了以下阶段。①19 世纪末以前的早期管理思想阶段，主要是凭经验管理。19 世纪末到 20 世纪 30 年代，是以泰罗的科学管理和法约尔的一般管理思想为代表的古典管理思想阶段，重点是通过对工人工作动作的研究来提高劳动生产效率。这一时期出现了一系列比较有代表性的生产管理工具，如亨利·福特的"流水线生产"、亨利·L.甘特的"甘特图"。②20 世纪 30 年代到 40 年代中期以梅奥的人际关系理论和巴纳德的组织理论为代表的中期管理思想阶段，着重研究组织中人的行为和各种人际关系对生产效率的影响。③20 世纪 40 年代中期以后以系列管理学派(管理科学派、行为科学派、系统管理学派等)为代表的现代管理思想阶段。其中运筹学的发展及其在生产管理中的应用给生产运营管理带来了惊人的变化，计算机的发展使大规模线性规划问题的解决成为可能，计算机技术推动了运营管理的飞速发展，如生产方式的变更、自动化的实现等。20 世纪 60 年代后半期到 70 年代，机械化、自动化技术的飞速发展使企业面临不断进行技术改造，引进新设备、新技术，并相应地改变工作方式的机遇和挑战，生产系统的选择、设计和调整成为生产运营管理的新内容，进一步扩大了运营管理的范围。20 世纪 80 年代，技术进步日新月异，市场需求日趋多变，世界经济进入了一个市场需求多样化的新时期，多品种小批量的生产方式成为主流，从而对生产运营管理提出了新的、更高的要求。从 80 年代后半期至今，信息技术、互联网技术和人工智能的飞速发展促使企业尽快地引入信息技术、利用互联网及人工智能来增强企业的竞争力。企业-资源-计划(Enterprise Resource Planning，ERP)、敏捷制造(Agile Manufacturing，AM)、大规模定制生产(Mass Customization，MC)、网络化制造与服务、精益生产(Lean Production，LP)、可持续发展(Sustainable Development)、绿色制造(Environmentally Conscious Manufacturing，ECM)、知识管理(Knowledge Management，KM)、企业流程再造(Business Process Reengineering/Redesign，BPR)及电子商务(Electronic Commerce，EC)、物流配送、现代供应链等新的管理思想、管理理念和管理模式不断充实着现代运营管理的知识体系。20 世纪以来运营管理发展演进的重大事件参见表 1-2。

表 1-2　20 世纪以来运营管理发展演进的重大事件一览表

时 间	概念和方法	发源国别或创始人
20 世纪初至 30 年代	科学管理原理、标准时间研究和工作研究	弗雷德里克·温斯洛·泰勒(美国)
	动作研究和工作简化	弗兰克·吉尔布雷斯、莉莲·吉尔布雷斯(美)
	工业心理学、霍桑试验、人际关系学	闵斯特伯格、斯科特、梅奥等(美国)
	流水装配线	亨利·福特(美国)
	作业计划图(甘特图)	亨利·甘特(美国)
	库存控制中的经济批量模型	F.W.哈里斯等(美国)
	统计过程控制、抽样检验方法	休哈特、道奇和罗米格等(美国)
20 世纪 40—60 年代	处理复杂系统问题的多种训练小组方法	G.B.丹尼克(美国)
	运筹学进一步发展，出现了仿真理论、排队论、决策论、数学规划、PERT 和 CPM 等生产管理工具	美国和西欧的许多研究人员 美国杜邦公司

续表

时　间	概念和方法	发源国别或创始人
20世纪60—90年代	物料需求计划(Material Requirement Planning，MRP)	美国生产与库存管理协会
	准时生产制(Just In Time，JIT)	日本丰田公司
	全面质量管理(Total Quality Management，TQM)	费根鲍姆(美国)、日本科学技术联盟
	计算机集成制造系统(Computer Integrated Manufacturing System，CIMS)	Joseph Harrington 博士(美国)
	柔性制造系统(Flexible Manufacturing System，FMS)	麻省理工学院(美国)
	并行工程(Concurrent Engineering，CE)	美国、日本等
	精益生产(Lean Production，LP)	麻省理工学院(美国)
	大规模定制(Mass Customization，MC)	斯坦·戴维斯(美国)
20世纪90年代至今	车间计划、库存控制、工厂布置、预测和项目管理等	美国和欧洲
	企业资源计划(Enterprise Resource Planning，ERP)	美国加特纳集团(Gartner Group)
	企业流程再造(Business Process Re-engineering，BPR)	迈克尔·哈默、詹姆斯·钱皮(美国)
	电子商务(Electronic Commerce，EC)	IBM公司(美国)
	客户关系管理(Customer Relationship Management，CRM)	美国加特纳集团(Gartner Group)
	供应链管理(Supply Chain Management，SCM)	SAP(德国)和Oracle(美国)
	敏捷制造(Agile Manufacturing，AM)	IBM、GE、波音等公司(美国)
	知识管理(Knowledge Management，KM)	德鲁克(美国)
	企业内容管理(Enterprise Content Management，ECM)	美国加特纳集团(Gartner Group)
	全球运筹管理(Global Logistics Management，GLM)	美国、日本和欧洲
	经营结果导向管理(Results-Based Management，RBM)	美国

三、运营管理的系统构成

按照企业生命周期理论，可以将运营管理系统划分为运营系统的设计、运行、维护与改进三个组成部分。

1. 运营系统的设计

运营系统的设计，包括产品生产或服务运作的选址与布局，生产与服务系统的研发与设计，流程选择与业务重组设计等。运营系统的设计通常在生产设施的建造阶段进行，可以说运营系统的设计是企业运营的基础。

2. 运营系统的运行

运营系统的运行，主要解决生产运营系统如何适应市场的变化，按用户的需求，输出合格产品和提供满意服务的问题。生产运营系统的运行，主要涉及生产运营计划、组织与控制等方面的内容。计划工作着眼未来，是对生产工作各个方面、各个阶段的总体安排；组织工作围绕生产过程，保证生产计划的完成；控制工作立足现在，参照过去，根据分析得出的生产信息，对未来的生产过程进行纠偏和监督，使各生产环节相互之间紧密结合，保证生产计划按品种、按质量、按交货期完成生产任务。

3. 运营系统的维护与改进

任何系统都有生命周期，如果不加以维护和改进，系统就会终止。生产运营系统的维护与改进包括对设施的维修与可靠性管理、质量的保证、整个运营系统的不断改进和各种先进的生产方式和管理模式的采用。服务运营系统的维护与改进表现为对服务运作流程、服务内容、服务方式的创新升级。具体可以借助图1-2将运营管理系统的构成简单描述出来。

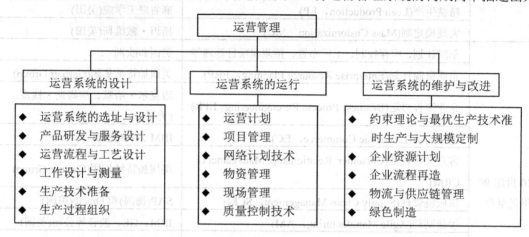

图1-2 运营管理系统构成框架图

四、运营管理的目标和任务

(一)运营管理的目标

企业运营管理的主要目标是质量、成本、时间和服务的柔性(灵活性/弹性/敏捷性)，它们是企业竞争力的根本源泉。因此，运营管理在企业经营中具有重要的作用，运营管理也始终围绕这几个目标而展开。

特别是近几十年来，计算机技术、信息技术和现代网络技术的飞速发展使得现代企业的生产经营规模不断扩大，经营范围不断拓宽，经营区域涉及世界各地；加上产品本身的技术和知识密集程度不断提高，产品的生产和服务过程日趋复杂，市场需求日益多样化、多变化、虚拟化，世界范围内的竞争日益激烈，这些因素使运营管理本身也在不断发生变化。尤其是近十几年来，随着信息技术的突飞猛进发展，为运营增添了新的有力手段，也使运营学的研究进入了一个新阶段，使其内容更加丰富，范围更加扩大，体系更加完整。无论如何发展，企业运营始终围绕以下目标展开：在用户需要的时间内提供所需数量的合格产品和满意服务。为实现生产运营管理的根本目标，引申出生产运营管理的以下几个基本问题。

第一章　企业运营与战略管理

1. 持续保证和提高产品质量

质量包括产品的使用功能(functional quality)、操作性能(quality of operability)、社会性能(quality of sociality,指产品的安全性能、环境性能以及空间性能)和保全性能(maintainability,包括可靠性、修复性以及日常保养性能)等内涵。生产运营管理要实现上述的产品质量特征,就要进行质量管理(quality management),包括产品的设计质量、制造质量和服务质量的综合管理,即围绕产品质量而展开的综合管理始终要确保产品和服务质量不断提升,满足客户不断变化的需求,做到质量高而精。

2. 保证适时、适量地将产品投放市场

在这里,产品的时间价值转变为生产运营管理中的产品数量与交货期控制问题。在现代化大生产中,生产所涉及的人员、物料、设备、资金等资源成千上万,如何将全部资源要素在需要的时候组织起来,筹措到位,是一项十分复杂的系统工程。这也是生产运营管理所要解决的一个最主要问题——时间(进度)管理(time management)。时间(进度)管理的根本目标是确保企业在合适的时间生产出合适数量的产品或服务,确保随时随地满足客户需求。

3. 确保产品的价格既为顾客所接受,又为企业带来一定的利润

这涉及人力、物料、设备、能源、土地等资源的合理配置和利用,涉及生产率的提高,还涉及企业资金的使用和管理。归根结底是努力降低产品的生产成本。这是生产运营管理所要解决的成本管理(cost management)问题。成本管理的目标是确保企业以最低的成本快速、高效、优质地生产出客户需要的产品和服务,实现成本低廉,质量优越。

4. 围绕服务柔性而不断进行服务创新

服务(Service)柔性经营之所以引起关注,首要原因是传统的服务模式受到挑战。传统的服务经营模式更多的是把顾客当作一类、一个群体和一个细分市场,在顾客需求多样化时代需要把顾客看作独立的需求个体。同时,传统的靠质量、价格和顾客满意的服务竞争战略也需要变革,需要更加突出不同层次的顾客价值,需要从服务组织内部寻求企业竞争优势等。突出顾客价值和提升服务企业竞争优势的有效方法之一,是以更加快速的顾客回应时间满足顾客的需要,这是在服务领域导入柔性概念的基本出发点。正如西班牙 Granada 大学 Aranda 教授(2003)所指出,由于当今环境的变化,使大多数服务企业不得不把柔性当作竞争的重点来考虑。加拿大魁北克大学的 Harvey 教授(1997)以银行业为背景研究了服务柔性问题,认为,传统的服务经营模式面临激烈的竞争挑战,主要来自两个方面:顾客需求变化和服务的不稳定性。一方面,服务业乃至一些制造型行业,都面临需求高度变化的压力,这个压力主要来自顾客需求的变化。例如,顾客希望在银行营业厅之外的其他地方(在商场、办公室、家里等)完成银行交易业务,在购买新房子的时候不希望对抵押业务进行完全不同的流程处理,不希望长时间等待银行答复,更不希望长达 30 分钟的银行大厅排队。另一方面,服务性企业面对的服务需求具有越来越明显的不稳定性,这种不稳定性是引起服务传递过程不能快速地和经常地适应需求变化的各种不同性质的变量。服务不稳定性要求服务提供商必须在准时(Time)、成本(Cost)和质量(Quality)等方面实实在在地给予保证。柔性服务是实现上述目标的最好方法,不断进行服务创新,追求优质高效、周到全面的精准

服务就成为运营管理的一个基本目标,这一目标始终围绕前三个目标而展开。

以上这四个问题简称为 QTCS 管理。保证 QTCS 这四个方面的要求,是生产运营管理的最主要目标。在企业的实际管理工作中,这四个方面的要求是互相联系,互相制约的:提高质量可能引起成本增加;为了保证交货期而过分赶工,可能引起成本的增加和质量的降低。所以,为了取得良好的经济效益,生产运营管理应很好地履行计划、组织、控制职能,做到综合平衡。

运营管理的基本目标参见图 1-3。

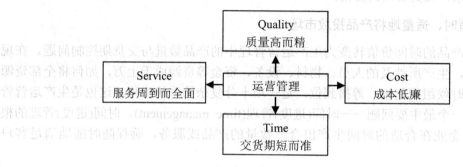

图 1-3 运营管理的基本目标

(二)运营管理的任务

针对运营管理的目标,运营管理的主要任务是快速、高效、优质、准时地向社会和用户提供所需的产品和服务。

1. 快速

从管理的角度看,快速也可以理解为"敏捷",即"聪敏""快捷"的意思。科技的飞速发展使得产品生命周期越来越短,客户需求的多样性和易变性表现得日益明显,这就要求企业必须能够对市场需求做出快速反应,以最快的手段、最有效的方法生产出市场所需求的产品或服务,尽早占领市场,获取利润。

2. 高效

高效是指企业有效利用生产运作资源,以尽可能少的资源投入来满足用户同样数量和质量的产品和服务需求。高效的前提是低成本,为此必须精心编制生产运营计划,合理组织生产运营过程,加强生产运营控制,达到降低资源消耗、缩短生产运营周期、减少库存的目的。企业资源计划(Enterprise Resource Planning,ERP)、企业流程再造(Business Process Reengineering,BPR)、供应链和物流管理(Supply Chain and Logistics Management,SCLM)、客户关系管理(Customer Relationship Management,CRM)、动作研究、流水装配线、精益生产(Lean Production,LP)等所有这些现代生产管理手段和管理方法的目标都是快速、高效、低成本地生产出优质的产品和服务,以第一速度满足市场需求。

3. 优质

产品和服务质量是企业品牌价值的基石,能体现企业的技术含量和文化底蕴。没有质量就没有名牌。始于 2008 年的三鹿奶粉事件、2009 年的丰田汽车"召回门"事件等众多层出不穷的质量事件，时刻告诫企业运营管理者必须高度关注产品质量，必须以提高客户满意度为标准，努力生产高质量的产品和服务。高质量是企业在激烈的市场竞争中建立竞争优势、获得持续生存的一条有效途径。众所周知，质量代表企业形象，是企业生命之所在，企业要想持续生存、永续发展就必须对产品和服务制定严格的质量标准和要求，并切实把这些标准和要求全面贯彻到生产运营过程中去。企业只有持续进行技术和服务创新，才能不断地向市场推出新产品，不断地提高产品的质量、知识含量和科技含量，改进生产技术，降低成本，进而提高顾客满意度，提高产品的市场竞争力和市场占有率，并适时开拓新的市场领域。统计过程控制、抽样检验方法、全面质量管理(Total Quality Management，TQM)、六西格玛(6σ)管理及精益生产(Lean Production，LP)等管理手段和管理工具都是企业提升产品和服务质量，达到优质运营而开发出来的。

4. 准时

准时是指企业能够在规定的时间，按用户需要的品种、款式、数量、质量和价格水平以最低的成本、最优的服务向用户提供其所需的产品和服务。准时生产制(Just In Time，JIT)、敏捷制造(Agile Manufacturing，AM)等管理手段和管理工具都是为实现这一目标而生的。

要实现上述任务和目标，企业运营管理者必须重视技术和服务创新，不仅包括对生产运营系统中的产出和所用工艺进行技术创新，更重要的是在管理思想、管理方法、管理手段，产前、产中和产后服务等方面的创新。只有这样，才能准确地把握生产运营管理的概念、目标和任务的实质，取得良好经济效益，促进企业长期发展。

第二节　运营战略管理

一、企业战略

有一则新寓言：兔子与乌龟赛跑，兔子输了以后，认真总结教训，提出要与乌龟重赛一次。赛跑开始后，乌龟按规定线路拼命往前爬，心想这次可输定了。可是当它到了终点，却不见兔子，正在纳闷之时，只见兔子气喘吁吁地跑了过来。原来这次兔子求胜心切，一上路就埋头狂奔。估计快到终点了，它抬头一看，发觉竟跑错了路，不得不返回重新奔跑，因此还是落在乌龟之后，又一次认输。

21世纪的运营战略管理.mp4

这则新寓言深刻地说明：战略、方向、路线正确与否至关重要。从一定意义上来说，企业之间的竞争，在相当程度上表现为企业战略定位、运作战略选择的竞争。方向正确，战略明确，企业的投入才能获得事半功倍的收益；否则，只能是南辕北辙，投

21世纪的运营战略管理.ppt

入越多，损失越大。有报道说，国外的企业家花在战略研究上的时间占全部工作时间的60%。因此，认真、科学地制定企业战略，灵活、有效地运作企业资源是企业领导人的首要职责。

(一) 企业战略的内涵

什么是战略？这个词原本是一个军事名词。在军事上，对战略的定义是："对战争全局

的策划和指导，依据国际、国内形势和敌对双方政治、经济、军事、科学技术、地理等因素来确定。"但现在，这个词用得非常广泛，尤其是在企业经营管理中。在一般运用中，战略"泛指重大的、带全局性的或决定全局的谋划"。

企业战略一词最初是由安索夫在其1976年出版的《从战略规划到战略管理》一书中提出的，他认为，企业的战略是指将企业的日常业务决策同长期计划决策相结合而形成的一系列经营管理业务。另一位管理学家斯坦纳在1982年出版的《企业政策与战略》一书中提出：企业战略管理是确定企业使命，根据企业外部环境和内部经营要素确定企业目标，保证目标的正确落实并使企业使命最终得以实现的一个动态过程。

我们认为，战略是指在确保实现组织使命的前提下，为了获得可持续的竞争优势，根据组织所处的外部环境变化和内部资源条件，对组织的未来发展目标和实现途径所做出的一种长远性规划。具体的企业战略管理流程包括战略分析、战略选择、战略实施与控制三大模块。

(二)企业战略的特征

企业战略是设立远景目标并对实现目标的轨迹进行的总体性、指导性谋划，属宏观管理范畴，具有指导性、全局性、长远性、竞争性、系统性、风险性六大主要特征。

1. 指导性

企业战略要界定企业的经营方向、远景目标，明确企业的经营方针和行动指南，并筹划实现目标的发展轨迹及指导性的措施、对策，在企业经营管理活动中起着导向的作用。

2. 全局性

企业战略立足于未来，通过对国际、国家的政治、经济、文化及行业等经营环境的深入分析，结合自身资源，站在系统管理高度，对企业的远景发展轨迹进行全面的规划。

3. 长远性

"今天的努力是为了明天的收获""人无远虑，必有近忧"。兼顾短期利益，企业战略首先，要着眼于长期生存和长远发展的思考，确立远景目标，并谋划实现远景目标的发展轨迹及宏观管理的措施、对策。其次，围绕远景目标，企业战略必须经历一个持续、长远的奋斗过程，除根据市场变化进行必要的调整外，制定的战略通常不能朝令夕改，要具有长效的稳定性。

4. 竞争性

竞争是市场经济不可回避的现实，也正是因为有了竞争才确立了"战略"在经营管理中的主导地位。面对竞争，企业战略需要进行内外环境分析，明确自身的资源优势，通过设计适体的经营模式，形成特色经营，增强企业的对抗性和战斗力，推动企业长远、健康地发展。

5. 系统性

立足长远发展，企业战略要确立远景目标，并需围绕远景目标设立阶段目标及各阶段目标实现的经营策略，以构成一个环环相扣的战略目标体系。

6．风险性

企业做出任何一项决策都存在风险，战略决策也不例外。市场研究深入，行业发展趋势预测准确，设立的远景目标客观，各战略阶段人、财、物等资源调配得当，战略形态选择科学，制定的战略就能引导企业健康、快速地发展。反之，仅凭个人主观判断市场，设立的目标过于理想化或对行业的发展趋势的预测出现偏差，制定的战略就会产生管理误导，甚至给企业带来破产的风险。

(三)企业战略层次

对于现代社会一家典型的企业来说，企业战略在组织内部是分层次的，可以划分为三个层次：公司战略、竞争战略和职能战略。

1．公司战略

公司战略(corporate strategy)的研究对象是由一些相对独立的业务组合而成的企业整体，是最高管理层指导和控制企业一切行为的最高行动纲领。公司战略的主要内容包括企业投资决策等一系列最关键的核心难题，它关系到企业存在的基本逻辑关系和发展的基本框架。它的任务主要是决定企业组织的使命，不断注视动态变化的外界环境，并据此调整自己的长期计划。公司战略包括一体化战略、多元化战略、专业化战略。

(1) 一体化战略包括纵向一体化战略和横向一体化战略。获得对经销商或者零售商的所有权或对其加强控制，称为前向一体化。获得对供应商的所有权或对其加强控制，称为后向一体化。获得与自身生产同类产品的企业的所有权或对其加强控制，称为横向一体化。横向一体化可以通过以下途径实现：购买、合并、联合。

(2) 多元化战略的类型包括：同心多元化和分散多元化。同心多元化也称为相关多元化，是以现有业务为基础进入相关产业的战略。当企业在产业内具有较强的竞争优势，而该产业的成长性或者吸引力逐渐下降时，比较适宜采取同心多元化战略。分散多元化，也称为不相关多元化，采用分散多元化的目标是从财务上考虑平衡现金流或者获取新的利润增长点。

(3) 专业化战略是指集中公司所有资源和能力为自己所擅长的核心业务，通过专注于某一点带动公司的成长。核心业务是指在公司从事的所有经营领域中占据主导地位的业务，核心业务构成了公司的基本骨架，如麦当劳、可口可乐都采用专业化战略。其优点是：集中资源(管理、技术、财务、领导精力)于单一领域，容易取得优势；避免进入不熟悉或无能力创造高附加值的领域。可口可乐曾渗透到娱乐事业，发现管理娱乐事业使其宝贵的经营注意力脱离其饮料这一核心事业，于是撤资。

2．竞争战略

竞争战略(competitive strategy)定义了特定的战略经营单位或部门将怎样参与竞争，每个战略经营单位或部门都需要根据特定市场的细分情况和生产的产品来发掘自己的竞争力。波特(Porter，1980)指出了三种基本的竞争战略：总成本领先战略、差异化战略和目标集聚战略。

1) 总成本领先战略

总成本领先(overall cost leadership)战略是在某一产业领域内使成本低于竞争对手而取得领先地位的战略，其着眼点是取得价格竞争优势。在这种战略下，一般是运营系统具有一定的规模优势和技术高、产量大等优势。总成本领先战略要求企业加强对费用的控制，以及最大限度地减小研究开发、服务、推销、广告等方面的成本。为了达到这些目标，有必要在管理方面对成本控制给予高度重视。尽管质量、服务以及其他方面也不容忽视，但贯穿于整个战略中的主题是使成本低于竞争对手。显然，处于低成本地位的企业可以获得高于行业平均水平的收益。因为它的低成本意味着当别的企业在竞争过程中已失去利润时，这个公司仍然可以获取利润。

2) 差异化战略

差异化(differentiation)战略要求运营系统与其具有竞争特色的优势相适应，但也要注意成本因素。这种战略是通过公司所有部门的努力，使得公司产品在一个或几个方面与竞争对手的产品有所不同，如产品特殊的功能、高超的质量、优质的服务、独特的品牌等。这种战略将增加公司在产品设计、研发等方面的投入，使产品的成本上升。但是，顾客对产品的偏爱而愿意接受较高的价格，这将弥补公司采用差异化战略而带来的成本上升。但在很多公司里，管理者能够把成本控制在比竞争对手低的同时，将其产品进行差异化。

3) 目标集聚战略

目标集聚(market focus)战略实际上是一种细分市场战略，这种战略的前提是企业能够以更高的效率、更好的效果为某一细分市场中的特殊顾客群服务，采用目标集聚战略的企业也具有赢得超过行业平均收益水平的潜力。采用目标集聚战略的公司通常将全力集中在某一特定区域的市场或顾客群。这类公司要么采用低成本战略，要么采用差异化战略，但仅关注于特定的目标市场。采用低成本战略的公司，将资源集中在整个市场的一个或几个细分市场，旨在成为服务于该细分市场的成本最低的公司。

3. 职能战略

企业战略的第三层是职能战略(functional strategy)。职能战略是为贯彻、实施和支持公司战略与竞争战略而在企业特定的职能管理部门制定的战略。企业职能层战略的重点是提高企业资源的利用效率，使企业资源的利用效率最大化和成本最小化。在既定的战略条件下，企业各职能部门根据其职能战略采取行动，集中各部门的力量，支持和改进公司战略的实施，保证企业战略目标的实现。如果能够充分地发挥各职能部门的作用，加强各职能部门的合作与协同，顺利开展各项职能活动，特别是那些对战略实施至关重要的职能活动，就能有效地促进公司战略、竞争战略实施成功；反之，离开职能层战略，竞争战略和公司战略就不可能实现，犹如空中楼阁一般。

与公司战略及竞争战略相比较，企业职能层战略更为详细、具体和更具可操作性。它是由一系列详细的方案和计划构成的，涉及企业经营管理的所有领域，包括营销战略、人事战略、财务战略、生产战略、研究与开发战略、公关战略等。

表1-3列出了上述三个层次战略的比较。

第一章 企业运营与战略管理

表 1-3 不同层次战略层的对比分析

	公司战略	竞争战略	职能战略
基本性质	概念型	中间型	操作型
抽象程度	抽象	中间	具体
评价方式	定性分析	半定性、半定量	定量分析
期限长短	长期	中期	短期
与现状的差距	大	中	小
风险	较大	一般	较小
资源完备程度	不尽充分	部分具备	基本具备
协调要求	高	中	低
竞争优势的参考系	与其他行业比	与竞争对手比	与产品部分比
协同作用的切入点	作用于经营业务之间	作用于职能领域之间	作用于职能领域之内
灵活性	大	中	小

二、运营战略

第二次世界大战之后，美国企业通过市场营销和财务部门来开发企业战略。由于战争期间产品极为匮乏，使得战后的美国对产品的需求十分旺盛，当时美国企业能够以相当高的价格出售其生产的任何产品。在这样的企业环境中，人们不注意运营战略问题，只关心大量生产产品来供应市场。但是，到了 20 世纪 60 年代末期，哈佛商学院被称为"运营战略之父"的管理大师威克汉姆·斯金纳(Wickham Skinner)教授认识到美国制造业的这一隐患，他建议企业开发运营战略，以作为已有的市场营销和财务战略的补充。在他的早期著作中，就提到了运营管理和企业总体战略脱节的问题，但当时并没有引起企业界注意。

哈佛商学院的埃伯尼斯(Abernathy)、克拉克(Clark)、海斯(Hayes)和惠尔莱特(Wheelwright)进行的后续研究，继续强调了将运营战略作为企业竞争力手段的重要性，他们认为，如果不重视运营战略，企业将会失去长期的竞争力。例如，他们强调利用企业生产设施和劳动力的优势作为市场竞争武器的重要性，并强调了用长期的战略眼光开发运营战略的重要性。

(一)运营战略的概念及内容

运营战略(也称生产运作战略)是指在企业战略的总体框架下，根据市场要求来制定企业的各项政策、计划，最大限度地利用有限的资源，通过运营管理活动来支持和完成企业的总体战略目标。运营战略作为企业整体战略体系中的一项职能战略，它主要解决在运营管理职能领域内如何支持和配合企业在市场中获得竞争优势。运营战略的目标必须是源于市场，必须明确企业的细分市场，企业的顾客群在哪里，运营将以何种方式提升顾客价值；同时必须明确企业的竞争对手是谁，如何运用运营战略战胜竞争对手，获得市场份额。

运营战略是适应顾客不断变化的需求的最合适的战略，它涉及的内容比较广泛，主要包括：生产系统定位、产品计划、工艺流程、资源配置、外包、设施计划、供应链计划等。这些都是制定运营战略时必须慎重考虑的问题。总体来讲，运营战略一般分为两大类：一类是结构性战略，包括设施选址、运营能力、纵向集成和流程选择等长期的战略决策问题；另一类是基础性战略，包括劳动力的数量和技能水平、产品的质量问题、生产计划和控制以及企业的组织结构等时间跨度相对较短的决策问题。

(二)运营战略的竞争力排序

运营战略的竞争力排序具体如下。

(1) 成本。指具有竞争性价格的产品和服务。

(2) 灵活性。它包括对需求变化的应变能力、柔性和新产品开发的速度，重点是指迅速改变生产产量、产品组合的能力和研制新产品所需的时间以及建立可生产新产品的工艺流程所需要的时间。

(3) 质量。它分为两类：产品质量和过程质量。产品质量包括根据面对的细分市场而建立适当的产品质量标准和功能特性；过程质量至关重要，它与产品的次品率、耐用性和可靠性直接相关。

(4) 交货。它包括交货速度和交货可靠性，主要是快速或按时交货的能力。

(5) 服务。它包括有效的售前和售后服务及产品支持能力、提供方便的服务网点的能力及产品定制满足顾客特殊需要的能力。

(6) 环保。这是随着经济社会的发展逐步被企业重视的一个竞争力。

由于企业自身的条件不同，如管理、工艺技术上的某些特长和弱点、资源的有限性等条件的限制，同时也由于顾客对产品及服务的要求不同，再加上产品特性和市场定位不同，以及企业所处环境的不同等，使得企业在上述几个方面的竞争力同时都达到最优既不可能也没必要。这样一来，就需要对竞争力发展的重点及优先顺序进行排序。显然，这一排序过程便是运营战略形成的过程，即说明运营目标(成本、质量、灵活性、交货)的优先顺序，并形成运营的特殊能力。

运营的特殊能力是指企业在运营领域中所拥有的，并且有竞争优势的特性或能力。特殊能力有多种形式。就运营目标来说，特殊能力可以是最低的成本、最高的质量、最好的交货服务、最大的灵活性等；就运营的资源而言，它可以是以人力为导向的资源，也可以是独占原材料的资源，还可以是与竞争对手相比有最好的技术资源，等等。特殊能力要求运营专注于必须做到最好的方面，因为通常不能一下子把所有方面都做得很好。表1-4列出了特殊能力的几个主要方面和相应的一些公司或服务。

表1-4 特殊能力举例说明

项 目	特殊能力	公司或服务
价格	低成本	美国一级邮资，邮购计算机
质量	高质量	凯迪拉克、五星级酒店
时间	迅速、准时	麦当劳、EMS
柔性	种类多	医院急诊、超市
服务	优良服务	IBM、航空公司
地点	方便	超市、干洗店

第一章 企业运营与战略管理

(三)运营战略的基本类型

为了保持竞争力,不同国家的企业有不同的竞争优势要素。运营战略成功的关键是明确竞争的重点优势要素,了解每个竞争重点优势要素的选择后果,做出必要的权衡。竞争力是指企业在经营活动中超过其竞争对手的能力,是一个企业能够长期地以比其他企业(或竞争对手)更有效的方式提供市场所需要的产品和服务的能力。竞争力是决定一个企业生存、发展、壮大的重要因素,是企业取得竞争优势的保证条件。

斯金纳等人最初定义的"四种基本竞争优势要素"为:成本、质量、时间(快速交货)和柔性。现在又出现了两种新的竞争优势要素——环保与服务。

1. 基于成本的运营战略

降低成本通常是企业不懈的追求。成本降低可以使生产企业利润更高,产品市场价格更低,更具有市场竞争力。

基于成本的运营战略是指通过发挥生产系统的规模经济优势,以及实行设计和生产的标准化,使得产品的成本大大低于竞争对手的同类产品,获取价格竞争优势并造成一种市场进入壁垒。运用此战略最为成功的实践者当数美国老一代企业家亨利·福特。1913年,福特汽车公司在人类历史上首次采用了传送带式的流水生产线,专门生产一种适合大众消费的T型车。到20世纪20年代,福特汽车公司实现了日产T型车9000辆,年销售汽车90万辆,每辆T型车售价降到3000美元以下,市场占有率高达50%以上,一跃成为世界上最大的汽车制造企业。巨大的成功使亨利·福特深信基于成本战略的巨大威力,他扬言,"不管顾客需要什么,我就生产黑色的T型车"。

基于成本的运营战略的实质是,不断追求生产系统的规模经济性。所谓规模经济性,即单位产品成本随着规模的增加而下降的性质。这个道理很简单,因为随着企业规模的扩大,企业内部劳动分工更加细致,使工人操作内容简化,熟练程度提高。企业可以采用高效率、大型化的专用设备和工艺装备,从而使劳动生产率大大提高,企业规模扩大也可得到借款获得、原材料采购、人才供给等方面的便利条件。这样就使企业能以相对较少的投入获得相对较多的产出,从而降低产品成本,给企业带来规模经济效益。目前,大量巨型企业的存在,其原因之一正是追求规模经济性的结果。

近年来,片面追求规模经济性,盲目实施基于成本战略的企业行为受到越来越多的批评。这除了容易造成垄断而损害市场竞争外,仅从企业管理角度看,企业也不能过分强调规模经济的作用。一方面,企业规模过大,管理不便,需增加机构,使企业内部通信、协调、监督等费用增加,从而给协调这样一个复杂的组织机构带来困难,管理效率降低;另一方面,容易造成企业生产系统的僵化,缺乏灵活性,从而无法很好地满足消费者日益多样化的需求。单凭基于成本的战略难以构筑企业强大的竞争优势。为更好地参与竞争,企业开始寻求新的生产战略。

2. 基于质量的运营战略

质量好意味着提供优质产品,它与用料、生产以及设计密切相关。顾客是根据产品满足其目的的程度来评价质量的一般情况,顾客愿意为高质量的产品付出更高的价格。

基于质量的运营战略是指企业把质量因素作为竞争优势的来源,即依靠顾客可感知到的产品或服务的相对质量的领先地位,赢得高的市场占有率和稳定的利润。这里"相对"的意思是指和竞争者比较,"可感知"的意思是以用户而不是生产厂商的眼光看问题。运用此战略最为成功的实践者当属中国的海尔集团。1984年,张瑞敏接手海尔的前身——青岛电冰箱总厂,这是一个产品没销路、当时亏损额达147万元的烂摊子企业。1985年12月6日,海尔集团召开全体员工大会,会场上整齐地排列着从流水线下来的有质量问题的76台崭新的冰箱。张瑞敏结束了简短有力的讲话以后,便抡起身边的大铁锤,砸向第一台冰箱。张瑞敏这一"锤"自此揭开了海尔集团实施基于质量的运营战略的序幕。海尔集团在全球设有29个制造基地、8个综合研发中心、19个海外贸易公司,产品涵盖冰箱冷柜、洗衣机、热水器、空调、电视、厨电、智慧家电和定制产品八大品类。三十余年的成长路上,海尔洞察家庭生活的需求变化,不断将海尔品牌打造成代表时代进步的同龄品牌。如今,海尔探索、深挖智慧家电领域,以"海尔智慧家庭,定制美好生活"为口号,将人工智能、物联网等智慧科技融入家电产品中,重新定义智慧家庭。

　　根据战略计划学院进行的一项名为市场战略对利润影响的研究表明,产品的质量与其在市场中所占的份额是密切相关的。具有高质量产品的公司就会拥有更大的市场份额,同时也会从市场成长中获取最大的利益。此项研究还说明,在价格不变的条件下,可感知到的产品的相对质量上占前三名的厂商与占后三名的厂商的利润比为2:1。这个结论实际上不因产业、地理或市场类型的不同而有太大的变化。盖洛普民意测验曾经为美国质量控制协会调查用户愿意为质量额外支付多少钱,其结果甚至使那些委托进行这项调查的人也感到吃惊:"大多数用户认为只要产品质量满意,就愿意花钱。一般来说,如果用户认为一辆汽车质量好,那么多花1/3的钱也愿意;为了一台质量更好的洗碗机愿意多花50%的钱。"因此,从生产战略的角度看,在市场中处于劣势的公司应该注重质量,把质量作为赢得市场份额的出路。由于质量的改善为提高投资回报提供了最大的潜力,因此,公司应该优先选择产品的质量,而不是价格或销售费用作为工作重点。近年来,由于市场竞争的全球化,基于质量的运营战略的重要性已变得十分明显。日本和德国之所以在美国的汽车、电子、机床等许多行业中获取市场份额,靠的就是把基于质量的运营战略作为其主要战略。这使得美国的公司更清醒地认识到基于质量的运营战略的重要作用。

3. 基于时间的运营战略

　　基于时间的运营战略主要体现在:在企业接到订单后迅速组织生产并尽快将产品交付给客户,或者是将新的(改进的)产品尽快推向市场。在很多市场上企业的交货时间是竞争的重要条件,甚至是首要条件。即便客户对交货时间要求不是很苛刻,但是更快的交货时间意味着更快的资金回笼以及更快的资金周转速度,这意味着企业将拥有更高的效益,更强的市场竞争力。据国外资料分析表明:高质量、高功能在国际竞争中的作用逐步下降,而代之以呈上升趋势的是准时或快速交货的竞争能力。

　　基于时间的运营战略是指企业把时间转化成一种关键的竞争优势来源,通过缩短产品研发周期和制造周期以提高对市场需求的反应速度,使企业具备提供众多的产品种类和覆盖更多细分市场的能力。此战略运用最为成功的实践者当属一批优秀的日本公司,其中尤以丰田公司最为突出。丰田公司首创的准时生产导致工厂的弹性化。所谓准时生产方式,简单地说就是:以顾客需求为起点,在必要的时间内生产必要的数量,不过多、不过早地生产不必要的产品。运用准时生产方式，可以同时兼得低成本和多品种的好处。正如准时生产的发明人大野耐一所说，丰田公司的生产方式是"为了在相同的制造程序上生产多款式、小批量汽车而诞生的"。20 世纪 70 年代中期，许多采纳了这一生产方式的日本制造商都取得了显著的竞争优势。

今天，市场竞争已经由过去"大鱼吃小鱼"向"快鱼吃慢鱼"转变。新一代的公司以弹性制造及快速反应系统参与竞争，并不断增加产品的种类，不断进行创新。依据这一循环过程来制定战略的公司，与以采用低工资、大规模和专业化生产等传统战略取胜的公司相比，具有更强的竞争力。那些基于成本战略，要求管理人员竭尽所能地压低成本，把生产转移到低工资的国家，或从这些国家采购；兴建新的设施，或是对旧厂进行合并以取得规模经济；或是把资源集中在最具经济效益的生产活动中。这种战略确实降低了成本，但牺牲了反应能力。相反，基于弹性制造、快速反应、丰富品种、增加创新的循环而构成的战略，却是以时间为基础的。工厂设在接近顾客的地方，组织结构更有利于快速反应，而不仅仅是降低成本或加强监控。即使不能完全消除延误，那些致力于减少延误、利用自身快速反应优势的公司，将能吸引到最为有利可图的顾客。对于采用基于时间的运营战略的公司而言，时间已经成为衡量业绩的最高标准。这些公司减少了方方面面的业务时间消耗，从而降低了成本、提高了质量，与顾客保持了密切的联系。

4．基于柔性的运营战略

随着经济的发展，科学技术的进步和社会生活水平的提高，顾客开始追求多样化的产品和服务，需要不断更新产品和服务。因此，要求企业能够提供多样化的产品、服务以供顾客选择，品种成为影响产品竞争力的主要因素。这时，依靠单一品种的大量生产方式不能满足顾客的需要和竞争的要求，取而代之的是以多品种中小批量为特征的生产方式。多品种中小批量生产具有产品品种多样性、生产过程多样性、能力需求不平衡性、环境不确定性因素多等特点，使其生产计划与控制的不可控因素多、难度大，传统上采用工艺式生产方式，难以同时兼顾适应性和效率。因此，为提高多品种中小批量的管理效益，人们提出了柔性生产的概念。它是指对变化的反应能力，变化包括产品设计特性的改变、客户需求量的增减以及企业提供的产品组合的改变等。尤其是在客户需求增长的时候，企业一般能应付。当客户需求快速上升时，规模经济促使成本递减，此时在新产品研发时的投入会很快收回。但是在客户需求下降时，则能够及时减小规模，或减少资产或减员，以适应市场环境变化。毋庸置疑，柔性强的企业具有竞争优势。

5．基于环保的运营战略

现在，又出现了两种可能为企业提供竞争优势的趋势：环保工艺和环保产品的运用。消费者对环境越来越敏感，更倾向于购买对环境无害的产品。越来越多的企业意识到绿色环保对提高自身利益的竞争机制的深远意义。当各个企业提供的产品和服务在成本、质量、品种、时间和服务上的差别不大时，哪种产品和服务能够清洁地生产出来，在使用中对环境的污染最小，报废处理也由企业承担，它就能得到顾客的青睐。这时，环保就成为影响竞争的主要因素，于是就出现了基于环保的竞争，要求企业及时调整竞争对策，制定与实施基于环保的运营战略。

企业基于成本的运营战略是一种面向内部的战略，是卖方市场的思维；基于质量的运营战略是转向买方市场的初步,是面向竞争对手的战略,但仍然是面向内部的战略;基于柔性和基于时间的运营战略是企业逐渐摆脱内向思维,走向多企业的合作并追求对顾客需求的响应速度;基于服务的运营战略则要求完全按照顾客的需要来生产,是一种纯外向性思维的战略;基于环保的运营战略则是一次新的飞跃,它将改变以市场为导向的战略思维方式,改变顾客"主宰"一切的局面。因为,顾客的消费有时也不一定是理智的,企业的运营战略必须结合环境进行理智的思考,并对顾客消费进行引导,这时的生产运作才是一种高境界的天人合一的、可持续发展的运作方式。基于环保的运营战略是指企业为满足顾客的长远需要,以谋求人类、社会和自然的协调发展为目标,通过技术创新、管理创新和知识创新,降低资源消耗,减少环境污染,实现其生产运作系统的绿色化,从而获得持续竞争优势的一系列决策规划、程序与方法。其实施措施主要有绿色制造和绿色供应链。

1) 绿色制造

所谓绿色制造是指在不牺牲产品功能、质量和成本的前提下,系统考虑产品开发、制造活动及其对环境的影响,使产品在整个生命周期中对环境的负面影响最小,资源利用率最高,并使企业经济效益和社会效益协调最优,其实质是人类社会可持续发展在现代生产运作方式中的体现。实行绿色制造,首先是绿色产品设计。产品设计不仅要考虑功能、成本和美学,还要考虑对环境造成的影响,不设计和制造对人和环境有害的产品。其次是产品制造、包装、运输和仓储过程中"三废"的控制与处理。最后是废旧产品的处理。由于居民生活水平越来越高,产品生命周期越来越短,废旧产品如电视机、电脑、电冰箱和汽车越来越多,这些废弃物的处理成为现代社会的大问题。承诺废弃物的处理是企业义不容辞的责任,也是企业在新的条件下赢得竞争的关键。

2) 绿色供应链

绿色供应链,又称环境意识供应链,是近年来提出的一个新概念,是指在整个供应链中综合考虑环境影响和资源效率的一种现代管理模式。绿色供应链以绿色制造理论和供应链管理技术为基础,涉及供应商、制造商、分销商和用户,其目的是使得产品从物料获取、加工、包装、仓储、运输、使用到报废处理的整个过程中对环境的负面影响最小,资源效率最高。绿色供应链把绿色或环境意识的理念融入整个供应链,以求得整个供应链的资源消耗和环境负面影响最小,而降低资源消耗本身也是降低供应链成本的一个重要手段,因此,绿色供应链能取得比单个企业绿色制造更好的效果。

6. 基于服务的运营战略

在当今的企业环境中,为获取竞争优势,企业开始为客户提供"增值"服务。这不论是对提供产品还是提供服务的企业都是重要的。原因很简单,正如范德墨菲说:"市场力来源于服务,因为服务可以增加客户的价值。"在买方市场条件下,企业要赢得竞争,必须有信誉,有信誉才能有忠诚的顾客,要培养顾客的忠诚度,就要全心全意地为顾客服务。因此,当信誉成为竞争的主要因素时,要求企业满足顾客对产品和服务的个性化要求。因为,谁能够帮助顾客解决问题,能够获得顾客的信赖与忠诚度,谁就能够赢得竞争,于是就出现了基于服务的竞争。基于服务的运营战略,是指企业以提高企业信誉、培养顾客忠诚度为目标,针对不同的顾客需求,快速响应并提供高质量、价格合适的个性化的产品和服务,以提高企业的信誉竞争优势的一系列决策规划、程序与方法。基于服务的运营战略的实施,要求企业建立面向顾客的全新的生产方式——大量定制生产方式。大量定制生产以现代信息技术为依托，以客户关系管理和电子商务环境为支撑，巧妙地将个性化与标准化结合在一起，既满足顾客个性化的要求，又达到大量生产的效率，使顾客在获得个性化的产品和服务时，只需支付大量生产的产品的费用。

第三节 供应链和供应链管理

有学者认为，20世纪70年代和80年代是"市场的20年"，90年代是"物流的10年"，21世纪是"供应链管理"的世纪。全球经济一体化已经成为21世纪国际经济发展的一个主要趋势，给企业带来了难得的机遇和严峻的挑战，企业面临不断急剧变化的市场需求及缩短交货期、提高质量、降低成本和改进服务的压力。企业经营环境的变化，使得原本独立经营的企业逐渐意识到，要在激烈的市场竞争中生存下来，必须与其他企业建立战略伙伴关系，集聚各自的核心能力、优势互补，在跨企业的集成管理模式下，各个企业能够统一协调、共同应对市场环境的变化，供应链管理的思想便应运而生。

物流与供应链管理.mp4

著名管理学大师德鲁克曾说：21世纪不再是企业与企业的竞争，而是供应链与供应链之间的竞争。这寓意着企业之间进行竞争的时候，关键在于谁的战略联盟高度协同，而不再仅仅

物流与供应链管理.ppt

是单个企业之间的竞争。反过来说，任何一个企业只有与别的企业结成为供应链才有可能取得竞争的主动权。很显然，在供应链上能够占据主动权的企业，可以是小企业，但必须具备与大企业平等对话的能力和资本，你可以不是主角，但应该是舞台上不可缺少的角色。

一、供应链

（一）供应链的内涵

供应链的概念是从扩大的生产(extended production)概念发展来的，它将企业的生产活动进行了前伸和后延。譬如，日本丰田公司的精益协作方式中就将供应商的活动视为生产活动的有机组成部分而加以控制和协调，这就是向前延伸。后延是指将生产活动延伸至产品的销售和服务阶段。因此，供应链就是通过计划(Plan)、获得(Obtain)、存储(Store)、分销(Distribute)、服务(Serve)等一系列活动而在顾客和供应商之间形成的一种衔接(Interface)，从而使企业能满足内外部顾客的需求。

所谓供应链，是指产品生产和流通中所涉及的原材料供应商、生产商、批发商、零售商以及最终消费者组成的供需网络。这种供应链是由物料获取并加工成中间件或成品，再将成品送到消费者手中所涉及的一些企业和部门的供应链所构成的网络。在这个网络中，每个贸易伙伴都具有双重角色：既是供应商，又是客户。他们既向上游伙伴订购产品，又向下游伙伴提供产品。建立一条业务相关紧密、经济利益相连的供应链，才能实现优势互补，增强市场竞争实力。

供应链上各企业之间的关系与生物学中的食物链类似。在"草—兔子—狼—狮子"这样一个简单的食物链中(为便于论述,假设在这一自然环境中只生存这 4 种生物),如果把兔子全部杀掉,那么草就会疯长起来,狼也会因兔子的灭绝而饿死,连最厉害的狮子也会因狼的死亡而慢慢饿死。可见,食物链中的每一种生物之间是相互依存的,破坏食物链中的任何一种生物,势必导致这条食物链失去平衡,最终破坏人类赖以生存的生态环境。

同样道理,在供应链"企业 A—企业 B—企业 C"中,企业 A 是企业 B 的原材料供应商,企业 C 是企业 B 的产品销售商。如果企业 B 忽视了供应链中各要素的相互依存关系,而过分注重自身的内部发展,生产产品的能力不断提高;如果企业 A 不能及时向企业 B 提供生产原材料,或者企业 C 的销售能力跟不上企业 B 产品生产能力的发展,那么可以得出这样的结论:企业 B 生产能力的发展不适应这条供应链的整体效率。

2001 年,我国发布实施的《物流术语》国家标准(GB/T 18354—2001)对供应链的定义是,"生产及流通过程中,涉及将产品更新换代或将服务提供给最终客户的上游或下游企业所形成的网络结构"。

供应链在当前管理领域中十分流行,比较常用的提法是:由原材料加工为成品并送到用户手中这一过程中涉及的合作企业和部门所组成的网络。也就是产品生产和流通过程中涉及的原材料供应商、生产商、批发商、零售商以及最终消费者组成的供需网络。供应链的中心是其核心企业,它的服务对象是产品或服务的最终用户,一般有 5 个主要评价指标:速度、柔性、质量、成本和服务。

随着 3G 移动网络的部署(现在已有 4G 网络和部分 5G 网络),供应链已经进入了移动时代。移动供应链,是利用无线网络实现供应链的技术。它将原有供应链系统上的客户关系管理功能迁移到手机。移动供应链系统具有传统供应链系统无法比拟的优越性。移动供应链系统使业务摆脱了时间和场地的局限,随时随地可以与公司业务平台沟通,从而可以有效地提高管理效率,推动企业效益增长。数码星辰的移动供应链系统就是一个集 3G 移动技术、智能移动终端、VPN、身份认证、地理信息系统(GIS)、Webservice、商业智能等技术于一体的移动供应链产品。

在典型制造商的成本结构中,供应链涉及的成本占 60%~80%,高效的供应链管理可以使总成本下降 10%,相当于销售额提高 3%~6%,而且显著提高了客户需求预测和管理水平。美国的 Pittiglio Rabin Todd & McGrath 公司(即 PRTM 咨询公司)的调查分析结果也表明,企业实施供应链管理可以获得以下益处。

(1) 供应链管理的实施使总成本下降了 10%;
(2) 供应链成员的按时交货率提高了 15%以上;
(3) 订货—生产的周期缩短了 25%~35%;
(4) 供应链成员的生产率提高了 10%以上;
(5) 供应链核心企业的资产增长率为 15%~20%。

如今,供应链管理已经成为企业参与全球竞争的重要战略。因此,任何一个希望成功的企业都应该站在供应链管理的高度,综合考虑整个企业的生产经营活动,努力创造自己的核心竞争力,使企业成为整个社会价值链中的一个重要环节。

(二)供应链的发展阶段

1. 物流管理阶段

早期的观点认为,供应链是指将采购的原材料和收到的零部件,通过生产转换和销售等活动传递到用户的一个过程。因此,供应链仅仅被视为企业内部的一个物流过程,它所涉及的主要是物料采购、库存、生产和分销诸部门的职能协调问题,最终目的是优化企业内部的业务流程、降低物流成本,从而提高经营效率。

2. 价值增值阶段

进入20世纪90年代,人们对供应链的理解又发生了新的变化:首先,由于需求环境的变化,原来被排斥在供应链之外的最终用户、消费者的地位得到了前所未有的重视,从而被纳入了供应链的范围。这样,供应链就不再只是一条生产链了,而是一个涵盖了整个产品运动过程的增值链。

3. 网链阶段

随着信息技术的发展和产业不确定性的增加,企业间的关系正在呈现日益明显的网络化趋势。与此同时,人们对供应链的认识也正在从线性的单链转向非线性的网链,供应链的概念更加注重围绕核心企业的网链关系,即核心企业与供应商、供应商的供应商的一切向前关系,与用户、用户的用户及一切向后的关系。供应链的概念已经不同于传统的销售链,它跨越了企业界限,从扩展企业的新思维出发,并从全局和整体的角度考虑产品经营的竞争力,使供应链从一种运作工具上升为一种管理方法体系、一种运营管理思维和模式。供应链的网链结构详见图1-4。

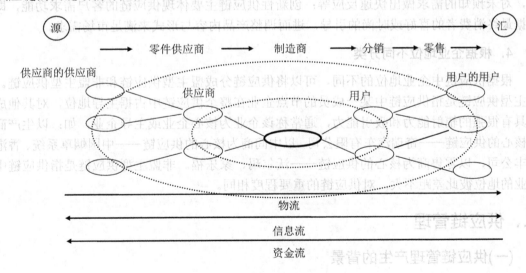

图1-4 供应链网链结构示意图

(三)供应链的分类

可以根据不同的划分标准将供应链进行以下分类。

1. 根据范围不同分类

根据供应链范围的不同，可以将供应链分为内部供应链和外部供应链。内部供应链是指企业内部产品生产和流通过程中所涉及的采购部门、生产部门、仓储部门、销售部门等组成的供需网络。外部供应链则是指企业外部的，与企业相关的产品生产和流通过程中涉及的原材料供应商、生产厂商、储运商、零售商以及最终消费者组成的供需网络。内部供应链和外部供应链的关系：二者共同组成了企业产品从原材料到成品，再到消费者的供应链。可以说，内部供应链是外部供应链的缩小化。如对于制造厂商，其采购部门就可看作外部供应链中的供应商。它们的区别只在于外部供应链范围大，涉及企业众多，企业间的协调更困难。

2. 根据稳定性不同分类

根据供应链稳定性的不同，可以将供应链分为稳定的供应链和动态的供应链。基于相对稳定、单一的市场需求而组成的供应链，其稳定性较强，而基于相对频繁变化、复杂的需求而组成的供应链，其动态性较高。在实际管理运作中，需要根据不断变化的需求，相应地改变供应链的组成。

3. 根据功能不同分类

根据供应链的功能模式(物理功能、市场中介功能和客户需求功能)可以把供应链划分为三种：有效性供应链、反应性供应链和创新性供应链。有效性供应链主要体现供应链的物理功能，即以最低的成本将原材料转化成零部件、半成品、产品，以及在供应链中的运输等；反应性供应链主要体现供应链的市场中介的功能，即把产品分配到满足用户需求的市场，对未预知的需求做出快速反应等；创新性供应链主要体现供应链的客户需求功能，即根据最终消费者的喜好或时尚的引导，进而调整产品内容与形式来满足市场需求。

4. 根据企业地位不同分类

根据供应链中企业地位的不同，可以将供应链分成盟主型供应链和非盟主型供应链。盟主型供应链是指供应链中某一成员的节点企业在整个供应链中占据主导地位，对其他成员具有很强的辐射能力和吸引能力，通常称该企业为核心企业或主导企业，如：以生产商为核心的供应链——奇瑞汽车有限公司，以中间商为核心的供应链——中国烟草系统、香港利丰公司，以零售商为核心的供应链——沃尔玛、家乐福。非盟主型供应链是指供应链中企业的地位彼此差距不大，对供应链的重要程度相同。

二、供应链管理

(一)供应链管理产生的背景

1. 全球一体化

纵观整个世界技术和经济的发展，全球一体化的程度越来越高，跨国经营越来越普遍。就制造业而言，产品的设计可能在日本，而原材料的采购可能在中国大陆或者巴西，零部件的生产可能在中国台湾、印尼等地同时进行，然后在中国大陆组装，最后销往世界各地。

第一章 企业运营与战略管理

在这个产品进入消费市场之前，相当多的公司事实上参与了产品的制造，而且由于不同的地理位置、生产水平、管理能力，从而形成了复杂的产品生产供应链网络。这样的一个供应链在面对市场需求波动的时候，一旦缺乏有效的系统管理，"牛鞭效应"在供应链的各环节中必然会被放大，从而严重影响整个供应链的价值产出。而工业革命以来，全球的产品生产日益丰富，产品消费者拥有了越来越多选择产品的余地，而技术上的进步则带来了某些产品(如电子类产品)的不断更新升级。缩短的产品生命周期导致了产品需求波动的加剧。市场供求格局对供应链适应能力的要求达到了前所未有的高度，在生产管理领域，面向需求的"拉式"生产理论、JIT 制造理论、柔性生产理论等纷纷被提出，且已进入了实践阶段。

2．横向产业模式的发展

仔细观察 20 世纪 80 年代个人电脑(PC)的产生以及其后的发展，可以发现，PC 制造业的发展不仅带来了电子产品技术上的进步，将世界带进了信息时代，而且还引发了世界产业模式的巨大变革。由于 IBM 的战略失误，忽视了 PC 的市场战略地位，在制定了 PC 标准之后，将属于 PC 核心技术的中央处理器以及 OS 的研发生产分别外包给 Intel 和 Microsoft 公司，在短短的 10 年内，这两个公司都发展成为世界级的巨头，垄断了行业内的制造标准，同时也改变了 IBM 延续了几十年的纵向产业模式，当 IBM 意图再次进入桌面操作系统和微处理器体系设计领域，开发出 OS/2 和 Power 芯片期望推向桌面市场的时候，都遭到了惨痛的失败。20 世纪 70 年代 IBM 垄断一切的时代一去不复返了。当 IBM 意识到其不再在该领域拥有优势的时候，与 Microsoft 和 Intel 的继续合作使得横向产业模式得到更好的发展。而反观 Macintosh，虽然其垄断了自身硬件和操作系统的生产，但是由于与 IBM 兼容机不兼容，从而失去了大量希望使用 Windows 平台上某些软件的用户，而使发展受限。

另一个例子发生在汽车产业领域，也在类似的年代，发生了同样的变革，汽车零部件供应商脱离了整车生产商而逐渐形成了零部件制造业的巨头。这种革命性的模式变革正在整个世界范围内缓慢进行，逐渐使人们意识到，今天已经几乎不可能由一家庞大的企业控制着从供应链的源头到产品分销的所有环节，而是在每个环节，都有一些企业占据着核心优势，并通过横向发展扩大这种优势地位，集中资源发展这种优势能力。而现代供应链则将由这些分别拥有核心优势能力的企业环环相扣而成。同时企业联盟和协同理论正在形成，以支撑这种稳定的链状结构的形成和发展。

3．企业 X 再造

1993 年，美国麻省理工学院计算机教授迈克尔·哈默(Hammer) 和 CSC 顾问公司的杰姆斯·钱皮(James Champy)联名出版了《企业流程再造工商管理革命宣言》。该书一针见血地指出了当今组织管理制度中的弊端——部门条块分割和森严的等级制度，并给出了 BPR(Business Process Reengineering, 业务流程再造)的概念，以期望打破部门界限，重塑企业流程。而这个时代正是信息技术发展突飞猛进的信息时代，信息时代的最大革命就是计算机网络的应用，计算机网络带来的最大变革就是共享。人们认识到部门间的界限是由于知识和数据资源的垄断带来的权力的垄断所造成的，而计算机技术通过信息共享，透明化了企业内部流程的运作，打破了这种垄断。在早期的 ERP 项目实施中，由于没有意识到信息技术与管理组织变革之间的关系而遭到失败。今天人们谈到信息化，一般都会有意识地提到 BPR，这就是观念上的进步。而 ERP 毕竟只是打通了企业自身的关节，面对全球一体化浪潮和横向产业模式的发展，企业也已经意识到自身处在供应链的一个环节之上，就需要在不断增强自身实力的同时，增强与上下游之间的关系，这种关系是建立在相互了解、协同作业的基础之上的，只有相互为对方带来源源不断的价值，这种关系才能够永续。2002年，钱皮又灵光闪现，将此归结为"企业 X 再造"，为企业向外部拓展过程中如何突破跨组织之间的各种界限出谋划策。随着互联网技术的发展，这种共享、协作的观念也一起跨出企业。我们今天所谈及的供应链管理(Supply Chain Management，SCM)，正是为了实现这种观念而进行的一次实践。

供应链管理是企业的有效性管理，表现了企业在战略和战术上对企业整个作业流程的优化，整合并优化了供应商、制造商、零售商的业务效率，使商品以正确的数量、正确的品质，在正确的地点，以正确的时间、最佳的成本进行生产和销售。

(二)供应链管理的内涵

供应链形成了一个涵盖供应商、生产商、分销商、零售商和消费者的网络，实现了物流、信息流和资金流的有效集成。供应链管理就是指对整个供应链进行计划、协调、运营、控制和优化的各种活动与过程。

供应链管理作为管理学的一个新概念，已经成为管理哲学中的一个新元素。但文献中，并没有关于供应链管理的明确定义或有关活动的清晰描述。Harland 将供应链管理描述成对商业活动和组织内部关系、直接采购者的关系、第一级或第二级供应商、客户关系和整个供应链关系的管理。Scott 与 Westbrook 将供应链管理描述成一条连接制造与供应过程中每一个元素的链，包含了从原材料到最终消费者的所有环节。供应链管理的广义定义，包含了整个价值链，它描述了从原材料开采到使用结束整个过程中的采购与供应管理流程。Baatz 进一步将供应链管理扩展到物资的再生或再利用过程。供应链管理的主要目的在于如何使企业利用供应商的工艺流程、技术和能力来提高自身的竞争力，在组织内实现产品设计、生产制造、物流和采购管理功能的协作。当价值链中的所有战略组织集成为一个统一的知识实体，并贯穿于整个供应链时，企业运营的效率将会进一步提高。

总部设在美国俄亥俄州立大学的全球供应链论坛(Global Supply Chain Forum，GSCF)将供应链管理定义为："为消费者带来有价值的产品、服务以及信息的，从源头供应商到最终消费者的一体化业务流程。"Cavinato、Kotzab 和 Schnedlitz 将供应链管理定义为销售商和供应商之间的一种特殊战略伙伴形式，并对整个渠道的运营有着积极的影响。他们认为，供应链管理的关键是活动的集成。事实上，Bechtel 和 Jayaram 认为，供应链管理是供应链活动在"纯理念"和"纯集成"之间的一种集成——连续统一体，整个供应链是一条由终端客户驱动的无缝需求管道。

我国《物流术语》将供应链管理定义为"利用计算机网络技术全面规划供应链中的商流、物流、信息流、资金流等，并进行计划、组织、协调与控制等"。

供应链管理作为一种先进的管理理念，已经发展成为保障供应链成员协调运营、实现"利益共享，风险共担"的工具。供应链管理的目标是全方位的。例如，以更完整的产品组合，满足不断增长的市场需求；以不断缩短的交货期，应对市场需求多样化的趋势；通过缩短供给与消费之间的距离，快速、有效地反映市场需求的不确定性；借助供应链成员之间协调、协同的运营机制，不断降低整个供应链的运营成本；建立一个和谐的供应链管

第一章 企业运营与战略管理

理体系，在创新的管理体系中创造管理价值。

(三)供应链管理的特点

供应链管理是一种新型的管理模式，它的特点可以从与传统管理方法和与传统物流管理的比较中显现出来。

1. 与传统的管理方法相比较

供应链管理主要致力于建立成员之间的合作关系，与传统的管理方法相比，它具有以下特点。

(1) 以客户为中心。在供应链管理中，客户服务目标的设定优先于其他目标，它以客户满意为最高目标。供应链管理本质上是满足客户需求，它通过以降低供应链成本优先的战略，实现对客户的快速反应，以此提高客户满意度，获取竞争优势。

(2) 跨企业的贸易伙伴之间"利益共享，风险共担"。在供应链管理中，企业超越了组织机构的界限，改变了传统的经营意识，建立起新型的客户关系，使企业意识到不能仅仅依靠自己的资源参与市场竞争，提高经营效率，而要通过与供应链成员开展跨企业的合作，建立具有共同利益的合作伙伴关系，追求共同利益，发展企业之间稳定的、良好的、共生共荣的互助合作关系。

(3) 集成化管理。应用信息技术和网络技术，重新组织和安排业务流程，实现集成化管理。离开信息及网络技术的支撑，供应链管理就会丧失应有的价值。可见，信息已经成为供应链管理的核心要素。通过信息技术的应用，如条码技术、无线射频识别(radio frequency identification, RFID)技术、电子订货系统、售点销售系统(point of sales, POS)、电子支付系统等，供应链成员不仅能够及时有效地获得客户的需求信息，及时做出响应，满足客户需求，而且能够缩短订货提前期，提高供应链服务水平。

(4) 供应链管理是对物流的一体化管理。物流一体化实现了不同职能部门之间或不同企业之间通过物流合作，达到提高物流效率、降低物流成本的目的。供应链管理实质上是通过物流将供应链成员联结起来，改变了交易双方利益对立的传统观念，在整个供应链范围内建立起利益共享的合作伙伴关系。供应链管理将从供应商开始到最终消费者的物流活动作为一个整体进行统一管理，始终从整体和全局上把握物流的各项活动，使整个供应链的库存水平最低、运输效率最高，实现供应链整体物流最优化。在供应链管理模式下，库存不是必要的，库存变成了一种平衡机制，供应链管理更强调零库存。供应链管理使供应链成员结成了战略联盟，他们之间进行信息交换与共享，使得供应链的库存总量大幅降低，减少了资金占用和库存持有成本，还避免了缺货现象的发生。

总之，供应链管理可以更好地了解客户，为他们提供个性化的产品和服务，使资源在供应链上合理流动，缩短物流周期，降低库存和物流费用，提高物流效率，从而提高企业的竞争力。

2. 与传统物流管理相比较

物流已经发展成为供应链管理的一部分，它改变了传统物流的内涵，因此，与物流管理相比，供应链管理具有以下特点。

(1) 供应链管理的互动特征。从管理的对象来看，物流是以产品资产作为管理对象的，供应链管理则是对产品流动(包括必要的停顿)中的业务过程进行管理，它是对关系的管理，因此具有互动的特征。道格拉斯·M.兰博特教授认为，必须对供应链中所有关键的业务过程实施精细管理，主要包含需求管理、订单执行管理、制造流程管理、采购管理和新产品开发及其商品化管理等。在一些企业的供应链管理过程中，还包括从健康、安全和环保(health safety environment，HSE)理念出发的商品回收渠道管理，如施乐公司。

(2) 供应链管理成为物流的高级形态。事实上，供应链管理是以物流为基础发展形成的。从企业运营的层次来看，从实物配送到整合物资管理，再到整合信息管理，通过功能的逐步整合形成了物流的概念。从企业关系的层次来看，则有从生产商到分销商和零售商，再到最终客户的前向整合，以及向供应商的逆向整合。并且，通过关系的整合形成了供应链管理的概念。从操作功能的整合到渠道关系的整合，使物流从战术的层次提升到战略高度。所以，供应链管理实际上是物流在逻辑关系上的延伸。

(3) 供应链管理决策的发展。供应链管理决策和物流管理决策都是以成本、时间和绩效为基准点的，都要受到资源约束。供应链管理决策在包含运输决策、选址决策和库存决策的物流管理决策的基础上，增加了关系决策和业务流程整合决策，成为更高形态的决策模式。物流管理决策和供应链管理决策的综合目标，都是最大限度地满足客户需求、提高服务水平，供应链管理决策就形成了一个由客户服务目标拉动的空间轨迹。供应链管理的概念涵盖了物流的概念，用系统论的观点来看，物流是供应链管理系统的子系统，所以，物流管理决策必须服从供应链管理决策。

(4) 供应链管理的协商机制。物流在管理上是一个计划的机制。在传统的物流模式中，核心企业通常是生产商，它们力图通过一个计划来控制产品和信息的流动，与供应商和客户的关系本质上是利益冲突的买卖关系，常常导致库存或成本向上游企业的转移。供应链管理同样需要制订计划，但目的是谋求供应链成员之间的合作与协调。美国联合技术公司为了提高生产运营效率，在因特网(Internet)上公布生产计划，使其供应商能够更加迅速地对需求变化做出反应。

供应链管理是一个开放的系统，它的一个重要目标就是通过共享需求和库存信息，来减少或消除所有供应链成员所持有的缓冲库存，这就是供应链管理中的"共同管理库存"理念。

(5) 供应链管理强调组织外部一体化。物流更加关注组织内部的功能整合，而供应链管理认为只有组织内部一体化是远远不够的。供应链管理是一个高度互动和复杂的系统工程，需要综合考虑不同层次、不同企业相互关联的技术经济问题，进行成本效益权衡，如考虑组织内部和组织之间，库存以什么样的形态放在什么样的地方，在什么时候执行什么样的计划；供应链成员的布局和选址决策，信息共享的深度；供应链管理一体化的收益如何在供应链成员之间进行分配；特别是要求供应链成员能够共同制定整体发展战略或新产品开发战略等。跨边界和跨组织的一体化管理，使组织的边界变得更加模糊。

(6) 供应链管理呈现对先进技术的依赖性。随着供应链结构复杂性的增加，它更加依赖于信息技术、网络技术和通信技术等先进技术的支持。如果认为物流管理是为了提高客户需求产品的可得性，那么供应链管理则是为了增强供应链成员之间信息共享与交流的可靠性。所以，可将供应链视为成员之间信息增值交换的一系列关系，Internet、全球卫星定位系统(GPS)、RFID(无线射频识别)等先进技术为增强信息可靠性提供了技术支持,但如何管理和分配信息则取决于供应链成员之间对业务流程一体化的共识程度。因此,与其说供应链管理依赖于先进技术,还不如说供应链管理是为了在供应链成员之间形成一种相互信任、相互依赖、互惠发展的价值观和依赖关系而构筑的先进技术平台。

(7) 供应链管理是"外源"整合组织。供应链管理与垂直一体化物流不同,它是在自己的"核心业务"基础上,通过协作的方式整合外部资源以获得最佳的整体运营效益,除了核心业务以外,几乎每件事都可能是"外源的",即从公司外部获得的。著名的企业如 Nike 公司和 Sun 微系统公司,通常外购或外协所有的部件,而自己集中精力于新产品的开发和市场营销。这一类公司有时也被称为"虚拟企业"或者说"网络组织"。实际上一台标准的苹果机,其制造成本的 90%都是外购的。表面上看这些企业是将部分或全部的制造和服务活动,以合同形式外包给其他企业代为加工制造,但实际上是按照市场需求,根据规则对由标准、品牌、知识、核心技术和创新能力所构成的网络系统进行整合或重新分配社会资源。

垂直一体化以拥有资源为目的,而供应链管理则以协作和双赢为手段。所以,供应链管理是实现资源优化配置的优先方法。供应链管理在获得外部资源分配的同时,也将已有的内部成本外部化,通过清晰的过程进行成本核算和成本控制,可以更好地优化客户服务和实施客户关系管理。

(8) 供应链管理是一个动态的响应系统。在供应链管理具体实践中,应该始终关注对关键过程的管理和评价。高度动态的市场环境要求企业管理层,能够经常对供应链的绩效实施规范的监测和评价,如果没有达到预期的管理目标,就必须考虑可能的替代供应链,并做出适当的应变。

何谓 3A 供应链

斯坦福大学的供应链管理理论方面的专家李效良(HauLee)对六十多家注重供应链管理的领先公司包括戴尔公司进行了研究,结果发现,一流的供应链都具备了三大特点:反应敏捷(Agile)、能让各方利益协调一致(Aligned)、适应性强(Adaptable)。他认为,只要具备了这三个特点的供应链就能为公司创造可持续的竞争优势,他将其称为"3A"供应链。

(四)供应链管理的方法和原则

1. 供应链管理的方法

常见的供应链管理方法有以下几种。

(1) 快速反应。快速反应(quick response,QR)是指物流企业面对多品种、小批量的买方市场,不是储备了"产品",而是准备了各种"要素",在用户提出要求时,能以最快速度抽取"要素",及时"组装",提供所需服务或产品。QR 是在美国纺织服装业中发展起来的一种供应链管理方法。

(2) 有效客户反应。有效客户反应(efficient consumer response，ECR)是 1992 年从美国的食品杂货业发展起来的一种供应链管理策略，也是一个由生产厂家、批发商和零售商等供应链成员组成的，各方相互协调和合作，更好、更快并以更低的成本满足消费者需要为目的的供应链管理解决方案。有效客户反应是以满足顾客要求和最大限度降低物流过程费用为原则，能及时做出准确反应，使提供的物品供应或服务流程最佳化的一种供应链管理战略。

(3) 延迟策略。其基本思想就是对产品的外观、形状及其生产、组装、配送应尽可能推迟到接到顾客订单后再确定。

一般来说，实施延迟策略的企业应具备以下几个基本条件：①从产品特征来说，模块化程度高，产品价值密度大，有特定的外形，产品特征易于表述，定制后可改变产品的容积或重量；②从生产技术特征来说，模块化产品设计、设备智能化程度高、定制工艺与基本工艺差别不大；③从市场特征来说，产品生命周期短、销售波动性大、价格竞争激烈、市场变化大、产品的提前期短。

实施延迟策略常采用两种方式：生产延迟(或称形成延迟)和物流延迟(或称时间延迟)。具体操作时，常常发生在诸如贴标签(形成延迟)、包装(形成延迟)、装配(形成延迟)和发送(时间延迟)等领域。

2. 供应链管理的原则

根据 Mercer 管理顾问公司的报告，有近一半接受调查的公司经理将供应链管理作为公司的十项大事之首。调查还发现，供应链管理能够提高投资回报率、缩短订单履行时间、降低成本。Andersen 咨询公司提出了实施供应链管理的七项原则。

(1) 根据客户所需的服务特性来划分客户群。传统意义上的市场划分基于企业自己的状况，如行业、产品、分销渠道等，然后对同一地区的客户提供同一水平的服务。供应链管理则强调根据客户的状况和需求，采取具有不同服务水平的服务模式。

(2) 根据客户需求和企业可获利情况，设计企业的物流网络。企业物流网络的设计是以客户需求为基础的，并能够反映企业的获利情况。一家造纸公司发现两个客户群存在截然不同的服务需求。大型印刷企业允许较长的提前期，而小型的地方印刷企业则要求在 24 小时内供货，于是它要建立 3 个大型配送中心和 46 个紧缺物品快速反应中心。

(3) 倾听市场的需求信息。在企业销售计划和运营计划建立过程中，必须监测整个供应链的状况，及时发出需求变化的早期警报，并据此安排和调整计划。可见，来自市场的客户需求信息成为拉动供应链的重要原动力。

(4) 运用时间延迟策略。由于市场需求的剧烈波动，客户接受最终产品和服务的时间越早，需求量预测就越不准确，企业不得不维持较大的中间库存。为此，企业可以将最终产品和服务定型的时间向后延迟，以提高产品和服务系统的柔性。例如，一家洗涤用品企业，实施大批量客户化生产，在企业生产线上只完成产品加工，而产品的最终包装是在零售店根据客户需求完成的。

(5) 与供应商建立双赢的合作策略。迫使供应商相互压价，固然能使企业在价格上受益，但与供应商合作则可以降低整个供应链的成本，企业将会获得更大的收益，而且这种收益是长期的。

(6) 建立供应链管理信息系统。信息系统首先应该处理日常事务和电子商务，然后支持多层次信息决策，如需求计划和资源规划，最后根据大部分来自企业之外的信息进行前瞻性的战略分析。

(7) 建立整个供应链绩效评价体系。供应链绩效评价体系应该建立在整个供应链上，不仅仅是局部的个别企业的孤立标准，而且供应链绩效评价体系的建立和完善应围绕如何提高客户满意度这个中心，这是因为供应链是否具有竞争优势、能否生存和发展的最终验收标准就是客户满意度。

(五)企业实施供应链管理的步骤

1．分析市场竞争环境，识别市场机会

竞争环境分析是为了识别企业所面对的市场特征和市场机会。要完成这一过程，我们可以根据波特模型提供的原理和方法，通过调查、访问、分析等手段，对供应商、用户、现有竞争者及潜在竞争者进行深入研究，掌握第一手准确的数据、资料。一方面，这项工作取决于企业经营管理人员的素质和对市场的敏感性；另一方面，企业应该建立一种市场信息采集监控系统，并开发对复杂信息的分析和决策技术。例如，一些企业建立的顾客服务管理系统，就是掌握顾客需要、进一步开拓市场的有力武器。

2．分析顾客价值

供应链管理的目标在于提高顾客价值和降低总的交易成本，经理人员要从顾客价值的角度来定义产品或服务，并在不断提高顾客价值的情况下，寻求最低的交易成本。按照营销大师科特勒的定义，顾客价值是指顾客从给定产品或服务中所期望得到的所有利益，包括产品价值、服务价值、人员价值和形象价值。一般来说，发现了市场机会并不意味着真正了解某种产品或服务在顾客心目中的价值，因此，必须真正从顾客价值的角度出发来定义产品或服务的具体特征，只有不断为顾客提供超值的产品，才能满足顾客的需求，而顾客的需求拉动是驱动整个供应链运作的源头。

3．确定竞争战略

从顾客价值出发找到企业产品或服务的定位之后，经理人员要确定相应的竞争战略。竞争战略形式的确定可使企业清楚地认识到要选择什么样的合作伙伴以及与合作伙伴的联盟方式。根据波特的竞争理论，企业获得竞争优势有三种基本战略形式：成本领先战略、差别化战略以及目标集中战略。譬如，当企业确定应用成本领先战略时，往往会与具有相似资源的企业结成联盟，以形成规模经济；当企业确定应用差别化战略时，它选择的合作伙伴往往具有很强的创新能力和应变能力。商业企业中的连锁经营是成本领先的典型事例，它通过采用大规模集中化管理模式，在整个商品流通过程中把生产商、批发商与零售商紧密结合成一个整体，通过商品传送中心、发货中心把货物从生产商手中及时地、完好地运送到各分店手中，进而提供给消费者。这样的途径减少了流通环节，使企业更直接面对消费者。其结果不仅仅加快了流通速度，也加快了信息反馈速度，从而达到了成本领先的目的。

4．分析本企业的核心竞争力

核心竞争力是指企业在研发、设计、制造、营销、服务等某一两个环节上明显优于并

且不易被竞争对手模仿的、能够满足客户价值需要的独特能力。供应链管理注重的就是企业的核心竞争力，企业把内部的智能和资源集中在有核心竞争优势的活动上，将剩余的其他业务活动移交给在该业务上有优势的专业公司来弥补自身的不足，从而使整个供应链具有竞争优势。在这一过程中，企业要回答这样几个问题：企业的资源或能力是否有价值；资源和能力是否稀有，拥有较多的稀有资源的企业才可以获得暂时竞争优势；这些稀有资源或能力是否易于模仿，使竞争对手难以模仿的资源和能力，才是企业获得持续竞争优势的关键所在；这些资源或能力是否被企业有效地加以利用。在此基础上，重建企业的业务流程和组织结构。企业应对自己的业务认真清点，并挑选出与企业的生存和发展有重大关系、能够发挥企业优势的核心业务，而将那些非核心业务剥离出来交由供应链中的其他企业去完成。在挑选出核心业务之后，企业还应重建业务流程。

5. 评估、选择合作伙伴

供应链的建立过程实际上是一个供货商的评估、选择过程。选择合适的对象(企业)作为供应链中的合作伙伴，是加强供应链管理中最重要的一个基础。企业需要从产品的交货时间、供货质量、售后服务、产品价格等方面全面考核合作伙伴。如果企业对合作伙伴选择不当，不仅会腐蚀企业的利润，还会使企业失去与其他企业合作的机会，从而无形中抑制企业竞争力的提高。

对于供应链中合作伙伴的选择，可以遵循以下原则：第一，合作伙伴必须拥有各自的可资利用的核心竞争力。唯有合作企业拥有各自的核心竞争力，并使各自的核心竞争力相结合，才能提高整条供应链的运作效率，从而为企业带来可观的贡献。这些贡献包括及时、准确的市场信息，快速高效的物流，快速的新产品研制，高质量的消费者服务，成本的降低等。第二，拥有相同的企业价值观及战略思想。企业价值观的差异表现在，是否存在官僚作风，是否强调投资的快速回收，是否采取长期的观点等。战略思想的差异表现在，市场策略是否一致，注重质量还是注重价格等。可见，若价值观及战略思想差距过大，合作必定以失败而告终。第三，合作伙伴必须少而精。若选择合作伙伴的目的性和针对性不强，过于泛滥的合作可能导致过多的资源、机会与成本的浪费。

在具体的选择过程中，经理人员一定要慎重考察以下内容：①协作态度，包括良好的业务联系、提供信息的态度、对意外事件的处理态度和措施；②质量保证，包括事故的发生情况、质量问题；③社会信誉，主要指其他进货商对他的评价；④按期交货的保证情况；⑤生产保证情况，主要指安全生产；⑥从运输、联络方面来考察供应商所处的地理条件；⑦一旦选定后，则应建立战略合作关系。

【案例 1—1】

戴尔的供应链系统

戴尔公司以"直接经营"模式著称，其高效运作的供应链和物流体系使它在全球IT行业不景气的情况下逆市而上。根据权威的国际数据公司(IDC)的最新统计资料，在2002年第三季度，戴尔重新回到了全球PC第一的位置，中国市场上戴尔的业绩更加令人欣喜。戴尔

第一章　企业运营与战略管理

公司在全球的业务增长在很大程度上要归功于戴尔独特的直接经营模式和高效供应链，直接经营模式使戴尔与供应商、客户之间构筑了一个"虚拟整合"的平台，保证了供应链的无缝集成。

事实上，戴尔的供应链系统早已打破了传统意义上"厂家"与"供应商"之间的供需配给。在戴尔的业务平台中，客户变成了供应链的核心。直接经营模式可以让戴尔从市场得到第一手的客户反馈和需求，生产等其他业务部门便可以及时将这些客户信息传达到戴尔原材料供应商和合作伙伴那里。这种在供应链系统中将客户视为核心的"超常规"运作，使得戴尔能做到4天的库存周期，而竞争对手大都还徘徊在30～40天。这样，以IT行业零部件产品每周平均贬值1%计算，戴尔产品的竞争力显而易见。

在不断完善供应链系统的过程中，戴尔公司还敏锐地捕捉到互联网对供应链和物流带来的巨大变革，不失时机地建立了包括信息搜集、原材料采购、生产、客户支持及客户关系管理，以及市场营销等环节在内的网上电子商务平台。在valuechain.dell.com网站上，戴尔公司和供应商共享包括产品质量和库存清单在内的一整套信息。与此同时，戴尔公司还利用互联网与全球超过113000个商业和机构客户直接开展业务，通过戴尔公司先进的网站，用户可以随时对戴尔公司的全系列产品进行评比、配置，并获知相应的报价。用户也可以在线订购，并且随时监测产品制造及送货过程。

戴尔公司在电子商务领域的成功实践使"直接经营"插上了腾飞的翅膀，极大增强了产品和服务的竞争优势。基于微软视窗操作系统，戴尔公司经营着全球规模最大的互联网商务网站，覆盖80个国家，提供27种语言或方言、40种不同的货币报价，每季度有超过9.2亿人次浏览。

随着中国全面融入全球贸易体系进程的加快，激烈的国际竞争对中国企业提出了前所未有的挑战。在以信息化为显著标志的后工业化时代，供应链在生产、物流等众多领域的作用日趋显著。戴尔模式无疑对中国企业实施供应链管理有着重要的参考价值，我们在取其精华的同时，还应根据自身特点，寻找提升竞争力的有效途径。

本 章 小 结

本章首先论述了运营管理的概念及其发展历程，而后比较详细地讨论了运营战略管理等，最后介绍了供应链管理。

运营管理可以看作是对提供有形产品(生产)和无形服务(运作)的整个运营系统进行设计、运行、评价和改进的一系列管理活动的总称。运营管理的本质是转换。运营系统是一个"投入—转换—输出"体系，借助于运营管理发展的里程碑事件介绍了运营管理整个发展过程，并阐述了运营管理的内涵、主要特征、目标任务等相关内容。

战略是指在确保实现组织使命的前提下，为了获得可持续的竞争优势，根据组织所处的外部环境变化和内部资源条件，对组织未来发展目标和实现途径所做出的一种长远性规划。企业战略具有指导性、全局性、长远性、竞争性、系统性、风险性六大主要特征。一般来说，企业战略由以下四个要素组成：经营范围、资源配置、竞争优势、协同作用。企业战略管理的流程包括战略分析、战略选择、战略实施与控制三大模块。对于现代社会一家典型的企业来说，企业战略在组织内部是分层的，可以划分为三个层次：公司战略、竞争战略和职能战略。运营战略是企业职能战略的一种形式。

运营战略是指在企业战略的总体框架下，根据市场要求来制定企业的各项政策、计划，最大限度地利用有限的资源，通过运营管理活动来支持和完成企业的总体战略目标。总体来说，运营战略一般分为两大类：一类是结构性战略，另一类是基础性战略。运营战略的基本类型可以分为：基于成本的运营战略、基于质量的运营战略、基于时间的运营战略、基于柔性的运营战略、基于环保的运营战略、基于服务的运营战略。

21世纪不再是企业与企业的竞争，而是供应链与供应链之间的竞争。阐述了供应链管理的内涵、产生背景、特征及其方法和原则。常见的供应链管理方法主要包括：第一是快速反应(QR)；第二是有效客户反应(ECR)；第三是延迟策略，如生产延迟和物流延迟。

复习思考题

1. 何谓运营管理？
2. 运营管理的目标和任务是什么？
3. 运营管理理论形成和发展的代表性人物有哪些？
4. 阐述企业战略、公司战略、竞争战略、职能战略之间的区别与联系。
5. 运营战略的基本构架是什么？
6. 请分别举例说明基于成本、质量、时间、柔性、环保、服务的运营战略管理。
7. 制造型生产与运作型服务的区别有哪些？
8. 如何理解供应链的结构模式？
9. 简述常用的供应链管理策略。

【讨论案例 1—1】

南翔大酒店的服务竞争策略

南翔大酒店的服务竞争策略是正确的，主要体现在以下两个方面。

第一，从服务市场营销的角度来分析，该酒店采取服务竞争明显优于削价竞争方式。因为，该城市国内外游客每年虽然超过200万人次，但已有的宾馆和酒店的接待能力已超过700万人次/年，当地酒店业竞争过度，平均开房率不到40%，靠降价已难以提高开房率，必须转入服务竞争，靠优质服务才有可能进入良性发展的轨道。

第二，对当地酒店服务业市场进行细分。在全部客源中，国内外要求住三星级饭店的游客超过60万人次/年，而全城仅有三家三星级的酒店，即三星级酒店明显不足，并已迫使客源向低档店分流。在这种市场背景条件下，作为刚投入运营的三星级南翔大酒店以中高层次游客为营销对象，采用以服务取胜的策略，而不与低档酒店开展新一轮的价格战是明智之举。同时，服务竞争也体现了以服务目标顾客为中心，服务就是效益的原则。

第二章 产品研发与服务设计

学习要点及目标

(1) 了解企业研发的种类及对象。
(2) 熟悉企业研发的策略和途径。
(3) 掌握新产品的定义、分类、开发程序和内容。
(4) 掌握新产品开发策略、方法和步骤。
(5) 理解并行工程、价值工程的基本内涵。
(6) 了解服务设计的定义及其与产品设计的区别。
(7) 掌握服务设计的原则与方法。

企业研发与新产品开发.mp4

企业研发与新产品开发.ppt

核心概念

研究与开发　新产品　模块化设计　反求工程　稳健设计
价值工程　并行工程　服务设计　服务系统　服务蓝图　服务设计矩阵

永旺的零售服务设计

广东永旺天河城商业有限公司是由日本永旺株式会社下属公司、永旺(香港)百货有限公司与广东天河城(集团)股份有限公司下属的广东天河城百货发展有限公司出资成立的合资企业,使用日本永旺株式会社的零售商标 AEON(永旺)。日本永旺株式会社(AEON)是日本著名零售企业,在《财富》世界 500 强企业排名第 87 位。

永旺作为一家运用 GSM(综合百货)模式的零售企业,有着一套具备自我特色的服务体系,下面将以食品超市为现实具体案例,分析服务体系。

在体验设计中,内容作为信息,界面作为载体,流畅、不打扰是衡量界面好坏的标准之一,而在服务设计中,需要把无形的服务变成有形的价值。服务是一个可接触的外显的行为,通过五感(视觉、听觉、触觉、嗅觉、味觉)的刺激,用户与载体的接触称为触点。触点一般分为物理触点、媒介触点、人文触点,通过优化用户行为过程中的触点,将带来更好的购物体验。

零售超市,作为一个高频的购物场景系统,服务体系或许并不能提高商品的利润,但带来的却是可持续、不断转化的交易流量。作为大型生活超市模式,能满足在周围生活的人群的生活各类需求，这是它的基础价值。放心安全的食品，是食品超市的核心价值，笔者作为长期消费购买食品的顾客，曾认为吃的东西都是安全、新鲜的。(自从在华润万家吃过变味的盒饭，基本以后永远都不会考虑再去吃)

如何把服务体系搞得更加好，就是魅力价值了。如果你每天都听店员说"你好，欢迎光临"，行"万福"礼，会觉得厌倦吗？我的答案是，如果每一家超市商店都这么穿整体统一的服饰，这么礼貌，可能会。但现实，并不是那样。所以这些细致的服务体验，会成为这个系统的特定的记忆点。当体验过"服务不好"的购买流程后，你就会很自然地继续选择服务好的零售店。

【案例参考】简书：零售服务设计案例-永旺(改编)

研究与开发是组织创新的原动力。当企业发展到一定的规模，并在市场上占有了相当的份额时，企业就需要在研究与开发上下苦功夫。研究开发的目的在于开发出更多独特的产品或服务，建立新的核心竞争力，维持企业长青。

第一节 企业研发

一、企业研发的内涵与对象

研究与开发(research and development，R&D)，简称研发，又称研究与发展、研究与试验性发展，它是指为了增加知识总量，包括人类文化和社会知识的总量，并探索其新的应用而进行的系统的创造性工作。

一般来说，研究与开发包括三类，即基础研究、应用研究和开发研究。

(1) 基础研究包括纯基础研究与特定目标基础研究。纯基础研究主要探索新的自然规律、创造学术性新知识，与特定的应用、用途无关。特定目标基础研究是指为取得特定的应用、用途所需的新知识或新规律，运用基础研究的方法所进行的研究。一般来说，企业所进行的基础研究大都属于此类。

(2) 应用研究是将基础理论研究中的新知识、新理论应用于具体领域，其目的是探索新知识应用的可能性。

(3) 开发研究则是利用基础研究和应用研究的结果，为创造新产品、新技术、新材料、新工艺，或改变现有的产品、工艺、技术而进行的研究。这种研究是以生产为目标的。也就是说，在应用研究阶段，并没有具体的产品意识，只有到了开发研究阶段，才开始与具体的新产品、新技术联系起来。这一阶段的研究成果主要表现为专利设计书、图样和样品。

随着市场竞争的日益激烈，企业越来越重视研发活动。企业对研发活动的投资已从原有的开发阶段开始，逐渐向纯基础研究过渡。特别是现代化国际企业，在特定目标基础研究和纯基础研究上的投资已越来越大。

二、企业研发的内容

现代企业研究与开发的主要内容有：新产品开发和新技术开发。一方面，对于制造类型企业来说，研究与开发的主要目的是为保持长期的竞争优势而不断创造出能够带来高额利润的新产品。也就是说，企业的产品战略应从"制造产品"向"创造产品"改变。随着市场变化的日益频繁、产品生命周期日益缩短，新产品的开发将决定企业经营的基本特征，成为企业一切经营计划的出发点。

另一方面，新产品开发在企业中的重要地位决定了新技术，即新生产工艺技术开发的重要性。众所周知，技术是企业的基本要素之一，技术具有将企业所拥有的资源转换为产品和服务的机能。新产品的竞争力除了产品本身的功能、性能特征外，还需要由优异的质量和低廉的价格来保证，而后者与生产工艺技术有着密切的关系。一项技术的机能会随着时间和环境的变化而减弱，在技术进步日新月异的今天，技术的生命周期和产品的生命周期一样，正在日益缩短。因此，企业需要不断地开发及采用新技术来取代老化的技术。对于企业来说，新产品开发和新技术开发两者是相辅相成，缺一不可的。

三、企业研发的策略

一般来说，企业进行研究与开发可采用以下五种策略。

1. 独立开发

独立开发是当企业制定的目标可以完全依靠本企业的技术力量就能实现时所选择的方式。这种方式的优点是：企业可以完全独立地对研发活动进行管理，避免了大量的协调工作，而且保密性强，可以获得自主研发成果所带来的全部经济利益。其缺点是新产品的开发周期较长，需独立承担全部的研究开发费用，因而风险较高。这种开发方式要求企业具备较强的科研能力、雄厚的技术力量和一定的技术储备。采用领先型开发策略的企业一般采用这种开发方式。

2. 技术引进

技术引进是指企业利用国内外的先进技术从事新产品开发的方式，如直接购买专利技术。引进技术是许多企业开发产品的成功经验，利用这种方式可以节省企业的科研经费，减少开发风险，加速企业技术水平的提高，缩短产品开发周期。研究开发能力较弱的企业适合采取这种方式。

3. 技术引进与独立开发相结合

技术引进与独立开发相结合的方式是在充分消化吸收所引进技术的基础上，结合本企业的特点进行创新。其最大的优点是投资少、见效快，不仅能引进先进技术，而且还能创造出具有本企业特色的新产品。当企业具有一定的开发条件，外部又有比较成熟的新技术时，企业可以采用这种开发方式。采用追随型开发策略的企业一般采用这种开发方式。

4. 联合开发

联合开发是利用本企业和其他企业或公共研究机构各自不同的研究基础，共同或合作进行研发的方式。采用这种方式一方面可以实现优势互补，缩短产品开发时间，降低风险；另一方面可以获得享受开发成果、与其他企业合作、建立承包关系、销售网共享等利益。联合开发一般有四种形态：按生产流程(如材料—加工—组装)分工的企业的纵向合作，共同承担风险的同行业企业的水平合作，产、学、研的共同合作，在政府指导下的多方共同合作。如采取这种研发方式,还需考虑各个企业、部门投入的资源比例、需承担的责任,以及可获得的利润分配问题。

5. 委托开发

委托开发是指部分或全部借助外部的技术力量进行研发。委托方式既包括国内政府与企业、企业与企业、企业与大学和研究所等研究机构之间的委托,也包括外国政府与本国政府、外国企业(包括跨国公司)与本国企业之间的委托。委托研发方式对委托者和被委托者来说都是有利的:委托者仅提供研究开发费用,就可以借助外部的科研资源取得研发成果;而对被委托者来说,虽然研发成果归委托者,但可弥补自己研发资金的不足,并有助于提高自身的研发能力,扩大技术情报来源等。

四、企业情报

1. 企业情报的收集目的

企业情报也叫商业情报、工商情报、经营情报。企业情报的收集主要有以下目的。

(1) 为发展新产品提供依据。通过技术经济分析和市场调查可以使企业了解相关产品的技术经济效果、销售情况、发展趋势,从而使企业能够及时开发新产品或调整产品的发展方向,从而在市场上取得有利地位。

(2) 为推广新技术、新工艺提供依据。如何采用技术先进、经济合理的新工艺、新技术,提高产品的竞争能力,是企业普遍关注的问题。收集到充足的竞争情报,可以使企业采用最新的技术、最新工艺,生产出最新的产品,占领市场。

(3) 为制定科技政策提供依据。情报工作在为领导制定重大技术决策服务时,可以解决产品质量低、品种少、消耗高的问题,促进本企业本部门的技术改造,提高产品质量,增加花色品种,改进生产技术,提高经济效益。

(4) 为供销计划业务部门制订供销计划,进行市场预测提供依据。在经济竞争中,市场千变万化,企业要随时掌握市场脉搏。企业制订供销计划,要对市场进行预测,比如预测产品花色品种的选取、产品质量的上升程度、价格的波动、用户的动态、本企业产品的销售前景等,从而为企业制订供销计划,进行市场预测提供依据。

2. 企业情报的信息来源

企业情报的信息来源具体如下。

(1) 企业内部部门和员工。企业内部信息是最为可靠和有效的情报信息来源之一,通常包括员工素质、技术应用以及财务状况等信息。通过对内部部门员工的信息的收集、处理、分析,企业可以更好地了解自身实力,认识影响企业竞争实力的重要因素。

(2) 竞争对手。由于竞争的针对性和对抗性,来自竞争对手的信息是企业最为关注的,也是最难以获得的。但是,通过收集竞争对手进行的商业活动、展览以及公开的商业报表等信息,可以从中了解到对手的产品、技术、价格、销售等方面的信息。

(3) 政府部门和行业机构。国家的政策、方针、法规的制定对企业参与市场竞争起着至关重要的作用,这些情报来自政府部门;而关于行业的发展规划、产业政策、产业特征等行业信息的初始来源是行业机构。因此来自政府部门的宏观经济信息和行业机构的行业经济经济信息也是企业所必须关注的。

(4) 文献情报源。各种载体下的专业文献是对社会生产某一方面原始信息的加工处理，包括年鉴、企业名录、专利、行业报告、科技报告、会议记录等。由于文献的系统性比较强，所以为信息处理的简单化和可靠性提供了保障。

(5) 互联网。互联网是现代信息交流与收集的最佳平台。通过互联网，企业可以用较少的费用发布信息，同样可以用低廉的费用和时间获取各种竞争性信息。特别是随着文献载体信息资源和各种专职信息机构的信息资源在网上的再现，通过互联网，将可以获取多种不同的信息。

(6) 专职情报信息服务公司。从专职的情报信息公司获得信息，表面上看是会增加收集信息的成本，但是由于服务公司的专业性和权威性，获取的信息通常更具有针对性和及时性，尤其是对没有设置独立情报部门的企业，借助情报信息服务公司是明智而且可行的。

(7) 数据库。数据库资源是现代信息资源的一种主要发展形式，数据库可以采用光盘、软磁盘、硬磁盘形式记录和传递。数据库的最大优点就是检索效率高，复制成本低，尤其是光盘载体的数据库以其低廉的复制成本深受用户的青睐。

3. 企业情报的收集原则

企业情报的收集原则具体如下。

(1) 有针对性地收集。明确要解决什么问题，解决这些问题需要哪些信息，这些信息需要的时间是何时，它们提供给何人，该从何处获得。解决了这些问题，在后面的情报收集工作中，只要坚决贯彻就能做到有针对性了。

(2) 系统地收集。在收集情报时不仅要注意信息的质、信息的量，还应该注意信息收集的系统性。系统的信息可以提高信息的质量，使得信息的使用者可以通过信息之间的相互联系来判断信息的真伪，来进一步进行推理，得出比较合理的结论，为下一步工作打下良好的基础。

(3) 全面地收集。只有收集全面的信息，才能了解所要调查的有关国家环境、行业信息、竞争对手的详细情报，使信息真正能为企业所用。

4. 企业情报的收集方法

企业情报的收集方法具体如下。

(1) 公开资料的收集。公开资料的收集是指搜集同竞争对手相关的一切商业数据。应充分利用各图书馆馆藏资源，也可利用国内联机检索、国际联机检索及 Internet 检索；可订阅或浏览相关的报纸、杂志、行业协会出版物、各部门对外公开档案、工商企业的注册资料、上市公司的业绩报表、竞争对手的产品介绍、企业招聘广告、展销会、信用调查报告，购买专业调查机构出具的报告等。

(2) 市场调查和实地调查。市场调查和实地调查是指对现场进行参观访问、调查，询问、搜集实物样品等情报收集活动的总称。较常用的方法是：参加各种展销会、展览会，直接去了解竞争对手的各类信息。也可以委托专业的咨询调查公司进行。在市区，经常可见一些年轻的女士在做市场调查，她们手拿问卷提纲，向过路人提问，涉及的问题大都与企业经营的范围无关。此类做法明为材料的积累，但实质远远超出了商业竞争情报的范围，目的隐晦，颇堪玩味。

(3) 反求证法。反求证法就是通过购买竞争对手的产品进行拆卸研究。其目的首先是研究对手的产品是否有仿冒之嫌，其次是研究对手的产品中有否值得借鉴之处。例如，日本某发动机生产厂商就是委托本市某商务调查公司，凡是我国新生产的摩托车发动机，均委托该公司购买后寄往日本，以供其研究。

(4) 专业化。不少外国的跨国公司、集团公司、大商社为获取世界各地最先进的与本企业相关的科技情报，在全球广泛设立办事处。首先，其主要职责，就是搜集科技情报，或搜集最新的市场需求。在我国各主要大、中城市，也不乏此类办事处。其次，办事处广招兼职人员，名称有多种。如：商务谈判代表、商务拓展代表、客户服务主任、市场调研主任、公关协调主任等，这些人大多数是企业情报人员。他们以不起眼的身份，将触角广泛地伸向社会各个角落，伸向竞争对手的方方面面。他们的工作原则是广种薄收，只要从中收到一两份有价值的企业情报，企业的利润就会成倍、成十倍，甚至成百倍地增长。最后，这些大公司、大集团会以与本公司毫不相干的名称成立一些小公司去与竞争对手搞合作、联营等。通过这种方式，他们会将对手的情况摸得清清楚楚，上至领导层的基本情况，下至员工的喜怒哀乐，直至对手公司的全部运作状况，他们都了解得一丝不差。此种做法相当专业，所派员工也要经过专业的培训。

第二节 新产品开发

一、新产品的内涵与重要性

在市场竞争日益激烈的环境下，由于消费者的需求不断变化，科学技术日新月异，产品生命周期大大缩短，因此，不断开发新产品成为企业生存与发展的唯一选择。同时，由于新产品开发过程的代价高昂，企业资金的短缺，外部环境的限制增多及开发周期的加快，所以，按照科学的新产品开发程序进行工作，就显得尤为重要。

1. 新产品的内涵

1) 新产品的含义

何谓新产品？从不同的角度出发，可以对新产品的概念做出不同的描述。一般来说，新产品应在产品性能、材料和技术性能等方面(或仅一方面)具有先进性和独创性，或优于老产品。所谓先进性，是指由新技术、新材料产生的先进性，或由已有技术、经验技术和改进技术综合产生的先进性。所谓独创性，一般是指产品由于采用新技术、新材料或引进技术所产生的全新产品或在某一市场范围内属于全新产品。从企业经营的角度来说，新产品必须是：①能满足市场需求；②能够给企业带来利润。后者也正是企业进行新产品开发的动机。

2) 新产品的种类

新产品可分为以下几种。

(1) 全新产品。即具有新原理、新技术、新结构、新工艺、新材料等特征，与现有任何产品毫无共同之处的产品。全新产品是科学技术上的新发明，在生产上的新应用。

(2) 改进新产品。对现有产品改进性能，提高质量，或求得规格型号的扩展、款式花色的变化而生产出的新品种。

(3) 换代新产品。主要是指适合新用途、满足新需要，在原有产品的基础上，部分地采用新技术、新材料、新元件而制造出来的产品，如从电熨斗到自动调温的电熨斗，又到无线电熨斗等。

(4) 本企业新产品。即指对本企业是新的、但对市场并不新的产品。通常企业不会完全仿照市场上的已有产品，而是在造型、外观、零部件等方面作部分改动或改进后推向市场。

以上四种新产品中，换代新产品和改进新产品在市场上最多，也是企业进行新产品开发的重点。特别是在研制全新产品时，必须预先考察新产品能否满足以下条件：①具有设计的可能性；②具有制造的可能性；③具有经济性；④具有市场性，等等。

3) 新产品的发展方向

新产品发展的方向可以有以下几个方面。

(1) 多能化。扩大同一产品的功能和使用范围，例如，MP3 和 U 盘组合存储设备，多功能计算器等。在扩大产品功能时还应注意提高产品的效率和精度。

(2) 复合化。把功能上相互有关联的不同单体产品发展为复合产品，例如，洗衣机和干燥机的一体化，集打字、计算、储存、印刷为一体的便携式文字处理机等。

(3) 微型化。缩小产品的体积，减轻其重量使之便于操作、携带、运输以及安装。这样还可以节省材料，降低成本。

(4) 简化。改革产品的结构，减少产品的零部件，使产品的操作性能更好，同时也能带来成本的降低。使用新技术、新材料是使结构简化的一个方法，例如用晶体管代替电子管，用集成电路代替晶体管，等等。使产品的零部件标准化、系列化、通用化也是简化的一个重要途径。

2. 新产品的重要性

创新是企业生命之所在，如果企业不致力于发展新产品，就有在竞争中被淘汰的危险。努力开发新产品，对于企业的生存和发展有着极为重要的意义。

(1) 市场竞争的加剧迫使企业不断开发新产品。企业的市场竞争力往往体现在其产品满足消费者需求的程度及其领先性上。特别是现代市场上企业间的竞争日趋激烈，企业要想在市场上保持竞争优势，只有不断创新，开发新产品。相反，则不仅难以开发新市场，而且会失去现有市场。因此，企业必须重视科研投入，注重新产品的开发，以新产品占领市场，巩固市场，不断提高企业的市场竞争力。

(2) 产品生命周期理论要求企业不断开发新产品。产品在市场上的销售情况及其获利能力会随着时间的推移而变化。这种变化的规律就像人和其他生物的生命历程一样，从出生、成长到成熟，最终将走向衰亡。产品从进入市场开始直到被淘汰为止，这一过程在市场营销学中被称为产品的市场生命周期。产品生命周期理论告诉我们，任何产品不管其在投入市场时如何畅销，总有一天会退出市场，被更好的新产品所取代。如果企业能不断开发新产品，就可以在原有产品退出市场时利用新产品占领市场。值得注意的是，在知识经济时代，新技术转化为新产品的速度加快，产品的市场寿命越来越短，企业得以生存和发展的关键在于不断地创造新产品和改造旧产品。创新是使企业永葆青春的唯一途径。

(3) 消费者需求的变化需要不断开发新产品。消费者需求具有无限的扩展性，也就是说，人们的需求是无止境的，永远不会停留在一个水平上。随着社会经济的发展和消费者收入的提高，对商品和劳务的需求也将不断地向前发展。消费者的一种需求满足了，又会产生出新的需求，循环往复，以至无穷。适应市场需求的变化需要企业不断开发新产品，开拓新市场。

(4) 科学技术的发展推动着企业不断开发新产品。科学技术是第一生产力，是影响人类前途和命运的伟大力量。科学技术一旦与生产密切结合起来，就会对国民经济各部门产生重大的影响，伴随而来的是新兴产业的出现、传统产业的被改造和落后产业的被淘汰，从而使企业面临新的机会和挑战。这是由于科学技术的迅速发展，新产品开发周期大大缩短，产品更新换代加速，从而推动着企业不断寻找新科技来源和新技术专利，开发更多的满足市场需要的新产品。

二、新产品开发的程序和内容

1. 新产品开发的程序

企业新产品的开发过程，是一个充满了矛盾、风险和创新的工作过程，也可以说是一项十分复杂的社会工程。从新产品的构思、筛选、设计、试制、鉴定、试销、评价直到全面上市投产，工作内容和环节相当多，涉及面也很广。因此，新产品的开发，一般总是要按照一定的阶段和程序展开。

(1) 新产品的构思。构思不是凭空瞎想，而是有创造性的思维活动。新产品构思实际上包括了两方面的思维活动：一是根据得到的各种信息，发挥人的想象力，提出初步设想的线索；二是考虑到市场需要什么样的产品及其发展趋势，提出具体的产品设想方案。可以说，产品构思是把信息与人的创造力结合起来的结果。

新产品的构思，可以来源于企业内外的各个方面，顾客是其中一个十分重要的来源。据美国 6 家大公司调查，成功的新产品设想，有 60%～80%来自用户的建议。一种新产品的设想，可以提出许多的方案，但一个好的构思，必须同时兼备两条。①构思要非常奇特。创造性的思维，就需要有点异想天开。富有想象力的构思，才会形成具有生命力的新产品。②构思要尽可能接近于可行，包括技术和经济上的可行性。根本不能实现的设想，只能是一种空想。

(2) 新产品的筛选。从各种对新产品设想的方案中，挑选出一部分有价值进行分析、论证的方案，这一过程就叫筛选。筛选阶段的目的不是接受或拒绝这一设想，而是在于说明这一设想是否与企业目标相一致，是否具有足够的现实性和合理性以保证有必要进行可行性分析。筛选要努力避免两种偏差：其一，不能把有开发前途的产品设想放弃了，失去了成功的机会；其二，不能把没有开发价值的产品设想误选了，以致仓促投产，招致失败。筛选时要根据一定的标准对各种产品的设想方案逐项进行审核。审核的程序可以是严密组织和详细规定的，也可以是相当随机的。筛选是新产品设想方案实现的第一关。国外有一家重要的咨询公司指出，一般企业只有 1/4 的设想方案可以通过筛选阶段，大约只有 7%的设想方案在经过筛选后形成了新产品，并获得成功。

(3) 编制新产品计划书。这是在已经选定的新产品设想方案的基础上，具体确定产品开

第二章 产品研发与服务设计

发的各项经济指标、技术性能,以及各种必要的参数。它包括产品开发的投资规模、利润分析及市场目标,产品设计的各项技术规范与原则要求,产品开发的方式和实施方案,等等。这是制订新产品开发计划的决策性工作,是关系全局的工作,需要企业的领导者与各有关方面的专业技术人员、管理人员通力合作,共同完成。这一步工作做好了,就为新产品的实际开发铺平了道路。

(4) 新产品的设计。这是从技术经济上把新产品设想变成现实的一个重要的阶段,是实现社会或用户对产品的特定性能要求的创造性劳动。新产品的设计,直接影响到产品的质量、功能、成本、效益,影响到产品的竞争力。以往的统计资料表明,产品的设计成功与否、质量好坏,60%~70%取决于产品的设计工作。因而,产品设计在新产品开发的程序中占有十分重要的地位。

设计要有明确的目的,要为用户考虑,要从掌握竞争优势来考虑。现在,许多企业为了搞好新产品的设计,都十分重视采用现代化的设计方法,如价值工程、可靠性设计、优化设计、计算机辅助设计、正交设计法等。产品设计的科学性,是与科学的设计方法分不开的。

(5) 新产品的试制。这是按照一定的技术模式实现产品的具体化或样品化的过程。它包括新产品试制的工艺准备、样品试制和小批试制等几方面的工作。新产品试制是为实现产品大批量投产的一种准备或实验性的工作,因而无论是工艺准备、技术设施、生产组织,都要考虑实行大批量生产的可能性,否则,产品试制出来了,也只能成为样品、展品,只会延误新产品的开发。同时,新产品试制也是对设计方案可行性的检验,一定要避免设计是一回事,而试制出来的产品又是另一回事的现象。否则,就会与新产品开发的目标背道而驰,导致最终的失败。

(6) 新产品的评定。新产品试制出来以后,从技术经济上对产品进行全面的试验、检测和鉴定,这是一次重要的评定工作。对产品的技术性能的试验和测试分析是不可缺少的,主要内容包括:系统模拟实验、主要零部件功能的试验以及环境适应性、可靠性与使用寿命的试验测试,操作、振动、噪声的试验测试等。对产品经济效益的评定,主要是通过对产品功能、成本的分析,通过对产品投资和利润目标的分析,通过对产品社会效益的评价,来确定产品全面投产的价值和发展前途。对新产品的评价,实际上贯穿开发过程的始终。这一阶段的评定工作是非常重要的,它不仅有利于进一步完善产品的设计,消除可能存在的隐患,而且可以避免产品大批量投产后可能带来的巨大损失。

(7) 新产品的试销。试销,实际上是在限定的市场范围内,对新产品的一次市场实验。通过试销,可以实地检查新产品正式投放市场以后,消费者是否愿意购买,制定在市场变化的条件下,新产品进入市场应该采取的决策或措施。一次必要和可行的试销,对新产品开发的作用是很明显的:①可以比较可靠地测试或掌握关于新产品销路的各种资料,从而对新产品的经营目标做出适当的修正;②可以根据不同地区进行不同销售因素组合的比较,根据市场变化趋势,选择最佳的组合模式或销售策略;③可以根据新产品的市场"试购率"和"再购率",对新产品正式投产的批量和发展规模做出进一步的决策,等等。

(8) 商业性投产。这包括新产品的正式批量投产和销售工作。在决定产品的商业性投产以前,除了要对实现投产的生产技术条件、资源条件进行充分准备以外,还必须对新产品投放市场的时间、地区、销售渠道、销售对象、销售策略的配合以及销售服务进行全面规划和准备。这些是实现新产品商业性投产的必要条件。不具备这些必要的条件，商业性投产就不可能实现，新产品的开发就难以获得最后的成功。

2. 新产品开发的内容

企业开发新产品的内容是非常广泛的，可以概括为三方面：一是产品整体性能的开发；二是产品技术条件的开发；三是产品市场条件的开发。

(1) 产品整体性能的开发。这是新产品开发活动中最重要、最基本的一部分。它直接决定着产品的成败。①质量开发。主要包括：质量标准的改进或提高；质量测试手段和保证体系的完善；对存在质量问题的各种原因的分析；开拓产品新的质量性能的途径。②品种开发。主要包括：淘汰或改进老产品的品种；增加新品种、新花色、新式样；发展品种的新系列。③功能开发。主要包括：扩大产品功能的范围；发掘产品的新功能或新用途；增加产品的特殊功能；开辟增加功能、降低成本的新途径。④结构开发。主要包括：创造产品的新结构、新的构成原理；研制和设计产品的新造型结构；探讨缩小产品体积，减轻产品重量，向轻微型发展的可能性；改进产品包装，增加产品的艺术美，确立新的产品形象。⑤使用方式开发。主要包括：改进产品的落后使用方式；增加新的使用方式；研究产品使用的安全性、方便性、灵活性；提高产品自动控制、操作的能力。

(2) 产品技术条件的开发。这是新产品的基础性开发活动。它为产品整体性能的开发提供了必要的条件或手段。搞好这方面的开发活动，对提高产品的素质，保证产品的成功开发，具有决定性影响。①科学研究开发。主要包括：收集、整理最新科学技术发展成果的资料或情报；研究最新科学技术成果的应用途径；探讨产品发展的最新技术方向；提出和分析新一代产品的设想及设计方案。②工艺设备开发。主要包括：实现新产品的工艺的开发；新产品工艺路线的分析确定；开发的新产品工艺的非标设备的设计；非标设备工装的开发设计。③原材料开发。主要包括：新材料的开发研究；新材料基本特性表征分析研究；材料工程应用安全可靠性及工程适用性研究；材料失效行为机理与原因分析研究及修复工艺开发。④零部件开发。主要包括：零部件的物理性能分析；零部件的几何尺寸的确定；零部件的公差配合分析及确立。

(3) 产品市场条件的开发。这是关于新产品效益性的开发活动。它对于实现产品价值，提高产品的效益性、竞争性，具有重要的作用。搞好这方面的开发活动，是保证新产品开发获得成功的重要环节。①商标开发。主要包括：为新产品设计和使用有效的商标；确立名牌商标的信誉。②广告开发。主要包括：探讨设计与新产品相适应的广告内容；扩大广告宣传的新领域、新对象；提高广告宣传的针对性和竞争力。③销售渠道开发。主要包括：针对新产品营销，增加销售网点，扩大销售能力；选择合理的销售路线；研究和采用最有效的销售方式；开拓产品新的销售市场、新的销售对象。④销售服务开发。主要包括：研究有效的销售服务形式；增加新的销售服务项目；完善销售服务的手段，提高销售服务的质量；探讨进一步为用户服务的各种可能性。

三、新产品的开发策略

采取正确的新产品开发策略是使新产品开发获得成功的前提条件之一。在制定新产品的开发策略时，应借鉴科技发展史以及产品发展史上的宝贵经验，分析、预测技术发展和市场需求的变化,还应做到"知己知彼",即不仅知道本企业的技术力量、生产能力、销售能力、资金能力以及本企业的经营目标和战略,还应知道竞争对手的相应情况。

制定新产品的开发策略时可以从以下几种不同的侧重点出发。

1. 从消费者需求出发

满足消费者需求是新产品的基本功能。消费者需求可分为两种,一种是眼前的现实的需求,即对市场上已有产品的需求,另一种是潜在的需求,即消费者对市场还没有出现的产品的需求。制定新产品的开发策略,既要重视市场的现实需求,也要洞察市场的潜在需求。只看到现实需求,争夺开发热门产品,使有些短线产品很快变成长线产品,形成生产能力过剩,造成人力、物力和财力的极大浪费,甚至影响到企业的整个生存和竞争能力。所以,企业开发新产品,应该注重挖掘市场的潜在需求,以生产促消费,主动地为自己创造新的市场。

2. 从挖掘产品功能出发

所谓挖掘产品功能,就是赋予老产品以新的功能、新的用途。例如,调光台灯的出现就是一个很好的例子。台灯本来的功能是照明,但调光台灯不仅能照明,还可以起到保护视力和节电的作用,因此在市场上一出现就大受欢迎。近年来又出现了一种既可调光又可测光的台灯,使光线能调到视力保护最佳的范围,这可以说是对调光台灯功能的进一步挖掘。

3. 从提高新产品竞争力出发

新产品在市场上的竞争力除了取决于产品的质量、功能以及市场的客观需求外,也可采取一些其他策略来提高新产品的竞争力。例如,抢先策略,在其他企业还未开发成功,或未投入市场之前,抢先把新产品投入市场。采用这种策略要求企业有相当的开发能力以及生产能力,并达到相应的新产品开发管理水平和生产管理水平。紧跟策略,即企业发现市场上出现有竞争能力的产品时,就不失时机地进行仿制,并迅速投入市场。一些中小企业常采用这种策略,这种策略要求企业有较强的应变能力和高效率的开发组织能力。最低成本策略,即采取降低产品成本的方法来扩大产品的销售市场,"以廉取胜"。采取这种策略要求企业具有较高的生产技术开发能力和较高的劳动生产率。

第三节 产品设计及其评价

一、产品设计的方法

下面介绍几种常用的产品设计方法,包括模块化设计、CAD、反求工程和稳健设计。

1. 模块化设计

模块化设计是以企业的标准件、通用件和过去生产过的零部件为基础,用组合方式或堆积木方式来设计新产品。或者是在试验研究的基础上,设计出一系列可互换的模块,然后根据需要选用不同的模块与其他部件组合成不同的新产品。在机电产品设计中,这种方法的应用很普遍。

采用这种方法的前提是必须使零部件标准化、通用化，并加强对这些零部件的管理工作。应事先规定每个标准件和通用件的特征及其使用范围，在进行新产品设计时，设计人员可运用优选法，选择适当的标准化以及通用化零部件。设计时通常可以拟定几个产品组合方案，通过技术经济效果分析或采用价值工程分析方法，选择最优组合方案。因此，这种设计方法最容易实现产品设计自动化，容易实现利用计算机进行辅助设计。

2. CAD

近年来，随着计算机技术的显著发展、技术革新的进展和市场需求的日益多样化以及产品生命周期的普遍日益缩短，给产品设计也带来了很大的变化。历来需依靠人力所进行的许多作业都通过计算机的应用而实现了自动化。

随着新产品开发周期的缩短，对生产制造系统的柔性也提出了越来越高的要求。CAD(Computer Aided Design，计算机辅助设计)正是在这样的背景下出现的一种通过计算机的应用而进行高效率、高精度产品设计的方法。

CAD从首次用于产品设计及制造至今已有三十多年的历史，近些年才取得了相当的进展和普及。随着计算机性能的不断提高以及价格的降低，CAD的软件开发已取得了很大的进展。从自动制图开始，现在已发展到解析、模拟、三维曲面设计、轮廓设计、曲面NC数据生成、焊接机器人的最佳配置等高度复杂工作。CAD目前已广泛应用于建筑、机械、成型、电机、电子、汽车、船舶、飞机、车辆、机床、造纸等各种行业。

CAD的主要机能是设计计算和制图。作为其附带机能，还可以用来制作管理零件一览表，进行成本估算，等等。

设计计算主要是指用计算机来进行机械设计等基于工程和科学规律的计算，以及在设计产品的内部结构时，为使某些性能参数或目标达到最优而应用优化技术所进行的计算。这些计算通常很复杂，要求的精确度也很高，在以往用人工进行的设计中，往往需要花大量的时间，计算后还需要进行反复的检查、验算。而利用计算机，用很少的人力和时间就可完成这些计算，并且计算精确度较高，不易出错。

计算机制图是通过计算机的人机对话图形处理系统来实现。在这种系统中带有图形处理程序，操作人员只需把所需图形的形状(例如圆、矩形等)和尺寸(例如圆的半径、矩形的长和宽)以及图形位置等参数输入计算机，计算机就可自动在指定的位置绘出该图形。通用件、标准件的图纸以及一些常用图形的形状、尺寸以及规格等可预先存储在计算机内，以便随时调用。人机对话图形处理系统使设计人员能够在计算机屏幕上随意放大或缩小图形，可以使图形向上、下、左、右任一方向移动以及转动，可以任意消除，也可以对预先存储在计算机内的不同标准图形随意进行组合，还可以将绘好的三视图在计算机上自动转换成立体图，等等。因此，极大地提高了制图速度，把设计人员从日常繁重的制图劳动中解放了出来。制图方式的这种改变对新产品开发周期的缩短起了很大的作用。由CAD产生的图形形状数据还可直接用来生产NC数据以及用来编制控制机器人的程序。

3. 反求工程

近年来，反求工程技术在我国的工业设计领域的应用发展非常快，特别是在快速成型技术中的应用范围也越来越广泛。

第二章 产品研发与服务设计

反求工程是对已有的实物进行扫描或根据其已有影像为信息源，通过数据处理，建立实物的几何模型。反求工程的广义定义是针对消化吸收先进技术的一系列分析方法和应用技术的组合。它是以先进产品设备的实物、软件(图纸、程序、技术文件等)或影像(图片、照片等)作为研究对象，应用现代设计理论和方法、生产工程学、材料学和有关专业知识进行系统深入的分析和研究，探索其关键技术，进而开发出同类的先进产品。反求工程的狭义定义是根据实物模型的坐标测量数据，构造实物的数字化模型(CAD 模型)，以便能利用 CAD/CAM、RPM、PDM 及 CIMS 等先进技术对其进行处理或管理。反求工程包括形状反求、材料反求和工艺反求等，目前形状反求具有更加重要的地位和作用。

反求工程的着眼点在于对原有实物进行修改和再设计，而后制造出新的产品。这不仅避免了"侵权"的法律问题，而且可满足现代社会的实际需要。在企业竞争中，利用反求工程开发实物情报中的隐含信息对企业是非常有利的。在激烈的国际竞争中，要迅速及时地掌握国外大量的先进技术，了解竞争对手的现状和动向，除了进行技术间谍活动外，正常途径便是借助于反求工程。

也许有人会说："反求工程就是仿形、克隆或仿制，就是依葫芦画瓢。"实际上，反求工程的应用目的并不在于简单地仿形、克隆或仿制他人产品。因为仿形、克隆或仿制不需要建立几何模型，是产品到产品的模拟过程，而反求工程需要建立几何模型。反求工程并不限于样件复制，它的最终目标是在获得实物基本数据的条件下，对数据进行必要的处理，对模型进行分析、修改等。反求工程获得的不仅仅是实物具象的数字描述，更重要的是获得从数据中抽象计算出来的几何特征和特征属性(参数、坐标等)，这种特征的描述具有语义，并可以进行语义运算和其他语义操作，从而可实现和概念设计的接口。

4. 稳健设计

20 世纪 90 年代以来，设计已成为各发达工业国家的热点，认识到产品质量首先是设计出来的，并把产品质量从以往被动地依靠产品检验和生产过程控制来保证，发展到主动地从产品质量设计入手，从根本上确立产品的优良品质。稳健设计，就是一种有效地保证产品高质量的设计方法。

稳健设计(robust design)又称健壮设计，习称鲁棒设计，是 20 世纪 70 年代日本著名质量管理专家田口玄一博士提出的一种应用性很强的、行之有效的新工程设计方法，国际上称之为田口方法(Taguchi Method)。田口博士把产品设计分为 3 个阶段进行，即系统设计、参数设计、容差设计，简称三次设计法或三段设计法(或损失模型法)。这种设计赋予产品或过程高性能和低成本，使其性能对在制造期间的变异或使用环境(包括维修、运输、储存)的变异并不敏感，并且在生命周期内，不管其组件是否发生漂移或老化都能持续满意地工作。由此可见，稳健设计不是通过选用高品质材料、精密制造、严格限制使用条件等来消除噪声的影响，而是在产品设计阶段通过优化设计方案，尽量减少质量波动，从而获得具有低成本、高性能、高可靠性的产品。

二、价值工程

价值工程(Value Engineering，VE)又称为价值分析(Value Analysis，VA)。价值工程是一门新兴的管理技术，是降低成本、提高经济效益的有效方法。

1. 价值工程法简介

所谓价值工程，指的都是通过集体智慧和有组织的活动对产品或服务进行功能分析，使目标以最低的总成本(生命周期成本)，可靠地实现产品或服务的必要功能，从而提高产品或服务的价值。价值工程主要思想是通过对所选定研究对象的功能及费用的分析，提高对象的价值。这里的价值，指的是反映费用支出与获得之间的比例，用数学比例式表达如下：

价值=功能/成本。

价值工程法20世纪40年代起源于美国，劳伦斯·戴罗斯·麦尔斯(Lawrence D. Miles)是价值工程的创始人。1961年美国价值工程协会成立时，他当选为该协会第一任会长。"二战"之后，由于原材料供应短缺，采购工作常常碰到难题。经过实际工作中孜孜不倦地探索，麦尔斯发现有一些相对不太短缺的材料可以很好地替代短缺材料。后来，麦尔斯逐渐总结出一套解决采购问题的行之有效的方法，并且把这种方法的思想及应用推广到其他领域，例如，将技术与经济价值结合起来研究生产和管理的其他问题，这就是早期的价值工程。1955年这一方法传入日本后，与全面质量管理相结合，得到进一步推广，成为一套更加成熟的价值分析方法。麦尔斯发表的专著《价值分析的方法》使价值工程很快在世界范围内产生了巨大影响。

2. 价值工程法的特点

价值工程法具有以下特点。

(1) 价值工程是以寻求最低生命周期成本，实现产品的必要功能为目标。价值工程不是单纯强调功能的提高，也不是片面地要求降低成本，而是致力于研究功能与成本之间的关系，找出二者共同提高产品价值的结合点，克服只顾功能而不计成本或只考虑成本而不顾功能的盲目做法。

(2) 价值工程是以功能分析为核心。在价值工程分析中，产品成本计量是比较容易的，可按产品设计方案和使用方案，采用相关方法获取产品生命周期成本，但产品功能的确定比较复杂、困难。因为功能不仅是影响因素很多且不易定量计量的抽象指标，而且由于设计方案、制造工艺等的不完善，不必要功能的出现，以及人们评价产品功能的方法存在差异性等，造成产品功能难以准确界定。所以，产品功能的分析成为价值工程的核心。

(3) 价值工程是一个有组织的活动。价值工程分析过程不仅贯穿于产品整个生命周期，而且其涉及面广，需要所有参与产品生产的单位、部门及专业人员的相互配合，才能准确地进行产品的成本计量、功能评价，达到提高产品的单位成本功效的目的。所以，价值工程必须是一个有组织的活动。

(4) 价值工程分析是以产品成本、功能指标、市场需求等有关的信息数据资料为基础，寻找产品创新的最佳方案。因此，信息资料是价值工程分析的基础，产品创新才是价值工程的最终目标。

(5) 价值工程能将技术和经济问题有机地结合起来。尽管产品的功能设置或配置是一个技术问题，而产品的成本降低是一个经济问题，但价值工程分析过程通过"价值"(单位成本的功能)这一概念，把技术工作和经济工作有机地结合起来，克服了产品设计制造中普遍存在的技术工作与经济工作相互脱节的现象。

第二章 产品研发与服务设计

3. 提高价值的基本途径

提高价值的基本途径有以下 5 种。
(1) 提高功能，降低成本，大幅度提高价值。
(2) 功能不变，降低成本，提高价值。
(3) 功能有所提高，成本不变，提高价值。
(4) 功能略有下降，成本大幅度降低，提高价值。
(5) 提高功能，适当提高成本，大幅度提高功能，从而提高价值。

4. 开展价值工作的原则

麦尔斯在长期实践过程中，总结了一套开展价值工作的原则，用于指导价值工程活动的各步骤的工作。这些原则如下。
(1) 分析问题要避免一般化、概念化，要做具体分析。
(2) 收集一切可用的成本资料。
(3) 使用最好、最可靠的情报。
(4) 打破现有框框，进行创新和提高。
(5) 发挥真正的独创性。
(6) 找出障碍，克服障碍。
(7) 充分利用有关专家的智慧，扩大专业知识面。
(8) 对于重要的公差，要换算成加工费用来认真考虑。
(9) 尽量采用专业化工厂的现成产品。
(10) 利用和购买专业化工厂的生产技术。
(11) 采用专门生产工艺。
(12) 尽量采用标准。
(13) 以"我是否这样花自己的钱"作为判断标准。

这 13 条原则中，第(1)条至第(5)条是关于思想方法和精神状态的要求，要实事求是，要有创新精神；第(6)条至第(12)条是关于组织方法和技术方法的要求，要重专家、重专业化、重标准化；第(13)条则提出了价值分析的判断标准。

5. 价值工程的实施程序

价值工程已发展成为一项比较完善的管理技术，在实践中已形成了一套科学的实施程序。这套实施程序实际上是发现矛盾、分析矛盾和解决矛盾的过程，通常是围绕以下 7 个合乎逻辑程序的问题展开的。
(1) 这是什么？
(2) 这是干什么用的？
(3) 它的成本是多少？
(4) 它的价值是多少？
(5) 有其他方法能实现这个功能吗？
(6) 新的方案成本是多少？功能如何？
(7) 新的方案能满足要求吗？

按照顺序回答和解决这 7 个问题的过程，就是价值工程的工作程序和步骤。即：选定对象，收集情报资料，进行功能分析，提出改进方案，分析和评价方案，实施方案，评价活动成果。

三、并行工程

并行工程(Concurrent Engineering，CE)产生之前，产品功能设计、生产工艺设计、生产准备等步骤以串行生产方式进行。这样的生产方式的缺陷在于：后面的工序是在前一道工序结束后才参与到生产链中来，它对前一道工序的反馈信息具有滞后性。一旦发现前面的工作中含有较大的失误，就需要对设计进行重新修改、对半成品进行重新加工，于是会延长产品的生产周期、增加产品的生产成本、造成不必要的浪费，产品的质量也不可避免地会受到影响。

1986 年，美国国防工程系统首次提出了"并行工程"的概念，初衷是为了改进国防武器和军用产品的生产，缩短生产周期，降低成本。由于该方法的有效性，不久，各国的企业界和学术界都纷纷研究它，并行工程方法也从军用品生产领域扩展到民用品生产领域。

1. 并行工程的概念

关于并行工程有很多定义，但是，至今得到公认的是 1986 年美国国防分析研究所在其 R-338 研究报告中提出的定义："并行工程是对产品及其相关过程(包括制造过程和支持过程)进行并行的一体化设计的一种系统化的工作模式。这种工作模式力图使开发者们从一开始就考虑到产品全生命周期(从概念形成到产品报废)中的所有因素，包括质量、成本、进度和用户需求。"

简要地来讲，并行工程是集成地、并行地设计产品及其零部件和相关各种过程(包括制造过程和相关过程)的一种系统方法。换句话说，就是融合公司的一切资源，在设计新产品时，就前瞻性地考虑和设计与产品的全生命周期有关的过程，在设计阶段就预见到产品的制造、装配、质量检测、可靠性、成本等各种因素。

并行工程使企业在设计阶段就预见到产品的整个生命周期，是一种基于产品整个生命周期的具备高度预见性和预防性的设计。需要指出的是，有人把并行工程简单地等同于并行生产或者并行工作，认为并行工程就是同时或者交错地开展生产活动。这种看法是错误的。并行工程最大的一个特点是强调所有的设计工作要在生产之前完成。

2. 并行工程的实施方法

并行工程方法的实质就是要求产品开发人员与其他人员一起共同工作，在设计阶段就考虑产品整个生命周期中从概念形成到产品报废处理的所有因素，包括质量、成本、进度计划和用户的要求。

从上述定义可以看出，要想开展并行工程，必须从以下几个方面来努力。

(1) 团队工作方式。并行工程在设计一开始，就应该把产品整个生命周期所涉及的人员都集中起来，确定产品性能，对产品的设计方案进行全面的评估，集中众人的智慧，得到一个优化的结果。这种方式使各方面的专才，甚至包括潜在的用户都汇集在一个专门小组里，协同工作，以便从一开始就能够设计出便于加工、便于装配、便于维修、便于回收、便于使用的产品。并行工程需要成员具备团队精神,这样不同专业的人员才能在一起协同工作(team work)。

这样的工作方式从相当大程度上克服了原来串行生产模式的弊病。过去,由于单个设计人员的知识和经验的局限性,很难全面地考虑到产品生产中各个阶段的要求;加上设备、工艺、材料的复杂性和多样性,难以对多个设计方案进行充分的评价和筛选,在时间紧迫的情况下,设计人员大多选择最方便的方案,而不是最适宜的方案。于是返工现象就在所难免。

(2) 技术平台。实施并行工程,必须有相应的技术支持,才能完成基于计算机网络的并行工程。技术平台包括:①一个完整的公共数据库,必须集成并行设计所需要的诸方面的知识、信息和数据,并且以统一的形式加以表达。②一个支持各方面人员并行工作、甚至异地工作的计算机网络系统,它可以实时、在线地在各个设计人员之间沟通信息、发现并调解冲突。③一套切合实际的计算机仿真模型和软件,它可以由一个设计方案预测、推断产品的制造及使用过程,发现所隐藏的阻碍并行工程实施的问题。

(3) 对设计过程进行并行管理。技术平台是并行工程的物质基础,各行业专家是并行工程的思想基础。并行工程是基于专家协作的并行开发。但是,并不是说有了专家和技术平台,就自然而然地产生效益,还要对这个并行过程进行有效的管理。由于每个专业的人士受其专业知识的限制,往往对产品的某一个方面的因素考虑得较多,而忽视了产品的整体指标,因此要确定一个全面的设计方案,需要各专家多次的交流、沟通和协商。在设计过程中,团队领导要定期或者不定期地组织讨论,团队成员都畅所欲言,可以随时对设计出的产品和零件从各个方面进行审查,力求使设计出的产品不仅外观美、成本低、便于使用,而且便于加工、便于装配、便于维修、便于运送,在产品的综合指标方面达到一个满意值。

这种并行工程方式与传统方式相比,可以保证设计出的最终原型能够集中各方面专家的智慧,是一个现行情况下最完美的模型,在很大程度上可以避免因为设计缺陷而造成产品返工,可以避免由于设计反复修改引起人、财、物的浪费。

(4) 强调设计过程的系统性。并行设计将设计、制造、管理等过程纳入一个整体的系统来考虑,设计过程不仅要做出图纸和其他设计资料,还要进行质量控制、成本核算,也要产生进度计划等。比如在设计阶段就可同时进行工艺(包括加工工艺、装配工艺和检验工艺)过程设计,并对工艺设计的结果进行计算机仿真,直至用快速原型法产生产出品的样件。

(5) 基于网络进行快速反馈。并行工程往往采用团队工作方式,包括虚拟团队。在计算机及网络通信技术高度发达的今天,工作小组完全可以通过计算机网络向各方面专家咨询,专家成员既包括企业内部的专家,也包括企业外部的专家。这样专家可以对设计结果及时进行审查,并及时反馈给设计人员。不仅可以大大缩短设计时间,还可以保证将错误消灭在"萌芽"状态。计算机、数据库和网络是并行工程必不可少的支撑环境。

3. 并行工程的实施效益

实施并行工程,会为企业带来许多明显的效益。

(1) 缩短产品投放市场的时间。在产品供不应求的时代,顾客主要考虑产品的功能,要求功能的完善程度和实用性,其他的要求则放在次要的位置。随着制造技术的发展,商品充足,顾客看重产品的价格。当制造商通过诸如精益生产等方式尽力降低成本,把价格降到一定程度后，顾客又注重产品质量。市场的发展态势表明，缩短交货期将会成为下一阶段的主要特征。并行工程技术的主要作用就是可以大大缩短产品开发和生产准备时间。据报道，由于实施了并行工程的虚拟产品开发策略，福特公司和克莱斯勒公司将其新型汽车的开发周期由 36 个月缩短至 24 个月。设计和试制周期仅为原来的 50%。

(2) 降低成本。并行工程可在三个方面降低成本：首先，它可以将错误限制在设计阶段。据有关资料介绍，在产品生命周期中，错误发现得愈晚，造成的损失就愈大。其次，并行工程不同于传统的"反复试制样机""反复做直到满意"的做法，强调"一次达到目的"。这种"一次达到目的"的要求是靠软件仿真和快速样件生成实现的，省去了昂贵的样机试制。最后，由于在设计时考虑到加工、装配、检验、维修等因素，强调了产品的整体成本优化，因此，产品的全生命周期成本就降低了，既有利于顾客，也有利于制造者。

(3) 提高质量。采用并行工程技术，尽可能将所有质量问题消灭在设计阶段，使所设计的产品便于制造，易于维护。这就为质量的"零缺陷"提供了基础，使得制造出来的产品甚至不必检验就可上市。事实上，根据现代质量控制理论，质量首先是设计出来的，其次才是制造出来的，并不是检验出来的。检验只能去除废品，而不能提高质量。并行工程技术主要是从根本上保证了质量的提高。例如福特公司和克莱斯勒公司与 IBM 合作开发的虚拟制造环境用于其新型车的研制，在样车生产之前，发现其定位系统的控制及其他许多设计缺陷，避免了公司以后的损失。

(4) 增强功能的实用性。由于并行工程在设计过程中，同时有销售人员参加，有时甚至还包括顾客，这样的设计方法紧贴市场趋势，反映了用户的需求，从而可保证去除顾客不需要的冗余功能，降低设备的复杂性，提高产品的可靠性和实用性。另外，并行工程增强了企业的市场竞争能力。由于并行工程可以较快地推出适销对路的产品并投放市场，而且所设计的模型合理，使生产制造成本降低，同时可保证产品质量，因而，企业的市场竞争能力将会得到增强。

四、产品设计的评价

按新产品的研究和开发程序，产品设计评价可分为初期评价、中期评价、末期评价和事后评价四个时期。

1. 初期评价

初期评价是指在新产品构想及方案的产生阶段进行的评价，往往是概略性的评价。例如，对一般机电产品的研究开发主要是方案形成和先期阶段的评价，而对于像新型战机、主战坦克等产品而言，包括战术要求和技术经济论证阶段与总体方案设计阶段的评价。最初从技术调查开始，分析现有产品的现状及其发展趋势，提出总的任务和目标，进而设想为实现目标的各种可能途径，提产出品或系统的功能特性指标，初步确定各子系统的功能定义和技术要求。初期时间的评价，均是偏重于技术理论、设计理论、结构先进性、解决技术关键等问题的可能性，以及经费来源、时间允许等可行性论证和分析。由于评价的要素是通过调查分析和技术预测而定的，因而带有一定的风险性。这一时期的主要评价方法是，根据给定目标，提出各种可供选择的方案，以及相应的效果和费用。通过概略评价，对各方案进行粗略筛选，保留少数方案进行基本设计和实验。

2. 中期评价

中期评价主要是从设计开始至设计定型之前所进行的评价。由于这一时期较长，评价的活动较多，它的目的是检验新产品设计的正确性，包括技术和经济两个方面，对暴露出来的问题逐个加以解决。在这一时期，随着方案的具体化进行较为详细的评价。同样，在设想具体化的基础上，可能有多重具体方案，并可能涉及部件或零件结构、所采用材料、加工工艺、装配方法以及采用的设备和工艺装备等。对这些方案都要在技术、经济和社会环境等方面进行详细评价，进而对产品做出综合评价。评价的方法比较具体和仔细，为了检验方案正确与否，为了取得实际的技术数据和资料，可以采用各种试验方法。例如：

(1) 理论实验，即把各方案的技术条件，通过公式(或模拟)进行计算，取得比较数据，鉴定方案优劣。

(2) 模型验证，即把有希望的设计方案制成模型进行试验，取得初步资料。有的建立实物模拟台，对系统进行全尺寸或同比例缩小或放大的实物模拟试验。

(3) 样品试验，即把有希望的极少数方案做出样品，通过现场试验，取得必要的技术资料，以验证设计的正确性。

这一时期的经济评价工作也比较具体，可以对不同方案估算出制造成本和生命周期成本，计算制造方面和顾客的经济效益，选择使两者利益加和最优的方案。

价值工程的方法在这个时期具有更重要的应用价值，它不仅可以为各种方案做出价值评价，而且可以帮助设计工程师改进设计工作，做到技术与经济的统一，实现方案的优化。

3. 末期评价

末期评价是指在新产品样品制成之后进行的评价。重点是全面审查新产品各项性能指标与生产成本是否符合原定的各项要求，做好投产前的准备工作，防止可能出现其他问题。末期评价主要形式是设计和生产定型鉴定。它通过实际获得的技术和经济效果数据，得出研制成败与否、产品能否被顾客接受的结论。

4. 事后评价

事后评价是指在投产一段时期之后所进行的评价，主要是为了考核新产品的实用效果。一般采用收集顾客意见、现场调查等方法。所得出的评价意见可作为进一步改进产品技术性能和经济指标的依据。

第四节 服 务 设 计

一、服务设计概述

在某些情况下，产品设计和服务设计是同时进行的，原因在于出售商品和提供服务有时是同时进行的。例如，为一辆车更换机油包括了提供服务(抽干残油，注入新油)和出售商品(新油)。类似地，铺装新地毯包括了提供服务(服务)和出售产品(地毯)。在某些情况下，顾客所接受的确实是单纯的服务，如理发或平整草地。但是，在大多数情况下，两者兼而有之，只不过与出售商品相比，提供服务的份额可能相对较低。即使在制造业，也有如机器维修、员工培训、安全检查之类的服务。由于商品和服务往往是交错的,为了有效地进行管理,管理人员对商品和相关的服务都要有充分的了解。

1. 产品设计和服务设计的区别

产品设计和服务设计的区别具体如下。

(1) 一般情况下,产品是实实在在的,看得见、摸得着的。因此,服务设计通常要比产品设计更注重于其不可触摸因素(例如思维的清醒程度、气氛等)。

(2) 多数情况下,服务的提供和给予是同时进行的(如理发、洗车等)。在这种情况下,能够先于顾客发现和改正服务中的错误就更加困难。所以,员工培训、工作流程设计及处理好与各部门的关系就显得特别重要。

(3) 服务没有"存货",因此限制了它的可变性,这就使服务系统的设计显得非常重要。

(4) 服务对于顾客来说是"透明的",因此在设计中必须牢记这点。这也为服务系统的设计提出了更多的要求,而这在产品设计中是不存在的。

(5) 对某些服务业,其介入和退出非常容易,这给服务设计提出了更大的挑战,服务设计必须要有创新并考虑成本因素。

(6) 便利性是服务设计中要考虑的一个主要因素,选址通常对服务设计有着重要影响,因此,服务设计和位置选择应同时进行考虑。

下面对两者之间的某些差异进行更为细致的分析。就顾客与服务系统的接触程度来说,从无接触到高度接触。当顾客接触程度很低或没有接触时,服务设计与产品设计基本相同。顾客与服务系统的接触程度越高,服务设计与产品设计的差异就越大,服务设计就越复杂。顾客与服务系统接触意味着服务设计中必须进行相应流程的设计。在产品设计时必须考虑产品的制造能力,这样做是允许的,也是可能的,因为产品和生产系统毕竟是两个分隔的实体。而下列有关服务设计的例子则说明了当顾客是系统的一部分时,服务和生产流程之间联系的不可分割性:冰箱制造厂改变了装配冰箱的程序,这种变化会被购买冰箱的顾客明显地感受到。相反,公交公司改变车辆调度计划或行车路线,这些变化对骑车的人而言是不明显的。所以,顾客与服务系统的接触程度对服务设计有很大的影响。

2. 服务设计的概念

服务设计是基于服务策略选择的,服务策略决定了服务的性质和重点及其目标市场。这就要求管理人员要评估一种特殊服务的潜在市场和赢利能力,以及组织提供该服务的能力。一旦组织确定了服务的重点和目标市场,就应确定目标市场顾客的要求和期望。接下来,服务设计者根据这些信息设计服务传递系统(即工具、流程、提供服务所需的全体工作人员)。服务传递系统的例子有邮政、电话、信息服务(电脑网络、传真)及面对面的接触。

服务设计的两个关键点是服务要求的变化程度以及顾客接触服务系统并渗透到传递系统的程度。这会影响到服务的标准化或必须定制的程度。顾客接触程度或服务要求的变化程度越低,服务能达到的标准化程度就越高。没有接触及很少或没有流程变化的服务设计与产品设计极其类似。相反,高可变性及高顾客接触程度通常意味着服务必须高度定制。图 2-1 说明了这一概念。

在进行服务设计时,要考虑的一个相关因素是销售机会:顾客接触的程度越大,销售的机会就越大。

第二章 产品研发与服务设计

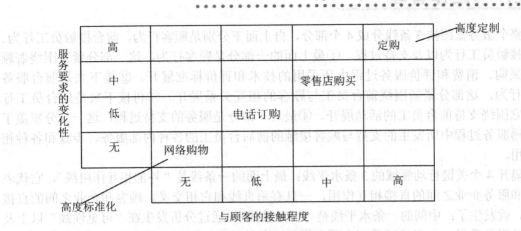

图 2-1 服务变化与顾客的接触程度对服务设计的影响

3. 服务设计的原则

Richard Chase 在进行了大量有关认知心理学、社会行为学的研究和服务设计实践后给出了服务设计的首要原则，具体如下。

(1) 让顾客控制服务过程：研究表明，当顾客自己控制服务过程的时候，他们的抱怨会大大减少。即使是自助式的服务，当顾客的服务使用过程操作不当时，也不会对自助系统产生过多抱怨。

(2) 分割愉快，整合不满：研究表明，如果一段经历被分割为几段，那么在人们印象中整个过程就要比实际时间显得更长。因此，可以利用这一结论，将使顾客感到愉快的过程分割成不同的部分，而将顾客不满(例如等待)的部分组成一个单一的过程。这样有利于实现更高的服务质量。

(3) 强有力的结束：这是行为学中一个普遍的结论。在服务过程中，相对于服务开始，往往是服务结束时的表现决定了顾客的满意度。因此，在服务设计中，服务结束的内容和方式应当成为一个需要重点考虑的问题。

4. 服务蓝图

由 Shostack 首先提出的服务蓝图技术，为我们提供了一个很好的服务设计并进行深入分析服务流程的工具。

服务蓝图是一种准确地描述服务体系的工具，它借助于流程图，通过持续地描述服务提供过程、服务接触、员工和顾客的角色以及服务的有形证据来直观地展示服务。经过服务蓝图的描述，服务被合理地分解成服务提供过程的步骤、任务及完成任务的方法，使服务提供过程中所涉及的人都能直观地理解和处理它，而不管他们是企业内部员工还是外部顾客，也不管他们的出发点和目的是什么。更为重要的是，顾客同服务人员的接触点在服务蓝图中被清晰地识别，从而达到通过这些接触点来控制和改进服务质量的目的。

1) 服务蓝图的结构

蓝图包括顾客行为、前台员工行为、后台员工行为和支持过程。绘制服务蓝图的常规并非一成不变，因此所有的特殊符号、蓝图中分界线的数量，以及蓝图中每一组成部分的名称都可以因其内容和复杂程度而有所不同。当深刻理解蓝图的目的，并把它当成一个有用工具而不是设计服务的条条框框时，所有问题就迎刃而解了。

整个服务蓝图被3条线分成4个部分，自上而下分别是顾客行为、前台接触员工行为、后台接触员工行为以及支持过程。①最上面的一部分是顾客行为，这一部分紧紧围绕着顾客在采购、消费和评价服务过程中所采用的技术和评价标准展开。②接下来是前台服务员工行为，这部分紧紧围绕前台员工与顾客的相互关系展开。③再接下来是后台员工行为，它围绕支持前台员工的活动展开。④最后一部分是服务的支持过程，这一部分覆盖了在传递服务过程中所发生的支持与顾客接触的前后台员工的各种内部服务、步骤和各种相互作用。

隔开4个关键行动领域的3条水平线：最上面的一条线是"外部相互作用线"，它代表顾客和服务企业之间的直接相互作用，一旦有垂直线和它相交叉，顾客和企业之间的直接接触，就发生了；中间的一条水平线是"可见性线"，通过分析发生在"可见性线"以上及以下的服务数量，一眼就可看到为顾客提供服务的情况，并区分哪些活动是前台接触员工行为，哪些活动是台后接触员工行为；最下面的一条线是"内部相互作用线"，它把接触员工的活动同对它的服务支持活动分隔开来，是"内部顾客"和"内部服务人员"之间的相互作用线，如有垂直线和它相交叉则意味着发生了内部服务接触。

顾客行为部分包括顾客在购买、消费和评价服务过程中的步骤、选择、行动和互动。这一部分紧紧围绕着顾客在采购、消费和评价服务过程中所采用的技术和评价标准展开。

与顾客行为平行的部分是服务人员行为。那些顾客能看到的服务人员表现出的行为和步骤是前台员工行为。这部分则紧紧围绕前台员工与顾客的相互关系展开。

那些发生在幕后、支持前台行为的雇员行为称作后台员工行为。它围绕支持前台员工的活动展开。

蓝图中的支持过程部分包括内部服务和支持服务人员履行的服务步骤和互动行为。这一部分覆盖了在传递服务过程中所发生的支持与顾客接触的前后台员工的各种内部服务、步骤和各种相互作用。

服务蓝图与其他流程图最为显著的区别是包括了顾客及其看待服务过程的观点。每个行为部分中的方框图表示出相应水平上执行服务的人员执行或经历服务的步骤。

2) 建立服务蓝图的步骤
(1) 识别欲建立服务蓝图的服务过程，明确对象。
(2) 识别顾客对服务的经历。
(3) 从顾客角度描绘服务过程。
(4) 描绘前、后台接触员工行为。
(5) 把顾客行为、服务人员行为与支持功能相连。
(6) 在每个顾客行为步骤加上有形展示。

二、服务系统及服务设计方法

(一)服务系统

1. 服务系统的分类

通常将服务创造过程中与顾客接触的程度作为服务系统分类的主要标志。顾客服务接触度是指顾客在服务系统中的时间与服务所耗费的总时间之比值。按这种标志分类，可以将服务划分为以下几种基本类型。

第二章 产品研发与服务设计

(1) 高接触度服务系统：这是指那些与顾客直接打交道后直接交往的服务运作系统。提供服务的一方与顾客之间在服务过程中保持的接触程度很高，如旅行社的导游服务、旅馆的接待服务、保险公司的个人服务等。这类服务系统往往注重服务的质量和适应性，即根据具体顾客的需要来提供服务，而不注重追求效率。

(2) 低接触度服务系统：这是指在服务过程中顾客与服务提供方的接触程度比较低或不与顾客直接打交道的一种服务运作系统。如服务企业的行政管理、会计事务处理、银行中的支票处理业务等。由于顾客参与服务过程少，大部分工作可以借助机器和标准程序与方法完成，因此，这类服务系统较注重提高效率和注重成本。

(3) 混合型服务系统：这是指性质和内容介于高接触度系统和低接触度系统之间的各种服务运作系统，如银行的出纳业务、火车站的服务作业等。

2. 服务系统的设计要求

服务系统的设计要求具体如下。

(1) 服务系统的一致性要求。这意味着服务系统的每一个要素都要与企业的运作核心相一致。

(2) 服务系统的便利性要求。这意味着顾客可以很容易地与系统进行交流。

(3) 服务系统的稳定性要求。这意味着服务系统能够有效地应对需求和可用资源的变化。

(4) 服务系统的结构化要求。这意味着服务系统具有结构化特点。

3. 服务平台的构建——服务系统设计矩阵

服务系统设计的一个重要内容就是使服务系统与顾客需求相适应。服务流程的成功和失败与服务方式的选择有直接关系。即什么样的需求特征，应该有什么样的服务方式。如图 2-2 所示的服务系统矩阵给出了六种服务方式的选择。

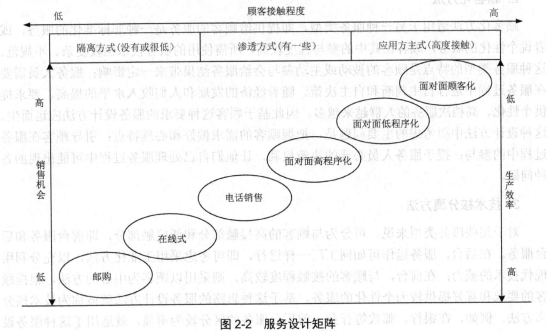

图 2-2 服务设计矩阵

服务设计矩阵的上端表示顾客与服务接触的程度：隔离方式表示顾客与系统完全分离或很少接触，顾客接触程度很低；渗透方式表示与顾客接触是利用电话或面对面沟通；反应方式表示既要接收又要回应顾客的要求。

服务设计矩阵的左端表示市场定位的一种逻辑，即顾客接触程度越高，销售机会也就越大；右端表示随着顾客对服务系统参与程度的变化，服务效率变化的情况，顾客参与程度越高，对系统效率影响就越大。

(二)服务设计方法

到目前为止，较成熟的服务设计方法有三种：工业化方法、顾客化方法和技术核分离方法。以下对这几种方法的主要特点进行概述。

1. 工业化方法

工业化方法的基本思路是：将制造业的生产技术和管理方法用于标准化、大量型的服务类型。这种服务类型通常所需的服务技术较简单、规范，而且要求服务过程对所有顾客有一致性。其主要管理问题是提高服务效率，提高服务质量的稳定性，而这正是制造业企业管理方法的优势所在。20世纪70年代，服务设计的工业化方法在一些技术密集型、标准化、大规模的服务业行业得到了广泛应用，如餐饮、零售业、银行、酒店、航空等行业，这些行业普遍采用各种自动化设备和制造业的管理思想对服务系统进行了改造，使当时的服务生产率得到了较大提高。自动售货机、自动柜员机、联合订票系统以及"麦当劳"的标准化服务便是这一时期的典型例子。这种设计方法中要考虑的主要问题是：建立明确的劳动分工，使服务人员的行为规范化、服务程序标准化；应用各种硬技术和软技术(管理技术)来取代个人劳动。

2. 顾客化方法

顾客化方法适用于另一种服务类型，即提供给顾客的服务是一种非标准化的服务，或者说个性化的服务，顾客在其中的参与程度较高，所需使用的服务技术也较复杂、不规范。这种服务类型的特点是顾客的被动或主动参与会给服务结果带来一定影响；服务人员需要在服务过程中进行自主判断和自主决策。随着经济的发展和人们收入水平的提高，要求提供个性化、高档次服务的人群越来越多，因此基于顾客这种要求的服务设计方法应运而生。这种设计方法中要考虑的主要问题是：把握顾客的需求偏好和心理特点；引导顾客在服务过程中的参与；授予服务人员必要的决策权利，让他们自己处理服务过程中可能出现的各种问题。

3. 技术核分离方法

对于某些服务类型来说，可分为与顾客的高接触部分和低接触部分，即前台服务和后台服务。在后台，服务运作可如同工厂一样进行，即可考虑采用工业化方法，以充分利用现代技术的威力；在前台，与顾客的接触程度较高，则采用以顾客为中心的方法，根据顾客的要求和喜好提供较为个性化的服务。基于这种思路的服务设计方法就被称为技术核分离方法。例如，在银行、邮政等行业，前后台服务的区分较为明显，就适用于这种服务设计方法。这种设计方法中要考虑的主要问题是：前台运作和后台运作之间的衔接；与顾客接触程度的区分和两种方法的结合使用；新技术的利用及其导致的前后台区分的变化。

本 章 小 结

研究与开发是指为了增加知识总量，包括人类文化和社会知识的总量，并探索其新的应用而进行的系统的创造性工作。它的对象是基础研究、应用研究和开发研究。现代企业研究与开发的主要内容有新产品开发和新技术开发。企业可采用独立开发、技术引进、技术引进与独立开发相结合、联合开发和委托开发的策略。在研究与开发中，企业情报具有重要的作用。

由于新产品开发过程的高昂代价、企业资金的短缺、外部环境的限制增多及开发周期的加快，所以按照科学的新产品开发程序进行工作，注意开发的内容并掌握开发的策略，就显得尤为重要。

产品设计的方法有许多，在产品设计中要注意运用价值工程、并行工程并进行适时的评价。

服务设计与产品设计有很大的区别，要根据服务设计的关键点和原则并运用服务蓝图对服务进行系统的设计。服务平台的构建可根据服务系统设计矩阵进行，并采用正确的方法。

复习思考题

1. 企业研发的策略有哪些？
2. 如何收集企业情报？
3. 简述新产品的内涵。
4. 新产品开发的内容和程序是什么？
5. 新产品开发有什么策略？
6. 简述稳健设计的内涵。
7. 简述提高价值的基本途径。
8. 简述并行工程的内涵。
9. 服务设计与产品设计有什么区别？
10. 简述服务设计的原则。
11. 简述服务蓝图的结构及其建立步骤。
12. 简述服务系统设计矩阵的结构。
13. 简述技术核分离方法的思想。
14. 怎样才能提高新产品开发的成功率？

【讨论案例 2—1】

十几年来，许多巨型公司建立了庞大的研发队伍，投入巨额的研发费用，非但没有结出技术创新之果，反令公司正常运营陷入困境。例如辉瑞公司在全球的研发人员已达 1.5 万人。仅 2004 年，辉瑞为其 479 个项目投入的资金高达每周 1.52 亿美元，其中 96% 的努力最终都付诸东流。西门子研发人员更是高达 4.5 万人。摩托罗拉的研发投入并不低，却陷入亏损境地，几乎要卖身。

乔布斯说过："创新跟研发资金的多少没有关系。当苹果公司推出 Mac 的时候，IBM 在研发方面的投入至少是苹果的 100 倍。创新跟资金没有关系，关键是你所拥有的人，你如何领导他们，以及你对创新的理解。"

苹果公司的研发秘诀就是独特的研发管理和创新机制。

第三章 运营系统选址与布局

学习要点及目标

(1) 认识运营系统选址的重要性及其影响因素。
(2) 掌握运营系统选址的方法、步骤和技巧。
(3) 熟悉运营系统布局内容、分类。
(4) 了解运营系统布局的基本原则。
(5) 掌握运营系统总体布局的方法。

企业选址与设施布局.mp4

生产与运作管理-第四讲.ppt

核心概念

运营系统　运营系统选址　运营系统布局　车间布置　产品布置　工艺布置　流水线　混合流水线　成组流水线　工序同期化

引导案例

宝马公司成功的选址

1992 年，德国宝马公司决定在德国以外建设第一个大型生产厂，经过不断的研究，最终决定在南卡罗来纳州建厂。德国宝马公司在进行新厂选址时主要考虑了以下几个因素。

1. 市场位置

美国是最大的高档车市场，规模还在扩大。

南卡罗来纳州位于美国东南部大西洋海岸，是连接美国南方和北方的重要商业交通枢纽，也是北美最早和世界通商的地域之一。州内共有 9 座商业机场，3 个主要港口，4000 多千米的铁路，5 条主要跨州国道，10 万多千米州级高速公路。南卡罗来纳州境内的任何一个生产基地距离美国半数以上发展最快的市场只有 1 天的车程。许多企业正是有效利用了南卡罗来纳州战略性的天然地理位置和灵活的海陆空交通网，找到了接入重要运输码头、商家和消费市场的捷径，保证了生产物流分配的及时性。

2. 劳动力

美国制造业劳动力成本较低：在美国每小时需要支付给劳动力 17 美元，而在德国则需要支付 27 美元。同时，美国劳动力的劳动生产率高：美国有 11 个节假日，而德国有 31 个。

3. 政府鼓励

当时南卡罗来纳州地方政府的税收减免达到 1.35 亿美元。从机场到工厂是自由贸易区，

生产与运作管理

进口部件和出口整车零关税。

4. 产业协作能力

一百多年来，从最初从事的食品包装和合成纤维的制造，到今天近300家生产企业在南卡罗来纳州的生产塑料制品、纤维、树脂，或加工塑料成品。南卡罗来纳州的塑料业以每年4%的速度发展，产业工人占南卡罗来纳州产业工人数量的13%，已成为化工业、汽车制造业以及高科技产业的支柱。南卡罗来纳州产业工人每8人中就有1人在塑料产业服务。南卡罗来纳州总人口仅是美国总人口的1.4%，南卡罗来纳州化工业却占有全国化工业资产投资额的3.9%，创造了4%的业内工作机会。加工核材料的西斯廷-萨瓦那河核工厂是州内最大的化工企业，投资逾35亿美元。同样驻扎南卡罗来纳州的杜邦等其他众多大型化工公司，代表了造纸、制药、合成纤维等各种化工业分支。实际上，南卡罗来纳州是美国东南部化工生产厂家聚集度最高的地方，占全美总化工企业的5.2%。

5. 美国运输成本普遍比欧洲低廉

首先，除了极少数的私人公路，美国国有或州立高速公路不收费，即使极少数的收费公路，其费率也极其低廉；还有美国成品油价格相对于欧洲有明显的价格优势，单位油价平均低30%。

由于德国宝马公司在选址时的全面考虑，使此次选址十分成功。

(案例来源：免费在线阅读 http://www2.gdin.edu.cn:8080/glxy/teach/15/sub13.html)

在企业产品或服务战略确定之后，最紧迫的任务就是考虑企业在何处兴建生产或服务设施，以及怎么样完成合理的生产力布局。运营系统选址是需要企业解决的首要问题，选址决策正确与否直接影响今后企业经营能否成功。设施选址恰当与否，对生产力布局、城镇建设、企业投资、建设速度及建成后的生产经营状况都有重大意义。如果先天不足，会造成很大损失。因为厂址一旦确定，设施建设完工，一般无法轻易改动。

除非生产制造像耐克一样作为非核心业务外包，否则，企业必然涉及选址与布局，即使没有把运营作为核心业务，企业的注册地选址也同样要再三斟酌。本章首先立足于运营系统选址，从选址的重要性、影响因素、基本方法和具体步骤进行说明。确定选址之后，介绍对运营系统布局的内容、层次、原则和方法做进一步说明。

第一节 运营系统的选址

生产与运营管理有两大研究对象：生产运营过程与生产运营系统。其中生产运营系统包括一个由设施、设备等物质实体构成的"硬件"系统，也包括一个由计划、组织、控制等方式构成的"软件"系统。所谓设施选址，就是将生产运营的硬件系统设置在什么地方的问题。本章介绍设施选址的基本内容、决策影响因素，以及一些具体的选址方法。

第三章 运营系统选址与布局

一、运营系统选址的重要性

　　生产与运营系统的布局是生产运营系统的基础,包括设施选址和设施布置。对一个企业来说,设施选址是建立和管理企业的第一步,也是事业扩大的第一步。首先,设施选址的重要性无须多述。其关键在于设施选址对以后的设施布置以及投产后的生产经营费用、产品和服务质量以及生产成本都有极大而长久的影响。一旦选择不当,它所带来的不良后果不是通过建成后的加强和完善管理等其他措施可以弥补的。因此,在进行设施选址时,必须充分考虑到多方面因素的影响,慎重决策。其次,除新建企业的设施选址问题以外,近20年以来,随着经济的发展、城市规模的扩大,以及地区之间的发展差异,很多企业面临迁址的问题。在美国、日本以及欧洲的发达国家,企业分别把生产厂,甚至包括公司总部迁往郊外或农村地区,这一方面是为了农村丰富而廉价的劳动力资源和土地资源,另一方面是为了避开大城市高昂的生活费用、城市污染、高犯罪率等弊病。在中国,类似的趋势也在发生。例如,在北京,随着城市规模的扩大、地价的急剧上涨和城市格局的改变,也出现了"退二进三""退三进四"(退出二环路和三环路以内,迁往三环、四环以外)。很多企业都面临着选址的问题,这是现代企业生产与运营管理中的一个重要问题。

二、运营系统选址的影响因素

1. 选址的主要影响因素

　　企业的生产活动是一个整体,每个企业不可能孤立地存在,一系列的输出与输入活动的参与主体都影响着运营系统的选址。对于一个特定的企业,其最优选址取决于该企业的类型。工业选址决策主要是为了追求成本最小化;而零售业或专业服务性组织机构一般追求收益最大化;至于仓库选址,可能要综合考虑成本及运输速度的问题。总之,设施选址的战略目标是给企业带来最大化的收益。但是,要找到一个满足各方面要求的设施地址是十分困难的。因此,必须较全面地分析影响企业运营系统选址的各个因素,才能为下一步权衡各个因素的重要程度打好基础,进而选出在总体上经济效益最佳的方案。

　　地理位置的选择受到多种因素的影响,主要有以下几项。

　　1) 交通运输条件

　　在企业的输入和输出过程中,有大量的物料进出,交通运输条件对企业的生产运营活动有着很大的影响。交通便利能使物料和人员准时到达需要的地点,使生产活动能够正常进行,还可以使原材料产地和市场紧密联系。根据产品及原材料、零部件的运输特点,考虑应靠近铁路、海港还是其他交通运输条件较好的区域。在运输工具中,水运运载量大,运费较低;铁路运输次之;公路运载量较小,运费较高,但最具有灵活性,能实现门到门的运输;空运运载量小,运费最高,但速度最快。因此,选择水、陆交通都很方便的地方是最理想的。在考虑运输条件时,还要注意产品的性质。生产粗大笨重产品的工厂要靠近铁路车站或河海港口;制造出口产品的工厂,厂址要接近码头。

　　2) 劳动力供给条件

　　不同地区的劳动力,其工资水平、受教育状况等都不同,有些特殊情况下,某些特定地区更容易提供符合某些特定要求的熟练劳动力等，这也是进行设施选址时必须考虑的因素之一。实际上，今天的企业生产全球化的原因之一，就是企业试图在全球范围内寻找劳动力成本最低的地区。随着现代科学技术的不断发展，只有受到过良好教育的职工才能胜任越来越复杂的工作任务，单凭体力干活的劳动力越来越不受欢迎。对于大量需要具有专门技术员工的企业，人工成本占制造成本的比例很大，而且员工的技术水平和业务能力，又直接影响到产品的质量和产量，劳动资源的可获性和成本就成为影响选址的重要因素。

3) 能源和原材料供给条件

没有燃料(煤、油、天然气)和动力(电)，企业就不能运转，对于耗能大的企业，如钢铁、炼铝、火力发电厂，其厂址应该靠近燃料、动力供应地。原材料成本往往占产品成本的比重很大。优质的原材料与合理的价格，是企业所期望的。对原材料依赖性较强的企业应考虑尽可能地接近原材料供应地，特别是与产品相比，原材料的重量和体积更大的情况下，应尽量靠近供应地设置设施。

4) 基础设施的条件

基础设施条件主要是指供电、供水、供煤气、排水、"三废"处理的可靠性和方便性以及通信基础设施状况。某些企业，如造纸、化学工业、制糖等，用水较多，需优先考虑在水源充足的地方建厂，有时根据产品的不同，还需要考虑水质是否适用的问题；而电解铝厂等，用电比一般企业要多得多，则应优先考虑在电力供应充足的地方设置设施。

5) 政治和文化条件

政治局面稳定是发展经济的前提条件。在一个动荡不安、甚至发生内战的国家投资建厂，是要冒极大的风险的。有些国家或地区的自然环境很适合设厂，但其法律变更无常，资本权益得不到保障，也不宜建厂。相反，一些国家为了吸引外资，制定建厂低价政策，保障外商的合法权益，并采取减免税收等政策，创造了一个有利的投资环境。同时，国家的政策法规等对企业选址也有很重要的影响，如地价和税收条件，土地价格高低，各种税费负担轻重，建筑费用高低以及营业面积、租金高低，建厂区所处国家的环境保护法规是否允许或者是否限制所要从事的生产经营活动，环保投资和维护费用的高低。此外，还有文化因素，在某些情况下，必须考虑到民族、文化、生活习惯等方面的因素，如当地社区是否欢迎企业所从事的生产经营活动，当地风俗习惯对企业从事生产经营活动的影响。

6) 自然气候

根据产品的特点，有时还需要考虑温度、湿度、气压等气候因素，如精密仪器等，对这方面的要求就比较高。气温的高低关系着员工的工作效率。通过空调来保持适宜的温度，不仅作用范围有限，而且消耗能源，增加成本。有的产业对气候条件的要求高，对气候敏感的企业有纺织厂和乐器厂。英国的曼彻斯特是世界著名的纺织工业区，温度及湿度合适是一个主要原因。电影制品厂主要集中在好莱坞，是因为该地终年温暖而干燥，适于室外拍片活动。

7) 产品销售条件

选址时还应考虑是否方便目标顾客群的购物或订货交易，要考虑客流量的大小、消费者的平均收入水平。工厂区接近消费市场的主要目的，是节省运费并及时提供服务。在做选址决策时，要追求单位产品的生产成本和运输成本最低，不能追求只接近消费市场或只接近原材料或材料产地。一般来说，下述情况应该接近消费者市场：产品运输不便，如家具厂、预制板厂;产品易变化和变质,如制冰厂、食品厂;大多数服务业,如商店、消防队、医院等。

8) 扩展条件

考虑扩展条件是指要考虑企业在未来进行规模扩展时,是否有足够可以利用的空间和场所。一开始就建设到容积的极限,不留余地,显然是不明智的。地面是否平整,地质是否能满足未来设施的载重等方面的要求,也是选址时应考虑的扩展条件之一。

此外还有一些相关性的因素,不同企业、不同行业在不同社会和经济发展阶段也会给予考虑。在进行选址的过程中,企业会有很多要考虑的影响因素,甚至远远多于以上所列的因素。所以在决策时需要做好各影响因素之间的权衡和取舍,这样才能分清主次,抓住关键,做出最佳的决策。

运营系统选址

运营系统选址根据不同行业,不同企业规模,以及企业发展方向及企业目标的差别,考虑的重点也有很大不同,任何企业在选址决策的时候只需要选择自身企业最关心的或对自身企业的建设和经营影响最大的几个要素即可,因此需对各影响因素进行筛选与取舍,选取合适的因素体系。

2. 各影响因素之间的权衡与取舍

应该看到,对于不同性质的企业,上述影响因素的重要性次序是不同的。需要注意的是:第一,必须仔细权衡所列出的这些因素,决定哪些是与设施选址紧密相关的,哪些虽然与企业经营或者经营结果有关,但与设施位置的关系并不大;第二,在不同情况下,同一影响因素会有不同的影响作用,因此,绝不可生搬硬套任何原则条文,也不可完全模仿照搬已有的经验。

对于制造业和非制造业来说,要考虑的影响因素以及同一影响因素的重要程度可能有很大不同。一项在全球范围内对许多制造业企业所做的调查表明,企业认为下列五组因素(每一组中又可分为若干个因素)是进行设施选址时必须考虑的。

(1) 劳动力条件;

(2) 与市场的接近程度;

(3) 生活质量;

(4) 与供应商和资源的接近程度;

(5) 与企业其他设施的相对位置。

由此可见,制造业企业在进行设施选址时要更多地考虑地区因素。对于服务业来说,由于服务项目难以运输到远处,那些需要与顾客直接接触的服务业的服务质量的提高有赖于其设施靠近顾客群。对于零售商业企业来说,则更注重销售条件、交通条件、地价及税收条件以及政治和文化条件等。对于餐饮业来说,服务条件、交通条件、基础设施条件是优先考虑的条件。对于金融证券业来说,尽管城市中心的地价和租金很高,但并不影响它们在那里设立营业部门甚至总部的办公部门,越是地价和租金高的黄金地段,越能显示出金融机构的财大气粗,越有利于它们在顾客心目中树立安全稳健的形象。

三、运营系统选址的方法与步骤

1. 加权平均法

在影响运营系统选址的各因素中,有些是定量化的,但更多的是定性因素。为了使定性因素之间具有可比性,需要采用一定的方法将其定量化,其中加权平均法就是一种在选址决策中常用的定性和定量相结合的分析方法。

加权平均法是一种把数值分配给与所有决策选项相关的因素,以产生一个综合得分并进行比较的方法。这种方法允许决策者把自己的偏好(价值取向)加入选址决策中,并能把定性和定量的因素都包括在内。

加权平均法的步骤如下。

第一步,列出所有的相关因素,并对每一个因素规定统一的度量登记标度。一般采用5级标度,即很差、较差、一般、较好、很好,相应的分数为1、2、3、4、5分。

第二步,确定每个因素的权重,以反映它在决策中的相对重要性。可选择100分制、10分制或者单位1制。然后对影响因素的权数进行归一化处理,计算公式如下:

$$\overline{W} = \frac{w_i}{\sum_i w_i}, \quad \sum_i \overline{w_i} = 1.00(100\%) \tag{3.1}$$

式中,w_i 为第 i 个影响因素的初始权数;$\sum_i w_i$ 为对所有的影响因素初始权数求和;$\overline{w_i}$ 为归一化的影响因素权数。可采用小数制或百分制。

第三步,分别对每一个影响因素确定每个候选方案的标度等级和分数。

第四步,将每个候选方案在每种影响因素下的分数,乘以该影响因素的权数,然后汇总起来,得到每个候选方案的总得分。

第五步,考虑以上的计算结果,选取总分最高的地址作为最佳选择。

表3-1是一个选址决策加权平均法的示例。应用加权平均法进行选址决策时,所考虑的影响因素数量不宜过多,以免权数的分配过于分散,有利于突出主要影响因素在方案评价中的作用。

2. 重心法

重心法是一种选择分销中心的位置,从而使运输成本最低的方法。它把运输成本看作距离和运输数量的线性函数。运输到每个目的地的商品数量被假设为是已知的。

对于设施选址问题,重心计算公式见式(3.2):

$$C_x = \frac{\sum_{i=1}^{n} d_{ix} w_i}{\sum_{i=1}^{n} w_i}, \quad C_y = \frac{\sum_{i=1}^{n} d_{iy} w_i}{\sum_{i=1}^{n} w_i} \tag{3.2}$$

式中,C_x 为重心的 x 坐标;C_y 为重心的 y 坐标;d_{ix} 为第 i 个地点的 x 坐标;d_{iy} 为第 i 个地点的 y 坐标;w_i 为市场 i 的需求量。

第三章 运营系统选址与布局

表 3-1 选址决策加权平均法示例

影响因素	权数	候选方案 A	B	C	D
产品销售条件	25	5	2	3	4
提供服务条件	5	4	3	3	4
交通条件	10	3	4	2	5
劳动力供给条件	5	2	5	4	3
资源供给条件	5	1	3	4	3
基础设施条件	10	3	4	3	4
地价和税收条件	20	1	3	3	2
环境保护法规	5	3	2	3	4
政治和文化条件	5	4	3	3	3
扩展条件	10	3	3	3	3
加权总分	100	305	300	315	335

下面介绍重心法的应用例子。

某地区现有 4 个垃圾回收分站,坐标分别为 A(40, 120)、B(65, 40)、C(110, 90)、D(10, 130),日回收能力分别为 200t、150t、215t、340t。为了应对环保部门的要求,该地区拟建一垃圾回收总站,负责对分站回收的垃圾进行再次处理。用重心法确定最好的垃圾回收总站的地点。该地区主管部门已经确定了两个备选地点,坐标分别为(25,25)、(70,150),哪个备选地点更优?

解法如下:重心法假定配送成本是运输量和线性距离的函数,那么以各个市场的坐标为顶点构成的一个多边形,它的重心就是最优方案。

重心的 x 的坐标=(200×40+150×65+215×110+340×10)/(200+150+215+340)=49.5

重心的 y 的坐标=(200×120+150×40+215×90+340×130)/(200+150+215+340)=103.4

因此,最好的垃圾回收总站地点的坐标是(49.5, 103.4)。

首先要计算出两个备选地点与 4 个垃圾回收分站的直线距离,其计算公式为

$$l = \sqrt{(x_2 - x_1)^2 + (y_2 - y_1)^2} \tag{3.3}$$

在此,直接得出结果:

对于备选地址 A,与 4 个分站的距离为:96.2,42.7,107.0,106.1;

对于备选地址 B,与 4 个分站的距离为:42.4,110.1,72.1,63.2。

接着,由于重心法的假设,计算备选地址 A 的成本为:96.2×200+42.7×150+107.0×215+106.1×340=84724。

备选地址 B 的成本为:42.4×200+110.1×150+72.1×215+63.2×340=61984.5。

因此,备选地址 B 要优于备选地址 A。

3. 盈亏平衡分析法

盈亏平衡分析法有利于对供选择的地点在经济上进行对比,这种比较可以用数字,也可以用图表来表示。

在使用盈亏平衡分析法时，需要注意几个假设：产出在一定范围时，固定成本不变；可变成本与一定范围内的产出成正比；所需的产出水平能近似估计；只包括一种产品。盈亏平衡分析法的步骤如下。

第一步，确定每个地址的固定成本和可变成本。

第二步，给出每个地址的总成本，总成本=固定成本+单位变动成本×产量。如图 3-1 纵轴表示成本，横轴表示年产量。

第三步，选择对于期望产量总成本最小的地址。

盈亏平衡分析法可以用来评价不同的选址方案。任何选址方案都有一定的固定成本和变动成本，图 3-1 表示两种不同的选址方案的成本和收入随产量变化的情况。

假定无论厂址选在何处，其产品的售价是相同的，因此，收入曲线也相同。对于制造业来说，厂址不影响其销售量。只要销量大于 v_0，两个选址方案都盈利。但是，由于厂址 1 的总成本较低，在销售量相同的情况下，其盈利较多。然而，我们并不能得出总成本最低的

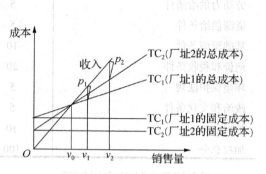

图 3-1 两种方案的变化情况

选址方案盈利最高的结论。因为，以上结论是在售价和销售量都相同的假设下才成立。如果是服务业，比如零售店，不同选址方案的销售量不同。如图 3-1 所示，选址 1 的销售量为 v_1，选址 2 的销量为 v_2。可能会出现这种情况，选址 2 的总成本虽然比选址 1 的总成本高，但由于选址 2 的销售额高，造成选址 2 的盈利高（$p_2 > p_1$）。这种方法也用于多个选址方案的比较，成本曲线和收入曲线也不一定像本例题一样是直线。

4. 多设施选址的运输模型法

当选址对象的输入与输出成本是决策的主要变量时，运输模型是一个很好的决策方法。运输模型的基本思想是：通过建立一个物流运输系统，选择一个能够使整个物流运输系统的成本最小的生产或服务系统。

已知 m 个供应地点 $A_i(i=1, 2, 3, \cdots, m)$ 可供应某种物资，供应量为 a_i；有 n 个销售地 $B_j(j=1, 2, 3, \cdots, n)$，销售量为 b_j。从 A_i 到 B_j 的单位物资的运输成本为 C_{ij}，从 A_i 到 B_j 的供应量为 x_{ij}，则相应的数学规划模型为：

$$\min = \sum_{i=1}^{m} \sum_{j=1}^{n} c_{ij} x_{ij}$$

$$\text{S. T.} \begin{cases} \sum_{i=1}^{m} x_{ij} = b_j \\ \sum_{j=1}^{n} x_{ij} = a_i \\ x_{ij} \geq 0 \end{cases} \tag{3.4}$$

解决这样的问题，一般采用表上作业法或利用计算机进行求解。

第三章 运营系统选址与布局

表 3-2 表示的是某体育用品公司的例子。该公司的某产品系列在工厂 A 生产，生产能力是 400。随着市场需求的增长以及公司业务量的增大，现有的三个配送中心的需求都在增长，预计分别为 200 和 300。公司正在考虑再建一个生产能力为 500 的工厂，初步考虑建在 B 地。从 A 地的工厂向三个配送中心的单位运输成本分别为 5.0、6.0 和 5.4 元，从 B 地的工厂向三个配送中心的单位运输成本分别是 7.0、4.6 和 6.6 元。现在，公司首先想运用运输表法确定在此情况下的最优运输方式和总运输成本，表 3-2 就是为这个问题所建立的运输表法模型。根据求解运输问题的表上作业法求得最优运输方案如表 3-3 所示，该方案对应的总成本为 200×5+200×5.4+400×4.6+100×6.6=4580(元)。在这种选址情况下的最优运输方式如表 3-3 所示，总运输成本是 4580 元。

表 3-2 运输表法模型

运量与运费 \ 工厂	配送中心 1	配送中心 2	配送中心 3	生产能力
A	5.0	6.0	5.4	400
B	7.0	4.6	6.6	500
需求	200	400	300	900 / 900

表 3-3 最优运输方案

运量与运费 \ 工厂	配送中心 1	配送中心 2	配送中心 3	生产能力
A	5.0 / 200	6.0	5.4 / 200	400
B	7.0	4.6 / 400	6.6 / 100	500
需求	200	400	300	900 / 900

第二节 运营系统的布局

前面已经讨论了企业选址在哪里、设施布置在哪里的问题。选定地址之后，就要对运营系统进行布局。运营系统的布局最重要的是设施布置。设施布置也是与"什么、如何、在哪儿"有关的问题，并且把这些较抽象的问题进一步具体化到实实在在的人、机器、设施空间中。本节介绍设施布置(layout)的基本概念、基本分类，设施布置中的主要考虑因素以及一些布置方法。

一、运营系统布局的内容与层次

1. 工厂平面布局

工厂平面布局包括两大内容：其一，设置生产单位；其二，布置空间场所。生产单位是生产运营系统的基本组成部分，是生产运营系统的组织形式。物质形态的资源是有限的，为生产单位合理地设置空间场所，关系到各生产单位的相互协作，有利于空间总体和各生产单位内部资源的充分利用，还涉及运输费用、仓储、保管费用等一系列生产运营的成本费用。

2. 工厂平面布局的层次

无论是设置生产单元还是布置空间场所，都是有层次划分或分层进行的。以较为复杂和典型具有代表意义的机械加工企业为例，一般地分为工厂、车间、班组三个层次。规模更大、层次更多的可分为总厂、分厂、车间、工段和班组五个层次。在不同层次进行生产与运营系统的空间组织时，既有共性的一面，又有特殊个性的一面。其一，不同层次生产运营系统的空间组织共性的一面。无论在哪个层次进行生产运营系统的空间组织，都具有以下共性：都是以它下一个层次作为基本单位；都是以它上一个层次作为总体协调目标；都要遵循空间组织共同的基本原则。其二，不同层次生产运营系统空间组织个性的一面。很显然，不同层次生产运营系统空间组织的内容不同，影响要素不同，所面临和所需要处理的问题也不同。层次越高，越倾向于粗略的问题。

设施布置是指在一个给定的设施范围内，对多个经济活动单元进行位置安排。所谓经济活动单元，是指需要占据空间的任何实体，也包括人，如机器、工作台、通道、桌子、储藏室、工具架等。所谓给定的设施范围，可以是一个工厂、一个车间、一座百货大楼、一幢写字楼，或一个餐馆等。

设施布置的目的是要将企业内的各种物质设施进行合理安排，使它们组成一定的空间形式，从而有效地为企业生产运营服务，以获得更好的经济效益。设施布置在设施位置选定后进行，它是要确定组成企业的各个部分的平面或立体位置，并相应地确定物料流程、运输方式和运输路线等。具体地说，设施布置要考虑以下四个问题。

(1) 应包括哪些经济活动单元？

这个问题取决于企业的产品、工艺要求、企业规模、企业的生产专业化水平与协作化水平等多种因素，关于这一点下面将再做一些详细的讨论。反过来，经济活动单元的构成又在很大程度上影响生产率。例如，有些情况下一个厂集中有一个工具库就可以，但另一些情况下也许每个车间或每个工段都应有一个工具库。

(2) 每个单元需要多大空间？

空间太小，可能会影响到生产率，影响到工作人员的活动，有时甚至会引起人身事故；空间太大，是一种浪费，同样会影响生产率，并且使工作人员之间相互隔离，产生不必要的疏远感。

(3) 每个单元空间的形状如何？

每个单元的空间大小、形状如何以及应包含哪些单元，这几个问题实际上是相互关联的。例如，一个加工单元，应包含几台机器，这几台机器应该如何排列，因而占用多大空间，需要综合考虑。如空间已限定，只能在限定的空间内考虑是一字形排列还是三角形排列等；若根据加工工艺的需要，必须以一字形排列或三角形排列，则必须在此条件下考虑需多大空间以及所需空间的形状。在办公室设计中，办公桌的排列也是类似的问题。

(4) 每个单元在设施范围内的位置如何？

这个问题包括两个含义：单元的绝对位置与相对位置。如图 3-2 所示，由图(a)改为图(b)，几个单元之间的相对位置没有改变，但绝对位置变了。如 A 与 D 对调，则相对位置也没有发生改变。相对位置的重要意义在于，它关系到物料搬运路线是否合理，是否节省运费与时间，以及通信是否便利。此外，如内部相对位置影响不大时，还应考虑与外部的联系，例如，将有出入口的单元设置于靠近路旁。

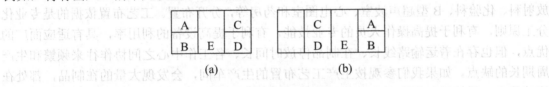

图 3-2 几个单元的位置示意

二、运营系统布局的基本原则和设备布置类型及原则

(一)运营系统布局的基本原则

首先，在进行运营系统布局的时候，须满足生产工艺过程的要求，使原材料、半成品和成品的运输路线尽可能短，避免迂回和往返运输。符合生产工艺顺序，产品能顺流而下，有单一的流向；有较短的运输路线和装卸次数，生产联系和协作密切的车间和部门应尽量布置在一起；不仅要考虑当前需要，而且要考虑长远，留有一定的扩展余地。

其次，要有利于提高经济效益，符合"最小最大"原理："最小"，就是要尽量减少人的活动量和物的运输量，要使投资费用和投产后的运营费用最小；"最大"就是要最充分地利用空间面积，使布局具有最大的灵活性和适应性。

最后，还要有利于保证安全和增进职工健康。要采取安全措施，预防火灾、潮湿、偷盗；厂房和建筑物之间留有必要的空间，要有必要的安全保护装置；生产与存放易燃、易爆物品的部门应布置在较远的地方；精密加工车间不应与有强烈震动的车间布置在一起；生产厂区和生活区域要分开；要有娱乐场所、绿化带，多种树林花草可以美化厂容，促进职工身心健康。

运营系统的空间布置又可以理解为设备布置。设备布置是研究在生产场所或工作场所，如车间、店堂、办公室等，如何合理地布置各种设备和设施，使得物流能够顺畅地流动，以尽可能短的时间通过系统，缩短运输距离，减少在制品存放，提高生产效率和服务效率。合理的设备布置还可以创造良好的工作环境，提高员工的工作满意感，从而强化他们的工作主动性，提高他们的工作效率。

(二)设备布置类型及原则

设备布置主要有三种类型和原则：工艺专业化原则(或称为工艺布置)、产品专业化原则(或称为产品布置)以及定位布置原则。此外，还有一种成组单元布置原则，它是一种基于成组技术的混合布置原则。在讨论设备布置时，经常使用工作中心和工序的概念。工作中心是由机器设备和辅助工具构成的一个相对独立的作业单元，由于它通常要占用一定的场地面积，故又称为工作地。一般来说，在一个工作中心上连续进行的生产活动就是一道工序，超出一个工作中心的范围，那就是另一道工序了。综合性的工作中心也可能包含几道工序。

1. 工艺布置

工艺布置又称为按工艺专业化原则布置，是将设备按功能分类，把同一类型的设备和同工种的操作人员集中在一起布置，以发挥同一功能。例如，在机械加工企业中，把车床、铣床、磨床分别集中布置成车床组、铣床组和磨床组；在医院中，按功能划分为手术室、放射科、化验科、B型超声波室、心电图室和药房等，分开布置。工艺布置依据的是专业化分工原则，有利于提高操作人员的专业技能，有利于提高设备的利用率，具有适应面广的优点，但也存在着运输路线长、在制品停放时间长、各工作中心之间协作往来频繁和生产周期长的缺点。如果我们参观按生产工艺布置的生产车间，会发现大量的在制品，都处在停放状态，尽管设备都在满负荷运转，却看不到整个系统的产出。不像产品布置的车间和组装线那样，所有的零件时刻处在运动中，系统每隔几分钟就生产出一件产品或完整的部件。

在工艺导向布置的计划中，最为常见的做法是合理安排部门或工作中心的位置，以减少材料的处理成本。换句话说，零件和人员流动较多的部门应该相邻。这种方法的材料处理成本取决于：①两个部门(i 或 j)在某一时间内人员或物品的流动量；②与部门间距离有关的成本。成本可以表达为部门之间距离的一个函数，这个目标函数可以表达成以下的形式：

$$最小成本 = \sum_{i=1}^{n}\sum_{j=1}^{n} X_{ij} C_{ij} \tag{3.5}$$

式中，n 表示工作中心或部门的总数量；i、j 表示各个部门；X_{ij} 表示从部门 i 到部门 j 物品流动的数量；C_{ij} 表示单位物品在部门 i 和部门 j 之间流动的成本。

工艺导向布局尽量减少与距离相关的成本。C_{ij} 这个因子综合考虑了距离和其他成本。于是可以假定不仅移动难度相等，而且装卸成本也是恒定的。虽然它们并非总是恒定不变的，但为了简单起见，可以将这些数据(成本、难度和装卸费用等)概括为一个变量。

2. 产品布置

产品布置又称为按对象专业化原则布置。它是按照某种产品、零部件，或某种业务的加工顺序来排列各种有关的设备和工作中心，最典型的例子就是流水线和生产线。产品布置适用于市场需求量大、重复性生产和标准化的产品，在汽车、食品加工、家用电器、玩具等行业中有着广泛的应用。它的优点是布置工作相对简单,在制品在加工过程中的运输距离短,可以大大减少在制品在加工过程中的停放和等候时间,减少在制品库存,缩短生产周期,节约生产面积;由于简化了协作关系,使作业管理工作比较简单;能够迅速适应市场需求的变化。产品布置的缺点是,生产线上某些设备的利用率较低,生产线中某台设备一旦出现故障,有可能影响到整个生产线的运行,故可靠性相对较低;此外,如果生产线或流水线是刚性的,则对产品结构变化的适应性较差。尽管存在这样一些缺点,产品布置仍以其低库存、短周期的优点,成为近十年来设备布置的一种主要发展趋势。特别是结合应用成组技术和数控或计算机控制的加工设备,一种称为制造单元(manufacturing cell 或 cell manufacturing,简称蜂窝制造)的产品布置形式,近年来在制造企业中发展很快。所谓制造单元布置,就是根据零件加工的相似性,把加工一类相似零件的有关设备集中布置成一个相对封闭的单元,这样既可以缩短零件在加工中的移动距离,缩短加工周期,又可以适应产品结构的变化,具有较广的适应性,被认为是代表着未来工厂设备布置的一种方向。

产品布置不仅适用于制造企业,也适用于服务企业。像金融企业、邮政企业、机场服务、快餐业等,实行产品布置,实现流水作业,可以大大提高服务质量和服务效率。当然,服务企业实行流水作业也要因地制宜。笔者有一次到西安出差,曾在解放路一家著名的饺子馆就餐,发现那家餐馆的快餐饺子部采用的是流水作业法。服务员按专业化分工:收票和引导座位的、擦桌子的、摆碗筷的、上饺子的、送饺子汤的服务员各司其职,轮番作业。每一批顾客约 40 名,进餐时间约 20 分钟。服务的效率倒是很高,服务员的操作也全部标准化,但就是让人感觉不像是进了餐馆,倒像是上了产品组装线。服务业到底应当如何实行产品布置和流水作业,既让顾客满意,又提高效率,的确是个值得认真研究的问题。

3. 定位布置

定位布置就是时间产品或作业对象固定不动,设备和使用的原材料按加工顺序以及移动的困难程度环绕其做同心圆的布置。这种布置形式适用于产品(或作业对象)难以移动、加工件数少、工序时间长的情况,如飞机和轮船的加工等。定位布置的优点是加工对象的移动较少,节省运输费用,有利于工作程序的设计和调整。缺点是不适应大批量生产,作业的程序化和标准化程度较低。有些产品由于体积庞大,移动困难,批量很小,只适于采用定位布置方式进行生产加工,如刚刚提到的飞机、轮船,还有大型发电机、汽轮机、大型电力机车等。有些产品像大型工程机械、载重汽车、大型农业机械等,在生产量达到一定规模后,在可能的条件下实行产品布置,实行流水线生产,可以大大提高生产效率和降低生产成本。

4. 成组单元布置

为了克服单件小批量生产中按工艺原则配置加工设备的缺点,可以采用成组技术的方法,按照零部件加工表面和加工工艺上的相似性,对零部件进行分类编组。在此基础上,将不同种类的设备按一组零部件的典型工艺路线顺序布置在一个单元内,完成一组相似零件的加工。这样的加工单元称为成组加工单元。显然成组加工单元符合对象原则,而加工顺序又可根据一组零部件的内部差异在组内灵活安排。

图 3-3 是一个应用传统加工设备的成组加工单元的平面布置图。这种 U 形设备布置方式,因其输送距离短和便于操作工人看管设备,而得到普遍采用。该成组加工单元是手动

方式的，在可能的情况下，如果用滚动传送装置将设备联系起来，则传送装置的长度客观上规定了这个成组加工单元中所能容纳的在制品数量，这样有利于加强在制品的管理。

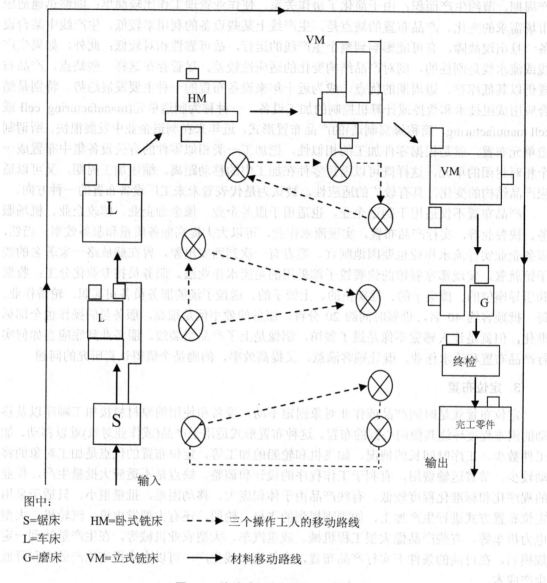

图中：
S=锯床　　　HM=卧式铣床　　- - - ▶ 三个操作工人的移动路线
L=车床
G=磨床　　　VM=立式铣床　　───▶ 材料移动路线

图3-3　传统成组加工单元平面布置图

在成组加工单元中可以引入以下改变：①加工机床为数控机床或数控加工中心；②传递装置为自动传送系统或自动抓握装置(抓握机器人)；③工件和刀具自动传递、自动装卸；④采用集中数控或计算机集中控制。如果引入了这些改变，则这样的成组加工单元就成为柔性加工单元，它所能加工的零部件种类要比采用传统设备的加工范围大得多。在这种情况下，零件的分类甚至不必采用编码法或工艺流程分析法进行详细分类，只规定零件的外形尺寸和表面加工要求就够了。

从以上分析可以看出，工艺布置和产品布置的应用最普遍。

三、运营系统的总体布局

(一)制造业布局

1. 作业相关图法

作业相关图法是根据企业各个部门之间的活动关系密切程度布置其相互位置。首先，将关系密切程度划分为 A、E、I、O、U、X 六个等级，其意义见表3-4。然后，列出导致不同关系密切程度的原因，见表3-5。使用这两种资料，将待布置的部门一一确定出相互关系，根据相互关系的重要程度，按重要等级高的部门相邻布置的原则，安排出最合理的布置方案。

表3-4 关系密切程度分类表

代 号	密切程度	代 号	密切程度
A	绝对重要	O	一般
E	特别重要	U	不重要
I	重要	X	不予考虑

表3-5 关系密切程度原因

代 号	关系密切原因	代 号	关系密切原因
1	使用共同的原始记录	6	工作流程连续
2	共用人员	7	做类似的工作
3	共用场地	8	共用设备
4	人员接触频繁	9	其他
5	文件交换频繁		

例如，一个快餐店欲布置其生产与服务设施。该快餐店共分成六个部门，计划布置在一个 2×3 的区域内。已知这 6 个部门间的作业关系密切程度如图3-4所示。请根据该图做出合理布置。

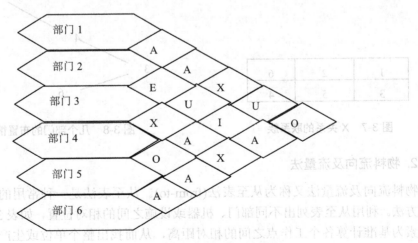

图3-4 6个部门间的作业关系密切程度

解答过程如下：第一步，列出关系密切程度表(只考虑 A 和 X)，如表 3-6 所示。

表 3-6　关系密切程度表

A	X
1-2	1-4
1-3	3-6
2-6	3-4
3-5	
4-6	
5-6	

第二步，根据列表编制主联系簇，如图 3-5 所示。原则是，从关系 A 出现最多的部门开始。如本例的部门 6 出现 3 次，首先确定部门 6，然后将与部门 6 的关系密切程度为 A 的一一联系在一起。

第三步，考虑其他关系为 A 的部门，如能加在主联系簇上的就尽量加上去，否则画出分离的子联系簇。本例中，所有的部门都能加到主联系簇中去，如图 3-6 所示。

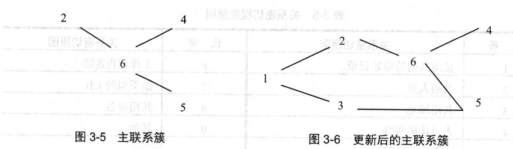

图 3-5　主联系簇　　　　　　　图 3-6　更新后的主联系簇

第四步，画出 X 关系的联系簇图，如图 3-7 所示。

第五步，根据联系簇图和可供使用的区域，用实验法布置所有部门，如图 3-8 所示。

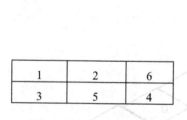

图 3-7　X 关系的联系族　　　　　图 3-8　几个部门的布置情况

2. 物料流向及流量法

物料流向及流量法又称为从至表法(from-to)。从至表法是一种常用的生产和服务设施布置方法。利用从至表列出不同部门、机器或设施之间的相对位置，如表 3-7 所示，以对角线元素为基准计算各个工作点之间的相对距离，从而找出整个单位或生产单元物料总运量最小的布置方案。这种方法比较适合于多品种、小批量生产的情况。从至表法的基本步骤如下。
(1) 选择典型零件，制定生产典型零件的工艺路线，确定所用机床设备；
(2) 制定设备布置的初始方案，统计出设备之间的移动距离；
(3) 确定出零件在设备之间的移动次数和单位运量成本；
(4) 用实验法确定最满意的布置方案。

表 3-7 设备间月平均移动次数矩阵

	锯床	磨床	冲床	钻床	车床	插床
锯床		217	418	61	42	180
磨床	216		52	190	61	10
冲床	400	114		95	16	68
钻床	16	421	62		41	68
车床	126	71	100	315		50
插床	42	95	83	110	390	

例：一金属加工车间有 6 台设备，已知其生产的零件品种及加工路线，并据此给出如表 3-7 所示的零件在设备之间的每月移动次数，表 3-8 给出了单位距离运输成本。请用这些数据确定该车间的最佳布置方案。

表 3-8 单位距离运输成本矩阵

	锯床	磨床	冲床	钻床	车床	插床
锯床		0.15	0.15	0.16	0.15	0.16
磨床	0.18		0.16	0.15	0.15	0.15
冲床	0.15	0.15		0.15	0.15	0.16
钻床	0.18	0.15	0.15		0.15	0.15
车床	0.15	0.17	0.16	0.20		0.15
插床	0.15	0.15	0.16	0.15	0.15	

解：将移动次数矩阵与单位距离运输成本矩阵的相同位置的数据相乘，得到从一台机器到另一台机器的每月运输成本，如表 3-9 所示。然后，再将按对角线对称的成本元素相加，得到两台机器间的每月总运输成本，如表 3-10 所示。接着，确定紧密相邻的系数。其确定依据就是总运输成本的大小。按总成本运输的大小从大到小降序排列，就得出机器(或部门)之间的紧密相邻程度。如本例，根据表 3-10 中的①②③④⑤的顺序，应将锯床与冲床相邻布置，磨床与钻床相邻布置，钻床与车床相邻布置，车床与插床相邻布置，如图 3-9 所示。

从至表法的另一种应用是扩展成物料运量法。物料运量法是按照生产过程中物料的流向及生产单位之间运输量布置企业的车间及各种设施的相对位置，其步骤如下：
(1) 根据原材料、在制品在生产过程中的流向，初步设置各个生产车间和生产服务单位的相对位置，绘出初步物流图。
(2) 统计车间之间的物料流量，制定物料运量表，见表 3-11。

表 3-9 单位距离每月运输成本

	锯床	磨床	冲床	钻床	车床	插床
锯床		32.6	62.7	9.8	6.3	28.8
磨床	38.9		8.3	28.5	9.2	1.5
冲床	60.0	17.1		14.3	2.4	10.88
钻床	2.9	63.3	9.3		6.2	10.9
车床	18.9	12.1	16.0	63.0		7.5
插床	6.3	14.3	13.3	17.1	58.5	

表 3-10 单位距离每月总运输成本

	锯床	磨床	冲床	钻床	车床	插床
锯床		71.5 ③	122.7①	12.7	25.2	35.1
磨床			25.4	91.7②	21.3	15.8
冲床				23.6	18.4	24.8
钻床					69.2④	28.0
车床						66.0⑤
插床						

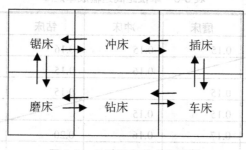

图 3-9 几种设备的布置情况

表 3-11 车间之间的运量表

	01	02	03	04	05	总计
01		7	2	1	4	14
02			6	2		8
03		6		5	1	10
04			4		2	8
05				2		2
总计	0	11	14	10	7	

(3) 按运量大小进行初试布置，将车间之间运输量大的部门安排在相邻位置，并考虑其他因素进行改进和调整。

最后的结果如图 3-10 所示。因为部门 01 和 02、部门 02 和 03、部门 03 和 04 之间的运量较大,所以应该相邻布置。

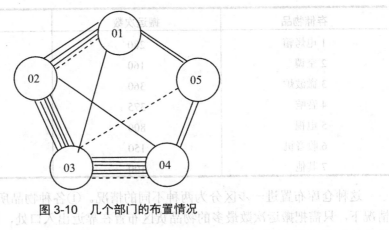

图3-10 几个部门的布置情况

(二)非制造业布局

非制造行业种类繁多,难以归纳成如制造业的几种基本类型。这里,仅以三种具有代表性的非制造业行业的布置为例,说明其布置方法的特点。第一种是仓库布置。众所周知,仓储业是非制造业中占比重很大的一个行业,通过其仓库布置来缩短存取货物的时间、降低仓储管理成本具有重要的意义。第二种是办公室布置。当今,"白领"人员在一国就业人口中所占比重越来越大,因此,如何通过合理、有效的办公室布置提高工作效率、提高"白领"的劳动生产率也正在日益成为一个重要的问题。第三种具有代表性的是服务企业的平面布置。对于服务企业来说,合理有效的平面布置,有利于服务效率的提高。

1. 仓库布置

从某种意义上来说,仓库类似于制造业的工厂,因为物品也需要在不同地点(单元)之间移动。因此,仓库布置也可以有多种不同的方案。图3-11所示的是一种最普通、最简单的仓库类型。这是一个家电用品仓库,共有14个货区,分别储存7种家电。仓库有一个出入口,进出仓库的货物都要经过该口。假设该仓库每种物品每周的存取次数如表3-12所示,应该如何布置不同物品的货区?

图3-11 家电用品仓库的平面示意图

这实际上就是一个典型的仓库布置问题。显而易见,这个问题的关键是寻找一种布置方案,使得总搬运量最小。这个目标函数与很多制造业企业设施布置的目标函数是一致的。因此,读者可能自然会想到,可借助于类似前面所说的运输模型法。实际上,这种仓库布置的情况比制造业工厂中的经济活动单元的布置更简单,因为全部搬运都发生在出入口和货区之间,而不存在各个货区之间的搬运。

表 3-12 每种物品每周存取次数

存储物品	搬运次数	所需货区(个)
1 电烤箱	280	1
2 空调	160	2
3 微波炉	360	1
4 音响	375	3
5 电视	800	4
6 收音机	150	1
7 其他	100	2

这种仓库布置进一步区分为两种不同的情况。①各种物品所需货区面积相同。在这种情况下，只需把搬运次数最多的物品货区布置在靠近出入口处，即可得到最小的总负荷数。②各种物品所需货区面积不同。首先需要计算某物品的搬运次数与所需货区数量之比，取该比值最大者靠近出入口，依次往下排列(请读者自己思考，为什么？)。如在上例中，各种物品的该比值从大到小的排列顺序为(括号中为比值数)：3(360)，1(280)，5(200)，6(150)，4(125)，2(80)，7(50)。图 3-12 是根据这种排列所做出的布置方案。

图 3-12 新的布置方案

上面是以总负荷数最小为目标的一种简单易行的仓库货区的布置方法。在实际中，根据情况的不同，仓库布置可以有多种方案，多种考虑目标。例如，不同物品的需求经常是季节性的，因此，在上例中，也许在元旦、春节期间应把电视、音响放在靠近出入口处，而在春夏之际将空调放在靠近出入口处。又如，空间利用的不同方法也会带来不同的仓库布置要求，在同一面积内，高架立体仓库可存储的物品要多得多。由于拣运设备、储存记录方式等的不同，也会带来布置方法上的不同。再如，新技术的引入会带来考虑更多有效方案的可能性：计算机仓储信息管理系统可使得拣运人员设计一套汇集不同物品于同一货车上的最佳拣出行走路线；自动分拣运输线可使仓储人员分区工作，而不必跑遍整个仓库，等等。总而言之，根据不同的目标、所使用技术不同以及仓储设施本身的特点，仓库的布置方法有多种。

2. 办公室布置

办公室布置对于办公室工作效率的提高、"白领"人员劳动生产率的提高以及改善"工作生涯质量"都具有重要作用。在今天，办公室工作人员在整个就业人员中所占的比重越来越大，因此，办公室布置的问题就显得尤为重要。近二十年来，不断有新的有关研究结果出现，这里仅做简单介绍。

办公室与生产制造系统相比,有许多根本不同的特点。首先,生产制造系统加工处理的对象主要是有形的物品,因此,物料搬运是进行设施布置的一个主要考虑因素。而办公室工作的处理对象主要是信息以及组织内外的来访者,因此,信息的传递和交流方便与否,来访者办事是否方便、快捷,是主要的考虑因素。其次,在生产制造系统中,尤其是自动化生产系统中,产出速度往往取决于设备运转的速度,而办公室布置,又会对人的工作速度产生极大的影响。最后,在生产制造系统中,产品的加工特性往往在很大程度上决定设施布置的基本类型,生产管理人员一般只在基本类型选择的基础上进行设施布置。而在办公室布置中,同一类工作任务可选用的办公室布置方式有多种,包括房间的分割方式、每人工作空间的分割方式、部门之间的相互联系和相对位置的要求对办公室布置有更重要的影响作用,在办公室布置中要予以更多地考虑。但在办公室布置中,也有一些考虑原则与生产制造系统是相同的,例如,按照工作流程和能力平衡的要求划分工作中心和个人工作站,使办公室布置保持一定的柔性,以便于未来的调整和发展等。

办公室布置的主要考虑因素可以说是两个:信息传递与交流的迅速、方便以及人员的劳动生产率。其中信息的传递与交流既包括各种书面文件、电子信息的传递,也包括人与人之间的信息传递和交流。对于需要跨越多个部门才能完成的工作,部门之间的相对地理位置也是一个重要问题。

办公室布置中要考虑的另一个主要因素是办公室人员的劳动生产率。当办公室人员主要是由高智力、高工资的专业技术人员构成时,劳动生产率的提高就具有更重要的意义。而办公室布置,会在很大程度上影响办公室人员的劳动生产率。但也必须根据工作性质的不同、工作目标的不同来考虑什么样的布置更有利于生产率的提高。例如,在银行营业部、贸易公司、快餐公司的办公总部等,开放式的大办公室布置使人们感到交流方便,可促进工作效率的提高;而在一个出版社,这种开放式的办公室布置可能会使编辑们感到无端的干扰,无法专心致志地工作。

尽管办公室布置根据行业的不同、工作任务的不同,布局有多种,但仍然存在三种基本的模式。第一种模式是传统的封闭式办公室,办公楼被分割成多个小房间,伴之以一堵墙、一个个门和长长的走廊。显然,这种布置可以使工作人员保持足够的独立性,但不利于人与人之间的信息交流和传递,使人与人之间产生疏远感,也不利于上下级之间的沟通。而且,几乎没有调整和改变布局的余地。第二种模式是近二十年来发展起来的开放式办公室布置,在一间很大的办公室内,可同时容纳一个或几个部门的十几人、几十人甚至上百人共同工作。这种布置方式不仅方便了同事之间的交流,也方便了部门领导与一般职员的交流,在某种程度上消除了等级的隔阂。但这种方式的一个弊病是,有时会相互干扰,职员之间容易闲聊等。因此,后来进一步发展起来的一种布置方式是带有半截屏风的组合办公模块,即第三种模式。这种布置方式既利用了开放式办公室布置的优点,又在某种程度上避免了开放式布置情况下的相互干扰、闲聊等弊病。而且,这种模块式布置有很大的柔性,可随时根据情况的变化重新调整和布置。有人曾估计过,采用这种形式的办公室布置,建筑费用比传统的封闭式办公建筑能节省40%,改变布置的费用也低得多。

实际上,在很多组织中,封闭式布置和开放式布置都是结合使用的。20世纪80年代,在西方发达国家又出现了一种被称为"活动中心"的新型办公室布置方式。在每一个活动中心,有会议室、讨论间、电视电话、接待处、打字复印、资料室等进行一项完整工作所需的各种设备。楼内有若干个这样的活动中心，每一项相对独立的工作集中在这样一个活动中心进行，工作人员根据工作任务的不同在不同的活动中心之间移动。但每人仍保留有一个小小的传统式的个人办公室。显而易见，这是一种比较特殊的布置形式，较适用于项目型的工作。

20世纪90年代以来，随着信息技术的迅猛发展，一种更加新型的办公形式——"远程"办公也正在从根本上冲击着传统的办公布置方式。所谓"远程"办公，是指利用信息网络技术，将处于不同地点的人们联系在一起，共同完成工作。例如，人们可以坐在家里办公，也可以在出差地的另一个城市或飞机、火车上办公，等等。可以想象，当信息技术进一步普及、其使用成本进一步降低以后，办公室的工作方式和对办公室的需求、办公室布置等，均会发生很大的变化。

3. 其他服务业平面布置

服务业企业的布置形式可以分为工艺专业化和产品专业化两种形式，以前者居多。图 3-13 所示是一张诊疗所的平面布置示意图。

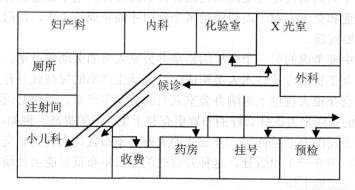

图 3-13 诊疗所平面布置示意图

从图中可以看出病人要在多个部门停留。可以想象，当诊所规模扩大成一所大医院时，疾病的诊断和治疗越来越需要依靠先进的设备，病人在医院中要到许多部门作仪器设备检查，行走距离就会很长。特别对于病情较重的住院病人，需护工运送，无疑会增加成本。这时会遇到运输费用最小化的医院平面布置问题。

再如百货零售商店，它的平面布置有两条要求，一是能使顾客进店后很容易找到自己想要商品的柜台；二是店面的走廊布置不能太拥挤。图 3-14 所示是一家超市的平面布置图。

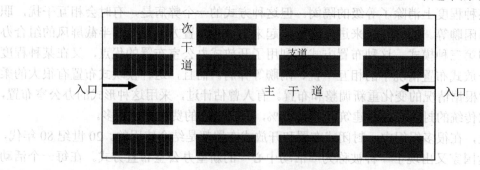

图 3-14 某超市平面布置图

如图 3-14 所示的这种成角度的布置，好处是视线更开阔，顾客进入店铺后，在主干道上就可以看清通道上方的标志，查找货物比较方便。由于服务业的生产过程和消费过程合为一体，消费者会对整个服务过程提出质量要求，因此服务业还十分强调环境的布置，如家具的式样、颜色，室内的灯光，墙壁的色彩和图案等。

零售服务业布置的目的就是要使店铺的每平方米的净收益达到最大。在实际应用中，这个目标经常被转化为这样的标准，如"最小搬运费用"或"产品摆放最多"，同时应该考虑到还有其他许多的人性化的因素。一般而言，服务场所有三个组成部分：环境条件，空间布置及其功能性，徽牌、标志和装饰品。

本 章 小 结

本章对运营系统的选址和布置进行了阐述。第一节主要论述了选址需要考虑的各种影响因素，并对各种因素进行了分析，在此基础上重点介绍了几种常有的选址决策的评价方法；第二节对运营系统的布局进行了详尽的叙述，重点讨论了设施布置的原则和方法，包括空间布置与时间布置，同时给出了非制造业布局的几种常见形式。

复习思考题

1. 为什么要进行选址决策？
2. 影响选址的主要因素有哪些？
3. 选址决策的一般方法有哪些？
4. 什么是工艺原则和产品原则？各有什么优缺点？
5. 如何应用从至表法进行设备布置？

第四章　流水线与大规模定制

学习要点及目标

(1) 理解流水线的概念、特征和分类。
(2) 掌握流水线生产应具备的条件。
(3) 熟悉流水线组织设计与平面布局。
(4) 理解大规模定制的内涵、特点。
(5) 区分大规模生产与大规模定制的不同点。
(6) 熟悉大规模定制的实施条件。
(7) 掌握实施大规模定制的方法、步骤和基本策略。

准时生产制　看板管理　精益生产　敏捷制造　大规模定制

红领集团：服装从大量生产试水大规模定制

红领集团，成立于1995年，是一家以生产西装为主的服装生产企业。红领的发展起点和很多国内同行一样，接外贸订单，批量生产，是典型的传统"OEM"(外贸加工)工厂。不一样的是，从21世纪初起，红领试水大规模定制，打造单件生产的柔性生产线。通过13年的努力，红领转型为国内首家服装大规模定制企业。现在红领每天能生产3000多套件定制服装，订单做到7个工作日交货。

早在2000年，红领开始试水定制，在青岛和济南开设了两家定制服装店。旺季的时候，两个店铺一天最多可以收到订单80套。张代理同时也积极发展国外定制市场。2003年，张代理开始探索在生产线上实现个性化定制。他的目标是把红领建设成为通过信息化与工业化深度融合的手段来实现定制的服装企业。红领在张代理的带领下，用一个3000人的工厂做试验。他引进国际先进的服装制作设备，结合红领的定制经验和用户数据，对流水线进行二次开发以便于实行定制化生产。

通过10年的努力，耗资2.6亿元人民币，到2013年，红领研发的个性化西服定制柔性生产线基本成型。张代理将其命名为RCMTM，即Red Collar Made To Measure。RCMTM是红领在大数据的基础上，建立的人机结合的定制生产流水线，用以实现计算机辅助下个性化定制服装的高效快速生产。

第四章　流水线与大规模定制

传统的大规模工业化制造的前提是生产品种少、批量大的标准化产品,用流水线大大提高生产效率。但是与此同时,消费者要牺牲掉自己的个性化需求或偏好。

定制服装是指,根据具体消费者个人情况量体裁衣。通常要根据消费者个人的体形、肤色、职业、气质、爱好等来选择面料、花色,确定服装款式造型。

定制西装的核心是打版师亲自量体并手工打版,先用廉价衣料做成样衣,给客户试穿后,进行调整和修改,用选定的优质衣料做出最终服装。

红领研发成功了一套通过信息技术把工业生产和定制相结合的大规模定制服装生产系统,实现全程数据驱动:自动排单、自动裁剪、自动计算并整合版型等,完全解放了人工,并将交货周期、专用设备产能、线号、线色、个性化工艺等编程组合,以流水线生产模式制造个性化产品。

(案例来源:红领集团:服装大批量生产转型大规模定制(改编).牛哥网 http://www.NIUGEBBS.com)

如果说 20 世纪是短缺的标准化的时代,那么 21 世纪就是多样化潮流,从流水线下的人人能够买得起的标准产品,转向人人买得起的个性化的产品。为此我们将流水线和大规模定制安排在同一章来学习,效果可能会更好。

对客户需求提供快速甚至即时响应是推动企业走向大规模定制之路的好办法。因为它以尽快满足顾客需要为中心,以较低的成本生产较多的品种。使交付功能快速满足客户需求会引起连锁反应,从交货点开始反过来依次作用于分销和销售过程、生产过程,直至开发过程。整个企业价值链的每一环节本身都将发生巨大的变化:缩短周期时间、增加产品多样性、在客户需要时向他们提供任何想要的产品或服务。

管理的最基本目标是提高效率和效益,面对消费者需求,就是要在解决有的基础上,向好的方向努力。本章首先从提高效率方面入手,介绍流水线的概念、特征、实施条件和布局设计等。然后,从满足消费者个性化需求方面,介绍了大规模定制的内涵、特点、实施策略和方法步骤。

第一节　流水线的组织与布局

一、生产线与流水线

(一)流水生产线的概念及其特点

流水生产是指劳动对象按照一定的工艺路线顺序地通过各个工作地,并按照统一的生产速度(节拍)完成工艺作业的连续的生产过程。流水线生产是连续生产形态中最具典型的生产方式。

流水生产线具有以下特点:①工作地专业化程度高,每一个工作地只固定完成少数制品的有限几道工序;②实行封闭式生产,各工作地按照劳动加工的工艺顺序排列,工件在生产线中单向流动；③各工序加工时间与工作地数量成比例关系；④按节拍进行生产；⑤生产效率高。

(二)采用流水线生产应具备的条件

在认识流水线的基础上，作为企业可以根据实际决定是否需要设计流水线。组织流水线生产方式首先要考虑的问题是企业是否具备组织流水生产的条件。从理论上说企业可以下述条件作为决策基点。

1. 产品的产量足够大且生产品种稳定

组装一条流水线大都需要购置大量的设备和工具，还需要为流水线的顺利运行做好生产技术准备工作，一次性投入特别大，那么就要求其产品市场需求量一定要很大，或市场前景良好，只有这样考虑上流水线才合算，流水线才具有生命力。否则，没上多久，生产线就停停打打，甚至瘫痪下来，会给企业造成很大的浪费和损失。

2. 流水线生产的产品在结构上、工艺上、性能上要比较先进

这一条与第一条也是紧密相关的。与其他企业生产的同类产品比较，结构、工艺、性能比较落后，就会使竞争力降低，失去竞争力的产品，也就失去了生命力。所以，要认真分析产品的结构、工艺、性能等，要使它们处于领先位置。

3. 提高设备利用率

工艺过程能划分为简单的工序，又能根据工序同期化的要求把某些工序适当合并和分解，各工序的单件工时不宜相差过大，这样才有利于提高流水线上设备的利用率。

4. 企业自身要具备充分条件

企业要考虑布置流水线的资金筹措、技术条件是否具备，使用面积是否具备，管理制度和管理水平能否跟得上，要积极创造条件满足流水线生产的需要。

(三)流水生产线的种类

流水线有多种形式，可以按照不同的标志分类。在图4-1中，左边栏目表明了流水线生产分类的标志，右边栏目列举了按照不同方式分类的项目。各项目之间的连线表示的是不同类别的流水线生产之间的关系，如多对象流水线下方的三条连线表示按照对象变换方式分类可分为可变流水线、成组流水线和混合流水线。

可以根据不同的标准对流水线进行分类。

1. 按对象移动方式分类

按对象移动方式分类，可分为固定流水线和移动流水线。

固定流水线是指加工对象在生产过程中不动，而操作人员、工具按一定顺序先后有规律地围绕加工对象进行作业。这种方式主要应用在生产一些大型不便移动的产品时，如一些大型、重型机床加工等，还有造船生产基本上都组织这种流水线。

移动流水线是指加工对象在生产过程中是移动的，即加工对象顺序移动经过各个工作地才能完成全部加工过程，操作人员、工具等是相对固定的，如汽车装配流水线、电冰箱、电视机等家用电器装配流水线均属于移动流水线。

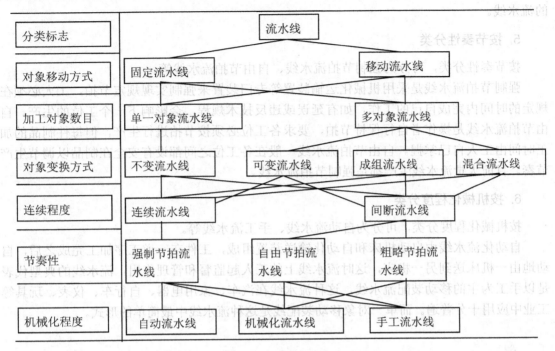

图 4-1　流水线分类

2. 按加工对象数目分类

按加工对象数目分类，可分为单一对象流水线和多对象流水线等。

在流水线上长时间只生产一种加工对象，就是单一对象流水线；多对象流水线是在流水线上能生产两种或两种以上的加工对象。

3. 按对象变换方式分类

按对象变换方式分类，可分为不变流水线、可变流水线、成组流水线、混合流水线。

上述单一对象流水线从这个角度看就属于不变流水线，生产的加工对象是固定不变的。可变流水线、成组流水线都属于多对象流水线。可变流水线在流水线上能生产两个或两个以上加工对象，加工对象变换时，流水线要做适当调整，一般是轮番生产。成组流水线亦能加工两个或两个以上加工对象，加工对象变换时，流水线本身无须做调整。而混合流水线和可变流水线不同之处就在于不按照轮番方式组织生产，而是每一个生产单元都按照一定的比例和预先设计好的投产顺序加工几种不同的产品。

4. 按连续程度分类

按连续程度分类，可分为连续流水线和间断流水线。

连续流水线上，加工是连续不断进行的，工序之间没有等待停顿现象；反之，则为间断流水线。连续流水线是指生产对象从投入到生产，连续地从一个工位转入下一个工位不断地进行加工，中间没有停放时间，生产过程是完全连续的流水线。一般适用于大批量生产,是一种完善的流水线形式。间断流水线是指由于各个工位的劳动量不等或不成倍比关系,生产能力不平衡,生产对象在各工位之间会出现停放等待,生产过程是不完全连续的流水线。

5. 按节奏性分类

按节奏性分类,可分为强制节拍流水线、自由节拍流水线等。

强制节拍流水线是采用机械化运输装置等专门装置来强制实现规定节拍,工人必须在规定的时间内完成自己的工作,如有延误或违反技术规程,会影响下一个工位的生产。自由节拍流水线是操作者自行保持节拍,要求各工位必须按节拍进行生产,但每件制品的加工时间由工人自己掌握。自由节拍流水线一般在各工位之间都设有安全在制品以调节生产节奏。目前大量流水线生产都是强制节拍流水线。

6. 按机械化程度分类

按机械化程度分类,可分为自动流水线、手工流水线等。

自动化流水线由自动机床和自动化输送装置组成,工件在一道工序加工完成之后,自动地由一机床送到另一机床,这时流水线上的工人起监督和管理作用。流水线的典型代表是以手工为主的移动装配流水线,这种流水线在汽车、家用电器、自行车、仪表、玩具等工业中应用十分普遍。而单一对象移动装配线是这种流水线中最简单的形式。

【案例 4—1】

福特汽车公司创建流水线生产

"尽力了解人们内在的需求,用最好的材料,由最好的员工为大众制造人人都买得起的好车。"——亨利·福特

"消费者是我们工作的中心所在。我们在工作中必须时刻想着我们的消费者,提供比竞争对手更好的产品和服务。"——亨利·福特

成功学大师戴尔·卡耐基认为,19—20世纪,美国有两位最伟大的企业家,一位是"钢铁大王"安德鲁·卡内基,另一位是"汽车大王"亨利·福特。卡内基因为将自己毕生创造的财富捐献给慈善事业而著称,而福特却凭着坚毅的品质,用汽车改变了美国乃至世界交通的历史,正是他给美国"装上了车轮子",使美国进入了一个全新的发展时代。

成功学大师拿破仑·希尔将自己的成功归功于两个人,一个是安德鲁·卡内基,另一个则是亨利·福特,他认为:"亨利·福特惊人的成就为《成功法则》的十七条法则的可靠性提供了最根本的证明。"

亨利·福特留给我们的不仅仅是"福特"汽车这个品牌,他还代表着一种执着的、永不言弃的创业精神。著名的《财富》杂志在评选"20世纪最伟大的企业家"时,就这样评价说:"'20世纪的企业家'是这样一位工业创建者,他改变了我们生活的每一片土地,第一个创建了'大市场',并为之供应产品,他是我们生平所见的最伟大的企业家。他乡土气十足,他带着对那个年代的偏见,也具有那种持久的天才,他就是亨利·福特。"

第四章 流水线与大规模定制

亨利·福特(1863—1947)是世界著名的"汽车大王"。由亨利·福特创建的福特汽车公司是世界最大的汽车企业之一，该公司推出的 T 型车和第一条流水线带来了世界汽车工业的革命，而且 T 型车 1500 万辆的产量至今仍然是未被打破的世界纪录。他致力于机械制造，用自己的发明和创造为世界做贡献，制造人们买得起的大众汽车，给人们带来了无比的快乐。福特也因此被誉为"给世界装上车轮子"的人。1999 年，《财富》杂志将亨利·福特评为"20 世纪最伟大的企业家"，以表彰他为人类工业发展所做的杰出贡献。他是拿破仑·希尔最推崇的 20 世纪最伟大的企业家，他不仅改变了整个世界的交通，更给世界人留下了光辉人性的不朽传奇。

问题：
(1) 福特运用了哪些人的理论开创了流水生产方式？
(2) 福特生产线的设计应用了哪些原理？

二、流水线的组织设计与平面布局

流水线生产的组织需要经过严格的生产设计及生产过程规划，流水线的设计就成为组织的核心工作。本节主要以单一产品流水线为例进行阐述。

(一)单一对象流水线的设计

1. 计算流水线的节拍

流水线的节拍是指投入或产出相邻两件同种制品之间的时间间隔。它表明了流水线生产率的高低，是流水线最重要的工作参数。现实中节拍和节奏的叫法不是截然区分的，有时节奏实际上就是节拍，意味着它的批量为 1。

流水线节拍的计算公式为

$$r = \frac{F}{N} = \frac{F_0 K}{N} \tag{4.1}$$

式中：r——流水线节拍(分钟/件)；
  F——计划期有效工作时间(分钟)；
  N——计划期制品产量(件)；
  F_0——计划期制度工作时间(分钟)；
  K——时间有效利用系数。

系数 K 考虑了设备检修、设备调整、更换工具的时间，以及工人工作班内休息的时间。产量 N 包括计划产量和预计废品量。

例：某制品流水线计划年销售量为 20000 件，另需生产备件 1000 件，废品率 2%，两班制工作，每班 8 小时，时间有效利用系数为 95%，求流水线的节拍。

解：$F_0 = 251 \times 2 \times 8 \times 60 = 240960$(分钟) $N = 21000 \div (1-0.02) = 21429$(件)

$$r = \frac{F}{N} = \frac{F_0 K}{N} = \frac{240960 \times 0.95}{21429} = 11 (\text{分钟})$$

2. 工序同期化

工序同期化又称为流水线平衡，是组织连续流水线的必要条件，就是通过各种可能的技术组织措施，调整或压缩各工序的单件时间定额，使它们等于流水线节拍或与节拍成整数倍。进行工序同期化，在目前的许多流水线生产中都是必需的。为什么要进行流水线时间平衡？如果各工序的加工时间存在较大差别，流水线就会因为工序时间不成比例而使得一些工序时动时停，从而会影响流水线生产优势的发挥。例如，某装配线有 6 道工序，其作业工序和工序作业时间如图 4-2 所示。假定节拍为 5 分钟/件，计算下一工序负荷率。不难看出，供需负荷率最高的只有 60%，即 3、4 两道工序，而工序 1 的负荷率只有 20%。这种现象会导致：浪费时间资源；忙闲不均匀，引起矛盾；浪费人力资源。

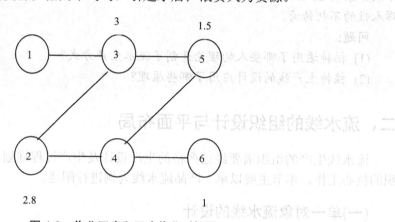

图 4-2 作业工序和工序作业时间图

为了解决这些问题，必须对流水线的工序进行重新组合分析，重新组织工作地。本流水线平衡的方法主要是以适当的方式将流水线上若干个相邻工序合并成一个大工序(又称工作地)，并使这些大工序的作业时间接近或等于流水线的节拍。系统地说，工序同期化经常采取以下措施。

① 采用高效设备；
② 采用高效工艺装备；
③ 改进工作地布置；
④ 改变切削用量；
⑤ 提高工人熟练水平；
⑥ 工序分解与合并。

尤其在工序分解与合并时，需要综合考虑多方面的因素，最好按照以下步骤进行。

(1) 计算流水线上需要的最少工作地数：

$$S_{\min} = \left[\frac{\sum t_i}{r}\right] \tag{4.2}$$

(2) 组织工作地。按以下条件向工作地分配小工序，同时要保证每个工序之间的先后顺序；每个工作地分配到的小工序作业时间之和，不能大于节拍；各个工作地的作业时间应尽量接近或等于节拍；应使工作地数目尽量少。

(3) 计算工作地时间损失系数 ε_L。

$$\varepsilon_L = \frac{S \cdot r - \sum_{i=1}^{s} T_{ei}}{S \cdot r} \times 100\% \tag{4.3}$$

例：某装配线节拍 8 分钟 13 工步，逻辑关系和工时如图 4-3 所示，小写英文字母表示工步，数字表示时间，试进行工序同期化确定工序内容，确定各工序工作内容。

解：所有工步总装配时间 $\sum t_i = 44$；

计算最少工作地数，$S_{\min} = \left\lceil \dfrac{\sum t_i}{r} \right\rceil = \left\lceil \dfrac{44}{8} \right\rceil = 6$。

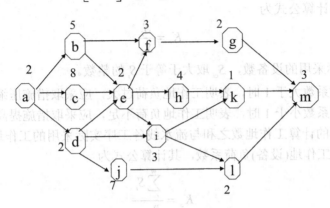

图 4-3 各工位之间的逻辑关系

也就是说，工序数目不超过 6 即为最优解，探索式安排每个工序如表 4-1 所示。

表 4-1 工序工作内容安排

工作地	工步号	工步作业时间	工作地作业时间	空闲
A	a、b	2、5	7	1
B	c	8	8	0
C	d、e、h	2、2、4	7	0
D	j	7	8	1
E	f、g、i	3、2、3	8	0
F	k、l、m	1、2、3	6	2

计算工作地时间损失系数：

$$\varepsilon_L = \dfrac{S \cdot r - \sum_{i=1}^{s} T_{ei}}{S \cdot r} \times 100\%$$

$$= \dfrac{6 \times 8 - 44}{6 \times 8} \times 100\%$$

$$= 8.3\%$$

当然表 4-1 中的工序内容安排不见得是唯一的，但只要满足条件而且工序数不超过 6 就是可取的。

3．计算设备数目和设备负荷系数

每道工序的设备设置数量可根据工序时间来计算。各道工序的工作地需要量，可根据下式计算：

$$S_i = \frac{t_i}{r}$$

式中：S_i——第 i 道工序所需工作地数(设备数)；

t_i——第 i 道工序的单件时间定额(分钟/件)，包括工人在传送带上取放制品的时间。

实际采用的工作地数与计算需要的工作地数之间的比例表明工作地的负荷程度，叫作设备负荷系数，其计算公式为

$$K_i = \frac{S_i}{S_{ei}} \tag{4.4}$$

式中：S_{ei}——实际采用的设备数，S_{ei} 取大于等于 S_i 的整数。

当工作地负荷系数大于 1 时，表明工作地负荷过大，应采取措施压缩工序劳动量。

当工作地负荷系数小于 1 时，表明工作地负荷不足，应采取措施提高工作地负荷。

流水线各工序的计算工作地数之和与流水线各工序实际采用的工作地数之和之间的比值表明流水线总的工作地(设备)负荷系数，其计算公式为

$$K_a = \frac{\sum_{i=1}^{m} S_i}{\sum_{i=1}^{m} S_{ei}} \tag{4.5}$$

设备负荷率是表明设备利用情况的指标，它决定着流水线生产的连续程度。在实际中，往往设备负荷率小于 75% 可采用间断流水线生产方式，否则应采取连续流水线方式。

4．确定流水生产线上的工人数

在配备工人时，既要充分利用工人的工作时间，又要减轻工人的劳动强度；以设备操作为主的流水线，在计算工人数时，还要考虑后备工人和工人的看管定额两个方面。设备负荷率很高，而且以操作者手工生产为主，或设备运转起来，必须由操作者始终照管，这就需要采用一人一台设备的看管方式；如果在流水线上，设备负荷率不高，或设备自动化程度高，尤其是在一个工作地上，同时有几台设备进行相同类型的加工，可进行多设备看管的组织形式。

例如，有几台设备的加工工人，装夹工件、启动设备等手动时间为 2 分钟，然后设备就可自动加工，耗时 5 分钟。在这种情况下，操作者可以同时看管 3 台设备。如果采用一人一机的组织方式，在人力使用上就是浪费。流水线生产本身就是一种追求高效的科学的生产组织形式，因此在每一个局部环节都应研究和追求这一点。

譬如以手工操作为主的生产线，其工人配备可用式(4.6)确定：

$$P_i = S_{ei} g W_i \tag{4.6}$$

式中：P_i——第 i 道工序的工人人数；

g——每日工作班次；

W_i——第 i 道工序每台设备同时工作人数(人/台班)。

5．选择运输方式和运输设备

在流水线上采用什么样的运输方式和运输设备，很大程度上取决于加工对象的形状、尺寸、重量、加工工艺、加工位置、精度要求以及流水线的节拍或节奏等方面。

第四章 流水线与大规模定制

在采用强制节拍流水线时,应使用传送带。传送带常见的有分配式传送带、连续式传送带、间歇式传送带等。分配式传送带多用于工序之间短距离地传送加工对象,允许各工序的工作时间有小的波动,解决节拍制约的办法是建立保险在制品储备;连续式传送带用于大量生产产品的加工传送;间歇式传送带严格执行节拍规定的运动,加工对象可装置在传送带上加工,减少装夹次数,保证加工精度,适用于工序时间较长、产量不太大,但精度要求高的产品的传送。

自由节拍流水线一般采用连续式运输传送带、滚道、滑道,这种流水线允许在工序间储存一定数量的在制品以调节生产速度的波动。

粗略节拍流水线上一般可采用滚道、重力滑道、手推车、叉车、吊车等。

6. 流水线的平面布置

流水线的平面布置,就是将已设计出来的流水线和企业实际平面结合起来分析考虑,来选择所采取的形式。

在进行平面布置时,一定要符合实际情况,不做客观条件不允许的平面布置。当然,也要积极采取措施,创造条件,给流水线的平面布置以方便。另外,要有利于操作人员的操作,从省时、省力、安全等方面去考虑;要让加工对象在整个加工过程中加工路线最短;要有利于流水线设备的检修;要充分利用生产面积,等等。

流水线平面布置的形状各种各样,图4-4表示了流水线的一些常见形式。每种生产线组织形式有其优缺点、适用范围。如直线型流水线很容易进行管理,设备维修保养很方便,但它占地太长,如果生产单位内没有这么长的空间,使用它就是不可能的。

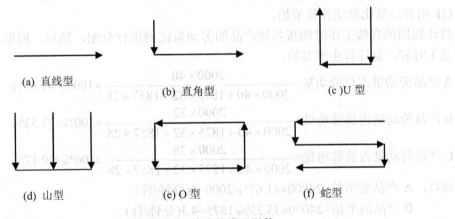

图4-4 流水线常见形状

每种形状的流水线的工作地布置可采用单列流水线或双列流水线。当工序与工作地数目较多时,可采用双列流水线排列。

(二)可变流水线的设计

可变流水线是在一条流水线上生产两种或两种以上产品。在可变流水线上,加工对象是多样的,但其结构及加工工艺近似;每个加工对象在流水线上成批地、轮番地进行加工,改变加工对象,流水线都要做少量适当的调整;但在计划期的各段时间内,流水线上只生产一种产品，这种产品按规定的批量完成以后，才转而生产另一种产品。

可变流水线组织设计比较复杂，其设计过程和单一品种流水线的相似，所不同的地方主要在于确定节拍。因为可变流水线上加工对象不是单一的，所以其节拍的确定要复杂些。一般有两种方法。

一种是代表产品法。这种方法与确定生产能力的代表产品法思路是一致的，即从流水线上生产的产品中，选择一种产量大、劳动量大、工艺过程较复杂的产品作为代表产品，将其他产品按劳动量比例关系折合成代表产品的产量，然后按照有效工时和产量的关系求出可变流水线的节拍。

另一种是劳动量比重法。劳动量比重法是指按制品在流水线上加工总劳动量中所占比重分配流水线有效工作时间，然后计算制品节拍的方法。

下面举例说明确定可变流水线的节拍的方法。

例：某可变流水线上 A、B、C 三种产品，其计划月产量分别为 2000 件、1875 件、1857 件，每种产品在流水线上各工序单件作业时间之和分别为 40 分钟、32 分钟、28 分钟，流水线上按两班制工作，每月有效工作时间为 24000 分钟，现以 A 产品为代表产品，试确定其节拍。

解：(1) 用代表产品法计算节拍，选择 A 作为代表产品。

计划期折合为代表产品 A 的产量=2000+1875×32/40+1857×28/40=4800(件)

代表产品(A)的节拍=24000/4800=5(分钟/件)

产品 B 的节拍=5×32/40=4(分钟/件)

产品 C 的节拍=5×28/40=3.5(分钟/件)

(2) 用劳动量比重法计算节拍。

将计划期的有效工作时间按各种产品的劳动量比例进行分配，然后，根据各产品分得的有效工时和产量计算生产节拍。

A 产品劳动量占总劳动量=$\dfrac{2000 \times 40}{2000 \times 40 + 1875 \times 32 + 1857 \times 28} \times 100\% = 41.67\%$

B 产品劳动量占总劳动量=$\dfrac{2000 \times 32}{2000 \times 40 + 1875 \times 32 + 1857 \times 28} \times 100\% = 33.33\%$

C 产品劳动量占总劳动量=$\dfrac{2000 \times 28}{2000 \times 40 + 1875 \times 32 + 1857 \times 28} \times 100\% = 29.17\%$

所以：A 产品的节拍=24000×41.67%/2000=5(分钟/件)

B 产品的节拍=24000×33.33%/1875=4.3(分钟/件)

C 产品的节拍=24000×29.17%/1857=3.8(分钟/件)

以上两种方法实质上是一样的，可互相转换。

(三)混合流水线

混合流水线，顾名思义是同一流水线能同时适合多品种产品生产，是将流水线上生产的多种产品，按一定的数量和顺序编成组，同组的各种产品在一定时间内按大量流水线生产的方式交替生产，这既能适应市场需求，不断进行产品生产的变换，又能发挥流水线生产的效率优势，使企业效益提高。在混合流水线上，按照设定的投产程序同时生产多种产品，这对于流水线的组织设计提出了很高的要求。这种高要求体现在设备、工艺、工种、

第四章 流水线与大规模定制

操作及工序间的协调多个方面,也体现在进度计划、质量和现场控制等其他管理的环节上。

混合流水线已在发达国家被广泛采用,由于其突出的适应性以及和流水生产的优势相结合,可大大增强企业对市场的适应能力,在我国有广阔的发展前景。其组织设计的难点,主要在于工序同期化和投产程序方面。具体来说,当几种加工对象产量相等时,每个加工对象应按一定规律实行交替性投产;当几种加工对象产量不等时,每种加工对象应按一定的规律制定的投产顺序进行生产。目前确定混合流水线投产顺序最简单的方法就是生产比倒数法。为说明生产比倒数法的应用,特举例:某混合流水线生产 A、B、C 三种产品,计划产量分别为 3000、2000、1000 件。试应用生产比倒数法确定投产顺序。

(1) 计算生产比。

找出各产品产量的最大公约数,用最大公约数除各产品产量即为各产品生产比,各产品生产比之和为生产比产量,也就是一个生产循环的总产量。

$X_A = 3000/1000 = 3$

$X_B = 2000/1000 = 2$

$X_C = 1000/1000 = 1$

(2) 计算生产比倒数。

产品生产比的倒数值即为生产比倒数。

$m_A = \dfrac{1}{X_A} = \dfrac{1}{3}$

$m_B = \dfrac{1}{X_B} = \dfrac{1}{2}$

$m_C = \dfrac{1}{X_C} = 1$

(3) 按照规则投产。

生产比倒数最小的产品先投,如果有多个最小生产比倒数,则安排最小生产比倒数出现晚的先投,但适用该规则时应避免连续投入;更新生产比倒数值,对已选定的生产比倒数 m_j 标注 "*" 并更新 m_j^*,即在所选定的产品 m_j^* 上再加上这个品种的生产比倒数 m_j;重复以上过程,直至排得的连锁中各品种的数目分别等于它们的生产比。编制步骤如表 4-2 所示。

表 4-2 投产顺序

计算次数	A 产品	B 产品	C 产品	连锁
1	1/3*	1/2	1	A
2	1/3+1/3	1/2*	1	AB
3	2/3*	1	1	ABA
4	1	1*	1	ABAB
5	1*	—	1	ABABA
6	—	—	1*	ABABAC

【案例 4—2】

丰田汽车公司成功地采用了混合流水线

以生产高级轿车和轻型卡车久负盛名的丰田公司决定在美国生产小型厢式载货汽车。为尽快投产，丰田公司在它位于美国肯塔基州乔治敦的一制造厂做出了惊人之举，它决定在生产Camry汽车的工作地上同时生产Sienna小型厢式载货汽车。

尽管Camry车和Sienna用的是同样的底盘，并且有50%的零部件是相同的，但二者差别很大。Sienna车比Camry车长5英寸，宽3英寸，高1英尺，每辆Sienna车在装配线上占有更大的空间，需要更多更大的零件。

别的汽车制造商可能要将制造厂关停几个月以进行此类的调整，但丰田公司需要行动迅速，迟缓的话会给Camry车旺盛的销售势头带来不利影响。

在装配线上的300个工作地中，Sienna车需要26个工作地加工其零部件，但仅需7个新的生产工序……为节约时间，丰田公司决定不再增加工作地，它挑选了两组工人，每组一个轮班，在原生产线的七个工作地上只负责加工Sienna的零部件。同时，工程师与工人协同工作，设计出辅助设备。丰田公司通过对装配线采取革新措施，即采用了混合流水线，将投产所需要的设施尽可能缩短了3年。

问题：
(1) 怎样解决生产线设计问题？
(2) 怎样设计混流生产的组织形式？

(四)成组技术与成组流水线

1. 成组技术的概念和内容

成组技术是组织多品种、小批量生产的一种科学管理方法。它把企业生产的各种产品和零件，按结构、工艺上的相似性原则进行分类编组，并以"组"为对象组织和管理生产。所以说成组技术是一种基于相似性原理的合理组织生产技术准备和产品生产过程的方法。

从被加工零件的工艺工序的相似性出发，考虑零件的结构、形状、尺寸、精度、光洁度和毛坯种类等不同特点，成组技术的内容如下。

(1) 依照一定的分类系统进行零件的编码和划分零件组。
(2) 根据零件组的划分情况，建立成组生产单元或成组流水线。
(3) 按照零件的分类编码进行产品设计和零件选用。

2. 成组技术的优点

为了提高多品种、中小批量生产的技术经济效果，推行成组技术是一种有效措施，其优点表现为以下几方面。

(1) 简化了生产技术准备工作。
(2) 增加了生产同类型零件的批量，有利于采用先进的加工方法，从而提高生产效率。
(3) 缩短了生产周期。

第四章 流水线与大规模定制

(4) 有利于提高产品质量,降低产品成本。
(5) 简化了生产管理工作。

3．成组加工中心

成组加工中心是把一些结构相似的零件,在某种设备上进行加工的一种比较初级的成组技术的生产组织形式。如图4-5所示,采用此形式,由于相似零件集中加工,可以减少设备的调整时间和训练工人的时间,有利于工艺文件编制工作合理化,而且能逐步实现计算机辅助工艺设计。

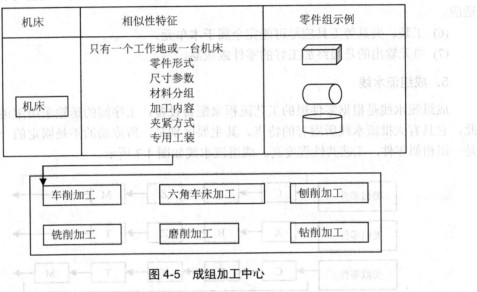

图 4-5　成组加工中心

4．成组生产单元

成组生产单元是指按一组或几组工艺上相似零件共同的工艺路线,配备和布置设备。它是完成相似零件全部工序的成组技术的生产组织形式,在加工单元中零件的加工是按类似流水线的方式进行的,如图4-6所示。

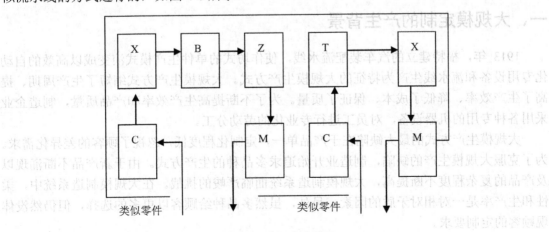

图4-6　成组生产单元
C—车床；X—铣床；B—刨床；Z—钻床；T—镗床；M—磨床

一般按成组技术配备的生产单元，需具备以下特征。

(1) 生产单元中每一组工人可以独立地完成所涉及的所有操作。

(2) 工人数量和机床数量相比，应尽可能少，每个工人应学会尽可能多的技能，甚至熟悉单元中的全部工作。

(3) 单元在管理工作上有一定的独立性。

(4) 单元应集中在一块生产面积内，单元内基本上保证工序的流水性，生产过程尽可能不被跨组加工工序所打断。

(5) 要保证有稳定和均衡的生产任务，单元的产品品种和规模与工艺能力和生产能力相适应。

(6) 工装、夹具等工具应尽可能完全属于本单元。

(7) 单元输出的是最终加工好的零件或成品。

5．成组流水线

成组流水线是根据零件组的工艺流程来配备设备，工序间的运输采用滚道或小车。因此，它具有大批流水线所固有的特点。其主要区别是，所流动的不是固定的一种零件，而是一组相似零件，工艺共性程度高。成组流水线如图 4-7 所示。

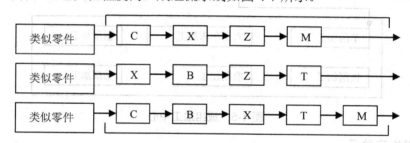

图 4-7　成组流水线

第二节　大规模定制生产

一、大规模定制的产生背景

1913 年，福特建立的汽车装配流水线，使作坊式的单件生产模式演变成以高效的自动化专用设备和流水线生产为特征的大规模生产方式。大规模生产方式缩短了生产周期、提高了生产效率、降低了成本、保证了质量。为了不断提高生产效率和产品质量，制造企业采用各种专用的机器设备，对员工进行专业化的劳动分工。

大规模生产方式的最大缺陷在于产品单一，定制化程度低，忽视了顾客的差异化需求。为了克服大规模生产的缺陷，制造业开始追求多品种的生产方式。由于新产品不断涌现以及产品的复杂程度不断提高，大规模制造系统面临严峻的挑战。在大规模制造系统中，柔性和生产率是一对相对矛盾的因素。另外，虽然多品种给顾客以更多的选择，但仍然没体现顾客的定制要求。

随着现代信息技术和数控技术的迅速发展及其在制造领域的广泛应用，一种以大幅度提高劳动生产率为前提，最大限度地满足顾客需求为目标的全新生产模式——大规模定制，正在迅速发展。这种生产模式充分体现了定制生产和大规模生产的优势，以顾客能够接受的成本，几乎为每一位顾客提供符合其要求的定制化产品。大规模定制模式以其独特的竞争优势，将成为 21 世纪的主流生产模式。

二、大规模定制的基本内涵

　　大规模定制是一种集企业、客户、供应商和环境等于一体，在系统思想指导下，用整体优化的观点，充分利用企业已有的各种资源，在标准化技术、现代设计方法学、信息技术和先进制造等的支持下，根据客户的个性化需求，以大规模生产的低成本、高质量和高效率提供定制产品和服务的生产方式。其基本思想是通过产品重组和过程重组，运用现代信息技术、新材料技术、柔性制造技术等一系列高新技术，把定制产品的生产问题转化为或部分转化为规模生产问题，以大规模生产的成本和速度，为单个用户或小规模多品种市场定制任意数量的产品。

　　大规模定制生产模式是根据每个用户的特殊要求，用大规模生产的效益完成定制产品的生产，加上有效的销售服务，从而实现用户个性化和大规模生产的有机结合。

　　大规模定制是在高效率的大规模生产的基础上，通过产品结构和制造过程的重组，运用现代信息技术、新材料技术、柔性技术等一系列高新技术，以大规模生产的成本和速度，为单个顾客或小批量多品种市场定制任意数量的产品的一种生产模式。

三、大规模定制的特点与类型

1. 大规模定制的特点

　　大规模定制的主要特点如下。

　　(1) 大规模定制是以顾客需求为导向，是一种需求拉动型的生产模式。在传统的大规模生产方式中，先生产，后销售，因而大规模生产是一种生产推动型的生产模式；而在大规模定制中，企业以客户提出的个性化需求为生产的起点，因而大规模定制是一种需求拉动型的生产模式。

　　(2) 大规模定制的基础是产品的模块化设计、零部件的标准化和通用化。大规模定制的基本思想在于通过产品结构和制造过程的重组将定制产品的生产转化为批量生产。通过产品结构的模块化设计、零部件的标准化，可以批量生产模块和零部件，减少定制产品中的定制部分，从而大大缩短产品的交货提前期和减少产品的定制成本，同时拥有定制和大规模生产的优势。

　　(3) 大规模定制的实现依赖于现代信息技术和先进制造系统。大规模定制经济必须对客户的需求做出快速反应，这就要求现代信息技术能够在各制造单元中快速传递需求信息，柔性制造系统及时对定制信息做出反应，高质量地完成产品的定制生产。

　　(4) 大规模定制是以竞合的供应链管理为手段的。在定制经济中，竞争不是企业与企业之间的竞争，而是供应链与供应链之间的竞争。大规模定制企业必须与供应商建立起既竞争又合作的关系，才能整合企业内外部资源，通过优势互补，更好地满足顾客的需求。

2. 大规模定制的类型

　　企业的生产过程一般可分为设计、制造、装配和销售，根据定制活动在这个过程中开始的阶段，可以把大规模定制划分为以下四种类型。

(1) 设计定制化。设计定制化是指根据客户的具体要求，设计能够满足客户特殊要求的产品。在这种定制方式中，开发设计及其下游的活动完全是由客户订单所驱动的。这种定制方式适用于大型机电设备和船舶等产品的制造。

(2) 制造定制化。制造定制化是指接到客户订单后，在已有的零部件、模块的基础上进行变形设计制造和装配，最终向客户提供定制产品的生产方式。在这种定制生产中，产品的结构设计是固定的，变形设计及其下游的活动由客户订单所驱动。大部分机械产品属于此类定制方式，一些软件系统如 MRP Ⅱ、ERP 等也属于这类定制化方式，软件商根据客户的具体要求，在标准化的模块上进行二次开发。

(3) 装配定制化。装配定制化是指接到客户订单后，通过对现有的标准化的零部件和模块进行组合装配，向客户提供定制产品的生产方式。在这种定制方式中，产品的设计和制造都是固定的，装配活动及其下游的活动是由客户订单驱动的。个人计算机是典型的装配定制化的例子。

(4) 自定制化。自定制化是指产品完全是标准化的产品，但产品是可客户化的，客户可从产品所提供的众多选项中，选择当前最符合其需要的一个选项。因此，在自定制方式中，产品的设计、制造和装配都是固定的，不受客户订单的影响。常见的自定制化产品是计算机应用程序，客户可通过工具条、优选菜单、功能模块对软件进行自定制化。

四、实施大规模定制的方法

根据顾客需求的差异，将定制分成四类，据此提出了大规模定制的四种方法，即合作定制、适应定制、外观定制和透明定制。合作定制通过与顾客对话，帮助他们分析需求，适合于顾客了解并清楚自身需求的情况；适应定制是提供标准的可客户化的产品，以便顾客可以根据不同的需要和应用场合自己改变产品；外观定制通过向顾客提供外观不同的标准产品实现定制；透明定制是给顾客提供独一无二的产品和服务。

总之，企业应根据对产品大规模定制的合理化分析，对产品的设计、制造、装配、供应以及销售服务等环节进行总体规划，决定在哪些环节上应采取何种措施满足顾客的个性化需求，在哪些环节上又可沿用大规模生产方式。只有这样，才能满足客户个性化需求和一定规模下的低成本二者的统一。

在产品设计阶段，企业可采用三种策略满足用户定制需求。一是参数化产品设计。企业采用这种方法设计产品，使产品本身具有许多可供顾客选择的参数。二是模块化产品设计。企业通过零部件和产品模块的组合来满足顾客对产品的个性化需要。三是顾客参与式产品设计。具体实现的方法可以采用虚拟现实(virtual reality)技术或面向顾客的计算机辅助订货系统。这些系统可以安放在分销商的店铺里，也可以通过因特网让顾客参与设计。

在零部件制造阶段，可采取两种策略。一是延迟制造(postponed manufacturing)，它是指只有到最接近顾客需求的时间和地点才进行产品多样性生产，通过延迟"客户订单分离点"，可以降低制造过程的复杂程度，减少供应链的不确定性，以及降低成品库存，缩短定制时间。二是模块化、参数化生产系统。建立模块化、可插接、可重构的生产线以及快速换模技术等，都是实现大规模定制生产的重要手段。在装配阶段，使用模块化、参数化的装配

第四章 流水线与大规模定制

工具和生产线是装配阶段实现大规模定制生产的重要方法。

在销售服务阶段，定制有时是在产品的销售服务阶段完成的，即将有些工序放在顾客购买时根据顾客的需要来完成。

在原材料供应阶段，需要与供应商建立大规模定制的协同模式，实现采购阶段的零部件的定制。

五、实施大规模定制的条件

通过对国外实施大规模定制生产的企业进行分析，归纳出成功实施大规模定制的条件。

(1) 生产者必须具有迅速获取消费者定制需求的能力。

这是大规模定制实施的前提。传统的获取消费者定制信息的方式是生产者和消费者面对面地交流、电话或文字订货。这种方式具有效率极低、信息非结构化、顾客群体窄等缺点而不适合大规模定制。为了使产品达到"完全适合你""为你定制"，用户和企业之间必须有不间断的、迅速的、"一对一"的信息交换，在网络没有出现之时，这是不可能的。但是现在，网络提供了一种低成本、快速的信息交换渠道，电子商务支持公司直接面向顾客的战略，它的发展使大批量定制成为可能。电子商务通过在公司网站上提供面向顾客需求的辅助顾客订货系统来获取用户定制产品的信息。

(2) 企业的产品可大规模定制化。

企业的产品适合大规模定制，这是企业实施大规模定制的基本条件。首先，要求产品有相当规模的市场容量，否则大规模定制就变成了小规模定制；其次，消费者对产品功能的需求既有个性也有共性，即既非完全个性化也非完全共性化，因为完全个性化的产品就是完全不同的产品，而完全共性化的产品可以使用大规模方式生产，因而均不适合大规模定制。大量产品介于两个极端之间，因为相似性是自然界的普遍现象。构成产品的零部件或产品本身，归属于一个广义的相似性：①有相同的工作原理；②有相同的关键部件；③它们需要使用同一类加工设备；④可以采用相同的加工工艺；⑤可以应用相同的递送工具(如叉车等)；⑥可以应用相同的辅助加工设备(如夹具等)；⑦可以一同采购，等等。而消费者的个性化需求，一般主要表现为功能差异和外观差异。为此，企业应当对产品进行面向大规模定制的合理化分析，在零部件的标准化和个性化之间寻求合理的界线。

(3) 企业具有敏捷的产品开发和柔性的制造技术。

这是大规模定制实施的技术支撑，是大规模定制所要求的核心能力和资源。大规模定制是目前最为复杂的生产方式，其面临的关键问题是产品种类的急剧增加和用户需求的不断变化导致的产品开发延期、成本增加等问题。解决这一问题的办法建立在企业进行产品大规模定制的合理化分析基础上，企业还需要具备低成本快速开发和制造零部件的能力，而采用柔性的、模块化可重构的、多代产品共用的制造设备或生产线是实现这一目标的关键制造技术。

(4) 供应链适合大规模定制。

大规模定制建立在供应链概念的基础上，它的成功取决于企业的供应商、分销商和零售商组成的供应链满足大规模定制战略的意愿和准备情况。大规模定制的目标是采用接近大规模生产的成本，生产快速满足顾客需要的个性化产品或服务，不仅要求产品按标准化设计，制造过程按模块化重组，而且供应网络必须达到两种基本能力：①供应商能够快速和有效地交付需要的原材料和零部件；②分销商和零售商具有柔性和响应顾客并快速交付产品的能力。最重要的是，制造商、零售商和其他价值链中的实体必须是有效连接的信息网络中的一部分。

(5) 企业具有与大规模定制生产方式匹配的组织系统。

这是大规模定制的决定条件。与大规模定制匹配的组织系统，首先，要求企业树立以低成本和差异性有机结合为特征的大规模定制战略；其次，能充分利用信息技术，具有将各种技术系统集成起来的管理系统；最后，企业要转变观念，构建适合大规模定制的企业文化。

六、大规模定制的基本策略

大规模定制生产模式有效运作的前提是对产品和过程进行重新设计。其基本思路在于：将定制产品的生产问题通过产品重组和过程重组，全部或部分转化为批量生产，尽量减少定制零部件数和定制环节数。因此，其基本策略如下。

1. 采用面向大规模定制的设计方法

在产品设计中融入模块化设计思想，采用标准化模块、零部件，减少定制模块和定制零部件的数量；大规模定制的设计方法(Design for Mass Customization，DFMC)针对一个产品类构建产品模型，该模型是一个可覆盖产品类中既定型号和规格变化的动态模型，而不是某个具体的产品模型。面向大规模定制的产品模型，可根据客户订单的需要进行变形，快速形成定制产品的具体参数。DFMC 需要现代信息技术和设计技术的支持，其基本的设计原理为模块化设计。该设计是指把产品的结构设计成许多相互独立的模块，各模块可以容易地装配成不同形式的产品。因此，模块化设计有效地结合了产品的多变性与零部件的标准化，能充分利用规模经济和范围经济的效应。在产品设计中，模块化水平越高，定制产品中模块和零部件的标准化程度也越高，大规模定制生产利用批量生产优势的可能性也越大。

2. 延迟策略

在制造过程中，把产品的定制活动推移到供应链的下游进行，制造商事先只生产通用化或可模块化的部件，尽量使产品保持中间状态，以实现规模化生产，并且通过集中库存减少库存成本，从而缩短提前期，使定制活动更接近顾客，增强了应对个性化需求的灵活性。其目标是使恰当的产品在恰当的时间到达恰当的位置。生产过程中定制活动开始的点，称为客户订单分离点(Customer Order Decoupling Point，CODP)。通过延迟 CODP，可以降低制造过程的复杂程度，减少供应链的不确定性，以及降低成品库存，缩短定制时间。例如，惠普公司原来由温哥华制造厂完成台式打印机的最后包装，后来经过供应链重组，改为由温哥华生产通用打印机，并运到欧洲和亚洲，再由当地分销中心或代理商加上与当地需求一致的变压器、电源插头和用当地语言书写的说明书，完成整机包装后，由当地经销商送到客户手中，从而实现了根据不同用户需求生产不同型号产品的目的，库存总投资减少 18%，每年节省 3000 万美元的存储费用，同时减少了供应链生产的波动性和提高了服务水平。所以延迟化策略的基本思想就是：表面上的延迟实质上是为了更快速地对市场需求

第四章 流水线与大规模定制

做出反应,即通过定制需求或个性化需求在时间和空间上的延迟,实现供应链的低生产成本、高反应速度和高顾客价值。客户订单延迟点如图4-8所示。

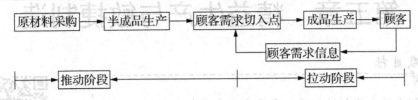

图4-8 客户订单延迟点

模块化设计是面向产品结构的设计,它体现出大规模定制企业充分利用了规模经济的效应;延迟策略则是面向过程的设计,是面向大规模定制的过程重组思想。模块化设计为延迟策略提供了基础,没有标准化的模块和零部件,定制企业很难把客户的定制要求延迟到供应链的下游,因此也难以对客户需求做出快速反应。模块化设计与延迟策略是大规模定制生产的两大策略,而这两大策略只有相互结合,才能充分体现出大规模定制生产的优势。

本 章 小 结

本章对流水线生产的组织设计与大规模定制模式进行了阐述。第一节主要根据运营系统布局的原则详细介绍了流水线生产的组织设计,为企业管理者进行生产线组织和管理提供科学的理论依据;第二节介绍了大规模定制生产模式,分析了大规模定制生产的基本概念、特点与类型以及实现大规模定制的条件和方法。

复习思考题

1. 流水线生产的特征有哪些?
2. 如何组织流水线生产?
3. 为什么要进行装配线平衡?
4. 什么是敏捷制造?实现敏捷制造的关键技术有哪些?
5. 什么是大规模定制?简述大规模定制的特点及类型。
6. 实现大规模定制的方法有哪些?

第五章 精益生产与敏捷制造

学习要点及目标

(1) 了解准时生产制的起源、实质和基本思想。
(2) 掌握看板管理的方法。
(3) 描述精益生产的概念和特点。
(4) 了解敏捷制造的内涵及关键技术。
(5) 了解大规模定制的产生背景、基本内涵、特点与类型。
(6) 掌握实现大规模定制的方法、条件及基本策略。

先进制造技术及应用.mp4

先进制造技术及应用.ppt

准时生产制　看板管理　精益生产　敏捷制造

HJ 公司的准时生产方式

HJ 公司是一家股份制企业，成立于 20 世纪 90 年代早期。公司拥有优秀的管理人员、先进的生产设备，以及丰富的生产经验，以"质量第一，用户至上，严格管理，合理价格"为服务宗旨。

公司建筑面积为 4000 平方米，员工约 200 人，其中工程技术人员 45 名，资产为 3000 万元人民币。公司主要生产网络交换机，年产 20 万台。

1998 年，HJ 公司在生产管理方面出现了很大的问题，表现在物料浪费严重，产能严重不均衡，有的工序超负荷运转，有的则产能大量闲置，加上经常出现大量的库存，占用了大量资金，使公司的经营运转出现了很大的困难。因此，HJ 公司不得不打破固有的思维方式，向拥有先进管理经验的企业学习，力图在成本、品质、生产柔性、市场反应速度等方面有所突破，取得竞争优势。1999 年 8 月，HJ 公司董事长张威先生前往德国商务公干时，被国外同行采取的准时生产方式及其产生的良好效益所吸引。回国后，张威召开专门会议，决定在公司推行准时生产方式。11 月，HJ 公司通过猎头公司招聘了一名准时生产制方面的专家陈晓明先生，开始了公司的准时生产方式进程。

陈晓明经过仔细的研究，认为 HJ 公司以往的生产方式具有典型的推式(push)特点。公司主要根据预测的市场需求，计算出每种产品的需要量和各生产阶段的生产提前期，确定每个零部件的投入产出计划，按计划发出生产和订货指令。上游生产车间按计划制造零

第五章 精益生产与敏捷制造

部件，将实际完成情况反馈到计划部门，并将加工完的零部件送到后一道工序和下游生产车间，而不管后一道工序和下游生产车间当时是否需要。这样就导致了物料流和信息流的分离。

公司最初的装配过程为：先一次性装配大批量的电路板，然后送去检验，不合格品返工，合格品送往下一道工序。这种生产过程存在一些问题：首先是大量在制品的存在，积压了流动资金。由于装配者的劳动生产率都很高，他们往往装配出的电路板多于实际需要的数量。其次是产品质量低，装配者缺乏检验部门提供的反馈信息，等到检验部门发现质量问题时，大量的有缺陷的装配品的库存已经形成。同时，公司对各种不同的产品设定一些假想的销售水平，从而排定进度，以批量方式生产足以满足数月销售需要的数量，然后储存在仓库里，供未来一段时期销售之用。有些产品的实际需求与预测的相符合，有些则是超过预测的需求，也有些是低于预测的需求。公司一直被大批量库存、较长生产周期、大量的废品和返工现象困扰。

(案例来源：http://wenku.baidu.com/view/8c93b27da26925c52cc5bf28.html)

如何解决这些问题？推行准时生产方式是最好的手段和方法。通过推行准时生产方式，HJ 公司可以将交货期从 3 个星期降为 6 个小时，每天弹性地生产每一种产品，并且是以非常少的库存来生产。在库存方面，包括原材料、半成品和产成品，减少 20%。流动资金周转增加 30%。存货周转率提高为 367%，从每年 3 次增加为每年 14 次，同时，营业规模增加 2 倍。HJ 公司预计在该年的年底时，生产能力要提高 25%～30%。

什么是准时生产？如何实现准时生产？本章将为大家一一解答。

适时适量的拉式生产，消除所有环节的不增值活动，进而降低成本、改善质量已经成为企业向管理要效益的热切期盼。本章首先介绍生产的起源、内涵、目标与原则、方法和工具；其次说明精益生产内涵、特点、原则及实施步骤；最后就敏捷的产生背景、深刻内涵、关键技术、管理措施进行说明。

第一节 准时制生产的内涵与实施

库存为万恶之源。因为库存会掩盖许多生产中的问题，还会滋长工人的惰性，更糟糕的是要占用大量的资金，使企业承受因市场风云变幻而导致的库存跌价的风险。如果企业能够实现"零库存"，只生产有市场订单的产品，而且当市场有需求时，能够及时地供给，那么对于企业提升经营效益和规避风险有着不言而喻的意义。

为了追求一种使库存达到最小的生产系统，日本丰田汽车公司率先提出并完善了准时生产方式(Just In Time，JIT)，其实质是保持物质流和信息流在生产中的同步，实现以恰当数量的物料，在恰当的时候进入恰当的地方，生产出恰当质量的产品。这种方法可以减少库存、缩短工时、降低成本、提高生产效率。

一、准时制的起源

1950 年，日本的丰田英二抱着学习美国先进经验的想法，考察了美国底特律福特公司的轿车厂。当时这个工厂每天能生产 7000 辆轿车，比日本丰田公司一年的产量还要多。

丰田英二在思考：怎样建立日本的汽车工业？照搬美国的大批量生产方式，显然是不可能的。一是战后的日本经济萧条，缺少资金和外汇，没有能力全面引进美国成套设备来生产汽车。二是战后日本的经济和技术基础也与美国相距甚远，日本当时的生产量仅为美国的几十分之一。三是日本的社会文化背景与美国大不相同，完全照搬美国模式肯定行不通。显然应该按照日本的国情，发挥日本人的家族观念和团队精神，探索一条不同于福特公司的流水线生产模式的道路。

丰田英二和他的伙伴大野耐一进行了一系列的实验，经过三十多年的努力，终于形成了完整的丰田生产方式(Toyota Production System，TPS)。在丰田生产方式中，很重要的一种生产管理方法即是准时生产方式。20 世纪 50 年代初，看板管理的积极推行者，在丰田汽车公司机械工厂工作的大野耐一，从美国超市的管理和工作程序中受到启发，从而找到了通过看板来实现"非常准时"的思想方法。超市是作业线上的前道工序，顾客为后道工序。顾客(后道)在作业线上(前道)在必要的时间就可以购买到必要数量的必要商品(零附件)；超市不仅可以"非常及时"地满足顾客对商品的要求，而且可以"非常及时"地把顾客买走的商品补上(当计价器将顾客买走的商品计价后，载有购走商品数量、种类的卡片就立即送达采购部门，使商品及时得到补充)。流通领域与生产领域毕竟是两个不同的领域，1953 年丰田在机械工厂试行看板管理，经多年摸索和试验，1962 年整个丰田公司全面实行看板管理。

准时生产方式在最初引起人们的注意时曾被称为"丰田生产方式"，后来随着这种生产方式被人们越来越广泛地认识、研究和应用，特别是引起西方国家的广泛注意以后，人们开始把它称为 JIT 生产方式。

二、准时制的实质

准时制能够灵活地适应市场需求和变化，从经济性和适应性两个方面保证公司整体利润的不断提高。其内容包括以下几个方面。

(1) 均衡生产：数量均衡、品种均衡、混合装配。

(2) 一个流生产：也叫一个流制造的生产方法。

(3) 标准作业：是指对每一位多技能作业人员所操作的多种不同机床的作业顺序，进行高效的作业组合。即在标准周期内，把每一位多技能作业人员所承担的一系列的多种作业标准化，标准作业是生产现场有效地提高劳动生产率的手段，是管理生产现场的依据，也是改善生产现场的基础。

(4) 拉动式生产：以客户订单为龙头，生产且只生产订单需要的产品的生产方法。按发货安排品种、顺序、数量的生产，是一个拉动式系统。

(5) 看板管理：看板管理是准时化生产的工具，可以自动发出"生产什么""何时生产""生产多少""何时取料"等指令信息，是一种能够调节和控制生产过程、实现"在必要的

第五章 精益生产与敏捷制造

时候、生产必要数量的必要产品"的信息工具,能使问题迅速表面化并实施完善。

三、准时制的目标与主要原则

准时制的基本思想可用现在已广为流传的一句话来概括,即"只在需要的时候,按需要的量生产所需的产品",这也就是 Just In Time(JIT)一词所要表达的本来含义。这种生产方式的核心是追求一种无库存的生产系统,或使库存达到最小的生产系统,在这个系统中,首先按供应链最终端的要求"拉动"产品进入市场,然后由这些产品的需求决定零部件的需求和生产流程,从而形成一个"拉动"生产系统。

1. 准时制的目标

准时制的目标是彻底消除无效劳动和浪费,具体要达到以下目标。

(1) 废品量最低(零废品)。JIT 要求消除各种引起不合理的原因,在加工过程中每一道工序都要求达到最高水平。

(2) 库存量最低(零库存)。JIT 认为,库存是生产系统设计不合理、生产过程不协调、生产操作不良的证明。

(3) 准备时间最短(零准备时间)。准备时间长短与批量选择相联系,如果准备时间趋于零,准备成本也趋于零,就有可能采用极小批量。

(4) 生产提前期最短。短的生产提前期与小批量相结合的系统,应变能力强,柔性好。

(5) 减少零件搬运,搬运量低。零件送进搬运是一项非增值操作,如果能使零件和装配件运送量减小,搬运次数减少,可以节约装配时间,减少装配中可能出现的问题。

(6) 机器损坏低。减少设备维修时间和次数,以保证准时生产。

(7) 批量小。小批量生产可减少在制品占用数量。

2. 准时制的主要原则

为了达到上述目标,JIT 对产品和生产系统设计考虑的主要原则有以下三个方面。

(1) 在当今产品生命周期已大大缩短的年代,产品设计应与市场需求相一致,在产品设计方面,应考虑到产品设计完后要便于生产。

(2) 尽量采用成组技术与流程式生产。

(3) 与原材料或外购件的供应者建立联系,以达到 JIT 供应原材料及采购零部件的目的。

四、准时制的实施方法

JIT 有三种手段来达到其目标,如图 5-1 所示。该图说明了 JIT 生产方式的基本目标以及实现这些目标的三种手段和方法,也包括这些目标与各种手段和方法之间的相互内在联系。

(1) 适时适量生产。适时适量生产即"Just In Time"一词的主要含义:"在需要的时候,按需要的量生产所需的产品。"对于企业来说,各种产品的产量必须能够灵活地适应市场需求量的变化。否则的话,由于生产过剩会引起人员、设备、库存费用等一系列的浪费。适时适量生产的方法,一是生产同步化,二是生产均衡化。

(2) 弹性配置作业人数。在劳动力成本越来越高的今天,降低劳动力成本是降低成本的一个重要方面。达到这一目的的方法是"少人化"。所谓少人化，是指根据生产量的变动，弹性地增减各生产线的作业人数，以及尽量用较少的人力完成较多的生产。实现这种少人化的具体方法是对设备进行特别的布置，以便能够当需求减少、作业减少时，较少的操作人员可以完成任务。从作业人员的角度来看，就意味着标准作业中的作业内容、范围、作业组合以及作业顺序等的一系列变更。因此为了适应这种变更，作业人员必须是具有多种技能的"多面手"，才能弹性地适应不同的工作岗位。

(3) 质量保证。许多人都认为，质量与成本之间是一种负相关关系，即要提高质量，就得花人力、物力来加以保证。但在 JIT 生产方式中，却不是通过检验来保证质量，而是通过将质量管理贯穿于每一道工序之中来实现提高质量与降低成本的一致性，具体方法是"自动化"。这里所讲的自动化是指融入生产组织中的这样两种机制。第一，使设备或生产线能够自动检测不良产品，一旦发现异常或不良产品，可以自动停止设备运行的机制。为此企业在设备上开发、安装了各种自动停止装置和加工状态检测装置。第二，生产第一线的设备操作工人发现产品或设备的问题时，有权自行停止生产的管理机制。依靠这样的机制，不良产品一旦出现，马上就会被发现，防止了废品的重复出现或累积出现，从而避免了由此可能造成的大量浪费。

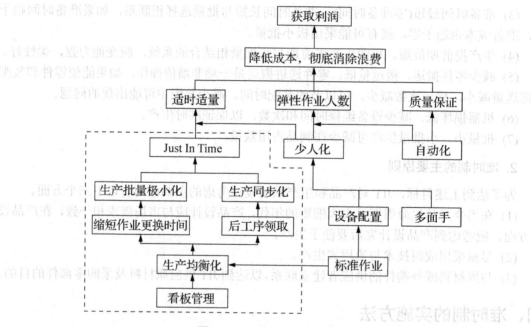

图 5-1　JIT 的三种支持手段

五、实施准时制生产的管理工具——看板

1. 看板管理的概念和机能

看板管理是指为了达到准时生产方式，只对最后一道工序下达生产指令，并通过看板在各工序之间进行物流或信息流的传递的一种拉动式的管理方法。看板最初是丰田汽车公司于 20 世纪 50 年代从超级市场的运行机制中得到启示，作为一种生产、运送指令的传递

工具而被创造出来的。经过 50 多年的发展和完善，目前已经在很多方面都发挥着重要的机能。

1) 传递生产及运送工作指令

生产及运送工作指令是看板最基本的机能。公司总部的生产管理部根据市场预测及订货而制定的生产指令只下达到总装配线，各道前工序的生产都根据看板来进行。看板中记载着生产和运送的数量、时间、目的地、放置场所、搬运工具等信息，从装配工序逐次向前道工序追溯。在装配线将所使用的零部件上所带的看板取下，以此再去前一道工序领取。前道工序则只生产被这些看板所领走的量，"后工序领取"及"适时适量生产"就是通过这些看板来实现的。

2) 防止过量生产和过量运送

看板必须按照既定的运用规则来使用。其中的规则之一是："没有看板不能生产，也不能运送。"根据这一规则，如果各工序没有看板，就既不进行生产，也不进行运送；看板数量减少，则生产量也相应减少。由于看板所标示的只是必要的量，运用看板能够做到自动防止过量生产、过量运送。

3) 进行"目视管理"的工具

看板的另一条运用规则是"看板必须附在实物上存放""前工序按照看板取下的顺序进行生产"。根据这一规则，作业现场的管理人员对生产的优先顺序能够一目了然，很容易管理。只要通过看板所表示的信息，就可知道后道工序的作业进展情况、本工序的生产能力利用情况、库存情况以及人员的配置情况等。

4) 改善的工具

看板的改善功能主要通过减少看板的数量来实现。看板数量的减少意味着工序间在制品库存量的减少。如果在制品库存量较高，即使设备出现故障、不良产品数目增加，也不会影响到后道工序的生产，所以容易掩盖问题。在 JIT 生产方式中，通过不断减少数量来减少在制品库存，就使得上述问题不可能被无视。这样通过改善活动不仅解决了问题，还使生产线的"体制"得到了加强。

2. 看板操作的六个使用规则

看板是 JIT 生产方式中独具特色的管理工具，看板的操作必须严格符合规范，否则就会陷入形式主义的泥潭，起不到应有的效果。概括地讲，看板操作过程中应该注意以下六个使用原则：没有看板，不能生产也不能搬运；看板只能来自后工序；前工序只能生产取走的部分；前工序按收到看板的顺序进行生产；看板必须和实物在一起；不能把不良品交给后工序。

3. 看板的种类

看板的本质是在需要的时间，按需要的量对所需零部件发出生产指令的一种信息媒介体，而实现这一功能的形式可以是多种多样的。看板总体上分为三大类：传送看板、生产看板和临时看板，如图 5-2 所示。

具体来说，看板可以分为以下几类。

1) 工序内看板

工序内看板是指某工序进行加工时所用的看板。这种看板用于装配线以及即使生产多种产品也不需要实质性的作业更换时间(作业更换时间接近于零)的工序,例如机加工工序等。典型的工序内看板如表 5-1 所示。

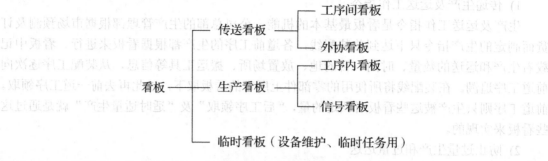

图 5-2　看板的种类

表 5-1　典型的工序内看板

(零部件示意图)		工　序	前工序——本工序	
			热处理	机加 1#
		名称	A 233-3670 B (连接机芯辅助芯)	
管理号	M-3	箱内数	20　发行张数	2/5

2) 信号看板

信号看板是在不得不进行成批生产的工序之间所使用的看板,如树脂成型工序、模锻工序等。信号看板挂在成批制作出的产品上,当该批产品的数量减少到基准数时摘下看板,送回到生产工序,然后生产工序按该看板的指示开始生产。另外,从零部件出库到生产工序,也可利用信号看板来进行指示配送。

3) 工序间看板

工序间看板是指工厂内部后工序到前工序领取所需的零部件时所使用的看板。表 5-2 为典型的工序间看板,前工序为部件 1# 线,本工序总装 2# 线所需要的是号码为 A232-60857 的零部件,根据看板就可到前一道工序领取。

表 5-2　典型的工序间看板

前工序	零部件号:A232-6085 C(上盖板)	使用工序总装 2#
部件 1# 线	箱型:3 型(绿色)	
出口位置号	标准箱内数:12 个/箱	入口位置号(POSTNO.4-)
(POSTNO.12-2)	看板编号:2#/5 张	

4) 外协看板

外协看板是针对外部的协作厂家所使用的看板。对外订货看板上必须记载进货单位的名称和进货时间、每次进货的数量等信息。外协看板与工序间看板类似,只是"前工序"不是内部的工序而是供应商,通过外协看板的方式,从最后一道工序慢慢往前拉动,直至供应商。因此,有时企业会要求供应商也推行 JIT 生产方式。

5) 临时看板

临时看板是在进行设备保全、设备修理、临时任务或需要加班生产的时候所使用的看

第五章 精益生产与敏捷制造

板。与其他种类的看板不同的是，临时看板主要是为了完成非计划内的生产或设备维护等任务，因而灵活性比较强。

4. 看板的使用方法

在 JIT 生产方式中，公司的计划部门集中制订生产的月度计划，同时传达到各个工厂以及协作企业。而与此相应的日生产指令只下达到最后一道工序或总装配线，对其他工序的生产指令通过看板来实现。即后工序"在需要的时候"用看板向前工序去领取"所需的量"时，同时就等于向前工序发出了生产指令。

（1）后工序领取。看板中记载着生产量、时间、方法、顺序以及运送量、运送时间、运送目的地、放置场所、搬运工具等信息，从装配工序逐次向前工序追溯。当工人使用了装配线上的某个零部件时，就将所使用的零部件上所带的看板取下，拿着该看板再去前工序领取。这样，看板成了生产以及运送的工作指令，通过"后工序领取"准则实现了"适时适量生产"的要求。

（2）适量运送。在丰田公司的看板管理中，规定看板必须按照既定的运用规则来使用。其中一条规则是："没有看板不能生产，也不能运送。"根据这一规则，看板数量增多了，则前道工序的生产量就相应增加；看板数量减少了，则前道工序的生产量也相应减少。由于看板所表示的只是必要的量，因此通过看板的运用，就能够做到自动防止过量生产，从而可保证适量运送。

（3）根据看板进行现场管理。看板的另一条运用规则是："看板必须在实物上存放"，"前工序按照看板取下的顺序进行生产"。根据这一规则，作业现场的管理人员对生产的优先顺序能够一目了然，易于管理，并且只要瞧一瞧看板，就可知道后工序的作业进展情况、库存情况等。看板成了生产管理人员进行"目视管理"的有力工具。

5. 用看板组织生产的过程

JIT 是拉动式的生产，通过看板来传递信息，从最后一道工序一步一步往前工序拉动。如图 5-3 所示的生产过程共有三道工序，从第三道工序的入口存放处向第二道工序的出口存放处传递信息，第二道工序从其入口存放处向第一道工序出口存放处传递信息，而第一道工序则从其入口存放处向原料库领取原料。这样，通过看板就将整个生产过程有机地组织起来了。

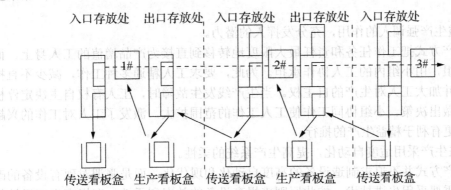

图 5-3 用看板组织生产的过程

看板的形式并不局限于记载有各种信息的某种卡片形式,在实际的JIT生产方式中,还有很多种代替看板发出生产请求的目视化方法,如彩色乒乓球、空容器、地面空格标识和信号标志等。

JIT生产方式的目标是要最终实现无储存生产系统,而看板提供了一个朝着这个方向迈进的工具。

第二节 精益生产

一、精益生产及其特点

制造业企业经常面临的问题:因产能不够而无法满足市场需求,不能按时按量交货;人员效率低下,库存太高,积压资金,质量无法满足客户要求;生产成本太高,问题重复发生且每日忙于交货;研发能力不够,量产时浮现大量问题,供应商无法准时、保质保量交货。以上这些问题的解决之道是精益生产。

精益生产通过消除企业所有环节上的不增值活动,来达到降低成本、缩短生产周期和改善质量的目的。

精益生产(Lean Production,LP),又称精良生产,其中"精"表示精良、精确、精美;"益"表示利益、效益等。精益生产就是及时制造,消灭故障,消除一切浪费,向零缺陷、零库存进军。它是美国麻省理工学院数位国际汽车计划组织(IMVP)的专家对日本丰田准时化生产方式的赞誉性称呼。精益生产方式源于丰田生产方式,是由美国麻省理工学院组织世界上17个国家的专家、学者,花费5年时间,耗资500万美元,以汽车工业这一开创大批量生产方式和精益生产方式的典型工业为例,经理论化后总结出来的。精益生产方式的优越性不仅体现在生产制造系统,同样也体现在产品开发、协作配套、营销网络以及经营管理等各个方面,它是当前工业界最佳的一种生产组织体系和方式,也必将成为21世纪标准的全球生产体系。精益生产综合了大量生产与单件生产方式的优点,力求在大量生产中实现多品种和高质量产品的低成本生产。

(1) 精益生产以简化为手段,消除生产中一切不增值的活动。

精益生产方式把生产中一切不能增加价值的活动都视为浪费。为杜绝这些浪费,它要毫不留情地撤掉不直接为产品增值的环节和工作岗位。在物料的生产和供应中严格实行准时生产制。

(2) 精益生产强调人的作用,充分发挥人的潜力。

精益生产方式把工作任务和责任最大限度地转移到直接为产品增值的工人身上。而且任务分到小组,由小组内的工人协作承担。为此,要求工人精通多种工作,减少不直接增值的工人,并加大工人对生产的自主权。当生产线发生故障时,工人有权自主决定停机,查找原因,做出决策。小组协同工作使工人工作的范围扩大,激发了工人对工作的兴趣和创新精神,更有利于精益生产的推行。

(3) 精益生产采用适度自动化,提高生产系统的柔性。

精益生产方式并不追求制造设备的高度自动化和现代化,而是强调对现有设备的改造和根据实际需要采用先进技术。按此原则来提高设备的效率和柔性。在提高生产柔性的同时,并不拘泥于柔性,以避免不必要的资金和技术浪费。

第五章　精益生产与敏捷制造

(4) 精益生产不断改进，以追求"完美"为最终目标。

精益生产把"完美"作为不懈追求的目标，即持续不断地改进生产，消除废品，降低库存，降低成本和使产品品种多样化。富有凝聚力、善于发挥主观能动性的团队、高度灵活的生产柔性、六西格玛的质量管理原则等一系列措施，都是追求完美的有力保证。完美就是精益求精，这就要求企业永远致力于改进和不断进步。

精益生产的原理参见图 5-4。

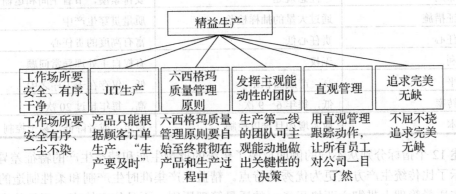

图 5-4　精益生产的原理

精益生产方式是战后日本汽车工业遭到"资源稀缺"和"多品种、少批量"的市场制约的产物。它是从丰田相佐诘开始，经丰田喜一郎及大野耐一等人的共同努力，直到 20 世纪 60 年代才逐步完善而形成的。

精益生产的研究对象是时间和效率，注重提升系统的稳定性，50 多年来精益生产的成功案例已证实了以下方面：

(1) 精益生产让生产时间减少 90%；
(2) 精益生产让库存减少 90%；
(3) 精益生产使生产效率提高 60%；
(4) 精益生产使市场缺陷减少 50%；
(5) 精益生产让废品率降低 50%；
(6) 精益生产让安全指数提升 50%。

二、传统生产与精益生产的区别

精益生产吸收了传统生产方式的大量优点，通过系统结构、人员组织、运行方式和市场供求等方面的变革，使生产系统能很快适应用户需求的不断变化，并能使生产过程中一切无用、多余的东西被精减，最终达到包括市场供销在内的生产的各方面最好结果的一种生产管理方式。表 5-3 列举了精益生产和传统生产的某些重要特征。

表 5-3　传统生产与精益生产比较

比较内容	传统生产方式	精益生产方式
安排生产进度的依据	预测	顾客的订单(看板拉动计划)
产成品的流向	入库，等顾客来了再卖	及时满足顾客的需求，及时发货

生产与运作管理

续表

比较内容	传统生产方式	精益生产方式
生产周期	以周或月计算	以小时或天计算
批量生产规模	批量生产	单件产品生产
生产布局	按照工艺对象专业来确定	按照生产流程来确定
设备的布局	不注意规划	安排紧凑，节省空间和运输
质量保证措施	通过大量的抽样检验	质量贯穿生产中
员工责任心	责任心低	富有高度的责任心
员工权利	无权	有权自主处理异常问题
存货水平	高，产成品积压	低，仅存在于工序之中
存货周转率	低，每年6~9次	高，每年超过20次
制造成本	成本增加且难以控制	稳定，或者降低，易于控制

上述12个指标分别从不同的侧面反映了传统的批量生产和精益生产的特征差异。精益生产显示了比传统生产方式更为优秀的特点。精益生产集准时生产制和柔性制造的优点于一体，在质量管理上贯彻六西格玛(6σ)的质量管理原则，不是依靠检查，而是从产品的设计开始就把质量问题考虑进去，确保每一个产品只能严格地按照唯一正确的方式生产和安装。在库存管理上，体现了节约成本的要求，在满足顾客的需求和保持生产线流动的同时，做到了产成品库存和在制品库存最低。在员工激励上，精益企业的员工被赋予了极大的权利，真正体现了当家做主的精神，并且人事组织结构趋于扁平化，消除了上级与下级之间相互沟通的隔阂，做到全厂上下一条心。所有这一切都体现了降低成本、提高产品竞争力的要求。

精益生产可以为企业带来种种好处，如劳动利用率大幅度上升，产品市场竞争力的提高，库存降低，生产周期缩短，成本下降等。

三、精益生产的管理原则

原则1：消除八大浪费

企业中普遍存在的八大浪费涉及的方面：过量生产、等待时间、运输、库存、过程(工序)、动作、产品缺陷以及忽视员工创造力。

原则2：关注流程，提高总体效益

管理大师戴明说过："员工只需对15%的问题负责，另外85%归咎于制度流程。"什么样的流程就产生什么样的绩效。改进流程要注意目标是提高总体效益，而不是提高局部的部门的效益，为了企业的总体效益，即使牺牲局部的部门的效益也在所不惜。

原则3：建立无间断流程以快速应变

建立无间断流程，将流程中不增值的无效时间尽可能压缩以缩短整个流程的时间，从而对顾客的需要快速应变。

原则4：降低库存

需指出的是，降低库存只是精益生产的其中一个手段，目的是解决问题和降低成本，而且低库存需要高效的流程、稳定可靠的品质来保证。很多企业在实施精益生产时，以为精益生产就是零库存，不先去改造流程、提高品质，就一味地要求降低库存，结果可想而知，成本不但没降低，反而急剧上升，于是就得出结论，精益生产不适合我的行业、我的企业。这种误解是需要极力避免的。

原则5：全过程的高质量，一次做对

质量是制造出来的，而不是检验出来的。检验只是一种事后补救，不但成本高，而且无法保证不出差错。因此，应将品质内建于设计、流程和制造中去，建立一个不会出错的品质保证系统，一次做对。精益生产要求做到低库存、无间断流程，如果哪个环节出了问题，后面的将全部停止，所以精益生产必须以全过程的高质量为基础，否则，精益生产只能是一句空话。

原则6：基于顾客需求的拉动生产

JIT 的本意是：在需要的时候，仅按所需要的数量生产，生产与销售是同步的。也就是说，按照销售的速度来进行生产，这样就可以保持物流的平衡，任何过早或过晚的生产都会造成损失。过去丰田使用"看板"系统来拉动，有了信息系统后辅以 ERP 或 MRP 信息系统则更容易达成企业外部的物资拉动。

原则7：标准化与工作创新

标准化的作用是不言而喻的，但标准化并不是一种限制和束缚，而是将企业中最优秀的做法固定下来，使得不同的人来做都可以做得最好，发挥最大成效和效率。而且，标准化也不是僵化、一成不变的，标准需要不断地创新和改进。

原则8：尊重员工，给员工授权

尊重员工就是要尊重其智慧和能力，给他们提供充分发挥聪明才智的舞台，为企业也为自己做得更好。在丰田公司，员工实行自主管理，在组织的职责范围内自行其是，不必担心因工作上的失误而受到惩罚，出现错误，一定有其内在的原因，只要找到原因并施以对策，下次就不会出现了。所以说，精益的企业雇用的是"一整个人"，不精益的企业只雇用了员工的"一双手"。

原则9：团队工作

在精益企业中，灵活的团队工作已经变成了一种最常见的组织形式，有时同一个人同时分属于不同的团队，负责完成不同的任务。最典型的团队工作莫过于丰田的新产品发展计划，该计划由一个庞大的团队负责推动，团队成员来自各个不同的部门，有营销、设计、工程、制造、采购等，他们在同一个团队中协同作战，大大缩短了新产品推出的时间，而且质量更高、成本更低，因为从一开始很多问题就已被考虑到，在问题带来麻烦之前就已经被专业人员解决掉。

原则10：满足顾客需要

满足顾客需要就是要持续地提高顾客满意度，为了一点眼前的利益而不惜牺牲顾客的满意度是相当短视的行为。丰田从不把"满足顾客需要"挂在嘴边上，总是以实际行动来实践，尽管产品供不应求，丰田在一切准备工作就绪以前，从不盲目扩大规模，保持稳健务实的作风，以赢得顾客的尊敬。

原则11：精益供应链

在精益企业中，供应商是企业长期运营的宝贵财富，是外部合伙人，他们信息共享，风险与利益共担、一荣俱荣、一损俱损。遗憾的是，很多国内企业在实施精益生产时，与这种精益理念背道而驰，为了达到"零库存"的目标，将库存全部推到了供应商那里，弄得供应商怨声载道：你的库存倒是减少了，而我的库存却急剧增加。精益生产的目标是降低整个供应链的库存。不花力气进行流程改造，只是简单地将库存从一个地方转移到另一个地方，是不解决任何问题的。当你不断挤压、盘剥你的供应商时，你还能指望他们愿意提供任何优质的材料和服务吗？最终受损的还是你自己。如果你是供应链中的强者，应担当起领导者的角色，整合出一条精益供应链，使每个人都受益。

原则12："自我反省"和"现地现物"

精益文化里面有两个突出的特点："自我反省"和"现地现物"。

"自我反省"的目的是要找出自己的错误，不断地自我改进。丰田认为"问题即是机会"——当错误发生时，并不责罚个人，而是采取改正行动，并在企业内广泛传播从每个体验中学到的知识。这与很多国内企业动不动就罚款的做法是完全不同的——绝大部分问题是由于制度流程本身造成的，惩罚个人只会使大家千方百计掩盖问题，对于问题的解决没有任何帮助。

"现地现物"则倡导无论职位高低，每个人都要深入现场，彻底了解事情发生的真实情况，基于事实进行管理。这种"现地现物"的工作作风可以有效避免"官僚主义"。

四、精益生产的实施步骤

精益生产的实施步骤具体如下。

(1) 选择要改进的关键流程。

精益生产方式不是一蹴而就的，它强调持续地改进。首先应该先选择关键的流程，力争把它建立成一条样板线。

(2) 画出价值流程图。

价值流程图是一种用来描述物流和信息流的方法。在绘制完目前状态的价值流程图后，可以描绘出一个精益远景图(future lean vision)。在这个过程中，更多的图标用来表示连续的流程、各种类型的拉动系统、均衡生产以及缩短工装更换时间，生产周期被细分为增值时间和非增值时间。

(3) 开展持续改进研讨会。

精益远景图必须付诸实践，否则规划得再巧妙的图表也只是废纸一张。实施计划中包括什么(What)，什么时候(When)和谁(Who)来负责，并且在实施过程中设立评审节点。这样，全体员工都参与到全员生产性维护系统中。在价值流程图、精益远景图的指导下，流程上的各个独立的改善项目被赋予了新的意义，使员工十分明确实施该项目的意义。持续改进生产流程的方法主要有以下几种：消除质量检测环节和返工现象；消除零件不必要的移动；消灭库存；合理安排生产计划；减少生产准备时间；消除停机时间；提高劳动利用率。

(4) 营造企业文化。

虽然在车间现场发生的显著改进，能引发随后的一系列企业文化变革，但是如果想当然地认为由于车间平面布置和生产操作方式上的改进，就能自动建立和推进积极的文化改变，这显然是不现实的。文化的变革要比生产现场的改进难度更大，两者都是必须完成并且是相辅相成的。许多项目的实施经验证明，项目成功的关键是公司领导要身体力行地把生产方式的改进和企业文化的演变结合起来。

传统企业向精益化生产方向转变，不是单纯地采用相应的"看板"工具及先进的生产管理技术就可以完成，而必须使全体员工的理念发生改变。精益化生产之所以产生于日本，而不是诞生在美国，其原因是两国的企业文化有相当大的不同。

(5) 推广到整个企业。

精益生产利用各种工业工程技术来消除浪费，着眼于整个生产流程，而不只是个别或几个工序。所以，样板线的成功要推广到整个企业，使操作工序缩短，推动式生产系统被以顾客为导向的拉动式生产系统所替代。

总而言之，精益生产是一个永无止境的精益求精的过程，它致力于改进生产流程和流程中的每一道工序，尽最大可能地消除价值链中一切不能增加价值的活动，提高劳动利用率，消灭浪费，按照顾客订单生产的同时也最大限度地降低库存。

由传统企业向精益企业的转变不可能一蹴而就，需要付出一定的代价，并且有时还可能出现意想不到的问题。但是，企业只要坚定不移地走精益之路，大多数在 6 个月内，有的甚至还不到 3 个月，就可以收回全部改造成本，并且享受精益生产带来的好处。

第三节　敏　捷　制　造

敏捷制造是改变传统的大批量生产，利用先进制造技术和信息技术对市场的变化做出快速响应的一种生产方式；通过可重用、可重组的制造手段与动态的组织结构和高素质的工作人员的集成，获得企业的长期经济效益。其基本原理为：采用标准化和专业化的计算机网络和信息集成基础结构，以分布式结构连接各类企业，构成虚拟制造环境；以竞争和合作为原则在虚拟制造环境内动态选择成员，组成面向任务的虚拟公司进行快速生产；系统运行目标是最大限度地满足客户的需求。敏捷制造可以解决快速变化的顾客需要和规模化生产降低成本之间的矛盾(蒿进，2019)。

一、敏捷制造的产生

敏捷制造是美国针对 20 世纪 90 年代各项技术迅速发展、渗透，国际市场竞争日趋激烈的形势，而提出的一种组织模式和战略计划。1991 年，美国里海大学的几位教授首次提出了敏捷制造的概念，他们认为影响企业生存、发展的共性问题是：目前竞争环境的变化太快而我们企业自我调整、适应的速度跟不上，而依靠对现有大规模生产模式和系统的逐步改进和完善是不能解决根本问题的。美国国防部为了加快 21 世纪制造业发展提出了一项研究计划。该计划始于 1991 年，有 100 多家公司参加，由通用汽车公司、波音公司、IBM、德州仪器公司、AT&T、摩托罗拉等 15 家著名大公司和国防部代表共 20 人组成了核心研究队伍。此项研究历时 3 年，于 1994 年底提出了《21 世纪制造企业战略》。在这份报告中，提出了既能体现国防部与工业界各自的特殊利益，又能获取他们共同利益的一种新的生产方式，即敏捷制造。

二、敏捷制造的内涵

敏捷制造是在具有创新精神的组织和管理结构、先进制造技术、高素质的管理人员三大类资源支撑下得以实施的，也就是将柔性生产技术、有技术有知识的劳动力与能够促进企业内部和企业之间合作的灵活管理集中在一起，通过所建立的共同基础结构，对迅速改变的市场需求做出快速响应。敏捷制造的内涵可归纳为以下几点。

(1) 敏捷制造是一种组织模式和战略计划，是一种制造系统工程方法和制造系统模式。

(2) 敏捷制造思想的出发点是基于对未来产品和市场发展的分析，认为未来产品市场总的发展趋势是多元化和个人化，因此对制造技术的要求应是尽可能做到产品成本及产品类型与产品数量无关。

(3) 敏捷制造思想的另一个基点是建立在对未来产品利润的分析上。认为未来产品利润的主要成分是开发、生产该产品所需的知识的价值而不是材料、设备或劳动力。

(4) 敏捷制造是一种能力，使企业能在无法预测、持续变化的市场环境中保持并不断提高其竞争能力。实现敏捷制造的三大要素是集成、高速和具有高素质的员工。

(5) 敏捷制造提出了动态联盟(virtual organization)的概念。动态联盟是具有开发某种新产品所需的不同知识和技术的不同组织(企业)组成的一个阶段性的组织(企业)联盟，这个联盟中的各个组织(企业)以联盟体的整体优势共同应对市场挑战，联合参与市场竞争。

(6) 实现敏捷制造的一种手段和工具是拟实制造(virtual manufacturing, VM)。拟实制造是一种新产品实现方法，指的是在计算机上完成该产品从概念设计到最终实现的整个过程。拟实制造是适应未来产品多样化、个人化的关键技术，它充分利用先进的计算机技术和专业知识的结合，以便在计算机上完成产品从设计图到成品的全方位的分析、仿真和模拟。

综上所述，敏捷制造是 21 世纪企业生存、竞争的必需。它表示的是一种在不可预见、持续变化前提下的适应和驾驭市场变化的能力，它要求整个社会的协同努力。时间(Time)、成本(Cost)、稳定性(Robustness)和范围(Scope)是敏捷性(Agility)的四个测量指标；集成、高速和各层工作人员的自信心和责任心是实现 Agility 的三大要素。拟实制造代表了新一代先进制造技术的发展趋势，是实现 Agility 的手段。

敏捷制造的指导思想是：充分利用信息时代的通信工具和通信环境，为某一产品的快速开发，在一些制造企业之间建立一个动态联盟，各联盟企业之间加强合作以及知识、信息、技术资源共享，充分发挥各自的优势和创造能力，在最短的时间内以最小的投资完成产品的设计制造过程，并快速把产品推向市场。各企业间严格履行企业合约，利益同享，风险共担。

第五章 精益生产与敏捷制造

敏捷制造解决的主要问题：竞争使得一个产品生命周期越来越短，制造技术越来越复杂，生产批量越来越少。过去大批量生产的刚性生产线，显得越来越不适应。竞争要求企业能将原有的刚性生产模式改成敏捷化的；要求企业能迅速进行重组，以对市场机遇做出敏捷反应，生产出用户所需要的产品。当企业发现不能单独做出敏捷反应时，能通过高速信息公路的工厂子网和其他企业进行合作，从组织跨企业的多功能开发组到动态联盟，来对机遇做出快速响应。这就是敏捷制造企业和动态联盟的基本概念。

敏捷制造的优点：生产更快，成本更低，劳动生产率更高，机器生产率加快，质量提高，提高生产系统可靠性，减少库存，适用于CAD/CAM操作。缺点：实施起来费用高。

三、敏捷制造的三要素

敏捷制造主要包括三个要素：生产技术、组织方式、管理手段。

敏捷制造的目的可概括为："将柔性生产技术，有技术、有知识的劳动力与能够促进企业内部和企业之间合作的灵活管理(三要素)集成在一起，通过所建立的共同基础结构，对迅速改变的市场需求和市场实际做出快速响应。"从这一目标中可以看出，敏捷制造实际上主要包括三个要素：生产技术、管理技术和人力资源。

1. 生产技术

敏捷性是通过将技术、管理和人员三种资源集成为一个协调的、相互关联的系统来实现的。

首先，具有高度柔性的生产设备是创建敏捷制造企业的必要条件(但不是充分条件)。所必需的生产技术在设备上的具体体现是：由可改变结构、可量测的模块化制造单元构成的可编程的柔性机床组；"智能"制造过程控制装置；用传感器、采样器、分析仪与智能诊断软件相配合，对制造过程进行闭环监视，等等。

其次，在产品开发和制造过程中，能运用计算机能力和制造过程的知识基础，用数字计算方法设计复杂产品；可靠地模拟产品的特性和状态，精确地模拟产品制造过程。各项工作是同时进行的，而不是按顺序进行的。同时开发新产品，编制生产工艺规程，进行产品销售。设计工作不仅属于工程领域，也不只是工程与制造的结合。从用材料制造成品到产品最终报废的整个产品生命周期内，每一个阶段的代表都要参加产品设计。技术在缩短新产品的开发与生产周期上可充分发挥作用。

再次，敏捷制造企业是一种高度集成的组织。信息在制造、工程、市场研究、采购、财务、仓储、销售、研究等部门之间连续地流动，而且还要在敏捷制造企业与其供应厂家之间连续流动。在敏捷制造系统中，用户和供应厂家在产品设计和开发中都应起到积极作用。每一个产品都可能要使用具有高度交互性的网络。同一家公司的、在实际上分散、在组织上分离的人员可以彼此合作，并且可以与其他公司的人员合作。

最后，把企业中分散的各个部门集中在一起，靠的是严密的通用数据交换标准、坚固的"组件"(许多人能够同时使用同一文件的软件)、宽带通信信道(传递需要交换的大量信息)。把所有这些技术综合到现有的企业集成软件和硬件中去，这标志着敏捷制造时代的开始。敏捷制造企业将普遍使用可靠的集成技术，进行可靠的、不中断系统运行的大规模软件的更换，这些都将成为普遍现象。

2. 管理技术

首先，敏捷制造在管理上所提出的创新思想之一是"虚拟公司"。敏捷制造认为，新产品投放市场的速度是最重要的竞争优势。推出新产品最快的办法是利用不同公司的资源，使分布在不同公司内的人力资源和物质资源能随意互换，然后把它们综合成单一的靠电子手段联系的经营实体——虚拟公司，以完成特定的任务。也就是说，虚拟公司就像专门完成特定计划的一家公司一样，只要市场机会存在，虚拟公司就存在；该计划完成了，市场机会消失了，虚拟公司就解体。能够经常形成虚拟公司的能力将成为企业一种强有力的竞争武器。

只要能把分布在不同地方的企业资源集中起来，敏捷制造企业就能随时构成虚拟公司。在美国，虚拟公司将运用国家工业网络——全美工厂网络，把综合性工业数据库与服务结合起来，以便能够使公司集团化创建并运作虚拟公司，排除多企业合作和建立标准合法模型的法律障碍。这样，组件虚拟公司就像成立一个公司那样简单。

有些公司总觉得独立生产比合作要好，这种观念必须破除。应当把克服与其他公司合作的组织障碍作为首要任务，而不是作为最后任务。此外，需要解决因为合作而产生的知识产权问题，需要开发管理公司、调动人员工作主动性的技术，寻找建立与管理项目组的方法，以及建立衡量项目组绩效的标准，这些都是艰巨任务。

其次，敏捷制造企业应具有组织上的柔性。因为，先进工业产品及服务的激烈竞争环境已经形成，越来越多的产品要投入瞬息万变的世界市场上去参与竞争。产品的设计、制造、分配、服务将由分布在世界各地的资源(公司、人才、设备、物料等)来完成。制造公司日益需要满足各个地区的客观条件。这些客观条件不仅反映社会、政治和经济价值，而且反映人们对环境安全、能源供应能力等问题的关心。在这种环境中，采用传统的纵向集成形式，企图"关起门来"什么都自己做，是注定要失败的，必须采用具有高度柔性的动态组织结构。根据工作任务的不同，有时可以采取内部多功能团队形式，请供应者和用户参加团队；有时可以采用与其他公司合作的形式；有时可以采取虚拟公司形式。有效地运用这些手段，就能充分利用公司的资源。

3. 人力资源

敏捷制造在人力资源上的基本思想是，在动态竞争的环境中，关键的因素是人员。柔性生产技术和柔性管理要使敏捷制造企业的人员能够实现他们自己提出的发明和合理化建议。没有一个一成不变的原则来指导此类企业的运行。唯一可行的长期指导原则，是提供必要的物质资源和组织资源，支持人员的创造性和主动性。

在敏捷制造时代，产品和服务的不断创新和发展，制造过程的不断改进，是竞争优势的同义语。敏捷制造企业能够最大限度地发挥人的主动性。有知识的人员是敏捷制造企业中最宝贵的财富。因此，不断对人员进行教育，不断提高人员素质，是企业管理层应该积极支持的一项长期投资。每一个雇员消化吸收信息、对信息中提出的可能性做出创造性响应的能力越强，企业可能取得的成功就越大。对于管理人员和生产线上具有技术专长的工人都是如此。科学家和工程师参加战略规划和业务活动，对敏捷制造企业来说是带决定性的因素。在制造过程的科技知识与产品研究开发的各个阶段，工程专家的协作是一种重要资源。

敏捷制造企业中的每一个人都应该认识到柔性可以使企业转变为一种通用工具，这种工具的应用仅仅取决于人们对于使用这种工具用于工作中的想象力。大规模生产企业的生产设施是专用的，因此，这类企业是一种专用工具。与此相反，敏捷制造企业是连续发展的制造系统，该系统的能力仅受人员的想象力、创造性和技能的限制，而不受设备限制。敏捷制造企业的特性支配着它在人员管理上所持有的、完全不同于大量生产企业的态度。管理者与雇员之间的敌对关系是不能容忍的，这种敌对关系限制了雇员接触有关企业运行状态的信息。信息必须完全公开，管理者与雇员之间必须建立相互信赖的关系。工作场所不仅要完全，而且对在企业的每一个层次上从事脑力创造性活动的人员都要有一定的吸引力。

四、敏捷制造的关键技术

敏捷制造是继CIMS后的制造模式，它吸收了CIMS的优点。敏捷制造的关键技术在某种意义上继承了CIMS的大部分内容，主要包括以下几项。

(1) 现代设计方法。并行工程和虚拟制造是现代设计方法的主要发展方向。制造技术的发展是成倍地发展，然而设计的发展速度相对较慢，在这种背景下，设计与制造应并行发展，否则两者脱节，将延长产品开发和制造周期。并行工程是将产品的市场分析、设计、工艺设计、生产计划与加工、质量保证、检测等环节同步规划，并行开展，以缩短产品的开发周期。虚拟制造技术是利用计算机虚拟现实技术和多媒体技术，通过对设计—分析—制造—装配—测试全过程的计算机建模和仿真来模拟产品开发、制造过程的实际运行，来确定实际产品开发特别是制造过程中可能出现的各种问题和解决方案。免去样机的生产过程，达到降低产品开发成本、减少产品开发周期的目的。

(2) 先进制造工艺。先进制造工艺主要包括：少(无)余量精密成型技术；精密、超精密加工技术；新型材料的成型和加工技术；构件或材料间的连接技术；表面新技术。先进制造工艺是任何一种制造模式实现产品的基础，开展先进生产工艺方面的研究一直是企业界最为关心的课题。

(3) 自动控制技术。自动控制技术主要包括：传感及控制技术；测量检测技术；机器人技术。自动控制技术是20世纪50年代至今发展最为辉煌的技术之一，它的发展也是源于计算机技术的发展。

(4) 信息技术和综合自动化。信息技术和综合自动化主要包括：管理技术和培养高素质的人员。信息技术和综合自动化是近几年提出来的。在早些年，研究者们更强调设备的自动化，尤其是CIMS，想把所有的工作都交给系统去自动完成，实际上这是一种理想化的模式，现在大部分企业更为注重发挥人的作用，尤其是我国工业界。

五、敏捷制造的管理措施

敏捷制造的管理措施具体如下。

(1) 把继续教育放在实现敏捷制造的首位，高度重视并尽可能创造条件使员工能获取新信息和知识。

未来的竞争，归根结底是人才的竞争，是人才所掌握的知识和创造力的竞争。企业的员工知识面广、视野宽，才有可能不断产生战胜竞争对手的新思想。

(2) 虚拟企业的组成和工作。

从竞争走向合作，从互相保密走向信息交流，实际上会给企业带来更大利益。实施敏捷制造的基础是全国乃至全球的通信网络，在网上了解到有专长的合作伙伴，在网络通信中确定合作关系，又通过网络用并行工程的做法实现最快速和高质量的新产品开发。

(3) 计算机技术和人工智能技术的广泛应用。

未来制造业中强调人的作用，并不是贬低技术所起的作用。计算机辅助设计、计算机辅助制造、计算机仿真与建模分析技术，都应在敏捷企业中加以应用。另外，还要提到"团件"(group ware)，这是近来研究得比较多的一种计算机支持协同工作的软件，强调作为分布式群决策软件系统，它可以支持两个以上的用户以紧密方式共同完成一项任务。人工智能在生产和经营过程中的应用，是另一个重要的先进技术的标志。从底层进行原始数据检测和收集的传感器，到过程控制的机理以至辅助决策的知识库，都需要应用人工智能技术。

(4) 集成方法论的指导。

集成方法论是指在实现某一目标、完成某一项大工程时，所需要使用的一整套方法的集合。实现企业的整体集成，是一项十分复杂的任务。对每一时期每一项具体任务，都应该有明确的规定和指导方法，这些方法的集合就叫"集成方法论"。这样的方法论能帮助人们少走弯路，避免损失。这种效益，比一台新设备、一个新软件所能产生的有形的经济效益，要大得多，重要得多。

(5) 重视环境美化的工作。

环境美化不仅仅指企业范围内的绿化，更主要的是对废弃物的处理，有专门的组织主动地、积极地开展对废物的利用或妥善的销毁。

(6) 绩效测量与评价。

传统的企业评价总是着眼于可计量的经济效益，而对生产活动的评价，则看一些具体的技术指标。这种方法基本上属于短期行为的做法。对于敏捷制造、系统集成所提出的战略考虑，如缩短提前期对提升竞争能力有多少好处？如何度量企业柔性？企业对产品变异的适应能力会导致怎样的经济效益？如何检测员工和工作小组的技能？技能标准对企业柔性又会有什么影响？……这一系列问题都是在新形势、新环境下提出来并需要解决的。又如会计核算方法，传统的会计核算主要适合于静态产品和大批量生产过程，用核算结果来控制成本，减少原材料和直接劳动力的使用，是一种消极防御式的核算方法。这些都是不适应敏捷企业需要的，要采用一种支持这些变化的核算方法。如 ABC 法把成本计算与各种形式的经营活动相关联，是未来企业中很有希望的一种核算方法。合作伙伴资格预评是另一种评价问题，因为虚拟企业的成功需要合作伙伴必须确有所长，而且应有很好的合作信誉。

(7) 发挥标准和法规的作用。

目前产品和生产过程的各种标准还不统一，而未来的制造业的产品变异又非常突出，如果没有标准，对国家、对企业、对企业间的合作、对用户都非常不利。因此必须强化标准化组织，使其工作能不断跟上环境和市场的改变，各种标准能及时演进。现行法规也应该随着国际市场和竞争环境的变化而演进，其中包括政府贷款、技术政策、反垄断法规、税法、税率、进出口法和国际贸易协定等。

第五章 精益生产与敏捷制造

(8) 组织实践。

外部形势要求变，内部条件也可以变，这时的关键就在于领导能否下决心组织变革，引进新技术，实现组织改革，实现放权，进行与其他企业的新形式的合作。现代社会不仅需要富有革新精神和善于根据敏捷制造的概念进行变革的个人，更需要而且是必然需要这样的变革小组，才能推动企业的变革。

六、企业迎接敏捷制造的对策

敏捷制造企业在 1991 年 12 月提出，美国各个公司自觉应用敏捷制造与动态联盟的思想进展得很快，已成为世界制造业的热点。现代企业向敏捷制造企业的发展是历史发展的必然。人们认识了这种规律，就从必然王国中解放出来，向自由王国迈进，极大地推动生产向前发展。由于经济发展有共同的规律，在我国高新技术的新兴产业群中，有不少企业自发地运用这一基本规律取得了很大的成功，如深圳的华为公司等。中国企业家总结为"两头在内，中间在外"(两头指研发及市场开拓，中间指制造)，这实质上是一种敏捷制造的雏形。

敏捷制造模式在发达国家的一些企业如美国的 DELL、XEROX、GM 等公司都已经创造出了一个又一个制造业的新景象。我国企业因其自身的特点不能一蹴而就，它需要企业观念、制度、组织、人员等一系列软硬件的相关支持，通过企业重组与再造，达到实现企业生产和组织敏捷化的要求。

(1) 更新传统的经营理念。

计划经济和卖方市场条件下的企业大批大量生产中的"成本中心"和"生产中心"观念已逐渐被买方市场条件下的"用户中心"和"产品中心"观念所取代，企业通过为用户提供最合理、全面的解决方案，来快速满足用户的需求，通过建立最广泛的合作体系来达到真正的信任与共赢。

(2) 调整企业组织结构。

现代企业竞争的优势体现在企业对市场反应的速度和满足用户的能力，因此，我国中小企业一方面应通过自身组织重组、精简机构，减少管理层次，充分授权，适时地组织工作团队、项目小组等管理革新方式，使组织柔性可变、信息畅通，满足柔性生产要求；另一方面，企业间可利用信息通信技术打破时空阻隔，实行优势互补、强强联合，组成动态联盟，以虚拟企业的形式，实现生产的高度柔性化。这是实施敏捷制造的组织保证。

(3) 要加强企业信息、知识网络化建设。

信息和知识在企业发展中扮演着越来越重要的角色，我国中小企业应以长远的目光，看到信息资源、知识资源的重要价值，合理使用 MIS、MRPII、CIMS 等计算机辅助管理系统；加强对知识资源的编码化、网络化建设，建立企业内联网、外联网，最大限度地开发和利用企业内部、供应商、用户以及最终消费者的信息和知识资源。

(4) 要积极培养企业的核心能力。

联盟创造市场将是未来中小企业竞争的新方式，这种动态的、松散的合作联盟要求企业必须拥有自己的核心能力。加强技术创新，实施专业化生产，实现"小而专""小而特""小而优""小而强"，使人力、物力、财力得以迅速集中、快速反应，将是企业具有参与合作资格以及实施敏捷制造的前提。

(5) 建立高素质的人才队伍。

创新能力是企业发展的核心动力，人才是创新能力的主体，企业核心能力的实现必须通过提高企业人力资本存量和激发人力资本效益增量来达到。为此一方面要求企业完善内部人力资源管理，加大激励力度，吸引优秀人才、留住优秀人才；另一方面要求国家为中小企业的人才储备、开发、培养建立一套有效的扶持、保护体系。高素质的人才是我国中小企业实现敏捷制造的核心要求。

敏捷制造模式作为一种全新的生产管理模式，正日益受到全球企业界的关注，机遇与挑战并存，我国中小企业应加快改革，积极把握机遇，结合自身具体情况，走出一条适合企业发展的新路子来。

本 章 小 结

准时制生产是一种先进的生产与运作方式及管理模式，其中蕴含着独特的管理思想和完整的管理技术体系。虽然产生于日本的汽车制造业，但对于各类企业的运营管理都具有很重要的影响，欧美及我国企业正积极展开对它的学习与应用。

本章首先论述了准时制生产的起源、实质和基本思想，以及准时制生产的实施方法和管理工具——看板。在此基础上进一步论述了精益生产和敏捷制造的含义、特点及实现敏捷制造的关键技术。在这三种生产模式中，每一种都有自己的优点，运用在不同的企业不同的部门能够使部门的工作效率和利益最大化。

1. 三种生产模式的工作特点

(1) 准时制生产的动态化看板管理有以下一些工作特点：适时适量生产的实现；在流程组织上实现看板管理；生产的小批量与同步化；资源的全方位和标准化供应；作业人员的弹性配备；全面质量管理实现。

(2) 敏捷制造的工作特点：以市场为导向，组织企业生产；以技术领先为背景组织产品的开发；实现制造、经营的集约化；以制造、经营需求为基础；进行人力资源的发掘，使之适应新的生产、经营环境。

(3) 精益生产也有以下一些特点：在生产方式上，改变大批量生产；在零部件供应上，采用有别于大量生产的大规模采购方式；在产品研究与开发上，与客户合作，以提高双方的技术实力；在产品流通上，强调营销与服务的结合；在人力资源管理上，确立精益生产的新机制。

2. 三种生产模式的优点

(1) 准时生产方式通过看板管理，成功地制止了过量生产，从而消除了制作过量以及由此产生的各种浪费。由于严格控制了生产的产量，不仅减少了库存，降低了成本，适应了需求市场的变化，而且使产生次品的原因和产品质量之中的许多问题暴露了出来，通过改进提高了产品的质量。

(2) 敏捷制造以先进的制造技术和灵活的动态组织的方式为基础，依靠素质良好的员工和企业的动态联盟网络。其根本目的是将柔性的生产技术、高素质的生产劳动者和灵活的

第五章 精益生产与敏捷制造

高效管理集成起来，通过整体化的敏捷作业活动等方式，使得企业在竞争中盈利，在竞争中发展。其中的技术、作业和管理的有效结合，形成了主导企业活动的三大主流。

(3) 从原理上来看，精益生产是对准时生产的进一步的提炼和发展，其内容增加了很多，包括市场预测、产品研发、生产制造等一些全过程的管理。它不仅适应了适时适量生产的需要，而且适应了生产经营的一体化、制造管理一体化的发展趋势，有利于促使企业按照组织的内涵发展。

总结：不同的经营模式，有不同的优势，只有适应企业本身的管理经营模式才能够更好地为企业本身服务，发展自己，所以对于每个模式来讲，每个的长处都是自己相对于其他两个的一种优势力量，都能够使得企业本身在竞争激烈的市场中生存下去。

3. 三种生产模式的决定力量

(1) 精益生产在企业精益生产的管理中，研究和开发源于客户需求，同时取决于企业的研发实力与生产水平；生产中的原材料、设备供应来自开放化的市场供应系统，在供给上可以与优秀的供应商建立合作关系，并受控于生产企业；产品开发与生产的人员配备，既具有稳定性，又具有适应外部环境的灵活性。在资源有效配置的情况下形成一个有机结合的系统，在流程中发挥其主体作用。

(2) 敏捷制造技术是一种高度集成化的技术，它由产品设计技术、产品开发技术、生产制造技术、质量控制技术、流通技术和信息支持技术等方面技术集合而成。这种集成以产品的适时开发和敏捷制造为导向，按产品研究、开发、生产、销售服务的环节有序组合。敏捷制造在准时生产和精益生产的基础上，集合制造资源计划的实施而发展，它实质上是适时生产、市场导向、技术领先和资源综合的结果。

(3) 准时生产在组织中以小批量和同步化生产为基础，其生产产量与产品完全由适时订货决定。据此才进行弹性化的人员配置、整体化的设备和技术保障、标准化的原材料等其他一些很重要的工作，所有这些工作都是需要公司的所有人员分工合作，同时调整劳动组合关系，改进管理流程。总体来讲，准时生产就是一种基于需求和环境的柔性化组织生产模式。

复习思考题

1. 简述准时生产方式的目标。
2. 试分析准时生产方式将库存降低到最低的优缺点。
3. 简述看板的使用方法。
4. 简述看板组织生产的工作过程。
5. 精益生产的基本特点是什么？
6. 简述传统生产方式与精益生产方式的区别。
7. 什么是敏捷制造？实现敏捷制造的关键技术有哪些？

【讨论案例 5—1】

华为敏捷制造解决方案

2014(第三届)中国信息化与工业化融合发展高峰论坛,由工业和信息化部信息化推进司指导,在湖北省经济和信息化委员会、陕西省工业和信息化厅以及广西工业和信息化委员会的联合支持下,由 e-works 数字化企业网主办。在本次论坛上,全球领先的信息与通信解决方案供应商华为分享了工业互联时代的敏捷制造解决方案,阐述了华为对中国制造业转型升级的理解和实践,并荣膺"2013 中国制造业 IT 整体解决方案优秀供应商",同时,华为敏捷制造解决方案也荣获"2013 年度中国制造业信息化优秀推进产品"称号。

随着当今互联网技术的发展,制造企业的信息化、数字化建设已经不仅仅局限于一地、一站、一所的服务器堆砌,或是本地局域互联;华为敏捷制造解决方案秉承互联、共享的创新理念,以敏捷网络、无线工厂、卓越电商云等技术方案助力制造企业智能工业互联,全球协同研发、可视精益生产、O2O 精准营销,推动制造企业迈向敏捷制造时代。

敏捷网络坚持以业务和用户体验为中心,率先将 SDN 引入制造业网络设计,为制造企业构筑精益生产基石;解决方案通过可视化业务流程管理实现 ERP、MES 等核心业务精细识别,故障实时定位,提升业务运营效率;融合技术架构,全网网元集中配置,降低 40%运营成本;而将 TD-LTE 应用到生产领域,构建敏捷无线工厂,单基站大于 6 平方千米的覆盖能力,3 千米长距离可视调度,带来的不仅仅是降低运维和投资成本,更多的是为包括节能减排、生产物流、安全调度、智能控制等提供全方位的运营革新,将大大加快生产流程的节奏和优化速度,推动制造企业创新发展。

全球融合广域网络则打破了传统制造企业研发内网及外网隔离的现状,实现了一网承载资源共享;而 1 兆比特率吞吐量高端防火墙则充分保障了研发信息安全;通过构建研发桌面云、公有云、办公云充分实现全球信息共享,优化资源配置,提升企业创新能力,为制造企业自主创新打下坚实基础;而卓越电商云平台则革新了制造业的营销模式,通过业界最快的 NAS 存储搭建 O2O 交互式客户体验平台,保障海量用户高并发响应,为制造企业打造 3D 展厅、图片和视频的产品宣传和订购集散地,帮助制造企业融合线上线下资源,实现精准营销模式。

第六章 运营计划与项目管理

学习要点及目标

(1) 理解综合计划和滚动计划的含义。
(2) 掌握运营计划的层次体系,尤其是主生产计划和粗能力计划的含义。
(3) 熟悉年度计划的形成过程。
(4) 掌握主生产计划的制订方法。
(5) 了解生产调度运作的内容和特点。
(6) 理解项目的含义,掌握项目管理的发展历程、目标、内容。
(7) 掌握网络计划技术的使用方法,能够绘制里程碑图、甘特图和单代号网络图。

运营计划制订与组织协调.mp4　运营计划制订与组织协调.ppt　工作设计与现场管理.mp4　工作设计与现场管理.ppt

运营计划体系　综合生产计划　滚动计划　主生产计划　生产周期　生产调度　作业排序　项目　项目管理　里程碑计划　甘特图　关键路线法　单代号网络图

爱之初礼品有限公司的综合计划

近年来,随着我国年轻人对圣诞节和情人节的认同,爱之初礼品有限公司主管生产的副总经理王先生,每年都要绞尽脑汁地想出最有效的办法来满足礼品的预测销售量。从销售的历史数据看,每年的礼品销售量都出现了季节性波动。在圣诞节或情人节的前一个月销售量达到高峰,这是由于各家礼品零售店纷纷储备一定量的礼品以供节日期间销售。

公司生产四十余种不同类型的礼品。虽然礼品的生产流程属于劳动密集型,但设计和加工制造的技术含量相对较高。该公司大约聘用了200名正式员工,其中部分员工需要达到相当的技能才能胜任工作(如工艺礼品的制作),别人无法替代。公司每天安排3个班次,每天工作24小时,每周工作5天。

尽管面对诸多约束，王先生仍有可供选择的计划方法。

(1) 为在星期六加班的员工支付50%的额外加班费用，加班生产的礼品的库存成本占每年库存总成本的20%~25%，直到销售高峰期到来。

(2) 在销售高峰期到来的前一个月的星期六和星期天都要加班，在星期五加班的员工将得到双倍的工资。然而，管理层担心的是，员工因加班(每周工作7天)造成过度疲劳，会影响产品质量和生产率的提高，甚至会影响员工士气。

王先生面临的是典型的综合计划的决策问题。通常，只要企业的产品需求呈周期性波动，就很难找出一个正确的方案，因此管理层只能在质量、产出率、成本、员工士气等各种因素之间做出权衡，制定一个折中方案。

爱之初礼品有限公司面对季节性销售波动的现状，期望保持运营系统的连续性、均衡性、准时性和适应性，确实存在很多难以解决的问题：生产能力保持在什么样的水平才算最佳？面对波动性需求，如何做好生产计划？采用什么方法来适应外界的变化而保持较低的运营成本？事实上，绝大多数单位存在这样的复杂问题，如何权衡库存量的大小、员工人数的多少、外包加工数量的多少等问题。

计划是管理的首要职能。没有计划，企业内的一切活动都会陷入混乱。运营系统也同样需要统一的计划来指挥组织内各部分的活动。本章重点学习运营计划体系以及综合生产计划、主生产计划和粗能力计划的含义，剖析综合生产计划的环境因素及典型的综合生产计划策略，接着重点介绍综合计划的制订技术和方法，如试算法、运输矩阵法等，然后分析作业计划、生产调度以及作业排序等问题。

第一节 运营计划系统

一、运营计划体系

计划管理是组织管理活动中的一个过程。通常包括编制计划、执行计划、检查计划完成情况和拟订改进措施四个阶段。运营计划包括企业生产经营活动的各个方面，如生产、技术、劳动力、供应、销售、设备、财务、成本等。计划管理不仅仅是计划部门的工作，所有其他部门和车间都要通过这四个阶段来实行计划管理。

(一)计划的层次

企业里有各种各样的计划，这些计划是分层次的。一般可以分成战略层计划、战术层计划与作业层计划三个层次。

战略层计划涉及产品发展方向、生产发展规模、技术发展水平、新生产设备的建造等。战术层计划是确定在现有资源条件下所从事的生产经营活动应该达到的目标，如产量、品种、产值和利润。作业层计划是确定日常的生产经营活动的安排。三个层次的计划有不同

第六章　运营计划与项目管理

的特点，如表 6-1 所示。由表中可以看出，从战略层到作业层，计划期越来越短，计划的时间单位越来越细，覆盖的空间范围越来越小，计划内容越来越详细，计划中的不确定性越来越小。

表 6-1　不同层次计划的特点

	战略层计划	战术层计划	作业层计划
计划期	长(≥5年)	中(1年)	短(月、旬、周)
计划的时间单位	粗(年)	中(月、季)	细(工作日、班次、小时、分)
空间范围	企业、公司	工厂	车间、工段、班组
详细程度	高度综合	综合	详细
不确定性	高	中	低
管理层次	企业高层领导	中层，部门领导	低层，车间领导
特点	涉及资源获取	资源利用	日常活动处理

(二)生产计划的层次

生产计划是一种战术性计划，它以产品和工矿配件作为计划的对象，这些都是企业向市场所提供的东西。生产作业计划是生产计划的执行计划，是指挥企业内部生产活动的计划。对于大型加工装配式企业，生产作业计划一般分成厂级生产作业计划和车间级生产作业计划两级。厂级生产作业计划的对象为原材料、毛坯和零件。从产品结构的角度来看，也可称作零件级作业计划。车间级生产作业计划的计划对象为工序，故也可称为工序级生产作业计划。表 6-2 列出了不同层次计划的特征。

表 6-2　不同层次计划特征的比较

	计划层	执行层	操作层
计划的形式及种类	生产计划大纲、产品产出计划	零部件(毛坯)投入产出计划、原材料需求计划等	周生产作业计划、关键机床加工计划等
计划对象	产品(假定、代表、具体产品)工矿配件	零件(自制、外购、外协件)、毛坯、原材料	工序
编制计划的基础数据	企业政策、成品库存、单位成本	产品结构、制造提前期、零件、原材料、毛坯库存	加工路线、加工时间、在制品库存
计划编制部门	经营计划处(科)	生产处(科)	车间计划科(组)
计划期	一年	一月至一季	双日、周、旬
计划的时间单位	季(细到月)	旬、周、日	工作日、小时、分
计划的空间范围	全厂	车间及有关部门	工段、班组、工作地
采用的优化方法举例	线性规划、运输问题算法、SDR、LDR	MRP、批量算法	各种作业排序方法

按照生产计划时间跨度的长短来划分，生产计划又可分为长期计划、中期计划与短期计划三个层次。

1. 长期计划

长期计划一般是确定企业 2~10 年的发展总目标，由企业战略计划、产品与市场计划、财务计划以及资源(能力)计划等组成。

(1) 企业战略计划需要做出经营预测，即根据企业内部资源和企业外部环境进行分析，确定企业发展的总目标，也就是确定企业准备生产的产品系列、体现企业竞争战略的产品质量和价格水平及市场渗透目标。

(2) 产品与市场计划则把企业的发展总目标细化为各个市场和各个产品系列的发展目标，基于对未来两年或更长时间需求的预测，可以说长期生产计划是产品与市场计划的重要组成部分。

(3) 财务计划则对企业的发展总目标的可行性和经济性进行分析，主要是从资金需要量和投资回报等方面进行分析。

(4) 资源(能力)计划则确定为实现企业的发展总目标和战略计划所需要增加的设施、设备和人力资源需要量，也可以称为长期能力计划。

2. 中期计划

中期计划一般包括综合生产计划、产品需求预测、主生产计划、粗能力计划。

(1) 综合生产计划是一种中期计划，是衔接长期战略计划和短期作业计划的纽带。它要处理的是将预测的产品需求转化为企业的产品产出任务计划，计划的重点是为达到最大限度地满足市场需求并取得最佳经济效益的目标，如何有效地利用资源能力。综合生产计划制定的主要依据是产品与市场计划及资源(能力)计划。

(2) 产品需求预测主要是对最终产品或备品的需求量进行预测，会同综合生产计划的产出总量，作为下一层次的计划——主生产计划的主要依据。产品需求预测信息的监控与整合的过程也称为需求管理。

(3) 主生产计划确定了在每一具体时间段内每一具体的最终产品的生产数量和日期。

(4) 粗能力计划也称为资源能力计划，它主要用来检查主生产计划的可行性，从而避免主生产计划的能力约束。粗能力计划包括核查现有的生产和仓储设施、机器设备、劳动力等资源的可用性，以及主要供应商是否有足够的能力安排供货。

3. 短期计划

短期计划一般指物料需求计划、能力需求计划、生产作业控制、最终装配计划、采购计划与控制等。

(1) 物料需求计划主要解决的是主生产计划确定之后，将主生产计划所规定的最终产品需求分解成各个自制零部件的生产计划，以及原材料和采购件的采购计划，以保证主生产计划按期完成。物料需求计划所要解决的是与主生产计划规定的最终产品相关的物料需求问题，如果在物料需求计划中漏掉或延误一个零件，就会导致整个产品无法完成或延误。

(2) 能力需求计划用于检查物料需求计划的可行性，也称为能力需求进度计划。因为能力需求计划既可以根据物料需求计划所规定的计划订单或已下达的 MRP 订单，详细地安排每个工作中心的能力负荷大小及相应的工作时间，也可以进一步核查粗能力计划的有效性。

第六章 运营计划与项目管理

(3) 生产作业控制确定日常生产经营活动的安排，它是主生产计划的执行计划，是日常生产运作活动的依据，是联系供、产、销和生产技术准备工作的纽带。具体地说，就是根据物料需求计划输出的排工信息，编制车间内部的设备或加工中心的作业程序和作业完工日期。

(4) 最终装配计划确定了最终产品的生产进度。最终装配计划需要及时根据顾客的定制要求以及产品的最终特征要求，调整成进度计划。

(5) 采购计划与控制是指根据物料需求计划输出的采购信息，编制物料采购计划，同时还需要进行物料的投入/产出计划与控制。

企业生产计划体系参见图6-1。

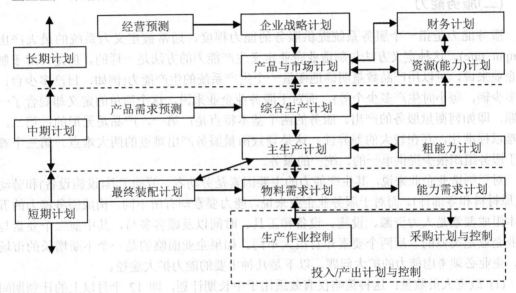

图6-1 企业生产计划体系

二、运营能力

(一)生产能力

生产能力是指企业的设施，在一定时期(年、季、月)内，在先进合理的技术组织条件下所能生产一定种类产品的最大数量。对于流程式生产，生产能力是一个准确而清晰的概念。如某化肥厂年产30万吨合成氨，这是由设备的能力和实际运行时间决定的。对于加工装配式生产，生产能力则是一个模糊的概念。不同的产品组合，表现出的生产能力是不一样的。大量生产，品种单一，可用具体产品数表示生产能力；对于大批量生产，品种数少，可用代表产品数表示生产能力；对于多品种、中小批量生产，则只能以假定产品的产量来表示生产能力。

生产能力有设计能力、查定能力和现实能力之分。设计能力是建厂或扩建后应该达到的最大年产量；查定能力是原设计能力已不能反映实际情况，重新调查核实的生产能力；现实能力为计划年度实际可达到的生产能力，是编制年度生产计划的依据。国外有的人将生产能力分成固定能力和可调整能力两种，前者指固定资产所表示的能力，是生产能力的上限；后者是指以劳动力数量和每天工作时间和班次所表示的能力。

代表产品是结构与工艺有代表性，且产量与劳动量乘积最大的产品。在多品种生产企业里，产品的结构、工艺、劳动量差别很大，难以确定代表产品，这时可用假定产品。假定产品是按各种具体产品工作量比重构成的一种实际上不存在的产品。

设 t_{pj} 为假定产品在 j 机床加工的台时定额，n_i 为具体产品 i 的年计划产量，t_{ij} 为 i 产品在 j 机床加工的单位台时产品定额，设 N 为各种产品的年产量总和，则：

$$t_{pj} = \sum_i \frac{n_i}{N} t_{ij}$$

(二)服务能力

服务能力是指一个服务系统提供服务的能力程度，通常被定义为系统的最大产出率(output rate)。这种定义方法与制造业企业定义生产能力的方法是一样的。但是，对于制造业企业来说，可以用产品数量明确地衡量一个生产系统的生产能力(例如，日产多少台，年产多少辆，每小时生产多少个等)，而对于服务业企业来说，这个简单的定义却隐含了一个难题，即如何衡量服务的产出。服务的两个基本特点是：第一，产品是无形的；第二，服务难以标准化，存在较大的差异性。这是导致衡量服务产出难度的两大难点。第三个难点在于服务组织很少提供单一的、统一的服务。

对于制造业企业来说，其生产能力的主要因素是劳动者、劳动工具(设施设备)和劳动对象(原材料和零部件)。而对于服务业企业来说，能力要素却有所不同。构成服务能力的五个基本组成要素是人力资源、设施、设备和工具、时间以及顾客参与，其中前三个要素与制造业企业是类似的，后两个要素却有很大不同。如果企业面临的是一个不断增长的市场需求，企业必须考虑能力的扩大问题。以下是几种主要的能力扩大途径。

(1) 改变人员数量：这种策略仅有效适用于中长期计划，即 12 个月以上的计划期间。如果能够预测到需求的未来增长趋势，管理者可以相应地增加长期员工数量。如果需求并不是不断增长，而只是有季节性的高峰和低谷，更好的方法是前面所述的利用非全时工和临时工的方法。企业必须注意的是，对长期员工的管理与非全时员工不同，必须为他们付出更多的招聘成本、培训成本以及福利待遇等。

(2) 购买和租用设备：设备是服务能力的一个重要因素。因此，只增加人员数量可能还不足以增加服务能力，且设备的增加通常必须伴随人员的增加。如果人员的增加仅是临时性的，设备的购买就可能是不经济的。在这种情况下，服务组织应租用必要的设备。设备的增加有时还必须伴随设施的扩建或改造。

(3) 提高自动化水平：以自动化替代人工，在制造业中已经用了很长时间。自动化的主要优点在于低成本、高产出、产品的性能稳定和更好的质量。但是，对于服务业来说，自动化并不总是一个理想的选择，因为自动化通常意味着没有人情味的服务。

然而，高速度、低成本以及其他优点，使得自动化成为一些服务富有吸引力的选择。例如，有些连锁宾馆引进了由顾客自主服务的计算机入住登记和结账系统，以加快服务速度；银行大量利用 ATM 已经极大地提高了服务能力。

三、生产计划指标体系与期量标准

(一)生产计划指标体系

生产计划的主要指标有品种、产量、质量、产值和产出期。

(1) 品种是企业在计划期内产出的产品品名、型号、规格和种类数，它涉及"生产什么"的决策。确定品种指标是编制生产计划的首要问题，关系到企业的生存和发展。

(2) 产量是企业在计划期内产出的合格产品的数量，它涉及"生产多少"的决策，关系到企业能获得多少利润。产量可以用台、件、吨表示。对于品种、规格很多的系列产品，也可用主要技术参数计量，如拖拉机用马力、电动机用瓦等。

(3) 质量是企业在计划期内产品质量应达到的水平，常采用统计指标来衡量，如一等品率、合格品率、废品率、返修率等。

(4) 产值是用货币表示的产量指标，能综合反映企业生产经营活动成果，以便不同行业进行比较。

(5) 产出期是为了保证按期交货确定的产品产出期限。正确地决定产出期很重要。因为产出期太紧，保证不了按期交货，会给用户带来损失，也给企业的信誉带来损失；产出期太松，不利于争取顾客，还会造成生产能力浪费。

(二)期量标准

期量标准，又称作业计划标准或日历标准，是为加工对象(产品部件、零件等)在生产期限和生产数量方面所规定的标准数据。它是编制生产作业计划的重要依据。企业的生产类型和生产组织形式不同，生产过程中各个环节在生产期限和生产数量方面的联系方式也就不同，因而形成了不同的期量标准。

大量流水生产的期量标准有节拍、运送批量和节奏、在制品占用量定额、流水线工作指示图表等。成批生产的期量标准有批量、生产间隔期、生产周期、提前期、在制品定额等。单件生产的期量标准有生产周期、提前期等。

1. 节拍、运送批量和节奏

节拍是组织大量流水生产的依据，是大量流水生产期量标准中最基本的标准。它是流水线上相邻两件相同制品投产或产出的时间间隔，它是流水线最重要的工作参数，它表明流水线生产速度的快慢或生产率的高低。

节奏或运输批节拍是指顺序产出两批同样制品之间的时间间隔，它等于节拍与运输批量的乘积。

2. 流水线工作指示图表

在间断流水线中，由于各工序的工序节拍与流水线的节拍不同步，各道工序的生产率不协调，生产中就会出现两种情况：第一种情况是，当前道工序生产率低于后道工序生产率时，后道工序将出现停工待料，工人和设备的能力不能充分利用；第二种情况是，当前道工序生产率高于后道工序生产率时，后道工序将出现在制品积压等待加工。为了使间断流水线能有节奏地生产，一般是规定一段时间，使流水线的各道工序能在该段时间内生产相同数量的制品。这一事先规定的能平衡工序间生产率的时间,通常称为间断流水线的看管期。因此,间断流水线的标准计划就是按看管期编制的标准工作指示图。

3. 在制品定额

在制品定额,是指在一定生产技术组织条件下,各生产环节上为了保证生产衔接所必需的、最低限度的在制品储备量。一定数量的在制品,是保证生产不断进行的必要条件。但是,在制品过多,又会使工作场所拥挤,产品生产周期延长,流动资金占用过多,运费、保管费用增加。因此,必须合理地确定在制品定额。

4. 批量和生产间隔期

批量和生产间隔期是成批生产的两个主要的期量标准。

批量是同时投入生产并消耗一次准备结束时间所制造的同种零件、装配的同种部件或产品的数量。

生产间隔期是指相邻两批相同产品(零件)投入或产出的时间间隔。生产间隔期是批量的时间表现,按生产间隔期或批量(定期或定量)生产也就是成批生产的节奏性。批量和生产间隔期的关系可用下式表示:

$$批量=生产间隔期\times 平均日产量$$

确定批量和生产间隔期的主要方法有以下两种。

(1) 经济批量法:这是一种根据费用来确定合理批量的方法。

批量大小对费用的影响,主要有两个因素:设备调整费用和库存保管费用。批量越大,设备调整的次数就越少,分摊到每个产品(零件)的调整费用就越小;批量越小,设备调整的次数就越多,分摊到每个产品的调整费用就越大。但是,批量大,库存的保管费用会相应增加;批量小,则保管费用也相应减少。求经济批量的原理就是用数学方法求得这两项费用之和为最小时的批量,即为经济批量。

(2) 以期定量法:这种方法就是首先确定生产间隔期,然后据此确定相应的批量。

5. 生产周期

产品生产周期是指产品从原材料投入生产起一直到成品产出为止的全部日历时间(或工作日数)。

缩短生产周期,对于提高劳动生产率、节省生产面积、加速流动资金周转、减少在制品的保管费用以及缩短交货周期等都有重要的作用。

确定生产周期标准,一般要分两个步骤进行。首先,要根据生产流程,确定产品(或零件)在各工艺阶段上的生产周期;其次,在这个基础上确定产品的生产周期。把各个工艺阶段的生产周期汇总起来,就是产品的生产周期。由于各个零部件的装配程序比较复杂,产品生产周期的确定,一般采用图表法。

6. 生产提前期

生产提前期是指产品(毛坯、零部件)在各个工艺阶段产出或投入的日期比成品的日期应提前的时间。提前期分为投入提前期和产出提前期。

(1) 投入提前期。投入提前期是指各车间投入的日期比成品产出日期应提前的时间。

对装配车间来说，装配投入提前期就等于装配生产周期。因此，任何一个车间的投入提前期的一般公式为

某车间投入提前期=该车间产出提前期+该车间生产周期

(2) 产出提前期。某车间的产出提前期，除考虑后车间投入提前期外，还应加上必要的保险期，并考虑前后车间之间的生产间隔期之差。保险期是指为防止可能发生的产出误期以及为办理交库、领用、运输而预留的时间，它一般是根据经验统计数据确定的。计算某车间产出提前期的一般公式为

某车间产出提前期=后车间投入提前+保险期+(该车间生产间隔期-后车间生产间隔期)

四、生产计划的制订步骤及滚动式计划

(一)生产计划制订的步骤

制订生产计划的一般步骤如图 6-2 所示。

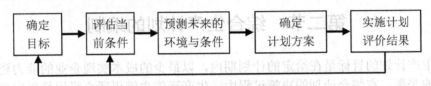

图 6-2　制订生产计划的步骤

"确定目标"要以上期计划执行的结果为根据。目标要尽可能具体，如利润指标、市场占有率等。

"评估当前条件"是要弄清楚现状与目标有多大差距。当前条件包括外部环境与内部条件。外部环境主要包括市场情况、原料、燃料、动力、工具等供应情况，以及协作关系情况。内部条件包括设备状况、工人状况、劳动状况、新产品研制及生产技术准备状况、各种物资库存情况及在制品占用量等。

"预测未来的环境与条件"是根据国内外各种政治因素、经济因素、社会因素和技术因素综合作用的结果，预测未来，把握现状将如何变化，找出达成目标的有利因素和不利因素。

(二)滚动式计划的编制方法

编制滚动式计划通常将整个计划期分为几个时间段，其中第一个时间段的计划为执行计划，后几个时间段的计划为预计计划。执行计划较具体，要求按计划实施。预计计划比较粗略。每经过一个时间段，根据执行计划的实施情况以及企业内、外部条件的变化，对原来的预计计划做出调整与修改，原预计计划中的第一个时间段的计划变成了执行计划。比如，2011 年编制 5 年计划，计划期从 2011 年至 2015 年，共 5 年。若将 5 年分成 5 个时间段，则 2011 年的计划为执行计划，其余 4 年的计划均为预计计划。当 2011 年的计划实施之后，又根据当时的条件编制 2012—2016 年的计划，其中 2012 年的计划为执行计划，2013—2016 年的计划为预计计划，依次类推。修订计划的间隔时间称为滚动期，它通常等于执行计划的计划期。滚动式计划如图 6-3 所示。

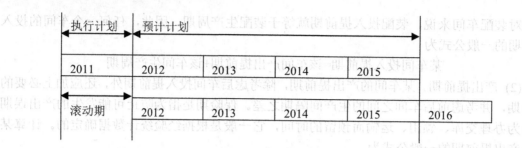

图 6-3 滚动计划

滚动式计划方法具有以下优点：①使计划的严肃性和应变性都得到保证。因为执行计划与编制计划的时间接近，内、外部条件不会发生很大变化，可以基本保证完成计划，体现了计划的严肃性；预计计划允许修改，体现了应变性。如果不是采用滚动式计划方法，第一期实施的结果出现偏差，以后各期计划如不做出调整，就会流于形式。②提高了计划的连续性。逐年滚动，自然形成新的 5 年计划。

第二节　综合生产计划的编制

综合生产计划的目标是在给定的计划期内，以最少的成本实现企业的能力资源和市场需求之间的平衡。在综合计划的决策过程中，生产运作主管更适合采用稳妥应变型策略，即通过供给管理手段来调节能力资源；而市场营销主管更适合采用积极进取型决策策略，即通过价格诱导、广告、促销等市场营销手段来调节市场需求。更重要的是，只有通过生产运作部门和市场营销部门的紧密合作，才能制订出好的综合计划。

一、综合生产计划的环境

图 6-4 所示表明了构成综合生产计划环境的内、外部因素。一般来说，外部因素是指综合生产计划人员不能直接控制的因素，如产品需求。在某些情况下，通过促销活动和降价刺激，产品需求也能受到影响。

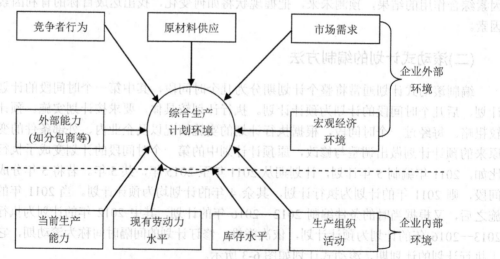

图 6-4　综合生产计划的环境

内部因素自身的可控性也不一样。企业当前的生产能力通常在短期内不会发生变化，而工会协议常常限制着劳动力的调配，所以生产能力也不能一直增长，同时高层管理者可能限制库存引用资金。当然，管理这些因素时也有一些灵活性，计划人员通常可以采用下面将要介绍的生产计划策略中的一种或几种策略进行组合。

二、综合生产计划的编制策略

如果需求是非常平稳的，如一些流程型工业，其生产计划的制订相对来说要简单一些。其重点在于制订综合生产计划和设备的可靠性维修计划。如果在计划周期内出现季节性需求或周期性需求，则可以采取生产互补性产品，利用广告、降价等手段进行促销的方法，来应对这种需求。生产计划策略主要有以下几种。

1. 追逐策略——改变劳动力水平的策略

追逐策略是适时改变劳动力水平以适应需求变化的一种策略，当订货发生变化时，要相应地雇用或解雇员工以使产量与订货量相一致。这种策略的成败取决于劳动力的成本的高低，当订货量上涨时，是否有一批容易培训的、可供雇用的工人。经济发达地区的劳动力成本往往很高，通常不能采取这种策略；经济欠发达地区，则通常采取追逐策略以保证能按时完成订单。这种策略的优点是库存投资小，无订单积压；缺点是容易造成劳资关系紧张，特别是当订单数量减少时，工人们可能会放慢生产速度，因为他们担心订单一旦完成，将会面临失业。

2. 稳定劳动力水平——变化工作时间的策略

通过柔性的工作计划或加班调整工作时间，从而调整产出速率，即通过调整工作时间以使产量和订货量相匹配。这种策略使工人数量相对稳定，避免了追逐策略中雇用和解雇工人时所付出的感情代价和聘用或解聘费用。但在需求量变化时，必须增加或减少员工的工作时数，这时只能采取加减班的策略。这种策略的缺点是，虽然不需要另外招聘或解聘员工，节省了招聘或解聘费用，但柔性工作计划或加班会产生其他成本，加班费用往往超出正常工作的费用，受到劳动法的约束。

3. 平准策略——利用库存调节的策略

可以用变动库存量、减少订单积压和减少销售来消化缺货或剩余产品，这样可以保持稳定的劳动力数量和产出率水平。平准化生产方式着眼于保持一个平准而稳定的生产计划，雇员可以从稳定的工作时间中受益，这种策略也是存在代价的，那就是潜在的顾客服务水平有可能下降以及导致库存成本的增加。还有一个问题就是，库存产品很可能会过时，造成一定的浪费。

当只采用一种策略来消化需求波动时，称为单一策略。若采用两种或两种以上的策略组合时，称为混合策略。

图 6-5(a)给出了一个单一追逐策略的例子，图中产品的产出量根据需求量发生变化，换句话说，每一时期产品的产出量等于或接近同时期产品的需求量。

图 6-5(b)则描述了一个单一的平准策略，图中不管产品的需求量是多少，每一时期产品

的产出量都是稳定不变的。产品的需求量和产出量之间的差异可以通过产成品的"缓冲库存"来解决。当产品的需求量超过产出量时，就从库存中调拨产成品($-I$)；当产品的产出量超过需求量时，多余的产成品就存入库存中($+I$)。(这里假设在产品的需求量超过产出量之前，如图 6-5(b)所示，在综合生产计划之初就有足够的库存以备超额需求)如果没有足够的库存来满足需求，就会出现订单拖欠和缺货状况。

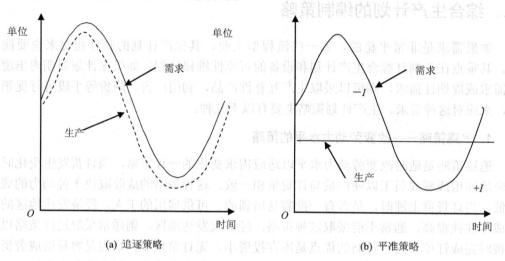

图 6-5　追逐策略与平准策略

无论选择什么策略，重要的是，综合计划必须反映它要达到的目标，对有关的各部门具有影响力，反映未来一段时间内企业的经营方向，成为企业有效的管理工具。

NGC 公司的综合计划

NGC(New Generation Computers)公司的运作经理正在为生产打印机制订一份 6 个月的综合生产计划。市场部门已对打印机做了半年期需求预测。公司生产多种型号的打印机，生产各种型号的打印机所需劳动量各不相同。虽然允许加班，但公司规定每月加班时间不能超过正常工作时间的 10%，加班工资也比平常高，并且 NGC 的工会还反对加班。NGC 实行终身雇佣制，这样，每月生产打印机的正常工作时间相同。公司虽然实行三班倒的政策，每天最大产量也只有 2000 台。为了使每月收支平衡，NGC 不得不把当月发生的成本计入下月支出。综合生产计划的目标是充分利用劳动力，使机器不超负荷运转，快速响应客户订货，使得费用和库存持有成本最小化。

三、综合生产计划的制订方法

综合生产计划的制订方法通常有试算法、运输矩阵法和线性规划法。其中试算法易于理解和掌握，是最常用的方法，电子表格软件使这一计算过程更为简便。

第六章　运营计划与项目管理

1. 试算法

企业一般采用试算法来制订综合生产计划。试算法是通过计算不同生产计划的成本来选择最佳方案。

2. 运输矩阵法

运输矩阵法又称为图表作业法，实际上是一种表格化的线性规划方法。用运输矩阵法编制综合生产计划的基本假设是：在每一计划期内的正常生产能力、加班生产能力和外包都有一定的限制，每一期间的需求预测量是已知的；成本和产量为线性关系。这样，可以给出最优生产计划。

3. 线性规划法

线性规划法是运筹学的一个重要分支，理论上最完善，实际应用也最广泛。上面讨论的运输矩阵法是线性规划法的一种特殊形式，它只以能力为约束条件。对于多品种生产的企业，在生产计划决策时，经常会遇到这样的问题，即根据销售量预测资料和企业的现有条件，如何合理地利用人力、物力、财力来决定各种产品的生产量，使企业取得最好的经济效益。这种生产计划决策问题可运用线性规划的方法来解决。运用线性规划，首先要把实际问题抽象化，建立起线性规划的数学模型，然后用图解法或单纯形法确定出各种产品的最优产量。

线性规划的基本结构要素是：决策变量、约束条件和目标函数。决策变量是决策者需要考虑和控制的因素，用 $X_1, X_2, \cdots, X_n$ 来表示。约束条件是实现目标的资源限制条件，如生产能力、原材料供应量、产品销售量等。目标函数是决策者在问题明确后，对问题要达到的目标所进行的数学描述。它是一个极值问题——极大值或极小值，如产量最大、利润最大、成本最低等。

线性规划就是求一组变量 $X_1, X_2, \cdots, X_n$ 的值，在满足一组约束条件下，取得目标函数的最优解问题。因此，用于制订生产计划的线性规划模型在给定的线性目标函数和一系列线性约束条件下，可求出最优的生产计划方案。

这样的线性规划模型可处理大量变量和约束条件问题，可以决定最优库存水平、任务积压量、外协量、正常生产量、加班生产所需的临时聘用和解聘等多个问题。其局限性是各个变量之间的关系必须是线性的。

第三节　主生产计划

一、主生产计划概述

综合生产计划只代表企业在计划年度内应生产的产出总量目标，要把它付诸实践，必须进一步将总产量计划分解为具体的产品产出计划，即分别按产品的品种、型号、规格编制它们在各季各月的产量任务，这就是主生产计划。主生产计划是从综合计划开始的，是对综合计划的分解和细化。主生产计划(Master Production Schedule，MPS)方案的制定是一个反复试行的过程。当一个方案制定出来后，需要与所拥有的资源做对比，如超出了资源限制，就必须修改原方案，直至得到符合资源约束条件的方案；若得出不可能满足资源条件的结论，需修改综合计划，或增加资源。MPS 方案将作为物料需求计划(Materical Requirement Planning, MPR)的输入来制订 MRP，将确定每一零部件生产和装配的具体时间。

例如，某汽车公司生产某种轿车，有四种型号 A、B、C 和 D，计划年总产量为 1 万辆，这是综合生产计划预先规定的，而不必规定每一型号的轿车的产量。而主生产计划则规定每一种型号的产品生产量和生产时间，如 A 型车为 2500 辆，B 型为 3500 辆，C 型为 2000 辆，D 型为 2000 辆。图 6-6 中，通过编制汽车的综合生产计划可知第一个月的总产量为 800 辆。在此基础上，编制主生产计划时，不仅要将该产品系列分解至每一型号的汽车产量，还要将时间周期进行分解，通常分解为以周为单位。由图 6-6 可以看出，第一个月的第一周需生产 A 型汽车 200 辆；第二周需生产 B 型和 D 型汽车分别为 300 辆和 150 辆；第三周需生产 C 型汽车 150 辆；第四周不生产，这样，前四周的总产量和综合生产计划相对应，即为 800 辆。

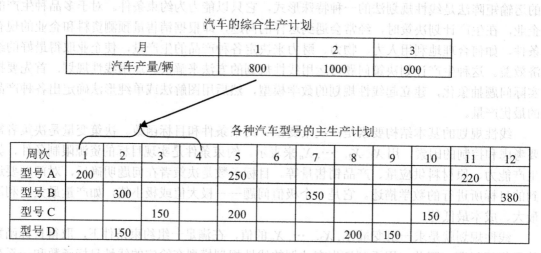

图 6-6　综合生产计划和主生产计划的关系

制订好主生产计划后，企业才能保证实现销售计划，并依据它进行物料、劳动力和设备的准备工作，制订出这些资源的供应和准备计划，所以主生产计划直接与综合生产计划、需求预测以及物料需求计划相联系，连接了制造、销售、工程设计及生产计划等部门。一个有效的主生产计划必须充分考虑企业的生产能力，要能够将企业的战略目标、生产和市场战略的解决方案体现出来。主生产计划的制订是否合理，将直接影响到随后的物料需求计划的计算和执行。粗能力计划将决定企业是否有足够的能力来执行主生产计划。

二、主生产计划的制订

主生产计划制订的程序主要是计算现有库存量，确定 MPS 的产品生产量与生产时间，以及计算待分配库存量等步骤。

1. 计算现有库存量

现有库存量(projected on-hand inventory, POH)是指每周的需求被满足之后，库中仍有

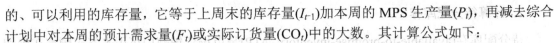

的、可以利用的库存量,它等于上周末的库存量(I_{t-1})加本周的MPS生产量(P_t),再减去综合计划中对本周的预计需求量(F_t)或实际订货量(CO_t)中的大数。其计算公式如下:

$$I_t = I_{t-1} + P_t - \max(F_t, CO_t)$$

式中: I_t——t周末现有库存;

I_{t-1}——上周末现有库存;

P_t——t周的主生产计划生产量,企业准备在t周完成并发送的产品数量;

F_t——t周的预计需求量;

CO_t——t周准备发货的顾客订货量。

上式中,在预计需求量和实际顾客订货量中取最大者是为了最大限度地满足需求。

例:某电视机生产企业,其产品具有一系列不同的型号和规格。现企业要为其SYD202新型产品制定一个MPS。综合生产计划提供的预测需求量为:该产品1月份需求量为200台,2月份需求量为180台,平均每周需求量分别为50台和45台。该企业的生产方针规定每批生产120台。表6-3记录了MPS的有关数据。

现有库存量(期初)是130,在预测需求一栏中,标明了1月份和2月份8周内的需求量。这些需求预测量不一定能反映实际的销售情况。顾客订货栏标明的是顾客的实际订货量,即每周应发往顾客的量。第1周顾客订货量为60,大于需求预测量,第1周末的POH为130+0-60=70。第1周的顾客订货量大于需求预测量,但1月份的全部订货量仍在需求预测范围内。第2周的POH是70+0-50=20,第3周末的POH为20+0-50=-30,显示将发生30台缺货。该负数是一个要求生产的信号,表示在该周应至少生产出30台产品。

表6-3 SYD202新型产品现有库存计算

期初库存:130	生产批量:120							
	1月				2月			
	周次				周次			
	1	2	3	4	5	6	7	8
预测需求	50	50	50	50	45	45	45	45
顾客订货	60	35	20	10	0	0	0	0
现有库存量	70	20	-30					
MPS量								

2. 决定MPS的生产量和生产时间

制定的MPS生产量和生产时间应绝对保证POH是非负的,即一旦POH有可能变负,就应通过MPS来补上,MPS生产时间的决定基准之一就在于此。如果企业首先要消耗掉现有库存,则第一个MPS量的生产周应该是直至库存用完的那一周,如表6-3所示的第3周。第3周的生产量应使POH大于或等于零,然后继续计算库存的消耗,直至下次缺货发生。这一过程反复进行,直至该计划长度内各期的需求得到满足。用这种方法,可依次检索MPS记录的各栏,在需要的栏内填入MPS生产量。现假设该企业的SYD202新型产品的生产批量为120个(由企业生产方针所决定)。在1月份和2月份共两个月8周内,各周的期初库存、期末库存、MPS量的计算如表6-4所示。

3. 计算待分配库存

待分配库存(available-to-promise-inventory,ATP)是市场营销部门可用来答应顾客在确切的时间内供货的产品数量。对于临时的、新来的订单,营销部门也可利用 ATP 来签订供货合同,确定具体的供货日期,这类典型的产品库存称为待分配库存。

表 6-4 SYD202 新型产品的 MPS 量

期初库存:130	生产批量:120							
	1月				2月			
	周次				周次			
	1	2	3	4	5	6	7	8
预测需求	50	50	50	50	45	45	45	45
顾客订货	60	35	20	10	0	0	0	0
现有库存量	70	20	90	40	115	70	25	100
MPS 量			120		120			120

ATP 的计算在第 1 周与以后各周略有不同。第 1 周的 ATP 量等于现有的 POH(期初)加本周的 MPS 量减去直至第一个 MPS 量到达之前的全部订货量。在以后的各周,只在有 MPS 量时才计算 ATP,计算方法为:该周的 MPS 量减去从该周至下一期(不包括该期)MPS 量到达为止的全部订货量。以后各周的 ATP 计算中之所以不考虑 POH,是因为已经在第 1 周的计算中使用了。

第四节 作业计划与作业排序

一、作业计划

作业计划是生产计划工作的继续,是企业年度生产计划的具体执行计划。它是协调企业日常生产活动的中心环节。它根据年度生产计划规定的产品品种、数量及大致的交货期的要求,对每个生产单位在每个具体时期内的生产任务做出详细规定,使年度生产计划得到落实。

生产计划具体规定为各个车间、工段、班组、每个工作地和个人的以月、周、班以至小时计的计划。它是组织日常生产活动、建立正常生产秩序的重要手段。作业计划的作用是通过一系列的计划安排和生产调度工作,充分利用企业的人力、物力,保证企业每个生产环节在品种、数量和时间上相互协调和衔接,组织有节奏的均衡生产,取得良好的经济效益。生产作业计划编制工作的主要内容包括:收集为编制计划所需要的各项资料,核算、平衡生产能力,制定期量标准和编制生产作业计划。

为编制作业计划,主要应有以下的各类资料:①生产任务方面的资料,包括企业的年度、季度生产计划,各项订货合同,新产品试制计划等;②技术资料,包括产品图纸、工艺文件、产品技术检验规范、外协零件清单、按车间编制的零件明细表等;③生产能力方面的资料,包括各工种生产工人情况、生产设备负荷情况、生产面积利用情况、工作定额和生产能力查定情况;④生产准备工作方面的资料,包括工艺装备准备情况和原材料、外协件、配套库存及供应情况等；⑤各种期量标准和生产资金定额；⑥前期预计生产完成情况和在制品结存及分布情况等。

不同生产类型的企业选择不同的作业计划编制方法，主要作业计划编制方法有在制品定额法、提前期法、生产周期法和订货点法。随着科学技术的迅速发展，各种企业生产的产品品种日益增多，系统分析、运筹学等原理和计算机越来越多地用于企业管理，又出现了成组技术计划法、网络法等新的生产作业计划编制方法。①在制品定额法：根据生产计划的要求将预先制定的在制品定额与预计可能结存的在制品数量做比较，使期末在制品数量保持在规定的定额水平上，并据此来规定各车间的生产任务。这种方法适用于大批量生产的企业。②提前期法：又称累计编号法。根据生产计划的要求和预先制定的提前期来规定各车间的某种产品的装配生产需提前完成的产量。它通常用累计编号来表示投入、产出的产量任务。这种方法通常用于多品种成批生产的企业。③生产周期法：根据生产计划的要求和预先制定的产品生产周期图表，通过生产能力的核算来规定各车间的生产任务。这种方法适用于单件小批生产的企业。④订货点法：这种方法适用于安排生产产量大、品种稳定、价值低、结构简单的小型零件。⑤成组技术的计划方法：这种方法打破产品界限，把工艺相似的零件组织成组生产，适用于多品种、中小批量生产的企业。⑥网络法：它是一种逻辑性的计划手段，其典型的方法是计划评审法。这种方法主要用于复杂的一次性产品(或工程)的生产。⑦准时生产制：它的内容要点是：在必要的时候，按必要的数量，把生产所必需的物料送到必要的地方。它的目的是把在制品储备压缩到最低限度，尽可能地节约流动资金。日本丰田汽车公司的"看板管理"就是准时生产制的一种方式。它要求后道工序的工人凭"领料看板"到前一道工序领取必要数量的零件。前一道工序的工人根据"生产看板"生产规定数量的零件；搬运工人凭"送货看板"在规定的时间内运送规定数量的零件。这样可以利用"看板"把人力、物力和设备有机地结合起来，组成有节奏的生产，防止过量生产造成在制品的过量储备。⑧混流生产方法：在生产条件和生产能力一定的情况下，经过科学逻辑的运算，制定出在同一生产线上最优品种搭配的生产方案，达到品种、产量、工时的均衡，最大限度地节约资源。这种方法主要用于工艺相似的系列化产品的流水生产企业。

作业计划的主要任务包括：生产作业准备的检查；制定期量标准；生产能力的细致核算与平衡。编制作业计划的主要依据是：年、季度生产计划和各项订货合同；前期生产作业计划的预计完成情况；前期在制品周转结存预计；产品劳动定额及其完成情况；生产能力及其利用情况；原材料、外购件、工具的库存及供应情况；设计及工艺文件，其他的有关技术资料；产品的期量标准及其完成情况。

作业计划具有以下特点：①计划期短，生产计划的计划期常常表现为季、月，而生产作业计划详细规定月、旬、日、小时的工作任务；②计划内容具体，生产计划是全厂的计划，而生产作业计划则把生产任务落实到车间、工段、班组、工人；③计划单位小，生产计划一般只规定完整产品的生产进度，而生产作业计划则详细规定各零部件，甚至工序的进度安排。

二、生产调度

生产调度就是组织执行生产进度计划的工作。生产调度以生产进度计划为依据，生产进度计划要通过生产调度来实现。生产调度的必要性是由工业企业生产活动的性质决定的。现代工业企业，生产环节多，协作关系复杂，生产连续性强，情况变化快，某一局部发生故障，或某一措施没有按期实现，往往会波及整个生产系统的运行。因此，加强生产调度工作，对于及时了解、掌握生产进度，研究分析影响生产的各种因素，根据不同情况采取相应对策，使差距缩小或恢复正常是非常重要的。通过生产调度运行，能够保证生产过程顺利运行，还能收集生产动态和有关数据，并且协调关系、贯彻领导指示。

生产调度工作一般包括：①检查、督促和协助有关部门及时做好各项生产作业准备工作。②根据生产需要合理调配劳动力，督促检查原材料、工具、动力等供应情况和厂内运输工作。③检查各生产环节的零件、部件、毛坯、半成品的投入和产出进度，及时发现生产进度计划执行过程中的问题，并积极采取措施加以解决。④对轮班、昼夜、周、旬或月计划完成情况的统计资料和其他生产信息(如由于各种情况造成的工时损失记录；机器损坏造成的损失记录；生产能力的变动记录等)进行分析研究。

对生产调度工作的基本要求是快速和准确。所谓快速，是指对各种偏差发现快，采取措施处理的速度快，向上级管理部门和有关单位反映情况快。所谓准确，是指对情况的判断准确，查找原因准确，采取对策准确。为此，就必须建立健全生产调度机构，明确各级调度工作分工，建立一套切合实际和行之有效的调度工作制度，掌握一套迅速查明偏差产生的原因，采取有效对策的调度工作方法。对生产调度工作的其他要求还有：①生产调度工作必须以生产进度计划为依据，这是生产调度工作的基本原则。②生产调度工作必须高度集中和统一。③生产调度工作要以预防为主。④生产调度工作要从实际出发，贯彻群众路线。

企业的生产调度部门，是实施生产作业(进度)控制，进行日常生产管理，以实现生产作业计划的责任部门。因此，每个工业企业都应该按照上下贯通、左右协调、集中统一、灵活有效的原则建立起生产调度工作系统。在各个生产环节中都应设置专职的或兼职的调度机构和人员，负责处理日常生产活动中产生的各种偏差。一般大中型企业设厂级、车间和工段三级调度。即厂部以主管生产的厂长为首，设总调度室(或生产科内设调度组)执行调度业务；车间在车间主任领导下设调度组(或调度员)；工段(班组)设调度员，也可由工段长(班组长)兼任；在机修、工具、供应、运输、劳动等部门也要建立专业性质的调度组织。

各级调度机构应明确职责和权限，规定编制，充实人员，并配备相应的调度技术装备。调度机构的分工应根据集中与分散相结合的原则，以及每个企业的生产技术特点来决定。对于生产过程连续程度较高，各个生产单位之间生产活动联系紧密，生产安全问题比较突出的企业(如化工厂、冶金厂、流水作业的机械厂等)，生产调度的集中程度就要大一些。反之，厂内各个生产单位的生产活动独立程度比较高的企业(如特种工艺美术厂、单件小批生产的机械厂等)，生产调度工作的集中程度就应该相对小一些，可把较多的权力下放给基层。

生产调度是一项日常性的工作，应当把一些反映生产调度规律性的、行之有效的例行工作方法制度化，以指导调度工作的有效开展。调度工作制度一般有：值班制度、调度会议制度、现场调度制度、调度报告制度等。其内容视企业具体情况而定。

三、作业排序

作业排序问题普遍存在于制造业和服务业中。在制造业中，通过MRP运算确定了各项物料的生产、采购计划后，就要将企业自身加工工件的生产计划分解到各车间，确定各车

第六章　运营计划与项目管理

间的生产任务。如何具体地组织生产活动，安排作业顺序和及时反馈信息，对生产活动进行调整与控制，使各种资源得到合理利用，同时又能按期完成各项订单任务，是企业进行作业排序与控制所需要研究和解决的问题。在服务业中，医院、银行、饭店等服务业企业需要安排人员有效地满足客户需求。有效的作业排序，可以缩短客户排队等待的时间，缩短交货提前期，降低在制品库存，加速库存周转，更重要的是能够提高客户满意度，从而吸引和保留更多的客户，获取更多的利润。

作业排序是指为每台设备、每位员工具体确定每天的工作任务和工作顺序的过程，即作业排序要解决不同工件在同一设备上的加工顺序问题，不同工件在整个生产过程中的加工顺序问题，以及设备和员工等资源的分配问题。作业排序需要解决设备与工作、服务人员与客户之间的关系问题，归纳起来，也就是"服务者"与"服务对象"之间的关系问题。这里的"服务者"包括机器、工序、工作地、收银员、理发师、医生和服务员等，而"服务对象"则包括工作、客户、病人等。

一般来说，作业计划与作业排序不是同义语。排序只是确定工件在机器上的加工顺序，而作业计划则不仅包括确定工件的加工顺序，还包括确定机器加工每个工件的开始时间和完成时间。因此，在实际中只有作业计划才能指导生产和每个工人的活动。由于编制作业计划的关键是要解决在各台机器上工件的加工顺序问题，而且，在通常情况下，作业计划都是按最早可能开(完)工时间来编制的。因此，当工件的加工顺序确定之后，作业计划也就确定了。所以，在这种情况下，人们常常将排序与编制作业计划这两个术语不加区别地使用。

作业排序问题有多种不同的分类方法，如表 6-5 所示。

表 6-5　作业排序的分类

划分对象	排序问题
按行业	制造业的排序问题
	服务业的排序问题
按排序对象	劳动力排序问题
	生产作业排序问题
按服务者数量	单服务者排序问题
	多服务者排序问题
按加工路线	单件作业排序问题
	流水作业排序问题
按工件或服务对象到达的情况	静态作业排序问题
	动态作业排序问题

(1) 根据行业的不同，排序问题可分为制造业的排序问题和服务业的排序问题。制造业的排序问题是解决工件在生产过程中的加工次序问题；而服务业中客户的参与以及服务产品的不可储存性，使得服务业的排序问题主要是解决如何安排服务能力以适应服务需要。

(2) 根据排序的对象分类，可分为劳动力(或服务者)排序和生产作业(或服务对象)排序。劳动力排序主要确定机器设备或服务人员何时工作；生产作业排序则主要是将不同工件安排到不同的设备上，或为不同的服务对象安排不同的服务者。

(3) 根据提供服务的服务者的数量，可分为单服务者的排序问题和多服务者的排序问题。单服务者排序问题是指单对单服务台排队问题；而多服务者排序问题是指单对多服务台或多对多服务台的排队问题。在制造业中，则可分为多种工件在单台设备上的加工排序问题和在多台设备上的加工排序问题。

(4) 对于多台设备的排序问题，又可根据加工路线分为单件作业排序问题和流水作业排序问题。单件作业排序是指工件加工路线不同的多设备排序问题；流水作业排序是指所有工件的加工路线完全相同的多设备排序问题。

(5) 按工件或顾客到达工作地或服务台的具体情况，可分为静态作业排序问题和动态作业排序问题。如果在进行作业排序时，所有需加工的工件或需服务的顾客都已到达，则在排序时可以进行确定性的排序，这种情况称为静态作业排序问题；如果加工工件和顾客是陆续到达的，则在进行作业排序时要随时考虑新的情况，调整排序，这种情况称为动态作业排序问题。

第五节　项目计划与控制

一、项目与项目管理

(一)项目

1. 项目定义

从人类开始进行有组织的活动起，就一直执行着各种规模的"项目"：史前人类的围猎是人类历史上最早的项目；中国的古长城、埃及的金字塔是古代最大型、最复杂的项目；美国的"曼哈顿计划""阿波罗登月计划"，中国的原子弹、氢弹"两弹计划"，北京奥运会，神舟飞船登月等是近代最成功的项目；中国的三峡工程、英法海底隧道、中国香港新机场等是现代项目管理的绝佳范例。项目无处不在，建设桥梁、房屋、铁路、公路或其他建筑是项目；安装一条新的生产线是项目；开发一种新产品是项目；制订一个新的营销计划也是项目。在日常生活中，人们也被各种项目所淹没：房屋装修、组织野餐、养育孩子、撰写书籍等，都是项目。所有这些项目都有一些共同之处，如一次性，有较大风险和不确定性，需要协调多个具有不同性质和利益的单位的活动，有预知的生命周期等。如举世闻名的长江三峡工程，是一个解决防洪、发电、航运、调水等问题的多功能、多目标协调运行的巨型复杂工程。其中大坝最大坝高为 181 米；电站厂房共装机 26 台，总装机容量为 18200 兆瓦；通航建筑物由双线连续五级船闸、垂直升船机、临时船闸及上、下游引航道组成。三峡工程规模宏伟，工程量巨大，其主体工程土石方开挖约 1 亿立方米，土石方填筑 4000 多万立方米，混凝土浇筑 2800 多万立方米，钢筋 46 万吨，金属结构安装约 26 万吨。工程分三期施工，持续 17 年。施工准备和第一期工期 5 年，第二期工期 6 年，第三期工期 6 年。

在当今社会中，一切都是项目，一切都将成为项目。

——美国项目管理专业资质认证委员会主席 Paul Grace

第六章　运营计划与项目管理

项目可简单定义为：在限定条件下，为实现特定目标而执行的一次性任务。这个定义包含三层含义。

(1) 项目是一项有待完成的任务，有特定的环境与要求。这一点明确了项目自身的动态概念，即项目是指一个过程，而不是指过程终结后所形成的成果。例如，人们把一个新图书馆的建设过程称为一个项目，而不把新图书馆本身称为一个项目。

(2) 项目必须在一定的组织机构内，利用有限的资源(人力、物力、财力等)在规定的时间内完成任务。任何项目的实施都会受到一定的条件约束。在众多的约束条件中，质量、进度、费用是项目普遍存在的三个主要约束条件。

(3) 项目任务必须满足一定性能、质量、数量、技术指标的要求。这是项目能否实现，能否交付用户的必备条件。功能的实现、质量的可靠、数量的饱满、技术指标的稳定，是任何可交付项目必须满足的要求，项目合同对于这些均有严格的要求。

2. 项目的特征

通过对项目定义的理解和认识，可以归纳出项目作为一类特殊的活动(任务)所表现出来的区别于其他活动的特征。

(1) 项目的一次性。项目是一次性任务。一次性是项目区别于其他活动(任务)的基本特征。这意味着每一个项目都有特殊性，不存在两个完全相同的项目。项目的特殊性表现在项目的目标、环境、条件、组织、过程等诸方面，两个目标不同的项目肯定各有其特殊性，即使目标相同的两个项目也各有其特殊性。

(2) 项目目标的明确性。人类有组织的活动都有其目的性。项目作为一类特别的活动，更有其明确的目标。从对项目概念的剖析可以看到，项目目标一般由成果性目标与约束性目标组成。其中，成果性目标是项目的来源，也是项目的最终目标，在项目实施过程中，成果性目标被分解为项目的功能性要求，是项目全过程的主导目标；约束性目标通常又称为限制条件，是实现成果性目标的客观条件和人为约束的统称，是项目实施过程中必须遵循的条件，是项目管理的主要目标。可见，项目的目标正是成果性目标和约束性目标两者的统一。

(3) 项目的整体性。项目是为实现目标而开展的任务的集合，它不是一项项孤立的活动，而是一系列活动有机组合而形成的一个完整的过程。强调项目的整体性，也就是强调项目的过程性和系统性。

3. 项目的属性

结合项目的概念，项目的属性可归纳为以下六个方面。

(1) 唯一性，又称独特性。这一属性是"项目"得以从人类有组织的活动中分化出来的根源所在，是项目一次性属性的基础。每个项目都有其特别的地方，没有两个项目会是完全相同的。建设项目通常比开发项目有更多的相同之处，显得更程序化一些，但在有风险存在的情况下，项目就其本质而言，不能完全程序化，项目主管之所以被人们强调很重要，是因为他们有许多例外情况要处理。

(2) 一次性。由于项目的独特性，项目任务一旦完成，项目即宣告结束，不会有完全相同的任务重复出现，即项目不会重复，这就是项目的"一次性"。但项目的一次性属性是对项目整体而言的，它并不排斥在项目中存在重复性的工作。

(3) 多目标属性。项目的目标包括成果性目标和约束性目标。在实施项目的过程中，成果性目标都是由一系列技术指标来定义的，同时都受到多种条件的约束，其约束性目标往往是多重的。因而，项目具有多目标属性。

(4) 生命周期属性。项目是一次性的任务，因而它是有起点也有终点的。任何项目都会经历启动、实施、结束这样一个过程，人们常把这一过程称为"生命周期"。项目的生命周期特性还表现在项目的全过程中，启动阶段比较缓慢，实施阶段比较快速，而结束阶段又可能比较缓慢的规律。

(5) 相互依赖性。项目常与组织中同时进展的其他工作或项目相互作用，但项目总是与项目组织的标准及手头的工作相抵触。组织中各事业部门(营销、财务、制造等)间的相互作用是有规律的，而项目与事业部门之间的冲突则是变化无常的。项目主管应清楚这些冲突并与所有相关部门保持适当联系。

(6) 冲突属性。项目经理与其他经理相比，生活在一个更具有冲突特征的世界中，项目之间有为了资源而与其他项目进行的竞争，也有为了人员与其他职能部门进行的竞争。项目组的成员在解决项目问题时，几乎一直是处在资源和领导问题的冲突中。

4. 项目的组成要素

为了达到预期的目标，项目由以下五个要素构成：项目的范围、项目的组织、项目的质量、项目的费用、项目的时间进度。项目目标五要素中，项目的范围和项目的组织结构是最基本的，而质量、时间、费用可以有所变动，是依附于项目范围和组织的。

福琼(Fortune)和彼得斯(Peters)在《从失败中学习：系统解决》一书中指出：失败简单地说是某事出了问题。超越这个简单论断可以发现失败有四种类型：未达到目标；出现不希望得到的负面效应；设计失败；目标不合适。福琼和彼得斯指出：几乎所有关于失败的论断都是主观的，它们被个人看法、环境以及各种期望所渲染，当项目涉及多个关系人时更是如此，某些人认为是成功的项目，而另一些人却认为是完全失败的项目。

5. 项目的生命周期

项目从开始到结束，必然要经历的几个不同的阶段，叫作项目的生命周期。在关于项目生命周期的各种理论中，项目生命周期四阶段的观点广泛被人们接受：项目生命周期分为识别需求、提出解决方案、执行项目、结束项目四个阶段。但在实际工作中又可根据不同领域或不同方法再进行具体的划分。例如，按照软件开发项目的特点，项目生命周期可划分为需求分析、系统设计、系统开发、系统测试、运行维护几个阶段；按照建筑业的特点，一般将项目分成立项决策、计划和设计、建设、移交和运行等阶段。图6-7所示是项目生命周期四阶段及其相关的投入资源和时间的数量关系图。

第六章 运营计划与项目管理

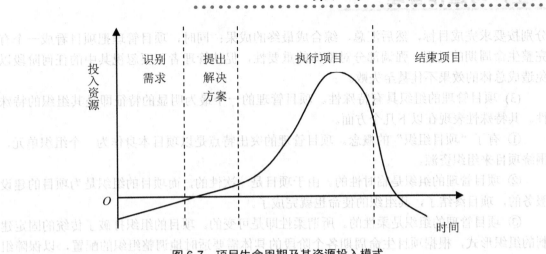

图 6-7　项目生命周期及其资源投入模式

(二)项目管理

1. 项目管理定义

"项目管理"最原始的概念是"对项目进行的管理"。人们普遍认为：项目管理是指把各种系统、方法和人员结合在一起，围绕预定的目标，在规定的时间、预算和质量目标范围内，从项目的投资决策开始到项目结束的全过程进行计划、组织、指挥、协调、控制和评价的管理活动。

项目管理有以下四个基本目标。

P——Performance，即达到预期的绩效；
C——Cost，即在费用成本和预算约束内；
T——Time，即必须按时完成；
S——Scope，即符合指定的工作范围大小。

这四个变量是相互联系的，比如成本可以表示为绩效、时间和范围的函数。越来越多的组织正在要求项目经理寻求缩短项目完成时间的办法，同时还要控制甚至减少成本，还要保证绩效范围不变。

2. 项目管理的特点

项目管理与传统的部门管理相比，最大特点是项目管理注重于综合性管理，并且项目管理工作有严格的时间期限。项目管理必须通过不完全确定的过程，在确定的期限内生产出不完全确定的产品，日程安排和进度控制常对项目管理产生很大的压力。具体来讲，表现在以下几个方面。

(1) 项目管理的对象是项目或被当作项目来处理的作业。项目管理是针对项目的特点而形成的一种管理方式，因而其适用对象是项目，特别是大型的、比较复杂的项目；鉴于项目管理的科学性和高效性，有时人们会将重复性的"作业"从某些过程中分离出来，加上起点和终点当作项目来处理，以便于在其中应用项目管理的方法。

(2) 项目管理的全过程都贯穿着系统工程的思想。项目管理把项目看成一个完整的系统，依据系统论"整体—分解—综合"的原理，可将系统分解为许多责任单元，由责任者分别按要求完成目标，然后汇总、综合成最终的成果；同时，项目管理把项目看成一个有完整生命周期的过程，强调部分对整体的重要性，促使管理者不要忽视其中的任何阶段以免造成总体的效果不佳甚至失败。

(3) 项目管理的组织具有特殊性。项目管理的一个最为明显的特征即是其组织的特殊性。其特殊性表现在以下几个方面。

① 有了"项目组织"的概念。项目管理的突出特点是以项目本身作为一个组织单元，围绕项目来组织资源。

② 项目管理的组织是临时性的。由于项目是一次性的，而项目的组织是为项目的建设服务的，项目终结了，其组织的使命也就完成了。

③ 项目管理的组织是柔性的。所谓柔性即是可变的。项目的组织打破了传统的固定建制的组织形式，根据项目生命周期各个阶段的具体需要适时地调整组织的配置，以保障组织的高效、经济运行。

④ 项目管理的组织强调其协调控制职能。项目管理是一个综合管理过程，其组织结构的设计必须充分考虑到利于组织各部分的协调与控制，以保证项目总体目标的实现。因此，目前项目管理的组织结构多为矩阵结构，而非直线职能结构。

⑤ 项目管理的体制是一种基于团队管理的个人负责制。由于项目系统管理的要求，需要集中权力以控制工作正常进行，因而项目经理是一个关键角色。

⑥ 项目管理的方式是目标管理。项目管理是一种多层次的目标管理方式。由于项目往往涉及的专业领域十分宽广，而项目管理者也无法成为每一个专业领域的专家，虽然对某些专业有所了解，但不可能像专门研究者那样深刻。因此，在泰罗时代，管理者对工作的操作进行具体的指导，甚至到手指怎样动的管理模式，对大多数项目而言是不可能的。现代的项目管理者只能以综合协调者的身份，组织被授权的专家执行项目，确定项目目标以及时间、经费、工作标准等限定条件，同时，经常反馈信息、检查督促并在遇到困难需要协调时及时给予各方面的有关的支持，余下的具体工作则由被授权者独立处理。可见，项目管理只要求在约束条件下实现项目的目标，其实现的方法具有灵活性。

⑦ 项目管理的要点是创造和保持一种使项目顺利进行的环境。有人认为，"管理就是创造和保持一种环境，使置身于其中的人们能在集体中一起工作以完成预定的使命和目标"。这一特点说明了项目管理是一个管理过程，而不是一个技术过程，处理各种冲突和意外事件是项目管理的主要工作。

⑧ 项目管理的方法、工具和手段具有先进性、开放性。项目管理采用科学先进的管理理论和方法。如采用网络图编制项目进度计划，采用目标管理、全面质量管理、价值工程、技术经济等理论和方法控制项目总目标的实现；采用先进高效的管理手段和工具，主要是使用电子计算机进行项目信息处理；等等。

3. 项目管理的基本职能

项目管理的基本职能具体如下。

(1) 项目计划。项目计划就是根据项目目标的要求，对项目范围内的各项活动所做出的合理安排。它系统地确定项目的任务、进度和完成任务所需的资源等，使项目在合理的工期内，用尽可能低的成本和以尽可能高的质量完成。

第六章　运营计划与项目管理

项目的成败首先取决于项目计划工作的质量。任何项目的管理都要从制订项目计划开始，项目计划是确定项目协调、控制方法和程序的基础及依据；是制定和评价各级执行人的责权利的依据；是项目经理和项目工作人员的工作依据和行动指南；是对项目进行评价和控制的标准。

(2) 项目组织。组织有两重含义，一是指组织机构，二是指组织行为(活动)。项目管理的组织，是指为进行项目管理、完成项目计划、实现组织职能而进行的项目组织机构的建立、组织运行与组织调整等组织活动。项目管理的组织职能包括五个方面：组织设计、组织联系、组织运行、组织行为与组织调整。

项目组织是实现项目计划、完成项目目标的基础条件，组织的好坏对于能否取得项目成功具有直接的影响。

(3) 项目评价与控制。项目计划只是根据预测而对未来做出的安排，由于在编制计划时难以预见的问题很多，在项目组织实施过程中往往会产生偏差。如何识别偏差、消除偏差或调整计划，保证项目目标的实现，是项目管理的评价与控制职能所要解决的问题。

项目评价是项目控制的基础和依据，项目控制则是项目评价的目的和归宿。

(三)项目管理的发展历程及趋势

自从有人类社会以来，人们就在从事着项目管理，只不过以前的项目管理没有今天这样先进的工具、技术和方法，但先人们仍然完成了直至今天仍让人叹为观止的无数经典项目。项目和项目管理的发展是工程和工程管理实践的结果。现代项目管理通常被认为是第二次世界大战的产物，主要用于国防和军工项目。随着知识经济的发展和信息社会的进步，当今社会已经迈入了一个以项目开发与实施为主要物质财富、精神财富生产及服务提供为手段的社会，现代项目管理已成为集技术与方法论为一体的专门学科，在发达国家中已经逐步发展成为企业管理的重要分支，并广泛应用于 IT、金融、服务以及工程等诸多行业，因此现代项目管理也就逐步成了现代社会中主要的管理领域。

1. 项目管理的发展历程

有研究表明：近代项目管理通常被认为是始于 20 世纪 40 年代。20 世纪 50 年代美国出现的"关键路径法"(CPM)和"计划评审技术"(PERT)是近代项目管理产生的标志。项目管理最初的计划和控制技术同系统论、组织理论、经济学、管理学、行为科学、心理学、价值工程、计算机技术等与项目管理实际结合起来，并吸收了控制论、信息论及其他学科的研究成果，发展成为一门较完整的独立学科体系。

用一句话来给一个学科体系下定义是十分困难的，但可以通过美国项目管理学会在《项目管理知识体系纲要》中的一段话来了解项目管理的轮廓："项目管理就是指把各种系统、方法和人员结合在一起，在规定的时间、预算和质量目标范围内完成项目的各项工作。"

项目管理的理论来自管理项目的工作实践。时至今日，项目管理已经成为一门学科，但是当前大多数的项目管理人员拥有的项目管理专业知识不是通过系统教育培训得到的，而是在实践中逐步积累的，并且还有许多项目管理人员仍在不断地重新发现并积累这些专业知识。项目管理从经验走向科学的过程，应该说经历了漫长的历程，原始潜意识的项目管理萌芽经过大量的项目实践之后才逐渐形成为现代项目管理的理念。

项目管理在其发展过程中主要经历了以下三个阶段。

(1) 产生阶段，即古代的经验项目管理阶段，在这个阶段，项目实施的目标是完成任务，如埃及金字塔、古罗马的供水渠、中国的长城等，还没有形成行之有效的方法和计划，没有科学的管理手段和明确的操作技术规范。

(2) 形成和发展阶段，即近代科学项目管理阶段，在这个阶段，着重强调项目的管理技术，实现项目的时间、成本、质量三大目标，例如利用关键路线法(CPM)和计划评审技术(PERT)对美国军事计划以及阿波罗登月计划的成功管理。

(3) 现代项目管理阶段，也是项目发展的成熟阶段，项目管理除了实现时间、成本、质量三大目标外，管理范围不断扩大，应用领域进一步增加，与其他学科的交叉渗透和相互促进不断增强，同时还要强调面向市场和竞争，引入人本管理及柔性管理的思想，以项目管理知识体系所包含的内容为指导，向全方位的项目管理方向发展。

总体来说，项目管理科学的发展是人类生产实践活动发展的必然产物。从最原始的实践活动来看，人的本能及潜意识行为是以完成所给定的项目任务为其最终目标，然而为了完成任务，人们的活动常常受到一定的限制，即对项目的实现需要在时间、费用与可交付物之间进行综合平衡。传统项目管理的概念就是基于实现项目的三维坐标约束而提出的一套科学管理方法，它追求的目标是，在给定的费用限额下，在规定的时间内完成给定的项目任务。在这一界定下，传统项目管理着重于项目实施的环节，并且更多的是站在项目实施方的立场上，分析如何才能更好地完成项目。然而，项目管理涉及的关系人非常广泛，有投资方、设计方、承包方、监理方及用户方等，为此，项目管理工作中就必须充满多赢的思想，这也就是现代项目管理的理念，现代项目管理已经为项目管理的应用提供了一套完整的学科体系，其追求的目标是，使项目参与方都得到最大的满意及项目目标的综合最优化。当代项目与项目管理是扩展了的广义概念，项目管理更加面向市场和竞争、注重人的因素、注重顾客、注重柔性管理，是一套具有完整理论和方法基础的学科体系。

项目管理在我国也有数十年的发展历史。20世纪50年代，在新中国恢复经济建设时期，我国成功地管理了苏联援助的156个项目，奠定了我国工业化的基础。20世纪60年代，我国成功地完成了大庆油田、红旗渠、原子弹、氢弹、人造卫星和南京长江大桥等项目。20世纪80年代以来，伴随着我国恢复在世界银行的合法席位和改革开放的进程，现代项目管理理论和实践在我国得到广泛应用。1991年6月中国项目管理委员会(Project Management Research Committee China，PMRC)正式成立，促进了我国项目管理与国际项目管理专业领域的沟通与交流，促进了我国项目管理专业化和国际化的发展。

2. 项目管理的发展趋势

未来项目管理的发展趋势可以概括为以下几个方面。

1) 项目管理的全球化

知识经济时代的一个重要特点是知识与经济的全球化。因为竞争的需要和信息技术的支撑，促使了项目管理的全球化发展，使国家间的项目合作日益增多，国际化的专业活动日益频繁，项目管理专业信息实现了前所未有的国际共享。

2) 关于项目管理的多元化发展

由于人类社会的大部分活动可以按项目来运作，当代的项目管理已深入各行各业，以不同的类型、不同的规模而出现。

第六章 运营计划与项目管理

3) 项目管理的专业化学科发展

近十年来，项目管理的专业化也有了明显的进展，主要反映在以下三个方面。

(1) 项目管理知识体系在不断发展和完善之中。美国项目管理协会(Project Management Institute，PMI)从1984年提出项目管理知识体系(Project Management Body of Knowledge，PMBOK)至今，数易其稿，并已将其作为该组织专业证书制考试的主要内容。欧洲国际项目管理协会(International Project Management Association，IPMA)和其他各国的项目管理组织也纷纷提出了自己的体系。

(2) 学历教育从学士、硕士到博士，非学历教育从基层项目管理人员到高层项目经理，形成了层次化的教育体系。

(3) 对项目与项目管理的学科探索正在积极进行之中，有分析性的，也有综合性的，有原理概念性的，也有工具方法性的。项目管理学科正逐渐走向成熟。

(四)项目组织

一个项目一经确立，就必须有人去实施，而多个人按照一定的结构组合在一起，就构成了组织。组织一般包括两个方面：组织结构和工作制度。组织结构即管理活动中各种职能的横向分工和层次划分(最基本的高层结构和扁平结构)；工作制度即组织运行和职能分工的规则。

项目的组织和传统的组织有许多相似之处，有领导，有下属，有分工，有合作。项目组织与传统组织最大的不同之处在于组织形式的灵活性和柔性，一是根据不同项目的特点采用不同的组织形式，二是组织的临时性，项目结束，组织会随之解散。另外，项目组织更强调团队的合作精神。

项目组织是指为了完成某个特定的项目任务而由不同部门、不同专业的人员所组成的一个特别的工作组织，这个组织既具有相对独立性，又不能完全脱离母体公司。

项目的组织形式除了要遵循一般组织的设计原则(目标任务原则、专业分工与协作原则、统一指挥原则、有效管理幅度原则、责权利相结合原则等)外，还需要服从一些特殊的组织原则。①项目的性质和规模。开发项目研发职能越完善，施工项目协调职能越完善；规模越大，各种职能相对都要比较完善。②项目在公司中的地位与重要性。特别重要的项目，公司会调用各方面的力量来保证其目标的实现；相反，对于那些重要性不大的项目，则可能委托某一部分人或某一部门去自行组织。

实际中存在多种项目组织形式，但没有万能的组织形式，因为，如前所述，项目的组织形式除了要遵循一般组织的设计原则之外，还需要根据项目的性质和规模以及项目在公司中的地位与重要性来设计。所以，每一种组织形式都有其适用的场合，人们在进行项目组织设计时，要采取具体问题具体分析的方法，选择合适的、满意的组织形式。

下面来看一般项目的几种组织形式。

1. 职能式项目组织形式

职能式项目组织形式并没有一个专门的组织，由企业主管根据项目任务需要从各职能部门抽调人力及其他资源组成项目实施组织，其成员仍在原来的职能部门内完成项目任务；同时这种项目组织没有明确的项目主管或项目经理，项目中各项协调工作由职能部门主管或位于职能部门顶部的执行主管来进行。另外一种情形是，如果项目性质较单一、涉及职能部门较少，且有某个职能部门对项目的实施影响最大或涉及面最广，项目组织可以直接划归该职能部门管理。

职能式组织的优点主要有：①有利于企业技术水平的提高。同一部门的专业人员在一起易于交流知识和经验，有利于积累经验和提高业务水平。②资源利用的灵活性和低成本。职能式组织中的人员或其他资源仍归职能部门领导，因此职能部门可以根据需要分配所需资源，这些人员可以被临时地调配给项目，也可以同时被不同的项目所使用，可以降低人员及资源的闲置成本。③有利于从整体上协调企业活动。每个部门主管直接向企业主管负责，企业主管从企业全局出发进行协调与控制。④有利于员工的职业发展。如果成立一个专门的项目组织，员工被抽调时间较长的话，则不利于其本身的职业发展。

职能式组织的缺点主要有：①协调较困难。由于项目实施组织没有明确的项目经理，而每个职能部门由于职能的差异性及本部门的局部利益，容易从本部门的角度去考虑问题，发生部门的冲突时，部门经理之间很难进行协调，这会影响项目整体目标的实现。②项目不能受到足够的重视。由于职能部门自身的日常工作使得项目及客户的利益易被忽视。③项目组成员缺乏热情。项目不被看作是他们的主要工作，有些人甚至将项目任务当成是额外的负担。这种形式不能保证项目责任的完全落实。④工作效率不高。没有热情，当然效率不高。另外，因为缺乏横向的、直接的沟通，项目的信息与决策在常规的管理渠道内传递，导致效率不高。

2. 项目式组织形式

项目式组织形式是按项目来划分所有资源，项目从公司组织中分离出来，作为独立的单元，有自己的技术人员和管理人员，由全职的项目经理对项目负责。

项目式组织形式的优点主要有：①目标明确及统一指挥。圆满完成项目任务是项目组织的首要目标，同时项目成员只受项目经理领导。②运作简单。项目式组织受母体组织的束缚相对较少，项目工作者的唯一任务就是完成项目，易于在进度、成本和质量等方面进行控制。③组织效率高。项目团队成员的凝聚力强。④有利于全面型人才的成长。项目实施涉及多种职能，同时有利于不同领域的专家相互交流学习，更需要团队成员强烈的参与意识和创造能力，这些都为团队成员的能力开发提供了良好的场所。

项目式组织形式的缺点主要有：①机构重复及资源的闲置。项目式组织按项目所需来设置机构及获取相应的资源，每个项目都有自己的一套机构，同时，为了保证在项目需要时能马上得到所需的专业技术人员及设备等，项目经理往往会将这些关键资源储备起来，当这些资源闲置时，其他项目也很难利用，造成闲置成本很高。②不利于企业专业技术水平的提高。项目式组织并没有给专业技术人员提供同行交流与互相学习的机会，而往往注重于项目中所需的技术水平，在其他一些与项目无关的领域则可能会落后。③不稳定性。因项目的临时性特点，对项目成员来说，缺乏一种事业的连续性和保障，当项目快结束时，成员们都会为自己的未来而做出相应的考虑，"人心惶惶"。④项目与母体组织间的矛盾。项目团队意识较浓，但项目成员与公司的其他部门之间将会不自觉地产生某种抵触与界线，这种界线不利于项目与外界的沟通，同时也容易引起一些不良的矛盾和竞争，而且还会在项目完成后小组成员回归本职单位时，影响他们与本部门之间的融合。

第六章 运营计划与项目管理

3. 矩阵式项目组织形式

矩阵式的组织构架是目前应用最为广泛的组织形式，它既有职能式与项目式的优点，又能避免它们的缺点。矩阵式组织形式，项目成员可以从不同的职能部门来支持项目经理，这些人同样可以支持并参与别的项目，所以他们可能同时为几个项目服务。项目参与者需要同时向职能部门与项目经理两方汇报工作。项目经理在项目活动的内容和时间方面对职能部门行使权力，而职能部门负责人决定"如何"支持。每个项目经理要直接向最高管理层负责，职能部门负责人既要对他们的直线上司负责，也要对项目经理负责。

要使矩阵组织有效地运转，必须考虑和处理好以下几个问题：①应该如何创造一种能将各种职能综合协调起来的环境？由于存在每个职能部门从其职能出发只考虑项目的某一方面的倾向，考虑和处理好这个问题是很有必要的。②一个项目中哪个要素比其他要素更为重要是由谁来决定的？考虑这个问题可以使主要矛盾迎刃而解。③纵向的职能系统应该怎样运转才能保证实现项目的目标，而又不与其他项目发生矛盾？

矩阵组织一般可以采取以下几种形式。

(1) 强矩阵形式。它类似于项目式组织，但项目并不从公司组织中分离出来作为独立的单元。有专门的项目经理，并一般直接向总经理或某个副总裁汇报。

(2) 弱矩阵形式。它与职能式组织类似，但是为了更好地实施项目，建立了相对明确的项目实施班子。这样的项目实施班子由各职能部门下的职能人员所组成，职能经理负责其项目部分的管理，并未明确对项目目标负责的项目经理，即使有项目负责人，他的角色只不过是一个项目协调者或项目监督者，而不是真正意义上的项目管理者。项目经理督促项目的权力是非直接的，职能经理负责大部分这方面的工作，并决定哪些人做哪些工作，以及何时完成工作。

(3) 平衡式矩阵形式。平衡式矩阵形式是介于上述两个极端之间的矩阵形式，是为了加强对项目的管理而对弱矩阵组织形式的改进。与弱矩阵形式的区别是，在项目实施班子中任命一名对项目负责的管理者，即项目经理，为此项目经理被赋予完成项目任务应有的职权和责任。

项目经理负责设定需要完成的工作，而职能经理则关心完成的方式。更具体地讲，项目经理制订项目的总体计划、整合不同领域、制定时间表、监督工作进程；职能经理则根据项目经理设定的标准及时间表负责人事的安排并执行其所属项目部分的任务。

矩阵组织的优点主要有：①项目目标明确。有专门的人即项目经理负责管理整个项目，负责在规定的时间、经费范围内完成项目。②资源利用的灵活性及有效性。由于项目组织是覆盖在职能部门上的，它可以临时从职能部门抽调所需的人才，所以项目可以分享各个部门的技术人才储备，充分利用人才资源。当有多个项目时，这些人才对所有项目都是可用的。③具有相对独立性，运作管理方便。④适用性强。职能部门可以为项目提供人员，也可以只为项目提供服务，从而使得项目的组织具有很强的灵活性。

矩阵组织的缺点主要有：①违背统一命令、统一指挥的管理原则。②不利于组织全局性目标的实现。多个项目在进度、费用和质量方面取得平衡，这是矩阵组织的优点，又是它的缺点，因为资源在项目之间流动容易引起项目经理之间的争斗，每个项目经理都更关心自己项目的成功，而不是整个公司的目标。③项目协调较难。因项目经理主管项目的行政事务，职能经理主管项目的技术问题，但实践中对二者的责任及权利却不易划分明确。

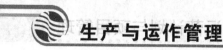

职能式、项目式、矩阵式三种组织结构形式的比较参见表6-6。

表6-6 三种组织结构形式的比较

组织结构形式	优 点	缺 点
职能式	没有重复活动,职能优异	狭隘、不全面,反应缓慢,不注重客户
项目式	能控制资源,向客户负责	成本较高,项目间缺乏知识信息交流
矩阵式	有效利用资源,职能部门的专业知识可供所有项目使用,促进学习、交流知识,沟通良好,注重客户	双层汇报关系,需要平衡权利

项目组织结构形式及其对项目的影响参见表6-7。

表6-7 项目组织结构形式及其对项目的影响

特 征	组织结构形式				
	职能式	矩阵式			项目式
		弱矩阵	平衡式矩阵	强矩阵	
项目经理的权限	很少或没有	有限	小到中等	中等到大	很高,甚至全权
全职工作人员的比例	几乎没有	0~25%	15%~60%	50%~95%	85%~100%
项目经理投入的时间	半职	半职	全职	全职	全职
项目经理的常用头衔	项目协调员	项目协调员	项目经理	项目经理	项目经理
项目管理行政人员	兼职	兼职	半职	全职	全职

从表中可以看出,职能式组织和弱矩阵式组织具有兼职的项目协调员,而强矩阵式和项目式组织具有全职的项目经理。项目协调员和项目经理的不同,表现为综合协调项目与实际做出决策之间的差别。职能式组织中,项目几乎没有自己的全职工作人员,而项目式组织中,绝大多数是全职工作于项目的成员。

4. 混合式组织形式

考虑到项目的性质、规模与重要性,在一个公司中,可能同时存在职能式组织的项目和项目式组织的项目,另外,许多公司先将刚启动且尚未成熟的小项目放在某个职能部门的下面,然后当其逐渐成熟并具有一定地位以后,将其作为一个独立的项目,最后也有可能会发展成一个独立的部门。

这种混合式组织结构使公司在建立项目组织时具有较大的灵活性,但也存在一定的风险。同一公司的若干项目采取不同的组织方式,由于利益分配上的不一致性,容易产生资源的浪费和各种矛盾。

在具体的项目实践中,究竟选择哪种项目组织结构形式没有一个可循的公式,一般在充分考虑各种组织结构的特点、企业特点、项目的特点和项目所处的环境等因素后,才能做出较为适当的选择。表6-8所示为影响组织结构选择的关键因素。

第六章 运营计划与项目管理

表 6-8 影响组织结构选择的关键因素

影响因素	组织结构形式		
	职能式	矩阵式	项目式
不确定性	低	高	高
所用技术	标准	复杂	新
复杂程度	低	中等	高
持续时间	短	中等	长
规模	小	中等	大
重要性	低	中等	高
客户类型	各种各样	中等	单一
对内部依赖性	弱	中等	强
对外部依赖性	强	中等	弱
时间限制性	弱	中等	强

一般来说，职能式组织在理论及实践上都不是理想的组织形式。如果项目的规模较小、又主要工作集中在某个重点部门、不同职能部门间的影响很小时，职能式组织的选择不失为一种考虑。

如果一个公司中包括多个相似项目，如多个建筑项目，则应选择项目式组织结构；而长期的、大型的、重要的和复杂的项目，需要充分发挥组织团队的高效率、高速度及高创造性时，应采用项目式组织结构。

如果一个项目需要利用多个职能部门的资源而且技术复杂，但又不需要技术人员全职为项目工作时，矩阵式组织结构是最好的选择，特别是当几个项目需要同时共享这些技术人员时。

(五)项目经理

一个项目能否取得成功受到很多因素的影响：项目团队、项目经理、行政支持团体、职能经理、高层管理人员、项目发起人、承包商、政府机构、其他组织、客户等。因此，项目经理要有能力减缓客户的担忧，保证组织高层人士对项目的支持，快速地鉴别危及项目工作的问题，与此同时，还要维护项目的完整性以及项目参与者的利益。要做到这一点，需要有相当的沟通技巧、政治见解以及广泛的影响力。因而，项目经理的管理素质、组织能力、知识结构、经验水平、领导艺术等对项目管理的成败有决定性的影响。

1. 扮演五种角色

项目经理需要扮演五种角色。①领导者。能在错综复杂的环境中做出正确的决策，具有明显的表率作用、强大的凝聚作用，以保证团队走向成功。②管理者。项目经理必须具备一般管理者应具有的能力，即计划、组织、监督、激励和控制等具体细节活动。③追随者。项目经理在对项目全权负责时也必须对公司领导负责。这种追随者特征也决定了项目经理权力的有限性，若没有公司领导层的支持，就不能保证项目的顺利完成。④协调者。

如前所述，一个项目会牵涉到有关切身利益的多个项目关系人，因此，项目经理必须充分扮演协调者的角色，以协调各种冲突，平衡各方利益。⑤沟通者。要做好协调工作，沟通必不可少。

2. 承担三层责任

项目经理需要承担三层责任。①项目经理对企业所应承担的责任：保证项目的目标与企业的经营目标相一致；对企业分配给项目的资源进行适当的管理，保证在资源约束条件下所有资源能够被充分有效地利用；与企业高层领导进行及时有效的沟通，及时汇报项目的进展状况，成本、时间等资源的花费，项目实施可能的结果，以及对将来可能发生的问题的预测。②项目经理对项目所应承担的责任：对项目的成功负有主要责任，保证项目在实施过程中自始至终以实现项目目标为最终目的。③项目经理对项目小组成员所应承担的责任：为项目小组成员提供良好的工作环境与工作氛围；对项目小组成员进行绩效考评；为项目小组成员的将来考虑。

3. 享有的权力

项目经理权力的大小取决于项目在组织中的地位以及项目的组织结构形式，另外，项目经理权力的大小也与项目的重要性及项目本身的规模有关。①对项目进行组织，挑选项目组成员的权力；②制定项目有关决策的权力；③对项目所获得的资源进行分配的权力。

4. 应具备的能力

项目经理应具备五项能力。①人际关系能力。②领导及管理能力，其领导的特殊性在于：有清楚的领导意识和清楚的行动方向；能辅助项目成员解决问题；能使新成员尽快地融入团队；具有较强的沟通能力；能够权衡方案的技术性、经济性及其与人力因素之间的关系。③系统观念及战略管理的能力。项目经理必须具有全局观念，必须保证项目目标与公司总体战略目标的一致性，不仅要考虑项目的经济目标，还应看到项目的其他目标。项目目标的成功必须以大系统的最优为基础。项目目标具有多重性，如项目具有时间目标、成本目标及技术性能目标，这三者之间往往存在着权衡关系，而且在项目生命周期的不同阶段，项目各目标的相对重要性也不同。另外，项目目标与企业目标及个人目标之间也存在着权衡关系。如果项目经理同时负责几个项目，则项目经理就需要在不同项目之间进行权衡。总之，在项目实施过程中，处处存在着这种权衡关系，项目经理应该具备权衡能力，保证大系统的最优实现。④应对危机及解决冲突的能力。⑤技术能力。项目经理不必是技术领域的带头人，但对有关技术要求比较精通，否则无法实现组织与各项目关系人的有效沟通及正确决策，从而无法保证项目目标的实现。

5. 应具备的素质

项目经理应具备以下素质：①乐观的态度；②承担风险、制定决策的勇气；③持之以恒；④充分信任团队成员的创造力，并授权给他们。

6. 项目经理的挑选与培养

所选的项目经理除了要具备前述的能力及素质外，还必须有敏感性和抗压能力。敏感性具体指三个方面,即对企业内部权力的敏感性、对项目小组和成员与外界之间冲突的敏感性以及对危险的敏感性。对权力的敏感性,使得项目经理能够充分理解项目与企业之间的关系,保证其获得高层领导必要的支持。对冲突的敏感性能够使得项目经理及时发现问题并解决问题。对危险的敏感性,使得项目经理能够避免不必要的风险,及时规避风险。

当然,项目的性质、特点、技术复杂程度、项目在该企业规划中所占的地位等也会影响项目经理的挑选。

(1) 避免选择不合适的项目经理。①外表成熟的候选人不等于成熟的项目管理者。成熟的项目经理应该是参与过几个不同类型的项目,而且在项目组织内担任过不同的职位。②项目经理不应该是强硬的管理作风。③技术专家不适合做项目经理。技术专家难以从项目的技术层面分身而成为一个好的项目经理,让高级技术专家充当项目经理有一定的危险性。④不能过多地屈服于用户的要求。高层管理人员可能会应用户的要求而任命一个项目经理,但是能与用户很好地沟通并不一定能够保证项目成功。如果屈服于用户的要求,那么同时就要建立一个强有力的支持团队。⑤不要用项目来培养人才。

(2) 项目经理的挑选方式与程序。①企业高层领导委派。这种方式的一般程序是,由企业高层领导提出人选或由企业职能部门推荐人选,由企业人事部门听取各方面的意见,进行资质考察,若合格,则经由总经理委派。企业内部项目一般采取这种方式。②由企业和用户协商选择。这种方式的一般程序是,分别由企业内部及用户提出项目经理的人选,然后双方在协调的基础上加以确定。企业外部项目,如为用户装修房屋、为客户咨询等,一般采取这种方式。③竞争上岗的方式。

(3) 项目经理的培养与培训。①项目经理的培养。一般来说,作为项目经理人选,其基层实际工作的阅历不应少于 5 年,才能打下坚实的实际经验基础。没有足够深度和广度的项目管理实际阅历,项目经理就会先天不足。取得了实际经验和经过基本训练之后,对比较理想和有培养前途的对象,应在经验丰富的项目经理的带领下,让其以助理的身份协助项目经理工作,或者令其独立承担单项专业项目或小项目的项目管理,并给予适时的指导和考查。②项目经理的培训。具体内容包括:项目管理基本知识,主要有项目及项目管理的特点、规律、管理思想、管理程序、管理体制及组织机构,项目沟通及谈判等;项目管理技术,主要有网络计划技术、项目预算、质量检验、成本控制、项目合同管理、项目协调技术等;培训方法包括在职培训和概念培训/学校培训。

二、项目计划编制

(一)项目计划

计划是项目团队为完成项目全部工作而科学预测并确定未来行动的方案。通过完整而又合理的项目计划,可以将整个项目始终置于可控状态。没有完备的计划,任何项目都不会取得圆满成功。

项目计划是项目组织根据项目目标的规定,对项目实施工作进行的各项活动做出的周密安排。项目计划围绕项目目标的完成,系统地确定项目的任务、安排任务进度、编制完成任务所需的资源预算等,从而保证项目能够在合理的工期内,用尽可能低的成本、以尽可能高的质量完成。

项目计划的制订与修改都是一件很麻烦的事情。尤其是在项目计划的制订阶段，项目经理、业主、管理人员、技术人员等都要积极参与，一定要使计划既具有前瞻性又具有可操作性，切忌草率应付。否则，后面的工作再出色，项目都很难成功。

项目计划的制订往往需要经过多次反复。例如，计划草案可能只是一个大致的计划和未标明具体日期的粗略日程，而最后定稿时的计划则要指明具体的资源和精确的时间。项目计划一般用于以下几个方面。

(1) 指导项目的实施。
(2) 记载项目计划的前提假设。
(3) 记载根据选择的方案做出的决策。
(4) 促进项目关系人之间的沟通。
(5) 确定项目管理的内容、范围和时间。
(6) 作为度量和控制项目进程的基准。

项目经理在制订计划的过程中应发挥总体协调的作用，与业主及其他项目关系人进行深入的交流和沟通。在这一过程中，项目经理应当随时向技术人员请教，以免闹出笑话。总之，在项目计划的制订过程中，项目有关各方，尤其是项目团队的技术人员，要充分认识到计划的重要性，积极参与，为整个项目的规划做出自己的贡献。总体而言，项目计划包括以下几种形式。

(1) 工作计划。工作计划也称实施计划，是为保证项目顺利开展，围绕项目目标的最终实现而制定的实施方案。工作计划主要包括工作细则、工作检查及相应措施等。

(2) 人员组织计划。人员组织计划主要是表明工作分解结构图中的各项工作任务应该由谁来承担以及各项工作间的关系如何。

(3) 设备采购供应计划。在项目管理过程中，大多数的项目会涉及仪器设备的采购、订货等供应问题。有的非标准设备还包括试验和验收等环节。如果是进口设备，还存在选货、订货和运货等环节。设备采购问题会直接影响到项目的质量及成本。

(4) 其他资源供应计划。如果是一个大型的项目，不仅需要设备的及时供应，还有许多项目建设所需的材料、半成品、物资等资源的供应问题。因此，预先安排一个切实可行的物资、技术资源供应计划，对项目的工期和成本有直接影响。制订该计划与设备采购供应计划过程相似，同样需要掌握资源的分类信息，从而保证物资、技术等资源适时、适量地供应。

(5) 变更控制计划。由于项目的一次性特点，在项目实施过程中，经常发生计划与实际不符的情况。这是由于开始时预测得不够准确、在实施过程中控制不力、缺乏必要的信息所造成的。

有效处理项目变更可使项目获得成功，否则可能会导致项目失败。变更控制计划主要是规定处理变更的步骤、程序、确定变更行动的准则。

(6) 进度报告计划。进度报告计划可以分为进度控制计划和状态报告计划。

(7) 财务计划。财务计划主要说明了所需要的预算细则种类、成本核算项目、对比类目、收集和处理信息的技术方法以及检查方法和解救措施等。

(8) 文件控制计划。文件控制计划是由一些能保证项目顺利完成的文件管理方案构成的，需要阐明文件控制方式、细则，负责建立并维护好项目文件，以供项目组成员在项目实施期间使用，包括文件控制的人力组织结构和控制所需的人员及物资资源数量。

(二)项目工作分解结构定义

项目工作分解结构(work breakdown structure，WBS)是将项目按内在结构或实施过程的顺序进行逐层分解而形成的结构示意图。它可以将项目分解到相对独立的、内容单一的、易于成本核算与检查的工作单元，并将各工作单元在项目中的地位与构成直观地表示出来。项目工作分解结构参见图6-8。

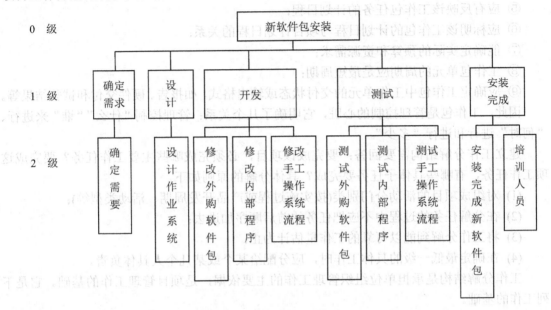

图6-8 项目工作分解结构示意图

使用项目工作分解结构有以下好处。
(1) 能独特地识别和界定项目工作内容。
(2) 能明确项目工作对整个项目的贡献。
(3) 能从项目时间、成本和内容等各方面对项目工作进行监督和控制。
(4) 能分配项目成果和项目绩效的责任。
(5) 在项目结束时能够获得有意义的项目历史数据。

以上所列举的好处对整个项目的管理来说都是很重要的，因此建立一个合适的项目工作分解结构对于任何一个复杂项目的管理来说都是必不可少的第一步。尽管项目工作分解结构将所有的项目工作都列入了工作清单，但不是简单的工作清单。项目工作分解结构也不是项目计划，项目工作分解结构是界定所有项目工作的一种方法。项目工作分解结构只是对项目所有需要完成的工作进行了界定，但并没有指定项目工作的次序，项目工作实施的次序是由项目计划确定的。但是在项目的集成管理中，项目工作分解结构与项目计划应该是协调一致的。一般来讲，工作分解的过程如下。
(1) 将项目分解成单个定义的且范围明确的子部分(子项目)。
(2) 研究并确定每个子部分(子项目)的特点、实施结果以及完成它所需的活动，进一步地将它们分解到任务(活动)中。

(3) 继续分解，直至工作包。

工作包是完成一项具体工作所要求的一个工作单元。建立工作包的基本要求是使工作包能为项目控制提供充分而合适的管理信息。建立有效工作包的原则如下。

① 工作包应是特定的、可确定的、可交付的独立单元；
② 工作包应与特定的WBS单元直接相关，并作为其扩延；
③ 应明确本工作包与其他工作包之间的关系；
④ 工作包中的工作责任应落实到单位或个人；
⑤ 应有反映该工作包任务的计划日程；
⑥ 应标明该工作包的计划日程与项目计划日程的关系；
⑦ 能确定实际的预算和资源需求；
⑧ 工作包单元的周期应是最短周期；
⑨ 应确定工作包中工作单元的交付状态或输出格式，如报告、硬件交付和试验结果等。

因此，工作包是管理控制的心脏，它明确了几个关系：管理控制"什么""谁"来进行、"何时"进行和进行"多少"。

建立工作分解结构需要回答：要完成该项目，必须完成哪些主要工作任务？要完成这项工作任务，有哪些具体子任务要完成？具体分解的原则如下。

(1) 对组成项目的活动分门别类(按实施过程或产品开发周期、活动类型等)；
(2) 在分解任务的过程中不应把任务的前后顺序加进去；
(3) 将工作分解到能以可靠的工作量估计为止；
(4) 在确定最低一级的具体工作时，应分配给某个或某几个人具体负责。

工作分解结构是承担单位组织管理工作的主要依据，是项目管理工作的基础。它是下列工作的基础。

(1) 定义具体工作范围；
(2) 定义项目组织；
(3) 设定项目产品的质量和规格；
(4) 估算和控制费用；
(5) 估算时间周期和安排进度。

进行项目分解时，要避免把工作分解结构变成一个物品清单，而应分解为必需的活动。在分解任务的过程中，不应把任务的前后顺序加进去。在确定最低一级的具体工作时，应能分配给某个或某几个人具体负责。工作分解结构中的支路没有必要全都分解到同一层次，即不必把结构强制做成对称的。在任意支路，当达到一个可以做出所要求准确性的估算层次时，就可以停止了。

使用分解和类化的方法和技术，将项目的各项工作及其内容确定下来，最后以表格形式列出，即编制一个项目工作列表。

(三)项目进度计划

1. 项目进度计划的内涵、作用及步骤

项目进度计划(schedule)是在项目工作分解结构的基础上对项目活动做出的一系列时间安排，可表示工作预计开始和完成的时间。

第六章　运营计划与项目管理

凡事预则立，不预则废。我们干任何一件事，都必须有计划，这样才能心中有数，调度有方，做到有条不紊、按部就班地实现既定目标。在项目进度管理上亦是如此。在项目实施之前，必须先制订出一个切实可行的、科学的进度计划，然后按计划逐步实施。这个计划的作用有以下方面。

(1) 为项目实施过程中的进度控制提供依据；
(2) 为项目实施过程中的劳动力和各种资源的配置提供依据；
(3) 为项目实施有关各方在时间上的协调配合提供依据；
(4) 为在规定期限内保质、高效地完成项目提供保障。

项目进度计划一般包括收集信息资料、进行项目结构分解、项目活动时间估算、项目进度计划编制等几个步骤。

项目分解结构是指根据项目进度计划的种类、项目完成阶段的分工、项目进度控制精度的要求，以及完成项目单位的组织形式等情况，将整个项目分解成一系列相互关联的基本活动，这些基本活动在进度计划中通常也被称为工作。

项目活动时间估算是指在项目分解完毕后，根据每个基本活动工作量的大小、投入资源的多少，以及完成该基本活动的条件限制等因素，估算出完成每个基本活动所需的时间。

项目进度计划编制就是在前面工作的基础上，根据项目各项工作完成的先后顺序要求和组织方式等条件，通过分析计算，将项目完成的时间、各项工作的先后顺序、期限等要素用图表的形式表示出来，这些图表即为项目进度计划。

2. 项目进度计划的表示方法

项目进度计划的表示方法有以下几种。

1) 里程碑法

里程碑法是最简单的一种进度计划，仅表示主要可交付成果的计划开始和完成时间及关键的外部界面，如图 6-9 所示。

事件	时限							
	一月	二月	三月	四月	五月	六月	七月	八月
分包合同签署			▲					
技术要求说明书定稿			▲					
系统审查通过					▲			
子系统测试完成						▲		
第一个单元交付							▲	
生产计划完成								▲

图 6-9　里程碑图

2) 甘特图法

甘特图(Gantt Chart)，也叫横道图或条形图，早在 20 世纪初期就开始应用和流行，主要应用于项目计划和项目进度的安排。

因为甘特图简单明了、容易制作，被广泛地应用于项目管理中，如图 6-10 所示。在甘特图中，项目活动在左侧列出，时间在图表顶部列出。图中的横道线显示了每项活动的开始时间(start date，SD)和结束时间(finish date，FD)。横道线的长度等于活动的工期(task duration，TD)。甘特图顶部的时间段决定着项目计划粗略的程度。根据项目计划的需要，可以以小时、天、周、月或年来作为度量项目进度的时间单位。如果一个项目需要一年以上的时间才能完成，可能选择周甘特图或月甘特图更为适合一些；如果一个项目需要一个月左右的时间就能完成，用日甘特图将更有助于实际的项目管理。

活动	时间							
	10	20	30	40	50	60	70	80
机房装修	■■	■■	■■					
房间布置				━━	━━			
网络布线								
硬件安装						■■	■■	
软件调试								■■

■ 关键工作　　━ 非关键工作

图 6-10　简单甘特图

传统的甘特图不能显示项目中各活动之间的逻辑关系，如果一项活动不能如期完成，哪些活动将要受到它的影响而无法清楚地显示在图中。因此在绘制甘特图时，必须清楚各项活动之间的关系，即哪些活动在其他活动开始之前必须完成，哪些活动可以同时进行。此外，在复杂的项目中，单独的一个甘特图并不能为项目团队成员之间的沟通和协调提供足够的信息。因此，甘特图多用于小型的项目中，在现代的项目管理中，它更多的是和网络图结合在一起使用。

3) 网络图法

网络图法有多种。关键路径法(critical path method，CPM)和计划评审技术(program evaluation and review technique，PERT)是20世纪50年代后期几乎同时出现的两种计划方法。这两种计划方法是分别独立发展起来的，但其基本原理一致，即用网络图来表达项目中各项目活动的进度和它们之间的相互关系，并在此基础上进行网络分析，计算网络中各项时间参数，确定关键活动与关键路线，利用时差不断地调整与优化网络，以求得最短工期。然后，还可将成本与资源问题考虑进去，以求得综合优化的项目计划方案。在 CPM 和 PERT 之后又出现了一些新的网络计划技术，如图表评审技术(CERT)、优先日程图示法(PPM)和风险评审技术(VERT)等。因为这些方法都是通过网络图和相应的计算来反映整个项目的全貌，所以都称为网络计划技术。最常用的网络计划方法就是 CPM 和 PERT。随着网络计划技术的发展、成熟，它不仅广泛地应用在项目计划的制订中，而且成为项目进度控制和资源合理配置的有力工具。

网络图的基本构成：包括箭线、节点和线路三部分。

箭线(工序、工作)：在网络图中，带箭头的线段，称为箭线，可表示一项具体工作，其详略程度取决于项目管理的需要。箭线代表整个工作的全过程，要消耗时间及各种资源，一般在网络图上标注的是消耗时间的数量。根据需要，网络图中可能需要引入虚箭线，它表示的是一项虚设的工作，其作用是正确地反映各项工作之间的关系，虚工作既不占用时间也不消耗资源。

第六章　运营计划与项目管理

节点：前后两工作(序)的交点，表示工作的开始、结束和连接关系，是瞬间概念，不消耗时间和资源。图中第一个节点称为始节点；最后一个节点称为终节点；其他节点称为中间节点。节点沿箭线由左到右、从小到大排列。其他工作的箭头与某工作的始节点衔接，该工作称紧前工作。其他工作的箭尾与某工作的终节点衔接，该工作称紧后工作。

线路：指网络图中从原始节点到结束节点之间可连通的线路。需工作时间最长的线路，称为关键线路，位于关键线路上的工作称为关键工作。

3. 绘制项目网络图的步骤

绘制项目网络图的具体步骤如下。

(1) 列出活动清单。

对于一个网络图，每一个工作任务都应只有一个活动序号。WBS 中的每一个任务或工作活动都要在网络计划图中描绘出来。

(2) 界定各项工作任务之间的关系。

为了界定网络计划图中各项工作活动之间的因果关系和优先关系，对于每项工作活动，首先应该明确以下问题：首先，哪些工作需要安排在此项工作之前？也就是说，在启动此项工作活动之前，其他哪些工作活动必须完成？其次，哪些工作需要安排在此项工作活动之后？或者说，在此项工作活动结束之前哪些工作活动不能开始？最后，哪些工作可以和此项工作同时发生？或者说，哪些工作活动可以和此项工作在同一段时间内执行？应当把这些工作活动之间的优先关系、依赖关系清楚地列在一张纸上。但是，有些活动之间的关系不会显得很清晰，除非真正动手去绘制网络图。

(3) 界定工作任务。

工作任务，是一系列相关的具体工作活动的概括，是具体工作活动的工作包。执行工作任务并不需要另费时日，当工作包中所有工作活动都完成时，工作任务即已完成。在工作任务之间存在着优先关系和因果关系，单纯绘制一张工作任务网络图更能抓住项目管理工作的重点。当然，也可以把工作任务和工作活动结合起来绘制出一张完整的项目网络计划图。

(4) 绘制网络计划图。

一些有经验的项目管理者在绘制网络计划图时，习惯从终点事项开始向前绘制，但在实际中，项目的工作活动总是从前向后依次进行的。如果灵活运用两种方法，最后都能绘制出一份完整的、可行的项目计划图。

(5) 检查项目网络计划图的逻辑结构。

逻辑检查在绘制网络计划图时是必不可少的，只有通过调整工作活动之前的优先关系、因果关系才能绘制出一份最佳的网络图。

4. 关键路径法

关键路径就是项目网络中由一系列工作活动构成的工期最长的那条路径，该路径上的工作称为关键工作。任何一项关键工作活动不能按时完成，所有处于其后的工作活动都要往后拖延，整个项目工期就会向后拖延。处于非关键路径上的工作活动就具有较大的灵活性，在该路径紧后事件开始之前，可以随意安排这条路径上的工作活动时间。把关键路径上所有工作活动的工期加起来，就可以得出项目总工期，这是因为关键路径上的工作活动只有一种优先关系。关键路径法(critical path method，CPM)通常有单代号网络图和双代号网络图两种。

一般网络图的绘制应遵循以下规则：第一，正确反映各工序之间的先后顺序和相互逻辑关系。第二，一个网络图只能有一个始节点、一个终节点。第三，一对节点间只能有一条箭线。第四，网络图中不允许出现闭合回路。第五，网络图中不允许出现双箭线。第六，两箭线相交时，宜采用过桥式。

网络图的绘制步骤如下。

(1) 完成网络图的绘制，或把所有工作活动以及工期估计列在一张工作表上。

(2) 计算每项工作活动的最早开始时间。一项工作活动的最早开始时间意味着其所有紧前活动都以最早结束时间完成。当某项工作前面有若干项工作时，该工作的最早开始时间等于前面各项工作最早结束时间的最大值。

(3) 计算每项工作活动的最早结束时间。计算公式为：
$$EF=ES+工期估计$$

(4) 计算每项工作的最迟结束时间。一般从右往左进行计算。

(5) 计算每项工作活动的最迟开始时间。当某项工作后面有若干项工作时，该工作的最迟开始时间等于前面各项工作最迟结束时间的最小值减去工作的活动时间。

(6) 计算每项工作活动的时差。时差是由下面公式决定的：
$$时差(F)=最迟结束时间(LF)-最早开始时间(ES)-工期(D)$$

时差为零的工作即为关键工作，由关键工作组成的路径为关键路径。

实际进度安排完成了工作活动工期和开始、结束时间的计算，从此以后就可以按日历表安排项目的进度了。

5. 单代号网络图的绘制与计算

单代号网络图中的节点表示一项具体的工作，有时间和资源的消耗。工作的名称、节点的编号和工作时间都标注在圆圈内。箭线表示工作间的逻辑关系，不消耗时间和资源。代号表示节点的编号，一个代号表示一项工作。箭头节点编号大于箭尾节点的编号。

单代号网络图节点编号参见图6-11。

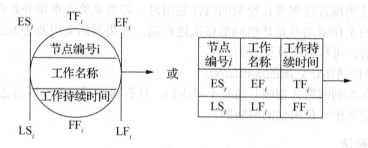

图6-11 单代号网络图节点编号

1) 单代号网络图绘图规则

单代号网络图绘图规则为：第一，在网络图的开始和结束需增加虚拟的始节点和终节点；第二，不出现闭合回路；第三，不出现重复的编号，且后续编号要大于前导的编号；第四，除始节点和终节点外，其余各中间节点必须有向内和向外的箭线。

2) 单代号网络图绘图步骤

单代号网络图绘图步骤为：第一，列出逻辑关系；第二，计算相关参数；第三，绘制网络图。

3) 时间参数的计算

工序的最早可能开工时间：$ES_j = \max\{EF_i\}$，j 工序的最早可能开工时间为其紧前工序的最早可能完成时间的最大值。

工序的最早可能完成时间：$EF_i = ES_i + t_i$。

工序的最迟必须完成时间：$LF_i = \min\{LS_j\}$，i 工序的最迟必须完成时间等于其后续工序的最迟必须开始时间的最小值。

工序的最迟必须开始时间：$LS_i = LF_i - t_i$，终节点的最迟必须完成时间为计划的总工期 t。

工序总时差 TF_i：$TF_i = LS_i - ES_i$，不影响任何一项紧后工作的最迟必须开始时间条件下，该工作所拥有的最大机动时间。

自由时差 FF_i：$FF_i = ES_j - EF_i$，在不影响后续工作的最早开始时间的条件下，工序所拥有的机动时间。

从对自由时差的计算中可以看出，只要总时差 TF=0 的工序，其自由时差 FF 必然为零。而相反，自由时差为零的工序，其总时差却不一定为零。这是因为，自由时差是保证紧后工序最早开工所拥有的机动时间，而总时差是保证紧后工作最迟开始所拥有的机动时间。

例：已知项目工作代号和作业关系及作业时间(见表 6-9)，试绘制单代号网络图，并计算时间，找出关键路径。

表 6-9　某项目工作代号和作业关系及作业时间

工作代号	A	B	C	D	E	F
紧后工作	C、D	C、E	D、E、F	F	F	—
工作时间	2	4	5	4	6	3

解：绘制单代号网络图，见图 6-12。

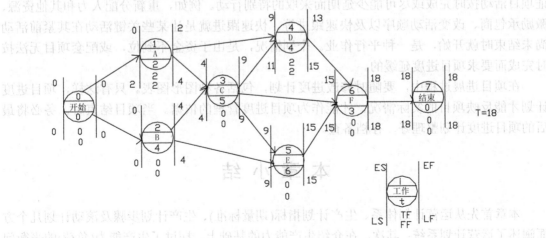

图 6-12　单代号网络图和时间计算

关键路径为：B—C—F，B—C—E—F。

三、项目计划控制

对造成进度变化的因素施加影响,在变化不可避免时,一定要取得项目有关各方的一致认可。测量实际进度,将其与项目进度计划相比较,查明实际进度是否偏离了计划。当实际进度偏离计划时,实施管理。进度监控必须与其控制过程紧密配合。

项目进度监控的过程如表6-10所示。

表6-10 进度监控的过程

输入:进度监控依据	处理:工具与技术	输出:进度监控结果
项目进度计划	测量项目的实际进度	进度计划更新
项目进展报告	进度变差分析	纠正行动
项目变更请求	进度控制措施	吸取的教训
进度管理计划	进度计划调整	

(1) 项目进度监控要以项目进度计划、进展报告、变更请求和进度管理计划为依据。

项目进度计划至少包括每一活动的计划开始日期和预计的结束日期。可以用表格的形式表达进度计划,但一般是利用各种形式的图形表示出来,例如,网络图、横道图(甘特图)、里程碑图和详细辅助资料。

进展报告提供了进度执行情况的资料,例如哪些计划的日期已经达到,哪些还没有。进度报告还提醒项目团队注意将来有可能遇到麻烦的那些问题。

变更请求是要求延缓进度或加快进度。进度监控也要通过进度变更控制系统。在监控过程中要对项目实际进度进行测量。

进度管理计划说明了如何管理时间进度的变化,可以是正式的或非正式的,很详细的或大致轮廓的,视项目的需要而定。该计划是整体项目计划的一个组成部分。

(2) 在进度控制方面常采取的措施是压缩关键活动的持续时间,或称为赶进度,即为保证项目活动按时完成或尽可能少延期而采取的特别行动。例如,重新分配人力和其他资源、激励承包商、改变活动顺序以及快速跟进等。快速跟进就是让某些关键活动在其紧前活动尚未结束时就开始,是一种平行作业。个别情况,是由于资金不到位,或配套项目无法按时完成而要求项目进度延缓的。

在项目进展过程中,要随时修改进度计划,包括各种图形图表。只有这样,项目进度计划才能反映项目的实际情况,才能作为项目进度管理的依据。当项目结束时,务必将最后的项目进度计划整理好,存档备查。

本 章 小 结

本章首先从运营计划体系、生产计划指标(期量标准)、生产计划步骤及滚动计划几个方面阐述了运营计划系统;其次,在介绍生产能力的基础上,探讨了生产能力(负荷)的平衡问题;重点分析了综合生产计划的环境因素及典型的综合生产计划策略,具体介绍了综合计划的制订技术和方法,说明了主生产计划的内涵及其编制方法,简要分析了作业计划、生产调度以及作业排序等问题；再次，讲述项目的含义和项目管理的发展历程、目标、内容、组织管理等；最后，分析了网络计划技术的产生过程、优点、应用步骤以及网络图的绘制规则与方法，并对网络图时间参数和活动的时间参数进行计算，重点分析了单代号网络图的绘制方法，以及进度控制优化的方法。

复习思考题

1. 如何理解综合计划和滚动计划的含义？
2. 运营计划的层次体系是什么？主生产计划和粗能力计划的含义是什么？
3. 影响综合生产计划的环境因素有哪些？典型的综合生产计划策略有哪些？
4. 综合生产计划的制订技术有哪些？如何使用？
5. 主生产计划的制订方法有哪些？
6. 如何理解作业计划的含义以及作业排序的分类、目标？
7. 生产调度运作内容和特点有哪些？
8. 项目的特点有哪些？
9. 项目进度计划的方法包括哪些？
10. 在制定项目的WBS时，要注意哪些问题？某品牌全自动滚筒洗衣机研制项目工作分解表如下，请通过归类画出该项目的结构分解图，并进行编号。

总体方案	传动装置制造	电动机试制	滚筒制造
总体设计	电脑控制系统	电动机测试	电动机设计
单元定义	电脑控制系统测试	总装与测试	电动机
机体	电脑控制系统设计	总装	壳体制造
机体设计	电脑控制系统试制	测试	

11. 已知某工程项目的有关资料见下表。

作业名称	A	B	C	D	E	F	G	H	I	J
紧后作业	D、F、G	E、I	F、G	I	H	I	J	I	J	
作业时间/天	8	4	5	4	8	6	6	2	10	1

求：①绘制网络图；②计算各节点时间；③计算E、F、G的工序时间；④确定关键线路。

第七章 质量控制与品牌管理

学习要点及目标

(1) 了解质量管理的发展历程。
(2) 了解ISO9000族标准的基本内容及其与质量管理体系的关系。
(3) 熟悉并掌握质量管理的概念及其内涵、全面质量管理的基本内容。
(4) 理解一些基本的质量控制技术和质量控制工具,并能够熟练应用这些技术。
(5) 熟悉品牌的内涵及命名策略。
(6) 掌握品牌塑造的基本方法和品牌战略管理技巧。

产品质量控制与品牌管理.mp4

产品质量控制与品牌管理.ppt

核心概念

质量　质量管理　全面质量管理　质量目标　质量方针　质量策划　质量保证
质量管理体系　质量控制　ISO9000族标准　品牌　知名度　忠诚度　美誉度

引导案例

降落伞的真实故事

这是一个发生在第二次世界大战中期,美国空军和降落伞制造商之间的真实故事。在当时,降落伞的安全度不够完美,经过厂商的努力改进,使得降落伞制造商生产的降落伞的良品率已经达到了99.9%,应该说这个良品率即使是现在许多企业也很难达到。但是美国空军却对此公司说不,他们要求所交降落伞的良品率必须达到100%。于是降落伞制造商的总经理专程去飞行大队商讨此事,看是否能够降低水准。因为厂商认为,能够达到这个程度已接近完美了,没有必要再改。当然美国空军一口回绝,因为品质没有折扣。后来,军方要求改变了检查品质的方法。那就是从厂商前一周交货的降落伞中,随机挑出一个,让厂商负责人把装备装在身上,亲自从飞行中的机身跳下。这个方法实施后,不良品率立刻变成零。

(资料来源:降落伞的真实故事[J]. 中小企业管理与科技·中旬版,2009(5))

第七章　质量控制与品牌管理

生活中许多人做事时常有"差不多"的心态，对于领导或是客户所提出的要求，即使是合理的，也会觉得对方吹毛求疵而心生不满。认为差不多就行。试想，如果什么事情只有99.9%的成功率，那么每年有20000次配错药事件，每年有15000个婴儿出生时会被抱错，每星期有500宗做错手术事件，每小时有2000封信邮寄错误。看了这些数据，我们肯定都希望全世界所有的人都能在工作中做到100%。因为我们是生产者，同时我们也是消费者。零缺陷倡导的质量管理理念就是：做对的事情，第一次就把事情做对，每一次都做对。

质量管理的一项主要工作是通过收集数据、整理数据，借助科学的管理工具和质量控制技术找出质量波动的规律，把正常波动控制在最低限度，消除系统性原因造成的异常波动。把实际测得的质量特性与相关标准进行比较，并对出现的差异或异常现象采取相应措施进行纠正，从而使工序处于可控制状态，这一过程就叫作质量控制。

第一节　质量与质量管理概述

一、质量

什么是质量？世界著名的质量管理专家朱兰(Joseph M. Juran)博士，从消费者角度出发，把质量的定义概括为产品的"适用性"(fitness for use)，即"产品和服务满足规定或潜在需求能力的特征和特征的总和，质量就是产品和服务的适用性"；美国的另一位质量管理专家克劳斯比，从生产者角度出发，把质量概括为产品符合规定要求的程度。在国际标准化组织1994年颁布的ISO8402-94《质量管理和质量保证——术语》中，把质量定义为："反映实体满足明确和隐含需要的能力的特性总和"，这里的实体是指可以单独描述和研究的事物，可以是活动或过程、产品、组织、体系、人或它们的任意组合。这个定义非常广泛，包括了产品的实用性和符合性的全部内涵。还应说明的是，第一，质量定义中的"需要"，在合同环境或法规环境下，如在核安全性领域中，是明确规定的，而在其他环境中隐含的需要则应加以识别并规定；第二，需要通常可转化成用指标表示的特性。因此，产品质量的好坏和高低是根据产品所具备的质量特性能否满足人们的需要及其满足的程度来衡量的。一般有形产品的质量特性主要有以下几方面。

(1) 性能。性能是指产品满足使用目的所具备的技术特性，如手机接收信号能力强，音质、图像清晰；汽车起步快且稳，省油、省力，噪声低、污染小等。

(2) 寿命。寿命是指产品在规定的使用条件下完成规定功能的工作总时间，如汽车行驶能够达到规定的里程数；电视机可以使用年数且保持性能稳定等。

(3) 可靠性。可靠性是指产品在规定的时间内，在规定的条件下，完成规定功能的能力，如汽车平均无故障工作时间达到产品规定要求；机床在规定期限内精度稳定等。

(4) 安全性。安全性是指产品在制造、储存和使用过程中保证人身与环境免遭危害的程度，如各种家用电器在故障状态下自动切断电源，确保不发生漏电、短路和伤人事故。

(5) 经济性。经济性是指产品从设计、制造到整个产品使用生命周期的成本大小，具体表现为用户购买产品的售价和使用成本，如汽车的耗油量、维护保养费用等。

相对于有形产品，对无形的服务而言，服务的质量特性一般包括功能性、经济性、安全性、时间性、舒适性、文明性以及顾客心理方面的特性等，它强调服务产品能及时、完整、准确与友好地满足客户消费需求。显然，确定无形服务质量的优劣比确定有形产品质量的优劣，其难度要大很多。首先，在多数情况下，服务的无形性、易逝性、依赖性及不可存储性使得服务质量变得比较模糊，难以量化，同一服务，不同的消费者对它会有不同的消费体验和消费评价；其次，对有形产品来说，用户只有在使用过该产品以后才能对其做出优劣的评价，而对于服务来说，顾客不但要对亲身体验到的服务内容进行评价，还要对整个服务流程做出评价。例如，一名在银行柜台接受理财咨询服务的顾客，他不但要对咨询内容进行质量评价，而且要对理财经理的服务态度、服务方式及服务技巧等服务流程说出自己的感受。

二、质量管理的基本概念

质量管理就是为了实现组织的质量目标而进行的一系列与质量有关的诸如计划、组织、领导、控制等质量管理活动。与质量有关的管理活动通常包括质量方针和质量目标的确定，质量管理职责的制定和执行，质量策划、质量控制、质量保证和质量改进等活动。做好质量管理必须考虑以下因素。

(1) 质量管理是各级管理者的职责，但必须由最高管理者来领导。
(2) 质量管理包括确定质量方针和目标、确定岗位职责和权限、建立质量体系等方面的所有活动。
(3) 质量管理是通过质量策划、质量控制、质量保证和质量改进来实现的。
(4) 应在质量要求基础上，充分考虑质量成本等经济因素。

1. 质量目标和质量方针

质量目标是指"组织在质量方面所追求的或作为目的的事物"。可理解为在一定的时间或限定的范围内，组织所规定的与质量有关的预期应达到的具体要求、标准或结果。质量方针是"由组织的最高管理者正式颁布的、该组织总的质量宗旨和方向"。例如，郑州宇通公司的质量目标是"提高顾客满意度、提高产品质量、提高市场占有率、降低产品成本"，质量方针是"系心于人，用心于车"，并始终围绕这一目标和方针致力于提升企业质量管理的标准，使得宇通率先在国内客车行业同时拥有"中国名牌"和"中国驰名商标"两项殊荣，2011年宇通品牌价值位居亚洲品牌500强第422名。

2. 质量策划

质量策划(quality planning)是质量管理的一部分，是"质量管理中致力于设定质量目标并规定必要的运行过程和相关资源以实现其质量目标的部分"(ISO9000：2000-3.2.9)。质量策划是企业质量管理中的筹划活动，是企业最高管理者和质量管理部门的质量职责之一。质量策划的内容主要包括以下方面。

(1) 产品策划。对产品质量特性进行识别、分类和比较，建立其目标、质量要求和约束

第七章　质量控制与品牌管理

条件，并规定相应的作业过程和相关资源以实现产品质量目标。

(2) 管理和作业策划。对所实施质量体系进行准备工作，包括组织和安排。企业为了不断完善质量管理体系并使之有效运作，必须对人员进行培训，包括学习质量管理理论、方法和 ISO9000 标准，确定质量管理体系的过程和内容，提出质量管理体系各过程的控制目标、控制方法、控制手段和控制要求等。

(3) 编制质量计划和做出质量改进规定。为满足消费者质量要求，企业要根据自身的条件开展一系列的质量筹划和组织活动，提出明确的质量目标和质量要求等，并制定相应的质量管理体系要素和管理资源的文件。

3. 质量控制

质量控制(quality control)是"质量管理中致力于达到质量要求的部分，是致力于满足质量要求的活动"。企业实施质量控制的目标是确保产品质量能满足企业自身、顾客及社会三方面所提出的质量要求。质量控制的范围涉及产品质量形成的全过程，其目的是通过一系列作业技术和活动对全过程影响质量的人、机器设备、物料、方法、规格/测量、监控和环境(Man\Machine\Material\Method\Measurement\Monitor\Environment，简称 6M1E)诸因素来进行控制，并排除那些有可能使产品质量受到损害而无法满足质量要求的各种原因，以减少经济损失，取得经济效益。

4. 质量保证

质量保证(quality assurance)是指"质量管理中致力于对达到质量要求提供信任的部分"(ISO9000:2000-3.2.11)。质量保证与质量控制是相互关联的。质量保证以质量控制为基础，进一步引申到提供信任的目的。由目的出发，企业的质量保证分为内部质量保证和外部质量保证两类。内部质量保证的主要目的是使企业最高管理者确信本企业提供的产品和服务能满足质量要求而展开的所有活动。为此，企业中有一部分管理人员专门从事监督、验证和质量审核活动，以便及时发现质量控制中的薄弱环节，提出改进措施，促使质量控制能更有效地实施，从而使企业最高管理者放心。内部质量保证是企业最高管理者实施质量活动的一种重要管理手段。外部质量保证是组织向顾客或第三方提供信任，即使顾客或第三方确信本企业已建立完善的质量管理体系，有一整套完善的质量控制方案、控制办法，使用户确信本企业提供的产品能达到规定的质量要求。因此，企业质量保证的主要工作是要促进质量控制活动的完善，以便准备好客观证据，并根据顾客的要求，有计划、有步骤地开展提供证据的活动。

5. 质量改进

2000 版 ISO9000 族标准对质量改进(quality improvement)下的定义是：质量改进质量管理的一部分，致力于增强满足质量要求的能力。质量管理活动可划为两个类型。一类是维持现有的质量，其方法是"质量控制"。另一类是改进目前的质量，其方法是主动采取措施，使质量在原有的基础上有突破性的提高，即"质量改进"。质量是企业在竞争中取胜的重要因素，为了增强企业竞争力，进行持续的质量改进是关键。为此，企业必须确保质量管理体系能推动和促进产品和服务质量持续提升，借助质量管理工作的有效性和效率持续增加顾客满意度，并为企业带来持久的效益。所以说，企业的质量管理活动必须追求持续的质量改进。

美国质量管理学家朱兰指出,第一,质量改进的对象是产品(或服务)质量以及与它有关的工作质量,也就是通常所说的产品质量和工作质量两个方面。前者如宇通公司生产的客车质量,银行的服务质量等;后者如企业中供应售后服务部门的工作质量,研发部门的工作质量等。因此质量改进的对象是全面质量管理中所叙述的"广义质量"概念。第二,质量改进的最终效果是按照比原计划目标高得多的质量水平进行工作。质量改进与质量控制效果不一样,但二者关系紧密,质量控制是质量改进的前提,质量改进是质量控制的发展方向,控制意味着维持其质量水平,改进的效果则是突破或提高。可见,质量控制是确保产品和服务符合"今天"的要求,而质量改进则是想办法使质量符合"明天"的需要。第三,质量改进是一个持续变革或者偶然突破的过程,该过程应该遵循 PDCA(Plan, Do, Check, Act, 计划、执行、检查、处理)循环的规律。

三、质量管理的发展历程

质量管理的发展过程是漫长的,自有人类生产活动开始,就有质量管理。根据历史文献记载,我国早在 2400 年以前,周朝的工匠在铸造青铜武器的过程中,就诞生了质量检验制度。在中国古代的城墙中,建造于明代的南京城墙,不仅是当时世界上最长的城墙,也是迄今世界上最坚固的城墙之一,经 600 多年风雨而至今仍屹立于南京城,依然固若金汤、坚若磐石,其中的秘密就在于整个城墙修建过程中严格的质量管理。随着社会生产的发展,科学技术的进步,人类解决质量问题的手段和方式在不断演变。现代质量管理是 19 世纪 70 年代开始的,经历了一个多世纪的发展过程,已逐步形成一门新的学科。从质量管理的实践来看,按照解决质量问题的手段和方式,它的发展过程大致可以划分为以下四个历史阶段。

1. 质量检验阶段

质量检验阶段也称为事后检验阶段,是质量管理发展史上的最初阶段。这段时间大致是从 20 世纪 20 年代到 40 年代。质量检验所使用的手段是各种检测设备和仪器、仪表,检验方式是严格把关,进行百分之百的检验,确保转入下道工序或出厂的产品符合质量要求。这其中以美国泰罗为代表的"科学管理运动"为代表。"科学管理"将管理的计划职能和执行职能分开,在二者中间增加了一个检验环节,形成了设计、操作、检验三方面各有专人负责的职能管理体制(泰勒制),同时成立一支专职的质量检查队伍,并逐渐从其他部门中独立出来,发展成一个质量检验部门,专职实施质量检验。这种质量管理的主要特点是三权分立,即:专人专职制定标准;专人专职负责制造;专人专职按照标准检验产品。在这个发展阶段,质量管理主要强调事后把关,检验人员的职责就是把生产出来的合格品和不合格品分开。这种质量管理被后人称为"检验员的质量管理"。

但采用事后把关的办法来管理产品质量存在以下三个问题。

(1) 如何制定经济、科学的质量检验标准?如果所制定的质量标准在经济上不合理,使用时不能满足用户要求,那么即使已通过检验,也难以保证产品质量就一定能给企业带来预期的收益。

(2) 如何防止在制造过程中生产出不合格品?因为质量检验是对产品生产出来以后所

第七章　质量控制与品牌管理

做的检验，只能起把关作用，起不到预防、控制作用，无法阻止在制造过程中产生不合格品。一旦生产出了不合格品，势必会造成人力、物力和财力的浪费，而质量管理的目标应该是减少或消除这种浪费。

(3) 对全部成品进行检验是否可行？很明显，对于小规模、小批量生产而言，对企业生产的所有产品进行全面检验或许可行，但对于生产规模扩大或大批量生产，对所生产的全部产品进行检验是很难做到的，所耗费的检验费用势必增加生产成本，也是不可行的，尤其是对那些不破坏原有构造就无法检验其质量的产品，更行不通。

2. 统计质量控制阶段

面对质量检验所存在的诸多弊端，一些质量管理专家和数理统计学家开始尝试将数理统计学的基本原理和方法引入质量管理中来，设法运用数理统计的原理来消除这些弊端，并力图使质量检验经济准确。1924 年，美国的休哈特博士提出了"事先控制，预防废品"的概念，并成功地创造了"控制图"，把数理统计方法引入质量管理中，使质量管理推进到新阶段。1931 年，他还总结出版了《工业产品质量的经济控制》一书，对统计质量控制做了系统的论述。1929 年道奇(H. F. Dodge)和罗米克(H. G. Romig)发表了"挑选型抽样检查法"论文，创立了抽样检验表，从而为解决产品质量检验问题，尤其是产品的破坏性质量检验问题，提供了科学依据和手段。随后的几年里，统计质量控制在美国迅速普及，并得到逐步发展和完善。与此同时，西欧各工业国、澳大利亚和日本，为了很快从战后的废墟中恢复和发展起来，提升本国产品在国际市场上的竞争力，相继从美国引进统计质量控制的理论和方法。从此，统计质量控制在世界各工业国竞相推行。

统计质量控制是质量管理发展过程中的一个重要阶段。它的主要特点是：在指导思想上，它已由以前的事后把关转变为事前预防，并很好地解决了全数检验和破坏性检验的问题；在控制方法上，它已广泛深入地应用数理统计的思考方法和检验方法，控制手段更为科学；在管理方式上，已从专职检验人员把关转移到由专业质量工程师和技术员控制，使得质量管理的目标更为明确。因此，统计质量控制与单纯的质量检验相比，不论是指导思想，还是使用方法和管理方式上，都实现了理论和实践的一次飞跃。但是，由于过多地强调统计方法的作用，忽视了其他方法和组织管理对质量的影响，使人们误认为质量管理就是统计方法，而且这种方法又高深莫测，让人们望而生畏，质量管理成了统计学家的事情，限制了统计方法的推广和发展，也限制了质量管理的范畴(将质量的控制和管理局限在制造和检验部门)。

3. 全面质量管理阶段

20 世纪 60 年代，随着社会生产力的迅速发展，科学技术日新月异，质量管理也出现了很多新情况。这些情况主要反映在以下几个方面。

(1) 人们对产品质量的要求更高更多了。过去，对产品的要求一般注重于产品的使用性能，现在又增加了耐用性、美观性、可靠性、安全性、可信性、经济性等要求。

(2) 在生产技术和质量管理活动中广泛应用系统分析的概念。它要求用系统的观点分析研究质量问题，把质量管理看成是处于较大系统(例如企业管理，甚至整个社会系统)中的一个子系统。

(3) 管理科学理论又有了一些新发展，其中突出的一点就是重视人的因素，职工参与管理，强调要依靠广大职工搞好质量管理。

(4) 保护消费者权益运动的兴起。20 世纪 60 年代初，许多国家的广大消费者为保护自己的利益，纷纷组织起来同伪劣商品的生产销售企业抗争。朱兰博士认为，保护消费者权益运动是质量管理学在理论和实践方面的重大发展动力。

(5) 随着市场竞争，尤其是国际市场竞争的加剧，各国企业越来越重视产品责任和质量保证问题。于是，仅仅依赖质量检验和运用统计方法是很难保证与提高产品质量的。同时，把质量职能完全交给专门的质量控制工程师和技术人员，显然也是不妥的。因此，广大质量管理工作者都积极开展调查研究，希望能建立一套有效的质量管理理论和方法。

最早提出全面质量管理概念的是美国通用电气公司质量经理费根堡姆。1961 年，他的著作《全面质量管理》出版。该书强调执行质量职能是公司全体人员的责任，应该使企业全体人员都具有质量意识和承担质量的责任。他指出：全面质量管理是为了能够在最经济的水平上并考虑到充分满足用户要求的条件下进行市场研究、设计、生产和服务，把企业各部门研制质量、维持质量和提高质量的活动建构成一体的有效体系。

20 世纪 60 年代以后，费根堡姆的全面质量管理概念逐步被世界各国所接受，不过，在具体运用全面质量管理概念时，每个国家都是根据本国的实际情况，使其形成具有该国特色的质量管理模式，且在运用时各有所长。全面质量管理在日本被称为全公司的质量控制(CWQC)或一贯质量管理(新日本制铁公司)，在加拿大被总结制定为四级质量大纲标准 (即 CSAZ299)，在英国被总结制定为三级质量保证体系标准(即 BS5750)，等等。1987 年，国际标准化组织(ISO)又在总结各国全面质量管理经验的基础上，制定了 ISO9000《质量管理和质量保证》系列标准。

全面质量管理的理论虽然发源于美国，但真正取得成效是在日本等国。我国自 1987 年推行全面质量管理以来，在实践和理论上都发展较快。全面质量管理正从工业企业逐步推行到交通运输、邮电、商业企业和乡镇企业，甚至有些金融、卫生等方面的企事业单位也已积极推行全面质量管理。质量管理的一些概念和方法先后被制定为国家标准，1992 年等同采用了 ISO9000《质量管理和质量保证》系列标准。广大企业在认真总结全面质量管理经验与教训的基础上，通过宣传和贯彻 GB/T 19000 系列标准，进一步全面深入地推行了这种现代国际社会通用质量管理方法。

在全面质量管理阶段，为了进一步提高和保证产品质量，又从系统观点出发，提出若干新理论，如：质量保证理论、产品质量责任理论、质量经济学、质量文化、质量控制理论、质量改进理论等。

4. 社会质量管理阶段

美国著名质量管理专家朱兰博士指出：20 世纪是生产率的世纪，21 世纪将是质量的世纪。这意味着 21 世纪将是高质量的世纪，质量管理科学将有更蓬勃的发展。众所周知，全面质量管理阶段的突出特点就是强调全局观点、系统观点。21 世纪，不仅质量管理的规模会更大，更重要的是质量将作为社会诸要素——政治、经济、科技、文化、自然环境中的一个重要因素来发展。这意味着质量将受到政治、经济、科技、文化、自然环境的制约而同步发展，质量系统将作为一个子系统而在更大的社会系统中发展。因此，21 世纪将使质量管理进入一个新的发展阶段，即第四阶段，我们称之为社会质量管理(Social Quality

第七章 质量控制与品牌管理

Management，SQM)阶段。该阶段质量管理具有以下特征。

(1) 产品和服务的质量将越来越具有社会化、国际化的性质。质量体系所包含的规模将越来越大，超越企业、集团公司、行业、民族地区和国家。

(2) 社会质量监督系统和质量法规将更加完善和严密，与之相应的国际性质量管理组织将发挥更大的作用。为世界各国所接受的通用国际标准，如 ISO9000 这类国际标准，将会进一步增加和完善。

(3) 质量将随着政治、经济、科技、文化的发展而同步发展。

(4) 质量文化在 21 世纪将会高度发展，质量文化将会代表更高水平的全面质量管理而出现。

(5) 质量控制与抽样检验理论将沿着多元化、小样本化、模糊化、柔性化等方向继续深入发展。这些理论的具体实施与电子计算机的应用将是不可分割的。此外，质量控制与抽样检验也有可能用统一的理论进行描述和处理。质量诊断理论将来有可能与其他行业的诊断，如设备故障诊断、人体诊断等统一成为一个综合的诊断理论。

质量管理发展过程四个阶段的对比参见表 7-1。

表 7-1 质量管理发展过程四个阶段的对比

阶　段	质量检验阶段	统计质量控制阶段	全面质量管理阶段	社会质量管理阶段
时间	20 世纪 20—40 年代	20 世纪 40—60 年代	20 世纪 60 年代至今	21 世纪至今
主要特征及其管理思想	强调事后把关，检验人员的职责就是把生产出来的合格品和不合格品分开	由以前的事后把关转变为事前预防，由专业质量工程师和技术员控制，使得质量管理目标更为明确，控制手段更为科学	具有全面性，控制产品质量的各个环节、各个阶段；是全过程、全员参与和全社会参与的质量管理	质量受到政治、经济、科技、文化、自然环境的制约而同步发展，质量系统作为一个子系统而在更大的社会系统中发展
管理对象	产品质量	生产工序及产品质量	生产工序、产品质量及工作质量	整个质量系统
管理目标	使产品质量符合既定的质量标准和规范	使产品质量控制在既定的质量标准范围内	客户满意是全面质量管理追求的永恒目标	质量必须符合社会要求，受多种社会因素影响
管理手段	技术检验	技术检验和统计控制	现代化多种管理工具综合交叉应用	把质量管理提高到全社会高度进行系统管理
管理人员	质量检验人员	质量检验加技术检验	全员参与质量管理	全社会参与

四、全面质量管理

1956 年，美国通用电气公司的 A. V. 费根堡姆发表了题为"Total Quality Control"的论文，首次提出了"全面质量管理"的概念。在随后的几十年中，全面质量管理的观点在世界范围内得到了广泛的重视和传播。虽然全面质量管理的概念在美国提出，但是应用全面质量管理效果最好的却是日本企业。日本企业于 20 世纪 60 年代末开始引入全面质量管理的理论和方法，并结合日本的国情和企业的实际，形成了具有日本特色的全面质量控制

(Total Quality Control，TQC)系统，并在提高企业管理水平和产品质量方面发挥了巨大作用。依靠全面质量管理，日本很快摆脱了二战的经济影响，实现了经济腾飞，进入世界经济强国行列。一直到目前，全面质量管理仍然是日本现代企业质量管理的基石和主要内容。

1. 全面质量管理的定义

国际标准 ISO8402：94《质量管理和质量保证术语》曾经对全面质量管理下了如下的定义：一个组织以质量为中心，以全员参与为基础，目的是通过让顾客满意和本组织所有成员及社会受益而达到长期成功的管理途径。

这一定义意味着，企业要想在激烈的市场竞争中保持长期的优势地位，在顾客心目中塑造良好的品牌形象，就必须把质量作为一切工作的重心，借助全面质量管理理念，引导全体员工积极参与质量管理和质量控制等与质量管理有关的各种质量管理活动，以高质量的产品和服务获得顾客的最大满意。而高的顾客满意度是企业获取最大经济效益和社会效益的源泉，唯有如此，企业才能获得持续发展、永续经营。反之，那些不重视产品和服务质量的企业，其寿命都难维持长久。

我国一些学者给全面质量管理的定义是：全面质量管理是工业企业发动全体员工，综合运用各种现代管理技术、专业技术以及各种计算手段与方法，通过产品寿命循环全过程、全因素的控制，保证用最经济的方法生产出用户和社会满意的优质产品并提供优质服务的一套科学管理技术。

上述两种定义在叙述上略有区别，但内容基本一致。核心思想都是要求企业的一切活动都要围绕产品和服务质量而展开，目标都是通过提升顾客满意度实现经济效益和社会效益双丰收。二者集中体现了现代质量管理的理论体系和工作方法。尽管目前多数企业在贯彻实施 2000 版 ISO9000 族标准，但是在质量管理体系的建立和运行过程中，并没有忽略全面质量管理的思想，相反，从某种程度上讲，ISO9000 质量管理体系是对全面质量管理理论和方法的标准化。

2. 全面质量管理的特点

全面质量管理的特点主要体现在全员参加、全过程控制、对象的全面性、方法的全面性和经济效益的全面性等几个方面。

1) 全员参与的质量管理

全员参与的质量管理即要求全部员工，无论高层管理者还是基层员工，都要参与质量改进活动。参与"改进工作质量管理的核心机制"，是全面质量管理的主要原则之一。之所以如此，原因在于产品和服务质量的优劣，是对各个生产环节和各项管理工作的综合反馈。企业生产流程中的每道工序、每个员工的工作质量，都会不同程度地直接或间接地影响产品和服务质量。全面质量管理中的"全面"，首先是指质量管理并不只是质量管理人员的事，它是企业各部门、各工序全体人员都要共同参与的管理活动。企业全体人员应围绕"为实现共同目的，全体员工应协作搞好质量管理"。因此，质量管理活动必须是使企业所有部门的人员共同参与、组织内部"有机的"系统性管理活动；要求必须加强企业内各职能部门、不同的业务部门之间纵向和横向的合作，这种合作甚至延伸到包括企业外部用户、物流配送商和原料供应商。

第七章 质量控制与品牌管理

2) 全过程的质量管理

全过程的质量管理是从产品创意产生和形成开始的，对产品和服务创意的甄别筛选、产品选型、研究实验、工艺设计、原料采购、生产制造、检验、储运配送、市场营销乃至售后服务等一系列过程进行全面的控制，建立包括市场调研、产品设计研发、生产制造、质量检验、销售及售后服务等一整套内容的、系统的质量保证体系。全过程的质量管理使得产品质量产生、形成和实现的全过程，已经从原来的制造和检验过程向前延伸到市场调研、产品创意的甄别和筛选、设计研发、原料采购、生产准备等过程；向后延伸到产品包装、物流配送、客户使用、用后处理、售前售后服务等所有环节；向上延伸到经营战略管理；向下延伸到辅助生产过程。全过程的质量管理已经将传统的产品和服务生产演化为一个包含市场调研、新产品或新服务创意的甄别筛选、设计研发、生产制造、市场营销及售后服务等一系列管理活动的有机管理系统。这一管理系统最明显的特征是具有动态性和循环性。此外，实现全过程的质量管理，要求企业必须建立完善的质量管理体系，将企业的所有员工和各个部门的质量管理活动有机地组织起来，将产品质量的产生、形成和实现全过程的各种影响因素和环节都纳入质量管理的范畴，把全面质量管理理念落实到每个员工的行动中，实现员工的一举一动都体现质量意识，处处把质量放在第一位。

3) 管理对象的全面性

全面质量管理的对象是质量，实现质量的是员工，所以不仅包括对产品质量的管理，而且包括对人的管理，是广义的质量管理。不仅包括产品和服务质量，还包括每道工序的工作质量，全面质量管理始终将下道工序看作上道工序的客户，要求上道工序必须为下道工序提供拥有完美质量的产品，唯有如此，才能生产出符合质量要求的完美的产品和服务。另外，管理对象全面性的另一个含义是指，对影响产品和服务质量的各种因素实施全面控制。影响产品质量的因素很多，概括起来，包括人员、机器设备、材料、工艺方法、检测手段和环境等方面（即 5M1E，见图 7-1），只有对这些因素进行全面控制，才能真正提高产品和服务质量。

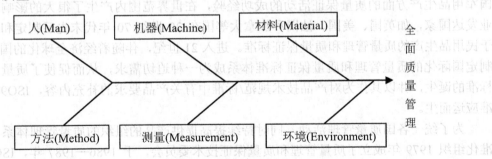

图 7-1 全面质量管理关注因素构成图

4) 管理方法的全面性

虽然在全面质量管理的各个阶段，管理方法上应用最多的是数理统计技术，但是根据前面的分析可知，由于影响产品质量因素的复杂性和多样性，既有物质方面的因素，又有人的因素；既有技术方面的因素，又有管理方面的因素。所以，要做好全面质量管理，仅仅依靠数理统计技术是无法实现的。管理者还应根据具体情况、针对不同因素，灵活运用各种现代化管理方法和管理手段，将众多的影响因素系统地控制起来，实现统筹化、系统化管理。在全面质量管理中，除数理统计方法外，还经常用到各种质量设计技术、工艺过程的反馈控制技术、最优化技术、网络计划技术、现代电子技术、通信技术、预测和决策技术，以及计算机辅助质量管理技术等。

5) 经济效益的全面性

企业是个经济实体，在市场经济条件下，它的主要目的是取得最大经济效益。但全面质量管理中效益不只是经济方面的效益，还应包含社会方面的效益，体现一定的社会责任。全面质量管理除了保证企业取得最大的经济效益外，还应从社会角度、从产品生命周期循环全过程的角度、从维护生态平衡的角度等方面考虑如何实现经济效益和社会效益的"双赢"问题。即要以企业全面效益最大化为目的，使供应链上的生产者、物流配送者、销售公司、消费者、社会、生态环境等受益主体的效益全面实现最大化，体现企业全面的社会责任。

五、质量管理体系

国际标准化组织(International Organization for Standardization, ISO)成立于1947年2月，是目前世界上最大、最具权威性的国际标准化专业机构。ISO9000是质量管理体系国际标准的序列号。ISO9000族标准是指"由国际标准化组织质量管理和质量保证技术委员会(ISO/TC 176)制定的所有国际标准"。它不是凭空建立起来的，它的产生具有一定的社会背景和社会基础。

第二次世界大战期间，世界军事工业得到了迅猛发展。一些国家的政府在采购军用品时，不但提出了对产品特性的要求，还对供应厂商提出了质量保证的要求。20世纪50年代末由美国发布的MIL-Q-9858A《质量大纲要求》是世界上最早的有关质量保证方面的标准。70年代初，借鉴军用品质量保证标准的成功经验，美国标准化协会(ANSI)和美国机械工程师协会(ASME)分别发布了一系列有关原子能发电和压力容器生产方面的质量保证标准。美国军用品生产方面的质量保证活动的成功经验，在世界范围内产生了很大的影响。一些工业发达国家，如英国、美国、法国和加拿大等国在20世纪70年代末先后制定和发布了用于民用品生产的质量管理和质量保证标准。进入21世纪，伴随着经济全球化的国际竞争，制定国际化的质量管理和质量保证标准体系成为一种迫切需求，从而促使了质量管理体系标准的诞生，并以其作为对产品技术规范/标准中有关产品要求的补充内容，ISO9000族标准应运而生。

为了统一各国质量管理活动，同时持续提高提供产品的组织的质量管理体系，国际标准化组织1979年成立了质量管理和质量保证技术委员会，于1986—1987年，ISO发布了ISO9000：1987族系列标准，很快就有60多个国家等同或等效采用了该系列标准，我国在1988年也等效采用了该系列标准，并参照该标准制定了GB/T 10300.1-5《质量管理和质量保证》国家系列标准。由于在实践过程中发现87版质量管理体系标准存在着一些缺陷，ISO/TC176组织有关专家对87版ISO9000族标准进行了全面的修改和扩充，并于1994年发布了94版的ISO9000：1994族标准，很多组织都积极按照该标准建立自己的质量保证体系或质量管理体系，并寻求通过认证，企业(或组织)通过这一活动也使得质量管理水平和产品质量得到质的提高。在经过六年的应用和大量的修订工作后，ISO/TC176又在2000年12

第七章　质量控制与品牌管理

月15日发布了2000版的ISO9000族标准，我国随即等同采用并于2000年12月28日正式发布了GB/T19000族国家标准，并要求全国从2001年6月1日起实施该标准。到目前，实施ISO 9000标准仍然是企业提高质量管理水平的主要措施，企业寻求通过ISO9000认证仍然处于高潮中。

2000版ISO9000族标准由4个核心标准(ISO9000、ISO9001、ISO9004和ISO9011)、1个支持性标准(ISO10012)、7个技术报告和3个小册子四大部分组成。

国际标准化组织在对当代最具影响力的一批质量管理专家如戴明、朱兰、修哈特、石川馨等在质量管理方面的观念进行总结归纳的基础上，结合某些国际知名企业在质量管理方面的实践经验和理论分析，用高度概括性的精练语言，总结出八项质量管理的原则，这是ISO9000族2000版的指导思想和质量管理体系建立和开展的理论基础。这八项原则具体如下。

1. 以顾客为关注焦点

组织(从事生产经营活动的企业)的存在依存于顾客。因此，组织应当理解顾客当前的和未来的需求，满足顾客需求并争取超越顾客期望。顾客是每一个组织存在的基础，顾客的需求是第一位的，组织应调查和研究顾客的需求和期望，并把它转化为质量要求，采取有效措施使其实现，最有效的方法是建立以顾客为关注焦点的市场快速反应机制。这个指导思想不仅领导要明确，还要在全体职工中贯彻实施。

2. 领导的作用

领导作为组织的引领者，首先应确立本组织的宗旨和方向；其次，应将本组织的宗旨、方向和内部环境统一起来，积极营造和保持使员工能够充分参与实现组织目标的内部环境。领导的作用，即最高管理者具有决策和领导一个组织的关键作用。为了营造一个良好的环境，最高管理者应确立组织的质量方针和质量目标，确保关注顾客需求，确保建立和实施一个有效的质量管理体系，确保组织实现质量目标所需的各种资源及时到位，并随时将组织运行的结果与质量目标做比较，根据情况决定实现质量方针和质量目标的具体措施，并能够持续改进、不断完善。

3. 全员参与

各级人员是组织之本，只有各阶层人员的充分参与，才能充分挖掘他们的聪明智慧，为组织带来最大收益。产品和服务质量是组织全体职工共同参与和实施的结果，离开任何一个环节，质量都可能出问题。组织的质量管理不仅需要最高管理者的正确领导，还有赖于全员的参与。为了提升全员参与意识，组织有必要设置适当的物质和精神奖励制度，激励员工积极参与到组织质量管理活动中来，激发员工质量管理的积极性和创造性，为实现顾客满意而努力奋斗。

4. 过程方法

将相关的资源和活动作为过程进行管理，可以更高效地得到期望的结果。过程方法的原则不仅适用于某些简单的过程，也适用于由许多过程构成的过程网络。在应用质量管理体系时，2000版ISO9000族标准建立了一个过程模式。此模式把管理职责，资源管理，产品实现，测量、分析和改进作为体系的四大主要过程，描述其相互关系，并以顾客要求为输入,以提供给顾客的产品为输出,通过信息反馈来测定顾客满意度,评价质量管理体系的过程业绩。

5. 管理的系统方法

针对设定的目标,识别、理解并管理一个由相互关联的过程所组成的体系,有助于提高组织的有效性和效率。这种建立和实施质量管理体系的方法,既可用于新建体系,也可用于现有体系的改进。此方法的实施可在三方面受益:一是提供对过程能力及产品可靠性的信任;二是为持续改进打基础;三是使顾客满意,最终使组织获得成功。不同的企业可以根据自身特点建立资源管理、过程实现及测量改进等方面的关联关系,并采用过程网络的方法建立质量管理体系,实现对产品和服务质量的系统化管理。

6. 持续改进

持续改进、不断提升组织业绩是组织的一个永恒目标,在持续追求这一目标的过程中实现企业满足质量要求能力的不断增强。在质量管理体系中,持续改进主要指产品质量、过程及体系有效性和效率的持续提升。持续改进包括:了解组织现状;建立组织质量目标;寻找、评价和实施质量问题的解决办法;测量、验证和分析质量管理绩效,把更改内容纳入文件等活动。

7. 基于事实的决策方法

有效的决策建立在对数据和信息的逻辑分析或直觉判断的基础上。以事实为依据做决策,可防止决策失误。在对信息和资料做科学分析时,统计技术是最重要的工具之一。统计技术可用来测量、分析和说明产品和过程的变异性,统计技术可以为持续改进的决策提供依据。企业领导乃至各级质量管理人员应重视数据信息的收集、汇总和分析,以确保决策有科学的决策依据和翔实的决策信息。

8. 与供方的互利关系

组织与供方是互利的,建立互利的关系,对于增强组织及其供方创造价值的能力都是不可或缺的。供方提供的产品将对组织向顾客提供满意的产品产生重要影响,因此处理好与供方的关系,影响到组织能否持续稳定地提供顾客满意的产品。对供方不能只讲控制不讲合作互利,特别是对关键供方,更要建立互利关系,这对组织和供方都有利。

质量管理八项原则之间的关系,可以用图 7-2 表示。

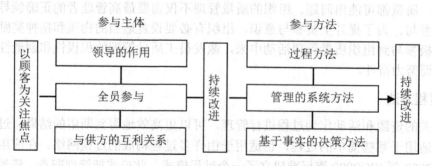

图 7-2 质量管理八项原则之间的关系

第二节 质量控制技术

一、质量波动与数据统计

1. 质量波动

生产实践证明，无论使用多么精密的测量设备和生产工具，采用多么高超的操作技术，即使由同一操作工、在同一台设备上、采用相同的生产工具和方法、制造材料相同的同种产品人员，其加工出来的产品的质量特性(如：体积、重量、尺寸、规格等)总是有一定的差异，这种差异被称为质量波动。公差制度实际上就是对这个事实的客观承认。质量波动可分为正常的质量波动和异常的质量波动两类。正常波动是由普通(偶然)原因造成的。如操作方法的微小变动，机床的微小振动，刀具的正常磨损，夹具的微小松动，材质上的微量差异等。正常波动引起工序质量微小变化，难以查明或难以消除。它不能被操作工人控制，只能由技术人员、管理人员控制在公差范围内。异常波动是由特殊(异常)原因造成的。如原材料不合格，设备出现故障，夹具不良，操作者不熟练等。异常波动造成的波动较大，容易发现，应该由操作人员发现并纠正。质量控制技术的目的不是消除质量波动，而是借助数据统计和质量控制技术对质量波动进行预测和控制。

造成质量波动的原因可分为普通原因和特殊原因两类。普通原因指的是造成随着时间推移具有稳定的且可重复的分布过程中的许多变差的原因，我们称之为"处于统计控制状态""受统计控制"，或有时称为"受控"。普通原因表现为一个稳定系统的偶然原因。只有变差的普通原因存在且不改变时，过程的输出才可以预测。特殊原因指的是造成不是始终作用于过程的变差的原因，即当它们出现时将造成(整个)过程的分布改变。除非所有的特殊原因都被查找出来并且采取了措施，否则它们将继续用不可预测的方式来影响过程的输出。如果系统内存在变差的特殊原因，随着时间的推移，过程的输出将不稳定。

2. 数据统计

众所周知，数据在质量管理中起着至关重要的作用，是质量管理体系中最基本的元素，而数据分析则是质量管理体系中"测量、分析、改进"过程中最重要的一环，它为组织质量管理体系的改进和产品或服务质量的提升奠定了坚实的基础。数据统计就是借助一定的统计手段和统计工具，对生产过程中的质量数据进行收集、记录，整理和分析数据变异并以此进行质量推断的一系列过程。在 2000 版 ISO9000 族标准《质量管理体系基础和术语》中认为，"使用数据统计技术可以帮助组织了解变异，从而有助于组织解决质量问题并提高效率和效益，这些技术也有助于更好地利用可获得的统计数据进行决策"。借助数据统计和数据分析，可以反映产品或服务的质量特征，比较质量波动的差异，分析造成波动的各种原因、不同原因之间的关系及其对质量的影响程度。无论是传统的质量管理"老七种工具"(因果图、排列图、直方图、检查表、散布图、控制图和分层法)或者是"新七种工具"(关联图、系统图、KJ法、矩阵图法、矩阵数据分析法、PDPC法和矢线图)，都是建立在数据统计的基础上，离开数据统计，这些质量管理工具将失去其生存的土壤。

二、质量控制技术概述

质量管理的一项主要工作是通过收集数据、整理数据等数据统计工作，找出波动的规律，把正常波动控制在最低限度，消除系统性原因造成的异常波动。把实际测得的质量特性与相关标准进行比较，并对出现的差异或异常现象采取相应措施进行纠正，从而使工序处于控制状态，这一过程就叫作质量控制。质量控制大致可以分为7个步骤。

(1) 选择需要进行质量控制的对象；
(2) 选择需要监测的质量特性值；
(3) 确定规格标准，详细说明质量特性；
(4) 选定能准确测量该特性值的监测仪表，或自制测试手段；
(5) 进行实际测试并做好数据记录；
(6) 分析实际与规格之间存在差异的原因；
(7) 采取相应的纠正措施。

在上述 7 个步骤中，最关键的有两点：质量控制系统的设计和质量控制技术的选用。常见的质量控制技术主要有直方图、控制图、排列图、因果图等。各种质量控制技术具体如下。

1. 直方图

1) 直方图的用途

直方图是用于质量控制的一种质量数据分布图形。它是把从工序中收集来的数据的离散状态分布情况用竖条在图表上标出，以帮助人们根据显示出的质量数据的频数分布形态，在不断缩小的范围内寻找出现质量问题的区域，从中得知数据平均水平偏差并判断总体质量分布情况。

2) 直方图的作法

下面通过例子介绍直方图如何绘制。

例：某轧钢厂生产某种厚度的钢板，要求厚度 h 为 15.0±1.0mm，从生产的批量中随机取样，测得数据如表 7-2 所示。试用直方图对生产过程进行统计分析。

表 7-2 50 块样本钢板厚度

	1	2	3	4	5	6	7	8	9	10	L_i	S_i
1	15.0	15.8	15.2	15.1	15.9	14.7	14.8	15.5	15.6	15.3	15.9	14.7
2	15.1	15.3	15.0	15.6	15.7	14.8	14.5	14.2	14.9	14.9	15.7	14.2
3	15.2	15.0	15.3	15.6	15.1	14.9	14.2	14.5	15.8	15.2	15.8	14.2
4	15.9	15.2	15.0	14.9	14.8	15.2	15.5	15.5	15.3	15.9	14.5	
5	15.1	15.0	15.3	14.7	14.5	15.5	15.0	14.7	14.6	14.2	15.5	14.2

解：
(1) 收集数据。

在 5M1E(人、机、料、法、测量和生产环境)充分固定并加以标准化的情况下，从该生产

过程收集 n 个数据。n 应不小于 50，最好在 100 以上。本例测得 50 块钢板的厚度见表 7-2。其中 L_i 为第 i 行数据最大值，S_i 为第 i 行数据最小值。

(2) 找出数据中最大值 L、最小值 S 和极差 R：

$$L=\max L_i=15.9, \quad S=\min S_i=14.2, \quad R=L-S=1.7 \tag{7.1}$$

区间 $[S, L]$ 称为数据的散布范围。

(3) 确定数据的大致分组数 k：

分组数可以按照经验公式 $k=1+3.322\lg n$ 确定。本例取 $k=6$。

(4) 确定分组组距 h：

$$h=\frac{R}{k}=\frac{1.7}{6}=0.3 \tag{7.2}$$

(5) 计算各组上下限。

首先确定第一组下限值，应注意使最小值 S 包含在第一组中，且使数据观测值不落在上、下限上。故第一组下限值取为：$S-\dfrac{h}{2}=14.2-0.15=14.05$。

然后依次加入组距 h，便可得各组上下限值。第一组的上限值为第二组的下限值，第二组的下限值加上 h 为第二组的上限值，其余类推。各组上下限值见表 7-3。

表 7-3 频数分布表

组 序	组 界 值	组中值 b_i	频数 f_i	频率 p_i
1	14.05～14.35	14.2	3	0.06
2	14.35～14.65	14.5	5	0.10
3	14.65～14.95	14.8	10	0.20
4	14.95～15.25	15.1	15	0.32
5	15.25～14.55	15.4	9	0.16
6	15.55～15.85	15.7	6	0.12
7	15.85～16.15	16.0	2	0.04
合计			50	100%

(6) 计算各组中心值 b_i、频数 f_i 和频率 p_i：

$b_i=$(第 i 组下限值+第 i 组上限值)/2，频数 f_i 就是 n 个数据落入第 i 组的数据个数，而频数 $p_i=f_i/n$。

(7) 绘制直方图。

以频数(或频率)为纵坐标，数据观测值为横坐标，以组距为底边，数据观测值落入各组的频数 f_i(或频率 p_i)为高，画出一系列矩形，这样得到的图形就为频数(或频率)直方图，简称为直方图，见图 7-3。

3) 直方图的观察与分析

从直方图可以直观地看产出品质量特性的分布形态，便于判断过程是否处于控制状态，以决定是否采取相应对策和措施。直方图从分布类型上来说，可以分为正常型和异常型。正常型是指整体形状左右对称的图形，此时过程处于稳定状态(统计控制状态)，如图 7-4(a)所示。如果是异常型，就要分析原因，加以处理。常见的异常型主要有 6 种。

(1) 双峰型[见图 7-4(b)]：直方图出现两个峰，主要是由于观测值来自两个总体，两个分布的数据混合在一起造成的，此时数据应加以分层。

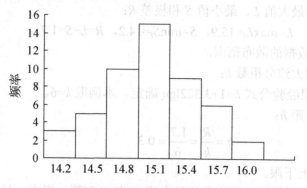

图 7-3　频数(频率)直方图

(2) 锯齿型[见图 7-4(c)]：直方图呈现凹凸不平的现象。这是由于作直方图时数据分组太多，测量仪器误差过大或观测数据不准确等造成的。此时应重新收集和整理数据。

(3) 陡壁型[见图 7-4(d)]：直方图像峭壁一样向一边倾斜。主要原因是进行全数检查时，使用了剔除不合格品的产品数据作直方图。

(4) 偏态型[见图 7-4(e)]：直方图的顶峰偏向左侧或右侧。当公差下限受到限制(如单侧形位公差)或某种加工习惯(如孔加工往往偏小)容易造成偏左；当公差上限受到限制或轴外圆加工时，直方图呈现偏右形态。

(5) 平台型[见图 7-4(f)]：直方图顶峰不明显，呈平顶型。主要原因是多个总体和分布混合在一起，或者生产过程中某种缓慢的倾向在起作用(如工具磨损、操作者疲劳等)。

(6) 孤岛型[见图 7-4(g)]：在直方图旁边有一个独立的"小岛"出现。主要原因是生产过程中出现异常情况，如原材料发生变化或突然变换不熟练的工人。

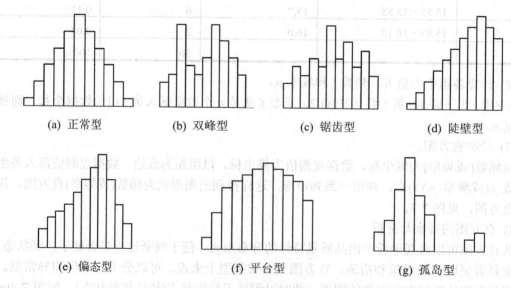

图 7-4　直方图的基本形状

2. 控制图

控制图是对生产过程中产品质量状况进行实时控制的统计工具，是质量控制中最重要的方法，是用来分析和判断生产过程是否处于稳定状态的一种图形工具。基本思想就是把要控制的质量特性值用圆点描在图上，若圆点全部落在上、下控制界限内，且没有什么异常状况时，就可判断生产过程处于控制状态。否则，就应根据异常情况查明并设法排除。通常，圆点越过控制线就是报警的一种方式。

控制图的基本样式如图 7-5 所示。横坐标代表样本序号，纵坐标表示产品质量特性，图中三条平行线分别为：实线 CL——中心线(central line)，虚线 UCL——上控制界限线(upper central line)，虚线 LCL——下控制界限线(lower central line)。在生产过程中，定时抽取样本，把测得的数据点一一描在控制图中。如果数据点落在两条控制界限线之间，且排列无缺陷，则表明生产过程正常，过程处于控制状态，否则表明生产条件发生异常，需要对过程采取措施，加强管理，使生产过程恢复正常。

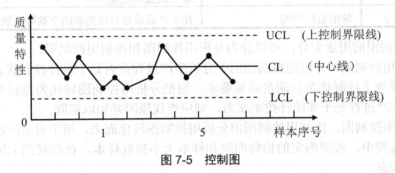

图 7-5 控制图

1) 控制图的基本原理

控制图的基本原理是把生产中引起产品质量波动的各种因素(5M1E)分为两类：第一类是由随机性(偶然性)因素引起的，第二类是由非随机性(系统性)因素引起的，利用统计计量检验母体平均值 μ 和标准偏差 σ 是否发生显著性变化的原理进行控制。

(1) 正态性假设：控制图假定当生产过程处于控制状态时，则该生产过程生产出来的产品质量特性值，在生产过程中的波动服从某个确定的正态分布 $N(\mu, \sigma^2)$。

(2) 3σ 准则：若质量特性值 X 服从正态分布 $N(\mu, \sigma^2)$，由概率论与数理统计可知，不论平均值 μ 和标准偏差 σ 取何值，质量特性值落在 $\mu \pm 3\sigma$ 之间的概率都为 99.73%，即：

$$P\{\mu - 3\sigma < X < \mu + 3\sigma\} = 99.73\% \tag{7.3}$$

也即 $(\mu-3\sigma, \mu+3\sigma)$ 是 X 的实际取值范围。据此原理，若对 X 设计控制图，则中心线 CL=μ，上下控制界限线分别为 UCL=$\mu-3\sigma$，LCL=$\mu+3\sigma$。

(3) 小概率原理：小概率原理是指小概率的事件一般不会发生。由 3σ 准则可知，质量特性值落在控制界限以外的概率只有 0.27%。因此，在生产过程正常的情况下，质量特性值是不会超过控制界限的，如果超出，则认为生产过程发生了异常变化。

2) 控制图的基本种类

可以根据不同的标准对控制图进行分类。

(1) 按产品质量的特性分类，控制图可分为计量值控制图和计数值控制图。每一类又可分成若干种。常用的控制图如表 7-4 所示。

表 7-4 常用控制图种类

类 别	符 号	名 称	用 途
计量值控制图	x	单值控制图	用于产品质量特性为计量值的情形,如长度、厚度、重量、强度等连续型变量且不易分组
	$\bar{x}-R$	均值与极差控制图	用于产品质量特性为计量值的情形,如长度、厚度、重量、强度等连续型变量
	$\bar{x}-S$	均值与标准差控制图	
	$\tilde{x}-R$	中位数(中值)与极差控制图	
	$x-R_s$	单值与移动极差控制图	
计数值控制图	P_n	不合格品数控制图	用于产品质量特性为不合格品个数的离散型变量
	P	不合格品率控制图	用于产品质量特性为不合格品率的离散型变量
	u	单位缺陷数控制图	用于产品质量特性为单位面积、单位长度上的缺陷数等离散型变量
	c	缺陷数控制图	用于产品质量特性为缺陷个数等离散型变量

(2) 按控制图的用途来分,可以分为分析用控制图和控制用控制图。

① 分析用控制图。分析用控制图用于分析生产过程是否处于统计控制状态。若经分析后,生产过程处于控制状态且满足质量要求,则把分析用控制图转化为控制用控制图;若经分析后,生产过程处于非统计控制状态,则应查找原因并加以消除。

② 控制用控制图。控制用控制图由分析用控制图转化而来,用于对生产过程进行连续监控。生产过程中,按照确定的抽样间隔和样本大小抽取样本,在控制图上描点,判断是否处于受控状态。

3) 控制图的判别规则

控制图的判别规则具体如下。

(1) 分析用控制图。

若控制图上的数据点同时满足表 7-5 所示的规则,则认为生产过程处于控制状态。

表 7-5 分析用控制图判别规则

规 则		具体描述
规则 1:绝大多数数据点在控制界限内	1	连续 25 点中没有一点在控制界限外
	2	连续 35 点中最多只有一点在控制界限外
	3	连续 100 点中最多只有两点在控制界限外
规则 2:数据点排列无右边的 1~8 种异常现象	1	连续 7 点或更多点在中心线同一侧
	2	连续 7 点或更多点单调上升或下降
	3	连续 11 点中至少有 10 点在中心线同一侧
	4	连续 14 点中至少有 12 点在中心线同一侧
	5	连续 17 点中至少有 14 点在中心线同一侧
	6	连续 20 点中至少有 16 点在中心线同一侧
	7	连续 3 点中至少有 2 点落在 2σ 与 3σ 界限之间
	8	连续 7 点中至少有 3 点落在 2σ 与 3σ 界限之间

第七章 质量控制与品牌管理

(2) 控制用控制图。

控制用控制图中的数据点同时满足下面的规则，则认为生产过程处于统计控制状态。

规则 1：每一个数据点均落在控制界限内；

规则 2：控制界限内数据点排列无异常情况(参见分析用控制图规则 2)。

4) 控制图的应用程序

以均值与极差控制图为例说明控制图的制作与分析方法。均值与极差控制图是 $\bar{x}$ 图(均值控制图)和 R 图(极差控制图)联合使用的一种控制图，前者用于判断生产过程是否处于或保持在所要求的受控状态，后者用于判断生产过程的标准差是否处于或保持在所要求的受控状态。$\bar{x}–R$ 常用于控制产品尺寸、重量、强度、厚度等计量值。

例：某公司新引进一台自动裁切设备，该设备可自动裁切出长度为 49.50mm 的产品，对该产品的长度要求为 49.50±0.10(mm)，为对该设备生产过程实施连续控制，试设计均值-极差控制图。

解：

(1) 数据的选取与分组。

本例中要求统计人员每隔 2 个小时，从生产过程中抽取 5 个成品，测量其长度值，形成一组大小为 5 的样本，一共收集 25 组样本。

(2) 计算每组的样本均值 $\bar{x}$ 和极差 R。

各组均值计算公式：$\bar{x} = \dfrac{1}{n}\sum_{i}^{n} x_i$；各组极差计算公式：$R = x_{\max} - x_{\min}$，$i = 1,2,\cdots,k$ (7.4)

具体计算结果如表 7-6 所示。

表 7-6 某产品长度各组均值和极差

组号	1	2	3	4	5	6	7	8	9	10	11	12	13
均值	49.49	49.52	49.50	49.50	49.53	49.51	49.50	49.50	49.51	49.53	49.50	49.51	49.49
极差	0.06	0.07	0.06	0.06	0.11	0.12	0.10	0.06	0.12	0.09	0.11	0.06	0.07
组号	14	15	16	17	18	19	20	21	22	23	24	25	
均值	49.53	49.49	49.50	49.51	49.51	49.51	49.50	49.52	49.50	49.50	49.50	49.52	
极差	0.10	0.09	0.05	0.07	0.06	0.05	0.08	0.10	0.06	0.09	0.05	0.11	

(3) 计算总平均值 $\bar{\bar{x}}$ 和极差平均值 $\bar{R}$：

$$\bar{\bar{x}} = \dfrac{1}{k}\sum_{i=1}^{k} \bar{x}_i = 49.5072; \quad \bar{R} = \dfrac{1}{k}\sum_{i=1}^{k} R_i = 0.0800 \tag{7.5}$$

(4) 计算上下控制界限和中心线。

$\bar{x}$ 图的控制界限计算：

$$\begin{aligned} \text{UCL} &= \bar{\bar{x}} + A_2 \bar{R} = 49.5072 + 0.58 \times 0.0800 = 49.5536 \\ \text{CL} &= \bar{\bar{x}} = 49.5072 \\ \text{LCL} &= \bar{\bar{x}} - A_2 \bar{R} = 49.5072 - 0.58 \times 0.0800 = 49.4608 \end{aligned} \tag{7.6}$$

R 图的控制界限计算：

$$UCL = D_4\bar{R} = 2.11 \times 0.0800 = 0.1688$$
$$CL = \bar{R} = 0.0800 \quad (7.7)$$
$$LCL = D_3\bar{R} < 0$$

以上两式中，A_2、D_4、D_3 均可从相关控制图系数表(见表 7-7)中查出：当 $n=5$，$A_2=0.577$，$D_3<0$，$D_4=2.115$。

表 7-7 系数 A_2、D_4、D_3 表

每组样本数 n	A_2	D_4	D_3	每组样本数 n	A_2	D_4	D_3
2	1.88	3.27	—	7	0.42	1.92	0.08
3	1.02	2.57	—	8	0.37	1.86	0.14
4	0.73	2.28	—	9	0.34	1.82	0.18
5	0.58	2.11	—	10	0.31	1.78	0.22
6	0.48	2.00	—				

(5) 制作控制图。

以样本各组编号为横轴坐标，各样本的均值和极差为纵坐标，在控制图上描点，如图 7-6 所示。

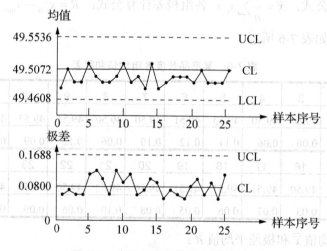

图 7-6 产品长度的均值极差控制图

3. 排列图

帕累托原理是意大利经济学家帕累托在分析意大利社会财富分布状况时得出的"关键的少数和次要的多数"的结论。排列图(又称柏拉图、Pareto 图)是基于帕累托原理，其主要功能是帮助人们确定那些相对少数但重要的问题，以使人们把精力集中于这些问题的改进上。在任何过程中大部分缺陷也通常是由相对少数的问题引起的。对于过程质量控制，排列图常用于不合格品数或缺陷数的分类分析。社会财富分配的帕累托比例参见图 7-7。

第七章　质量控制与品牌管理

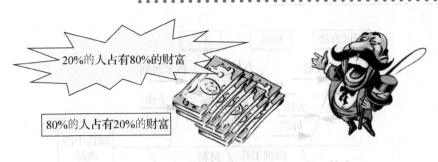

图 7-7　社会财富分配的帕累托比例图

例：对某厂生产的铸铁件进行抽样检验，抽出不合格品共 160 个，造成不合格的因素中：1.气孔占 50%；2.夹砂占 29%；3.裂纹占 10%；4.浇铸不足占 6%；5.其他占 5%。画出排列图(见图 7-8)，柱图为不合格数分类统计量，折线图为累积比例。可以看出前两种因素占 79%，应作为亟须解决的关键因素，若把这两个因素消除，铸铁质量将大大提高。

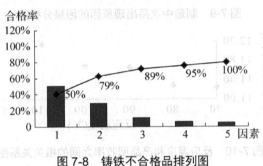

图 7-8　铸铁不合格品排列图

4．因果图

因果图是由日本质量学家石川馨发明的，是用于寻找造成质量问题的原因、表达质量问题因果关系的一种图形分析工具。一个质量问题的产生，往往不是一个因素，而是多种复杂因素综合作用的结果。通常，可以从质量问题出发，首先分析那些影响产品质量的最大原因，进而从大原因出发寻找中原因、小原因和更小的原因，并检查和确定主要因素。这些原因可归纳成原因类别与子原因，形成类似鱼刺的样子，因此因果图也称为鱼刺图。图 7-9 是在制造中出现次品后，寻找其原因形成的因果图。从图中可以看出，原因被归为工人、机械、测试方法等 6 类，每一类下面又有不同的子原因。

5．分层法

分层法是将不同类型的数据按照同一性质或同一条件进行分类，从而找出其内在的统计规律的统计方法。常用分类方式有：按操作人员分、按使用设备分、按工作时间分、按使用原材料分、按工艺方法分、按工作环境分等。

6．散布图

散布图又称散点图、相关图，是表示两个变量之间相关关系的图表法。横坐标通常表示原因特性值，纵坐标表示结果特性值，交叉点表示它们的相关关系。相关关系可以分为：正相关、负相关、不相关。图 7-10 表示了某化工厂产品回收率和反应温度之间的相关关系，可以看出，两个变量之间存在正相关关系。

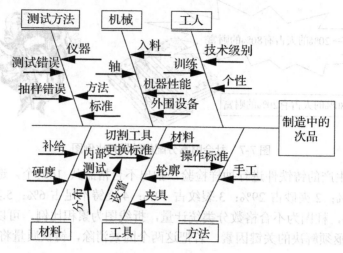

图7-9 制造中次品出现原因的因果分析图

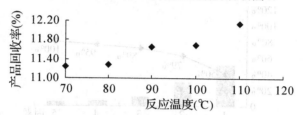

图7-10 反应温度和产品回收率之间的相关关系图

7. 检查表

检查表又名核查表、调查表、统计分析表，是利用统计表对数据进行整体和初步原因分析的一种表格型工具，常用于其他工具的前期统计工作。表7-8为不合格品分项检查表。

表7-8 不合格品分项检查表

不合格项目	检查记录	小 计
表面缺陷	正正正正	20
砂眼	正	5
形状不良	一	1
裂纹	正正正一	16
其他	正正	10

三、最新质量控制技术

质量控制新七种工具(见表7-9)是日本质量管理专家于20世纪70年代末提出的，用于全面质量管理PDCA的计划阶段。它们与上述主要运用于生产过程质量控制和预防的七种质量控制工具相互补充，共同致力于产品和服务质量的提高。

表 7-9 质量控制的新七种工具

概念及其含义	图 示
关联图是用于将关系纷繁复杂的因素按原因-结果或目标-手段等有逻辑性地连接起来的一种图形方法。主要用箭头线表示事物之间的因果关系，以群体的方式解决问题	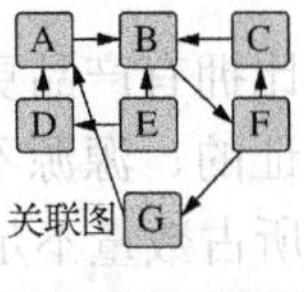A B C D E F G 关联图
PDCA 法，又称过程决策程序图法，是将运筹学中的过程决策程序图应用于质量管理和控制。它是指在制订达到质量目标的实施计划时加以全面分析，对于影响质量的各种障碍进行预测，从而制定相应的处置方案和应变措施，尽早消除可能引起质量波动的各种因素	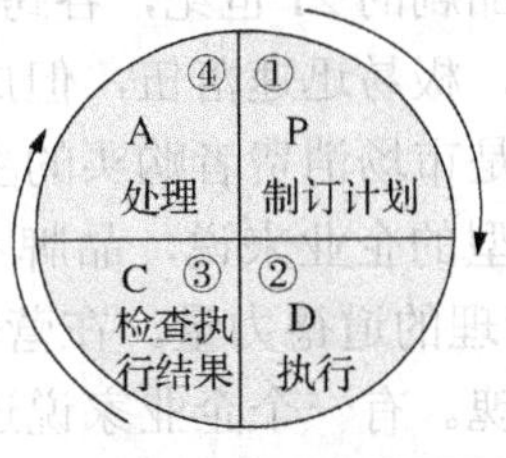④ A 处理 ① P 制订计划 C ③ 检查执行结果 ② D 执行
亲和图是用于归纳、整理由头脑风暴法产生的意见、想法等语言文字资料，根据它们之间的亲近关系加以归类、汇总的一种图示方法。别名为卡片法、KJ 法、A 型图解法	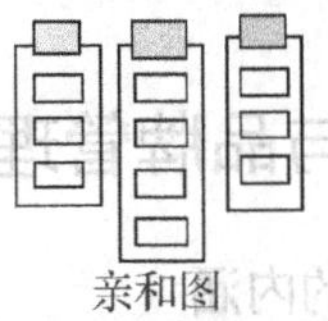亲和图
树图也叫系统图，是一种通过对目的和手段进行系统的展开，以寻求解决问题、实现目标的最佳手段和措施的分析方法。主要有“构成要素展开型”和“因果展开型”两类	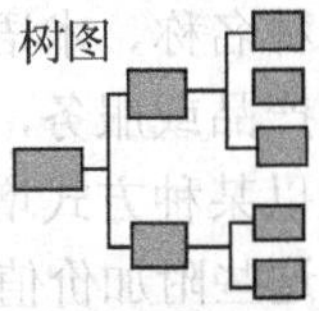树图
矩阵图是以矩阵的形式展示相关事项中各个子要素之间的相互关系及其强弱的图形。它由对应事项、事项中的具体元素和对应元素交点处表示相关关系的符号构成。主要是为了寻求解决问题的着眼点	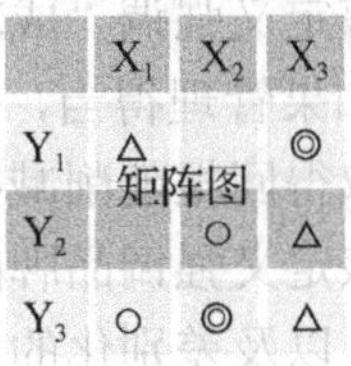X1 X2 X3 Y1 △ ◎ 矩阵图 Y2 ○ △ Y3 ○ ◎ △
箭线图法，又称矢线图法，是计划评审技术、关键路径法在质量管理中的应用。是制订某项工作的最佳日程计划和有效进行质量进度管理的一种质量控制技术。箭线图主要由圆圈、箭线和虚箭线构成，把所有的作业(或活动)组成一个系统，便于从整体上进行质量控制	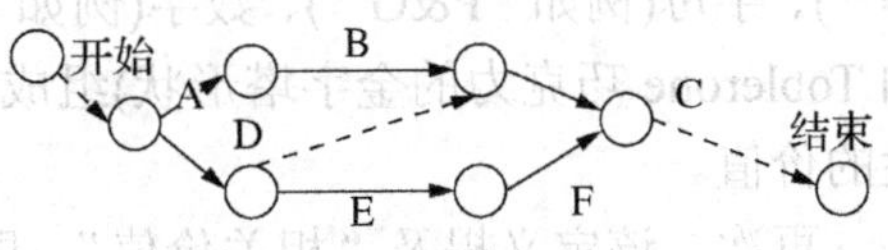开始 A B C D E F 结束
头脑风暴法也称集思广益法，它是采用会议的方式，提前设定好准备讨论的质量问题，引导每个人广开言路、激发灵感，畅所欲言地发表独立见解的一种集体创造思维的方法	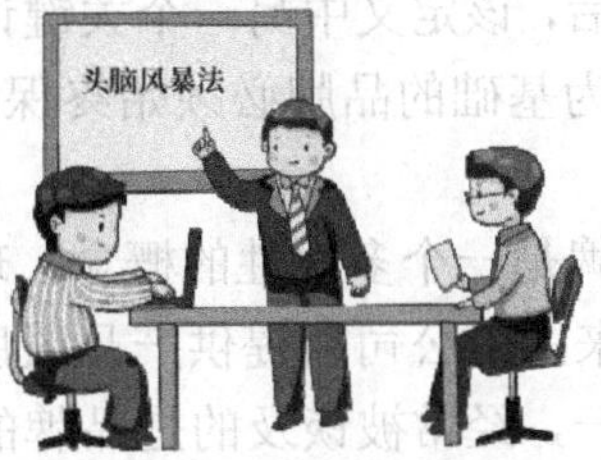头脑风暴法

第三节 品牌管理

拥有品牌比拥有产品更重要。品牌是有价值的资产，如果品牌管理得当，那么它们就能够提供有保证的、源源不断的预期收入。联合国工业计划署的一项调查显示，名牌在所有产品品牌中所占数量不足3%，但所占市场份额却在40%以上，销售额占50%以上。在经济一体化加剧的21世纪，各跨国公司间的竞争也更多地表现为品牌的竞争。产品可以被竞争者模仿，极易迅速落伍，但成功的品牌却能持久不坠，品牌的价值将长期影响企业。

品牌是市场消费者购买的主体。对于很多企业来说，品牌的内涵就是企业文化，所以，对这种类型的企业来说，品牌不仅是对外(分销商、消费者)销售的利器，也是对内(员工、供应商)管理的道德力量。在营销中，品牌是唤起消费者重复消费的最原始动力，是消费市场上的灵魂。有一个企业家说过："没有品牌，企业就没有灵魂；没有品牌，企业就失去了生命力。"

一、品牌与品牌管理

1. 品牌的内涵

品牌是一种名称、术语、标记、符号或图案，或它们的结合，用以识别某个消费者或某消费群体的产品或服务，并使之与竞争对手的产品和服务相区别。一个成功的品牌是可辨认的，它能以某种方式增加自身的意义，使卖方或用户察觉到相关的、独特的、可持续的附加价值，这些附加价值最可能满足他们的需要。

首先，该定义强调"成功的品牌"。开发一个成功的品牌需要时间和金钱，这实际上是一项投资，如果管理得当，将产生丰厚的利润。如果对自己的品牌投资采取短视态度，因为没有很快取得回报就削减投资或改变品牌战略，就很难建立起成功的品牌。

其次，该定义强调品牌的"可辨认"。品牌的功能之一就是使人迅速认知。品牌是有效的认知工具，以及差别化的工具。但是注意，品牌区别于"商标"。商标是一个名称、标识或象征，用来区分一个企业的产品和服务与其他企业的不同。它可以由词语(例如"联合利华")、字母(例如"P&G")、数字(例如"No.5")、象征物(例如麦当劳的金色拱门)或形状(例如Toblerone巧克力的金字塔形状)组成。品牌不同于商标的地方在于它提供了功能性和情感性的价值。

再次，该定义提及"相关价值"。即为了使产品或服务从简单的商品转向品牌商品，需要竭力提高商品的价值，使得核心提供品增值。

最后，该定义中另一个关键词是"持续的"。以产品为基础的品牌需要保持先进的技术，以服务为基础的品牌必须始终保持优秀的交付过程。维持品牌的功能性价值是一项艰巨的任务。

品牌是一个多面性的概念。理解品牌性质的一个很好的工具是"品牌冰山"。露出来的15%用来区分公司所提供产品或服务的名称或标语，水下的85%则是不变的质量水平的保证。第一，经常被谈及的是品牌的可见部分(名称或标语)，而非组织内部不可见的价值附加过程，但正是该过程使品牌拥有竞争优势。第二，品牌的竞争优势不仅围绕市场营销，而

第七章 质量控制与品牌管理

且包括了其他公司内部因素，有公司员工、研发能力、客户服务、物流等。

2. 品牌管理

企业品牌管理就是建立、维护、巩固品牌的全过程。通过品牌管理有效监管、控制品牌与消费者之间的关系，最终形成品牌的竞争优势，使企业行为更忠于品牌核心价值与精神，从而使品牌保持持续竞争力。

品牌管理的基本步骤包括：①了解产业环境，确认自己的优势和劣势，确定核心竞争力所在的环节；②形成企业的长期发展目标及可操作的价值观(企业文化)；③建立完整的企业识别系统，并形成维护管理系统；④确立品牌与消费者的关系，进行品牌定位；⑤确立品牌策略及品牌识别；⑥明确品牌责任归属，建立品牌结构，组织运作管理；⑦整合营销传播计划并执行，确保品牌与消费者的每一个接触点都能传达有效信息；⑧直接接触消费者，持续记录，建立品牌档案，进行品牌跟踪与诊断；⑨建立评估系统，跟踪品牌资产，进行品牌评估；⑩保持一致地投资某品牌，不轻易改变。

3. 品牌的发展历程

自1931年P&G的尼尔·麦克尔罗伊提出品牌经理制以来，品牌日益成为提升企业竞争力的主要源泉。实业界的操作需求带来了品牌管理理论研究的繁荣。西方品牌理论研究大致经历了以下五个阶段。

(1) 研究阶段。这一阶段主要对品牌的内涵和外延(如品牌定义、品牌命名、品牌标识、商标等)做出了规范，自此品牌研究成为营销理论研究的热点领域(Light、King)。

(2) 战略阶段。这一阶段开始将品牌经营提到战略的高度，从品牌塑造的角度提出了许多战略性的品牌理论，如Ogilvy的品牌形象论(1963)、Ries和Trout的品牌定位论(1971)、Keller和Aaker的品牌延伸研究系列等。

(3) 资产阶段。20世纪80年代以来频频发生的品牌并购案、频繁的价格战，使得企业更加重视品牌的市值和增值，从而带动了品牌资产理论研究热潮。卢泰宏等人(2000)从概念模型的角度将品牌资产理论研究分为三类：财务会计概念模型、基于市场的品牌力概念模型、基于消费者的概念模型。第一类的成果表现为Interbrand和Finance World的品牌资产评估模型，第二类的核心文献是Pitta和Katsanis的《九十年代品牌资产管理计划》，第三类重要成果为Aaker的品牌资产五星模型(1991)、Keller的基于消费者的品牌资产模型(1993)等。

(4) 管理阶段。为保证品牌资产的长期发展，品牌必须设有专门的组织和规范的指南进行管理。这一阶段出现了大量的论著，包括Aaker的著作《管理品牌资产》(1991)和《品牌领导》(2000)、Kapferer的著作《战略品牌管理》(1992、1995、1997)、Keller的同名著作(1993)及论文"品牌报告卡"(The Brand Report Card，2000)等。

(5) 关系阶段。从这一阶段开始，品牌与消费者的关系(简称品牌关系，下同)逐渐成为品牌理论研究焦点，核心文献包括Blackston的品牌关系概念模型(1992、1995)、Fournier的品牌关系分析架构(1994、1998)以及Aggarwal的品牌关系交往规范研究(2001)等。

二、品牌命名与设计

通常来说，商业品牌视觉感知固然极为重要，然而品牌命名才是创立品牌的第一步。

说到命名，不由得想起孔子的那句："名不正，则言不顺；言不顺，则事不成"，并且根据这句经典延伸出的一个成语：名正言顺！一个好的名字，是一个企业、一种产品拥有的一笔永久性的精神财富。一个企业，只要其名称、商标一经登记注册，就拥有了对该名称的独家使用权。一个好名字能时时唤起人们美好的联想，使其拥有者得到鞭策和鼓励。

1. 品牌命名的流程

品牌命名的流程具体如下。

1) 前期调查

在取名之前，应该先对目前的市场情况、未来国内市场及国际市场的发展趋势、企业的战略思路、产品的构成成分与功效以及人们使用后的感觉、竞争者的命名等情况进行摸底，并且最好以消费者的身份去使用这种产品，以获得切身感受，这非常有助于灵感的产生。

2) 选择命名策略

前期调查工作结束后，便要针对品牌的具体情况，选择适合自己的命名策略。一般情况下，功效性的命名适合于具体的产品名；情感性的命名适合于包括多个产品的品牌名；无意义的命名适合产品众多的家族式企业名；人名适合于传统行业，有历史感；地名适合于以产地闻名的品牌；动植物名给人以亲切感；新创名则适用于各类品牌尤其是时尚、科技品牌。在未正式定名之前，可以尝试各种策略。

3) 动脑会议(头脑风暴法)

在确定策略后，可以召开动脑会议，火花碰撞。在动脑会议上，任何怪异的名称都不应得到责难，都应该记下来。一次动脑会议也许得不到一个满意的结果，但可以帮助我们寻找到一些关键的词根，这些词根是命名的大致方向。

4) 名称发散

由1个字联想到100个词语，由1个词语，发展出无数个新的词语，在这个阶段，是名称大爆发的阶段，发动公司所有的人，甚至向社会征集，名称越多越好。

5) 法律审查

由法律顾问对所有名称从法律的角度进行审查，去掉不合法的名称，对无法确定而又非常好的名称，应先予保留。

6) 语言审查

由文字审核人员对所有名称进行审核，去除有语言障碍的名称。

7) 内部筛选

在公司内部，对剩下的名称进行投票，筛选出较好的10~20个名称。

8) 测试

将筛选出的名称，对目标人群进行测试，根据测试结果，选择出比较受欢迎的2~5个名称。

9) 确定名称

如果命名机构是受委托的，这时就要与客户一起，从最后的几个名称中决定出最终的命名。

2. 品牌命名的原则

品牌命名应遵循以下原则。

1) 可保护性

合法是指能够在法律上得到保护，这是品牌命名的首要前提。再好的名字，如果没有注册，得不到法律保护，就不是真正属于自己的品牌。

米勒公司(Miller)推出一种淡啤酒，取名为 Lite，即淡字的英文 light 的变异，生意兴旺，其他啤酒厂纷纷仿效，也推出以 Lite 命名的淡啤酒，由于 Lite 是直接描绘某类特定产品的普通词汇，法院判决不予保护，因此，米勒公司失去了对 Lite 的商标专用权。由此可见，一个品牌是否合法即能否受到保护是多么重要。

2) 可适应性(文化禁忌)

由于世界各国、各地区的历史文化、风俗习惯、价值观念等存在一定差异，使得消费者对同一品牌的看法也会有所不同。在这一个国家是非常美好的意思，到了另一个国家，其含义可能会完全相反。比如蝙蝠在我国，因蝠与福同音，被认为有美好的联想，因此在我国有"蝙蝠"电扇，而在英语里，蝙蝠的英文 Bat 却是吸血鬼的意思。

我国的绝大多数品牌，由于只以汉字命名，在走出国门时，便让当地人不明所以，有一些品牌采用汉语拼音作为变通方式，被证明也是行不通的，因为外国人并不懂拼音所代表的含义。例如长虹，以其汉语拼音 CHANGHONG 作为附注商标，但 CHANGHONG 在外国人眼里却没有任何含义。而海信，则具备了全球战略眼光，注册了"HiSense"的英文商标，它来自 high sense，是"高灵敏、高清晰"的意思，这非常符合其产品特性。同时，high sense 又可译为"高远的见识"，体现了品牌的远大理想。

可以说，品牌名已成为国内品牌全球化的一道门槛，在中国品牌的国际化命名中，由于对国外文化的不了解，使得一些品牌出了洋相。"芳芳"牌化妆品在国外的商标被翻译为"FangFang"，而 fang 在英文中是指"有毒的蛇牙"，如此一来，还有谁敢把有毒的东西往皮肤上抹，芳芳化妆品在国际上受挫也就是情理之中的事情了。当然，除了国内品牌，国际品牌在进入不同的国家和地区时，也有犯错的时候。Whisky 是世界知名的酒类品牌，进入中国内地，被译成"威士忌"，被认为是"威严的绅士忌讳喝它"，所以男士们自然对它有所顾忌。而 Brandy 译成"白兰地"，被认为是"洁白如雪的兰花盛开在大地上"，意境优美之极，自然男士们更愿意喝它。

3) 易记忆

为品牌取名，也要遵循简洁的原则。如今，我们耳熟能详的一些品牌，莫不如此，青岛、999、燕京、白沙、小天鹅、方太、圣象等，都非常简单好记。IBM 是全球十大品牌之一，身为世界上最大的电脑制造商，它被誉为"蓝色巨人"。它的全称是"国际商用机器公司"(International Business Machines)，这样的名称不但难记忆，而且不易读写，在传播上首先就自己给自己制造了障碍，于是，国际商用机器公司设计出了简单的 IBM 的字体造型，对外传播，终于造就了其高科技领域的领导者形象。

4) 易传播

吉普(Jeep)汽车的车身都带有 GP 标志，并标明是通用型越野车，Jeep 即是通用型的英文 general purpose 首字母缩写 GP 的发音。但有另一种来源之说，称其来源于一部连环画中的一个怪物，这个怪物总是发出"吉——普，吉——普"的声音。

5) 正面联想

金字招牌金利来，原来取名"金狮"，在香港人看来，便是"尽输"，香港人非常讲究吉利，面对如此忌讳的名字自然无人光顾。后来，曾宪梓先生将 Goldlion 分成两部分，前部分 Gold 译为金，后部分 lion 音译为利来，取名"金利来"之后，情形大为改观，吉祥如意的名字立即为金利来带来了好运，可以说，"金利来"能够取得今天的成就，其美好的名称功不可没。

6) 产品属性

有一些品牌，人们从它的名字一眼就可以看出它是什么类型的产品，例如脑白金、五粮液、雪碧、高露洁、创可贴等。劲量用于电池，恰当地表达了产品持久强劲的特点；固特异用于轮胎，准确地展现了产品坚固(而)耐用的属性。它们中的一些品牌，甚至已经成为同类产品的代名词，让后来者难以入手。商务通的命名，使得它几乎成为掌上电脑的代名词，消费者去购买掌上电脑时，大多数人会直接指名购买商务通，甚至以为商务通即掌上电脑，掌上电脑即商务通。

需要指出的是，与产品属性联系比较紧密的这类品牌名，大多实施专业化策略。如果一个品牌需要实施多元化战略，则其品牌名与产品属性联系越紧密，则对其今后的发展越不利。

7) 可转换性(多元延伸)

品牌在命名时就要考虑到，即使品牌发展到一定阶段时也要能够适应，对于一个多元化的品牌，如果品牌名称和某类产品联系太紧密，就不利于品牌今后扩展到其他产品领域。通常，一个无具体意义而又不带任何负面效应的品牌名，比较适合于今后的品牌延伸。

例如索尼(SONY)，不论是中文名还是英文名，都没有具体的内涵，仅从名称上，不会联想到任何类型的产品，这样，品牌可以扩展到任何产品领域而不致作茧自缚。

3. 品牌命名的策略

简单的命名策略一般有以企业名称命名(海尔、格力、中粮)、以产品的主要功效命名(泻立停)、以数字命名(999、555)、以产品产地命名(云南白药、贵州百灵)、以人名命名(王守义十三香、王致和)、以动物名称命名(雕牌、大白兔奶糖、三只松鼠)、以植物名称命名(五粮液、露露杏仁露)、以时间命名(茅台1573)、以色彩命名(绿地、女儿红)、以美好形象替代原有名称(好想你、花花公子、奔驰)等。

三、品牌塑造

品牌塑造是指给品牌以某种定位，并为此付诸行动的过程或活动。品牌塑造是一个系统的长期的工程，品牌知名度、美誉度和忠诚度是品牌塑造的核心内容。品牌形象塑造可采取"四步走"的路径，即品牌定位、品牌形象设计、品牌形象整合传播、品牌形象建设及维护。

"好的品牌定位是品牌成功的一半"。品牌定位是为了让消费者清晰地识别和记住品牌的特征及品牌的核心价值。在产品研发、包装设计、广告设计等方面都要围绕品牌定位去做。如舒肤佳的品牌定位就是"除菌"，多年来舒肤佳广告始终是"除菌"，通过一次次加深消费者的记忆，最终达到想"除菌"就选舒肤佳的目的。定位理论指出消费者对过多的

第七章 质量控制与品牌管理

信息、品牌倾向于排斥，消费者在购买某类别或特性的商品时，更多地优先选择该类别或特性商品的代表品牌，如购买可乐，选择可口可乐；购买创可贴时，选择邦迪；购买安全的汽车时，选择沃尔沃。此时，企业经营要由市场转向消费者心智，企业全力以赴的，是让品牌在消费者的心智中，占据某个类别或特性的定位，即成为该品类或特性的代表品牌。使其成为消费者产生相关需求时的首选。

　　塑造品牌三大法宝的第一个法宝是广告语。广告语是品牌、产品、企业在市场营销传播的口号、主张和宣传主题及理念，包括品牌定位。塑造品牌三大法宝的第二个法宝是形象代言人。它是品牌的形象标识(最好自制卡通形象，明星风险大，成本又高)。形象代言人最能代表品牌个性及诠释品牌和消费者之间的感情、关系，致使许多形象代言人成为该产品的代名词。形象代言人能一下拉近品牌与消费者之间的关系：像朋友，又像邻居，像家人一样毫不陌生、亲切熟悉，品牌个性具象之至，甚为传神。

　　品牌知名度是指潜在购买者认识到或记起某一品牌是某类产品的能力。它涉及产品类别与品牌的联系。品牌知名度被分为 3 个明显不同的层次。品牌知名度的最低层次是品牌识别，但在购买者选购品牌时却是至关重要的，品牌识别可以让消费者找到熟悉的感觉。人们喜欢熟悉的东西，熟悉这一产品就足以让人们做出购买决策。研究表明，无论消费者接触到的是抽象的图画、名称、音乐还是其他东西，接触的次数与喜欢程度之间呈正相关关系。另一个层次是品牌回想。品牌回想往往与较强的品牌定位相关联，品牌回想往往能左右潜在购买者的采购决策。采购程序的第一步常常是选择一组需考虑的品牌作为备选组，能够想到的第一家公司就占有优势，而不具有品牌回想的厂商则没有任何机会。首选这是一个特殊的状态，是品牌知名度的最高层次。确切地说，这意味着该品牌在人们心目中的地位高于其他品牌。如果企业拥有这样的主导品牌，就有了强有力的竞争优势。

　　品牌忠诚度是衡量品牌诚信的指标。由消费者长期反复地购买使用品牌，并对品牌产生一定的信任、承诺、情感维系，乃至情感依赖而形成。品牌忠诚度高的顾客对价格的敏感度较低，愿意为高质量付出高价格，能够认识到品牌的价值并将其视为朋友与伙伴，也愿意为品牌做出贡献。品牌忠诚度是品牌价值的核心。它由五级构成：①无品牌忠诚者。这一层消费者会不断更换品牌，对品牌没有认同，对价格非常敏感。哪个价格低就选哪个，许多低值易耗品、同质化行业和习惯性消费品都没有什么忠诚品牌。②习惯购买者。这一层消费者忠于某一品牌或某几种品牌，有固定的消费习惯和偏好，购买时心中有数，目标明确。如果竞争者有明显的诱因，如价格优惠、广告宣传、独特包装、销售促进等方式鼓励消费者试用，让其购买或续购某一产品，就会进行品牌转换，购买其他品牌。③满意购买者。这一层的消费者对原有消费者的品牌已经相当满意，而且已经产生了品牌转换风险忧虑，也就是说购买另一个新的品牌，会有风险，会有效益上的风险、适应上的风险等。④情感购买者。这一层的消费者对品牌已经有一种爱和情感，某些品牌是他们情感与心灵的依托，如一些消费者天天用中华牙膏、雕牌肥皂，一些小朋友天天喝娃哈哈奶，可口可乐改配方招致了游行大军，等等，能历久不衰，就是已经成为消费者的朋友，生活中不可缺的用品，且不易被取代。⑤忠诚购买者。这一层是品牌忠诚的最高境界，消费者不仅对品牌产生情感，甚至引以为傲。如欧米茄表、宝马车、劳斯莱斯车、梦特娇服装、鳄鱼服饰、耐克鞋的购买者都持有这种心态。

四、品牌战略

1. 单一品牌战略

单一品牌又称统一品牌，它是指企业所生产的所有产品都同时使用一个品牌的情形。这样在企业不同的产品之间形成了一种最强的品牌结构协同，使品牌资产在完整意义上得到最充分的共享。单一品牌战略的优势不言而喻，商家可以集中力量塑造一个品牌形象，让一个成功的品牌附带若干种产品，使每一个产品都能够共享品牌的优势。比如，大家熟知的海尔就是单一品牌战略的代表，一个成功的海尔品牌，使得海尔的上万种商品成为名牌商品，单一品牌战略的优势尽显其中。单一品牌的另一个优势就是品牌宣传的成本要低，这里面的成本不仅仅指市场宣传、广告费用的成本，同时还包括品牌管理的成本，以及消费者认知的清晰程度。单一品牌更能集中体现企业的意志，容易形成市场竞争的核心要素，避免消费者在认识上发生混淆，也不需要在各个品牌之间进行协调。当然，作为单一的品牌战略，也存在着一定的风险，它有"一荣俱荣"的优势，同样也具有"一损俱损"的危险。如果某一品牌名下的某种商品出现了问题，那么在该品牌下附带的其他商品也难免会受到株连，以至整个产品体系可能面临重大的灾难。作为单一品牌缺少区分度，差异性小，往往不能区分不同产品独有的特征，这样不利于商家开发不同类型的产品，也不便于消费者们有针对性地选择。因而在单一品牌中往往出现"副品牌"。副品牌能几乎不花钱就让消费者感受到全新一代和改良产品的问世，创造全新的卖点，妙趣横生而获得了新的心理认同。副品牌策略只要巧加运用，便能在不增加预算的前提下低成本地推动新产品的成功。副品牌还能给主品牌注入新鲜感和兴奋点，提升主品牌的资产。

2. 多品牌战略

一个企业同时经营两个以上相互独立、彼此没有联系的品牌的情形，就是多品牌战略。众所周知，商标的作用是就同一种商品或服务，区分不同的商品生产者或者服务提供者。一个企业使用多种品牌，所具有的功能就不仅仅是先区分其他的商品生产者，也包括区分自己的不同商品。多品牌战略为每一个品牌各自营造了一个独立的成长空间。多品牌的优势在于，它可以根据功能或者价格的差异进行产品划分，这样有利于企业占领更多的市场份额，面对更多需求的消费者；彼此之间看似竞争的关系，实际上很有可能壮大了整体的竞争实力，增加了市场的总体占有率；避免产品性能之间的影响，比如把卫生用品的品牌扩展到食品上，消费者从心理上来说就很难接受。而且，多品牌可以分散风险，某种商品出现问题了，可以避免殃及其他的商品。然而，多品牌也有缺点，例如：宣传费用的高昂，企业打造一个知名的品牌需要财力、人力等多方面的配合，如果想成功打造多个品牌自然要有高昂的投入作为代价；多个品牌之间的自我竞争；品牌管理成本过高，也容易在消费者中产生混淆。

采用多品牌战略的代表非"宝洁"莫属了。宝洁的原则是：如果某一个种类的市场还有空间，最好那些"其他品牌"也是宝洁公司的产品。因此宝洁的多品牌策略让它在各产业中拥有极高的市场占有率。举例来说，在美国市场上，宝洁有8种洗衣粉品牌、6种肥皂品牌、4种洗发精品牌和3种牙膏品牌，每种品牌的特征描述都不一样。以洗发水为例，我

第七章　质量控制与品牌管理

们所熟悉的有"飘柔",以柔顺为特长;"潘婷",以全面营养吸引公众;"海飞丝"则具有良好的去屑功效;"沙宣"强调的是亮泽。不同的消费者在洗发水的货架上可以自由选择,然而都没有脱离宝洁公司的产品。宝洁公司的策略是,不仅仅在不同种的商品上使用不同的商标,即使是在相同的商品上,由于功能的不同也使用不同的商标。当然,它为此也付出了高昂的市场成本和管理成本。然而我们不得不说,宝洁是成功的,近170年的辉煌历史,旗下约300个品牌,它在品牌战略中创造了一个奇迹。

在多品牌战略中,有些企业使用的并非功能划分,而是等级划分。也就是说,不同的品牌用于相同的商品,但是品质、级别不尽相同。比如,欧莱雅就选择了一个以档次为标准的区分。兰蔻、碧欧泉是它的高端产品,而羽西、美宝莲则是它相对低端的产品。即使是热衷化妆的女士们也不一定清楚以上所提及的四个品牌竟然都归属于欧莱雅公司,它们都各自占领着自己的市场份额,拥有不同层次的消费人群。有人不禁会问:为什么我们都知道"飘柔""潘婷"和"海飞丝"都是宝洁公司的产品,而鲜有人知悉兰蔻、碧欧泉、羽西和美宝莲的关系呢?原因在于宝洁公司使用了"背书品牌"。

宝洁在使用它的品牌的时候,总会指出"飘柔——宝洁公司优质产品"。背书品牌依附于产品,贯穿于整个公司品牌和项目品牌之中,背书品牌的管理通过在价值链的各环节实施,确保开发项目能够成为公司区别于其他品牌的鲜明特征。

为什么宝洁使用背书品牌而欧莱雅却不使用?其实仔细分析,我们可以看到宝洁公司也并非所有的品牌都使用了背书品牌的方式。在美容化妆品领域中,SK-Ⅱ以及玉兰油也同样是宝洁的产品,但是却没有使用背书品牌。就是因为宝洁在人们心目中已经成为大众消费品的代表,它大量出现在洗涤、卫生用品的领域,如果再把它使用在高档化妆品上,很可能会影响到这些产品的身价。再如"品客"薯片也是宝洁的产品,在这里它也不会使用"宝洁"的背书商标,因为这样会使消费者在购买薯片的时候联想到洗发水、洗衣粉等大家熟知的宝洁产品,而这样很有可能影响到它在公众心目中的形象。巴黎欧莱雅在化妆品领域中只能算是一个中档品牌,如果让它背书在兰蔻等高档产品之上显然是不合适的,所以在这种情况下,商家采用的是淡化总品牌的策略,让这些高端品牌以更优越的良好形象树立自己的品牌,打造自己的领地。通过这样的战略,反而提升了整体的竞争实力,也关照了不同档次的消费人群。

五、品牌管理策略

为了在消费者心目中建立起个性鲜明的、清晰的品牌联想的战略目标,品牌管理的职责与工作内容主要为:制定以品牌核心价值为中心的品牌识别系统,然后以品牌识别系统统率和整合企业的一切价值活动(消费者面临的是营销传播活动),同时优选高效的品牌化战略与品牌架构,不断地推进品牌资产的增值并且最大限度地合理利用品牌资产。

要高效创建强势大品牌,关键是围绕以下四个步骤做好企业的品牌管理工作。

(1) 规划以核心价值为中心的品牌识别系统。

进行全面科学的品牌调研与诊断,充分研究市场环境、目标消费群与竞争者,为品牌战略决策提供翔实、准确的信息导向;在品牌调研与诊断的基础上,提炼高度差异化、清晰明确、易感知、有包容性和能触动并感染消费者内心世界的品牌核心价值;规划以核心价值为中心的品牌识别系统,基本识别与扩展识别使核心价值具体化、生动化,使品牌识别与企业营销传播活动的对接具有可操作性；以品牌识别统率企业的营销传播活动，使每一次营销传播活动都演绎并传达出品牌的核心价值、品牌的精神与追求，确保企业的每一份营销广告投入都为品牌做加法，都为提升品牌资产做累积；制定品牌建设的目标，即品牌资产提升的目标体系。

(2) 优选品牌化战略与品牌架构。

战略规划很重要的一项工作是规划科学合理的品牌化战略与品牌架构。在单一产品的格局下，营销传播活动都是围绕提升同一个品牌的资产而进行的，而产品种类增加后，就面临很多难题，究竟是进行品牌延伸，新产品沿用原有品牌呢，还是采用一个新品牌？若新产品采用新品牌，那么原有品牌与新品牌之间的关系如何协调，企业总品牌与各产品品牌之间的关系又该如何协调？品牌化战略与品牌架构优选战略就是要解决这些问题。

在悟透各种品牌化战略模式的规律，并深入研究企业的财力、企业的规模与发展阶段、产品的特点、消费者心理、竞争格局与品牌推广能力等实际情况的基础上，按成本低又有利于企业获得较好的销售业绩、利润与实现培育强势大品牌的战略目标，优选出科学高效的品牌化战略模式。

(3) 进行理性的品牌延伸扩张。

创建强势大品牌的最终目的是持续获取较好的销售与利润。由于无形资产的重复利用是不需要成本的，只要有科学的态度与高超的智慧来规划品牌延伸战略，就能通过理性的品牌延伸与扩张充分利用品牌资源这一无形资产，实现企业的跨越式发展。因此，品牌战略管理的重要内容之一，就是对品牌延伸的下述各个环节进行科学和前瞻性规划，其中包括：如何提炼具有包容力的品牌核心价值；如何抓住时机进行品牌延伸和扩张；如何有效回避品牌延伸的风险；如何延伸产品和强化品牌的核心价值；如何成功推广新产品。

(4) 科学地管理各项品牌资产。

创建具有鲜明的核心价值与个性、丰富的品牌联想、高品牌知名度、高溢价能力、高品牌忠诚度和高价值感的强势大品牌，累积丰厚的品牌资产。

首先，要完整理解品牌资产的构成，透彻理解品牌资产各项指标，如知名度、品质认可度、品牌联想、溢价能力、品牌忠诚度的内涵及相互之间的关系。在此基础上，结合企业的实际，制定品牌建设所要达到的品牌资产目标，使企业的品牌创建工作有一个明确的方向，做到有的放矢并减少不必要的浪费。

其次，在品牌宪法的原则下，围绕品牌资产目标，创造性地策划低成本提升品牌资产的营销传播策略。同时，要不断检核品牌资产提升目标的完成情况，调整下一步的品牌资产建设目标与策略。

本 章 小 结

本章首先论述了质量和质量管理的概念及其发展历程，而后比较详细地讨论了全面质量管理的定义、构成及其基本特征，并阐述了全面质量管理的地位和作用。接着，论述了ISO 9000族标准产生的社会背景、基础及其发展历程，阐述了质量管理的八大原则。然后，重点讲述了质量控制技术的概念、常用的质量控制工具及最新的质量控制技术。最后，分析了品牌的内涵及命名策略、品牌与名牌的区别，提出了品牌塑造策略。

第七章 质量控制与品牌管理

复习思考题

1. 什么是质量？什么是质量管理？
2. 简述 2000 版 ISO 9000 族标准的构成。
3. 直方图的用途是什么？绘制步骤是什么？
4. 控制图的基本类型有哪些？
5. 排列图和因果图有何区别？
6. 什么是散布图？用散布图可以表示两个变量的哪些关系？
7. 质量控制的"新七种工具"有哪些？
8. 简述品牌的内涵及品牌与名牌的区别。
9. 品牌命名原则和方法有哪些？
10. 品牌塑造的策略有哪些？如何规划品牌结构体系？

第八章 设备管理与物资管理

学习要点及目标

(1) 了解企业设备管理的概念、意义及发展历程。
(2) 熟悉设备选型的基本评价方法,包括定性评价和定量评价。
(3) 掌握设备的磨损规律和故障规律,了解常用的设备维修方法。
(4) 熟悉物资管理的内涵、意义及主要管理内容。
(5) 掌握物资消耗定额管理、物资供应计划和采购管理。
(6) 掌握常用的物资库存控制方法。

设备与物资管理.mp4　　　　　　设备与物资管理.PPT

设备管理　综合设备管理　全员设备维护　物资管理　物资消耗定额

TPM:告别"我只负责操作"的时代

在一家采用 TPM(Total Productive Maintenance,全员生产维护)技术的制造公司中,TPM 团队在一开始选择了一个冲床作为分析对象,对它进行了深入细致的研究和评估,经过一段较长时间的生产,建立了冲床生产使用和非生产时间的对比记录。一些团队成员发现冲床在几种十分相似状态下的工作效率相差很大。这个发现使他们开始考虑如何才能提高其工作状态。随后,他们就设计出一套先进的冲床操作程序,它包括为冲床上耗损的零部件清洁、涂漆、调整和更换等维护作业,从而使冲床处于具有世界级水平的制造状态。作为其中的一部分,他们对设备使用和维修人员的培训工作也进行了重新设计,开发了一个由操作人员负责检查的按日维护作业清单,并由工厂代理人协助完成某些阶段的工作。

在对一台设备成功进行全员生产维护后,其案例记录会表明 TPM 的确能大幅提高产品质量,厂方因而更加支持对下一台设备采用 TPM 技术,如此下去,就可以把整个生产线的

第八章　设备管理与物资管理

状态提高到世界级水平，公司的生产率也会显著提高。

(案例来源：宋文强. 图解TPM管理实务(案例实践版)[M]. 北京：化学工业出版社，2010.)

设备和物资管理是确保企业运营得以顺利开展的主要条件。由上述案例可知：TPM要求将设备的操作人员也当作设备维修中的一项要素，这就是TPM的一种创新。那种"我只负责操作"的观念在这里不再适用了。而例行的日常维修核查、少量的调整作业、润滑以及个别部件的更换工作都成了操作人员的责任。在操作人员的协助下，专业维修人员主要负责控制设备的过度耗损和主要停机问题。甚至是在不得不聘请外部或工厂内部维修专家的情况下，操作人员也应在维修过程中扮演显著角色。

工欲善其事，必先利其器。设备是制造产品、创造附加价值的利器，是企业生产运行的重要资源。在企业中，设备的质量状况、利用状况和设备的运行效率是企业生产管理的重要课题。此外，生产现场的作业活动就是劳动者借助劳动工具作用于劳动对象的过程，原材料等物资必须管理到位。本章首先介绍设备管理的内涵、发展历程、现实意义，接着介绍围绕设备选型、使用、维护保养、更新改造等生命周期实施管理。另外，本章也对物资管理的概念、意义、体制、任务进行说明，重点是物资消耗定额、供应与采购、仓储与控制等知识。

第一节　设 备 管 理

当前我国企业的设备管理工作颇有点冰火两重天的味道：传统的机械加工、装备制造业等离散型生产企业，其设备管理基本停滞于20世纪八九十年代的水平，整体上对维修管理现代化并不重视；而流程型生产企业则相对更重视设备工作，特别是长流程或高危行业，如石化、冶金、电力等，近30年来一直充当着现代设备管理引领者的角色。究其根源，设备故障或事故后果的严重程度，是最根本的因素。对离散型生产制造企业来说，设备故障甚至设备事故所造成的损失，至多是设备报废和伤手伤脚的人身事故，这些损失是一般企业都能忍受并可以容忍的；而流程型作业企业则不然，上述损失只占很小的比例，更严重的是由此导致的停产损失和人员死亡、环境污染等安全性危害。这些正是当前绝大多数流程型生产企业比离散型生产企业更加重视设备工作的根本原因：设备故障或事故，往往附带着企业难以承受的严重后果。总之，企业加强设备管理刻不容缓。

一、设备管理概述

(一)设备及其发展趋势

设备是企业的有形资产，是在使用过程中能基本保持原有实物形态，可以继续使用或反复使用的生产资料，如各种机器、车辆等，但不包括土地、建筑物和生产中耗用的工装模具。

随着科学技术的不断发展、生产工艺的不断改进，设备在性能、可靠性等方面有了很大的提高，现代设备正朝着以下方向发展：①精密化，如精密检验仪器、高精度机床等；②电子化，如数控机床、数控磨床等；③自动化；④多能化，也就是一机多能的设备，如加工中心、FMC(Flexible Manufacturing Cell，柔性加工单元)、FMS(Flexible Manufacturing System，柔性加工系统)等；⑤大型化或小型化。

(二)设备管理的概念

所谓设备管理，是指依据企业的生产经营目标，通过一系列的技术、经济和组织措施，对设备生命周期内的所有设备的物质运动形态和价值运动形态进行的综合管理工作。其中，设备生命周期指的是设备从规划、购置、安装、调试、使用、维修直至改造、更新或报废的全过程所经历的时间。

(三)设备管理的意义

在生产的机械化、自动化程度不断提高的今天，加强设备管理对企业的发展具有十分重要的意义。具体表现在以下几个方面。

(1) 加强设备管理，有助于保障生产的顺利进行。在生产过程中，企业的计划、交货期、生产监控等各方面的工作无不与设备管理密切相关，流水线上的任一设备发生故障都会影响生产的顺利进行。因此，设备管理的好坏直接影响到生产的进展状况。

(2) 加强设备管理，有利于提高企业的生产率。设备管理的好坏直接影响着产品的产量、质量和成本，因此，加强设备管理有利于提高企业的生产率，从而提高经济效益。

(3) 加强设备管理，有利于提高企业生产的现代化水平。通过加强设备管理，可以及时对设备进行维护、改造和更新，保证设备的正常使用和先进性，确保企业技术的先进性，并最终提高企业生产的现代化水平。

二、设备管理的发展历程

设备管理的发展过程经历了 5 个阶段，即事后修理、预防维修、生产维修、维修预防和设备综合管理。

1．事后修理

在事后修理这一阶段，设备管理最显著的特点是坏了再修、不坏不修，以事后修理模式为主。这种设备管理制度在西方工业发达国家一直持续到 20 世纪二三十年代。

2．预防维修

20 世纪 30 年代，市场竞争由自由竞争向垄断竞争过渡，工业企业进一步采用机器体系生产，生产规模更大、更集中，机器设备日益复杂，修理所占用的时间已成为影响生产的一个重要因素。为了加强设备管理，减少设备停工修理时间，出现了设备预防维修的制度。这种制度要求设备维修以预防为主，在设备使用过程中做好维护保养工作，加强日常检查和定期检查，根据零件磨损规律和检查结果，在设备发生故障之前有计划地进行修理。由于加强了日常维修保养工作，不仅延长了设备的有效寿命，而且缩短了设备的修理停歇时间，提高了设备的有效利用率。苏联的计划预修制、美国的预防维修制和我国的计划保修制，都属于这一类制度。

3. 生产维修

虽然预防维修有上述优点，但有时会使维修工作量增多，造成过分保养。为此，1954年又出现了生产维修。其特点是：根据设备重要性选用维修保养方法，对重点设备采用预防维修，对生产影响不大的一般设备采用事后修理。这样，既可以集中力量做好重要设备的维修保养工作，又可以节省维修费用。

4. 维修预防

人们在设备的维修工作中发现，虽然设备的维护、保养、修理工作对设备的故障率和有效利用率有很大影响，但是设备本身的质量对设备的使用和修理往往有着决定性的作用。设备的先天不足常常是使设备维修频繁的主要原因。因此，1960年出现了维修预防的思想。这是指在设备的设计、制造阶段就考虑维修问题，提高设备的可靠性和易修性，以便在以后的使用中，最大可能地减少或防止设备故障，一旦发生故障，也能使维修工作顺利地进行。

TPM 的起源与特征

TPM 是日本电装公司 Nippon Denso 在 1961 年导入的 PM 生产保全开始的。7 年后，公司决定让所有员工参与，进行全员保全。经过两年多的努力，取得了非常巨大的成功，于是 TPM 诞生了。TPM 的特点就是三个"全"，即全效率、全系统和全员参加。全效率：指设备生命周期费用评价和设备综合效率。全系统：指生产维修系统的各个方法都要包括在内，即 PM、MP、CM、BM 等都要包含。全员参加：指设备的计划、使用、维修等所有部门都要参加，尤其注重的是操作者的自主小组活动。TPM 的目标可以概括为四个"零"，即停机为零、废品为零、事故为零、速度损失为零。停机为零：指计划外的设备停机时间为零。计划外的停机对生产造成的冲击相当大，使整个生产发生困难，造成资源闲置等。计划时间要有一个合理值，不能为了满足非计划停机为零而使计划停机时间值过高。废品为零：指由设备原因造成的废品为零。"完美的质量需要完善的机器"，机器是保证产品质量的关键，而人是保证机器质量的关键。事故为零：指设备运行过程中事故为零。设备事故的危害非常大，除影响生产外，还可能会造成人身伤害，严重的可能会"机毁人亡"。速度损失为零：指设备速度降低造成的产量损失为零。由于设备保养不好、设备精度降低而不能按高速度使用设备，等于降低了设备性能。

5. 设备综合管理

20 世纪 70 年代初，在设备维修和预防的基础上，又形成了设备综合管理的理念。它是对设备实行全面管理的一种重要方式。这种方式在 1970 年首创于英国，继而流传于欧洲各国。日本在引进、学习的过程中，结合生产维修的实践经验，创造了全面生产维修制度，即日本式的设备综合管理。设备综合管理的主要特点是：把设备的最经济生命周期费用作为研究目的；把与设备有关的工程技术、财务、管理等方面结合起来进行综合管理；研究提高设备的可靠性、可维修性的设计，提高设计的质量和效率；强调设备的设计、使用和费用的信息反馈。

随着计算机技术在企业中应用的发展，设备维修领域也发生了重大变化，出现了基于状态维修(condition-based maintenance)和智能维修(intelligent maintenance)等新方法。

基于状态维修是随着可编程逻辑控制器的出现而在生产系统上使用的方法，能够连续地监控设备和加工参数。基于状态维修是指把可编程逻辑控制器直接连接到一台在线计算机上，实时监控设备的状态，如与正常公差范围发生任何偏差，将自动发出警报(或修理命令)。这种维护系统的安装成本可能很高，但是可以大大提高设备的使用水平。

智能维修，或称自维修，包括电子系统自动诊断和模块式置换装置，将把远距离设施或机器的传感器数据连续提供给中央工作站。通过这个工作站，维护人员可以得到专家系统和神经网络的智能支持，以完成决策任务。然后向远方的现场发出命令，开始维护例行程序。这些程序可能涉及调整报警参数值、启动机器上的试验装置、驱动备用系统或子系统等。

三、设备管理的主要内容

设备管理的主要内容为：依据企业经营目标及生产需要制定企业设备规划；选择和购置所需设备，必要时组织设计和制造；组织安装和调试投入运行的设备；对运行的设备进行正确合理的使用；精心维护保养，及时检修设备；适时地改造和更新设备，满足生产发展的需要。

(一)设备的选择与评价

无论是新建企业，还是老企业的更新、改造，都要进行设备的选择与评价。

大部分企业都不会自行研发设备，而是从市场购置。为了能购置到符合要求、性能良好、质量可靠，同时又经济合理的设备，就必须对所需购置的设备进行选择和评价。现在设备的选购评价方法较多，有定量的分析方法，也有定性的分析方法。

1．定量分析方法

定量分析方法具体有以下几种。

(1) 投资回收期法。这种方法可用于单方案评价或多方案比较。投资回收期可根据实际采用静态或动态方法计算。当考察单个设备时，如果投资回收期小于设备生命周期，则该设备在经济上可行；当进行多设备比较时，无疑应选择投资回收期最短的设备。

(2) 费用比较法。这种方法多用于多方案比较。它是将设备在生命周期内发生的所有费用采用一定方法折算为年费用或现值费用，然后进行比较，选择费用低的设备。

(3) 效益费用比较法。这种方法可用于单方案评价或多方案比较。它首先需计算设备的生命周期费用及设备的综合效益。当用于考察单个设备时，可在某一时点上(多用年值或现值)将费用与效益比较，当效益大于费用时，该设备在经济上可行；当用于多设备比较时，可在某一时点上将效益与费用相除，取商值大者为优。

(4) 费用效率比较法。这种方法用于多方案比较。它是将设备的生产效率视为设备的收益，用它除以设备的生命周期费用，从而得出所谓的设备费用效率，取大者为优。

2. 定性分析因素

应当注意的是，即使进行了数学计算，采购人员也不能单纯地依靠数字进行决策，还必须综合考虑以下因素。

(1) 生产能力。在选择一台设备时，其生产能力应能满足现行生产对它的要求，并在可预见的将来也能胜任。设备生产能力的过度使用或利用不充分，均是不可取的。因此，在选择设备时，应从具体的生产任务要求及生产的发展出发，客观地评价需购设备的性能、生产效率及生产能力等因素，并综合考虑到未来发展的需要。

(2) 可靠性。所谓可靠性，是指设备在规定的条件下和规定的时间内，完成规定功能的正常运行的能力。一旦设备发生故障，不仅会影响产品质量，还会耽误交货期，其结果是，给企业带来严重的损失(包括看得见的和看不见的损失)。因此，在选择设备时，一定要注重设备的可靠性指标。

(3) 可维修性。所谓可维修性，是指设备易于维修的特性。尽管现在已出现了许多无须维修的设备，但对绝大多数的设备来说，出现故障总是难以完全避免的。因此，在选择设备时，可维修性就应作为一个重要评价因素。在其他因素基本一致的情况下，应选择结构合理，易于检查、维护和修理的设备。

(4) 互换性。在可能的情况下，新购置的设备在备件供应、维护、操作等方面应与企业现有设备尽量相同或相似。这样可以从节约人员培训、减少备件种类等方面降低费用。

(5) 安全性。设备运行的安全性与企业的生产和人员的安全关系重大，因此，在购置设备时应对其安全性进行评价。

(6) 配套性。对于许多复杂、精密的设备，只有在配以完备的辅助设备的条件下，才能充分发挥其作用。因此，在选择主要设备时，往往要把辅助设备的配套情况及其利用率作为重要因素来考虑。尤其是应用日益广泛的数控设备，如果缺乏配套的软件，这些设备的作用是很难发挥的。

(7) 操作性。设备的日趋复杂、精密并不意味着操作也必然相应复杂。过分复杂的操作往往容易造成操作人员的疲劳和失误，导致人员培训费用的增加，所以应选择操作容易、简便的设备。

(8) 易于安装。在选购设备前，应对设备的安装地点进行考察。对于一些大型设备，还需考察运输路线，以选择合适的、易于安装的设备。

(9) 节能性。设备的节能包括两方面的含义：一是指对原材料消耗的节省，二是指对能源消耗的节省。节能不仅是降低产品成本的需要，也是今天贯彻可持续发展方针、实现绿色制造的基本要求。

(10) 对现行组织的影响。选购设备，尤其是选购更为先进、精密、复杂的设备时，应充分考虑其对现行生产组织的影响。例如，当购置了数控机床或加工中心时，无疑会对现行的工艺准备、生产计划、现场监控人员的组织等带来影响，这些均应在设备购进之前予以充分评价。

另外，在选择和评价设备时，还需考虑供货厂家的信誉及交货期、备件的供应情况和售后服务等因素。在选购设备时，要遵守国家和地方政府的有关法令和政策，同时要注意对环境保护的要求，不要购置那种为政策和环境保护所不容的设备。

(二)设备的安装与调试

设备购置或自制完成后，即进入安装与调试阶段，需要按照设备工艺平面布置图及有关安装技术要求，将外购或自制设备安装在指定的基础上，使设备安装精度达到安装规范的要求，并经调试、试运转、验收后交付生产。

设备的调试工作包括清洗、检查、调整和试运转。当设备安装就位后，应由设备的使用部门组织，设备管理部门与工艺技术部门协同进行设备的调试工作。对设备的调试工作应予以充分重视，尤其是对高、精、尖设备和引进设备。组织好设备的调试工作，能在设备正式使用前发现设备存在的问题和缺陷，通过调整予以消除，以便尽早交付使用。另外，设备的调试多由设备的制造厂家负责，因此，对于设备使用部门来说，也是一个熟悉和了解设备操作的极好机会。尤其对于一些引进设备，更应珍惜这种机会，以便尽快掌握正确的操作方法，使设备的功能全部发挥出来。

(三)设备的合理使用

是否合理使用设备将直接影响到设备的使用寿命，进而影响到生产效率和生产成本。因此，必须根据设备的状况与使用要求正确合理地使用。

1．为设备配备合格的操作人员

为了保证机器设备在最优状态下运转，应根据设备的精度等级和技术要求配备相应等级的工人。为了做到这一点，应实行凭操作证使用设备的制度。操作工人必须熟悉设备的性能、结构、工作范围和维护技术，做到"三好四会"，即用好、管好、保养好、会使用、会保养、会检查、会排除故障，实行"定机、定人、定职责"的三定制度。这是防止由于操作工人不合格而使设备遭受意外损坏的有效措施。

2．为设备合理地安排生产任务

企业在安排任务时，必须注意设备的性能、精度、使用范围和工作条件，要避免"大机小用"，严禁"小机大用""精机粗用"或超负荷运转。

3．建立健全设备使用的管理规章制度

建立健全设备使用的管理规章制度是管好、用好设备的重要保证。一般来讲，设备使用管理体制及规章制度主要包括设备使用规程、设备维修规程、操作工人岗位责任制、交接班制、包机制等，各级各类人员都必须遵守。

4．为设备创造良好的工作环境

良好的工作环境有利于设备精度和性能的保持。现代设备一般对使用的环境(如温度、湿度、尘埃、振动等)有一定的要求，要根据不同设备的不同要求，创造一个适宜的工作环境，安装必要的防护、防潮、防腐、保暖、降温等装置，配备必要的控制仪器。对于一些特殊的设备，如控制中心，就更应配以特殊的工作环境。

(四)设备的维护和修理

1. 设备的维护和修理理论

1) 机器零件的磨损规律

设备及其零件从投入使用到磨损报废,根据其磨损程度可形成一条有规律的磨损曲线,如图 8-1 所示。根据磨损量的大小,设备磨损一般可分为 3 个阶段。

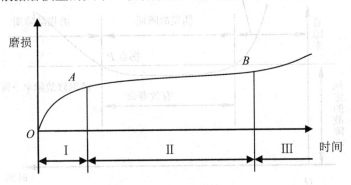

图 8-1 设备磨损曲线

(1) 初期磨损阶段。它是因相对运动的设备零部件表面的微观几何形状在受力情况下产生的磨损。这一阶段的时间比较短,磨损量大、磨损速度快,磨损曲线呈较陡峭状态,但对设备没有危害,是设备进入正常运转的必经阶段,有时也叫作"跑合""磨合"。

(2) 正常磨损阶段。经跑合磨损后,设备进入了正常运转状态,设备零部件的磨损趋于缓慢,磨损量增加不大;磨损曲线比较平滑。这一阶段延续的时间比较长,是设备零部件的真正使用寿命。

(3) 剧烈磨损阶段。零部件是有一定寿命的,当设备零部件磨损到一定程度时,正常的磨损关系被破坏,接触情况恶化,磨损速度加快,磨损量大大增加,磨损曲线呈陡峭状态。这一阶段,设备的精度和工作性能快速降低,如果不进行维修,设备将不能正常工作,甚至会出现重大事故,致使设备报废。

从上述磨损关系可以看出:①如果加强设备的日常保养,及时清扫和润滑,就可以延长它的正常使用时间。②应加强设备的日常检查和定期检查,掌握设备的磨损状态。在进入剧烈磨损阶段之前就进行修理,防止过度磨损而造成的破坏。③设备在正常磨损阶段的磨损是与工作时间或加工零件的数量成正比的,因此设备的磨损零件可以通过试验或统计分析方法,计算出在正常条件下的磨损率和使用期限,便于有计划地对零件进行修理和更换,从而避免或减少设备故障。

2) 设备故障规律

一台设备,从投入生产到大修或报废,其故障的发生是有一定的统计规律的。根据试验研究得知,设备的故障率在整个设备使用期间是按一条所谓的"浴盆曲线"分布的,如图 8-2 所示。

从浴盆曲线可以看出,设备故障率的变化有三个阶段。

(1) 初期故障期。在这一阶段,设备刚投入使用,由于设计、制造中的缺陷或操作上的不熟悉,导致较多的故障。随着缺陷的消除和使用的熟练,这种故障逐渐减少,经过一段时间之后，故障率就相对稳定，变化不大了。

(2) 偶发故障期。在这一阶段，故障较少，所出现的故障主要是由于维护不好或操作失误等偶然性因素引起的，发生故障的时间很随机，且不能预测，所以称为偶发故障期。这一阶段故障率稳定、时间较长，是设备的正常运转阶段。

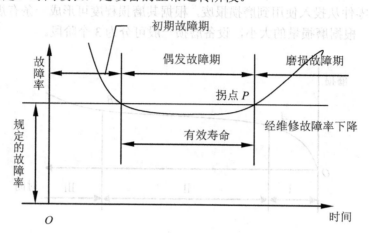

图 8-2　设备故障浴盆曲线

(3) 磨损故障期。这一阶段可与设备物理磨损的相应阶段相对应。这一阶段故障率又大幅度上升，主要是由于设备某些零部件的磨损已达到了剧烈磨损阶段，从而使设备老化。

从设备故障发生的规律，可以得到一些有益的启示，从而针对设备不同故障期的特点，在设备管理中采取不同的对策。

在初期故障期，故障的发生主要是由设计、制造中的缺陷所引起的。减少故障的主要对策是严格认真地做好设备的前期管理工作，在设备的设计阶段就考虑到可能存在的一些缺陷，投入生产前应进行严格的试运行，按规定调试验收。

在偶发故障期，故障主要是运转操作中的不当所致，因此主要对策是执行正确的操作，进行预防维护，提高操作工人与维修工人的技术水平。

在磨损故障期，设备的某些零部件已达到使用寿命，因此主要对策是，除实行设备预防维修外，还应在适当时期进行设备的技术改造。

3) 设备状态监测与诊断技术

设备状态监测是指用人工或专用的仪器工具，在规定的监测点进行间断或连续的监测，掌握设备异常的征兆和劣化程度。设备诊断技术是指在设备运行中或基本不拆卸的情况下，根据设备的运行技术状态，判断故障的部位和原因，并预测设备今后的技术状态变化。设备状态监测和诊断技术是实施状态维修、预知维修的重要基础。设备状态监测是状态维修的初级阶段，而设备诊断技术是状态监测后的识别和判断阶段。目前，设备状态监测方法主要有两种：①由维修人员凭感官或普通仪器对设备的技术状态进行检查、判断，这是目前在机械设备监测中最普遍采用的一种简易监测方法。②利用各种监测仪器，对整体设备或其关键部位进行定期、间断或连续监测，以获得技术状态的图像、参数等确切信息。这是一种能精确测定劣化和故障信息的方法。

一般来说，设备状态监测与诊断技术适用于以下几种设备：①价值昂贵的高、精、大及稀有设备。②如果发生故障，则会对整个生产系统产生严重影响的设备，如自动生产线

第八章　设备管理与物资管理

上的关键设备。③必须确保安全性能的设备。④故障停机修理费用及停机损失大的设备。

2. 设备的维护和检查

1) 设备的维护

设备的维护是指为了保持设备正常的技术状态、延长使用寿命，按标准进行的检查与润滑、间隙的及时调整以及隐患的消除等一系列日常工作。按维护的深度和广度，设备的维护工作可分为不同的等级。目前，我国许多企业实行"三级保养制度"，即日常保养、一级保养和二级保养。

日常保养包括每天清扫、润滑、紧固、调整设备等，并观察、检查、清除所发现的小故障，一般由操作工人负责完成。

一级保养的主要内容为：根据设备的使用情况，对设备的局部进行解体检查、清洗、疏通、更换等。一般由操作工人在专业维修工人的指导和配合下定期进行。

二级保养的主要内容为：对设备进行局部群体检查、清洗与换油、修复或更换易损件、局部恢复精度并检查电气、冷却等系统。一般由专业维修人员在操作工人参与配合下定期进行。

2) 设备的检查

设备的检查是指对设备运转情况、技术状况、工作精度、零部件老化程度进行的各种形式的检查。通过检查可以及时发现隐患，有针对性地采取预防措施、消除故障，同时根据检查情况制订修理计划，做好修理前的准备，有助于提高修理效率和修理质量。

按照设备检查的时间，设备检查可以分为日常检查、定期检查和修理前检查。日常检查是由操作工人结合例行保养进行的日检查或交接班检查。它是凭借摸、听、看、嗅等感官方式或简单工具来进行的，目的是及时发现不正常的现象。定期检查是指专业维修工人在操作工人配合下，按计划进行的检查。其目的是查明零部件磨损与腐蚀情况，以便确定修理类别、修理时间和进行修理前的各项准备工作。修理前检查是在设备按计划修理前对设备进行相应的技术检查。其目的是准确、全面掌握设备的缺陷或故障情况，为修理做准备。

按检查内容分，设备检查可分为机能检查和精度检查。机能检查是指对设备功能与技术状态进行的检查。精度检查是指对设备、零部件单项精度与综合精度进行检测，目的是确定设备劣化程度，为设备的验收、修理和更新提供科学的依据。

3) 设备的修理

设备的修理是指通过修复或更换磨损零件、调整精度、排除故障，从而恢复设备原有功能的技术活动，其主要作用在于恢复设备精度、性能，提高效率，延长使用寿命，保持生产能力。

按功能不同，设备修理可分为恢复性修理和改善性修理两种类型。恢复性修理是通过更换或修复已经磨损、腐蚀或老化的零部件，使设备的功能恢复正常，并延长其寿命。通常所说的设备修理多指恢复性修理。改善性修理是结合修理对设备中故障率高的部位进行改进或改装，使设备故障率减小或不再发生故障。改善性修理不同于设备改造，它并不要求使设备局部或全部达到当前同类先进设备的水平。

按修理程度不同，设备修理一般分为小修、中修和大修三类。小修主要是针对日常点检和定期检查发现的问题，对部分可卸零件进行检查、修整、更换，以恢复设备的使用性能，也包括简单修复少量磨损件。小修工作量小，但次数多，一般结合日常维护与检查进行。中修是根据设备的技术状况，部分解体、检查和修复数量较多的磨损件，特别是修复设备的主要件，校正设备的基准，使设备达到规定的精度、性能和效率。大修是指对设备进行的全面修理，工作量最大。在大修时，要对被修设备进行全部解体，修复或更换全部磨损件，修复基准零件，修理、更换电气部分并进行外表翻新，从而全面消除设备现存缺陷，恢复设备原有的精度、性能和效率。由于设备的具体情况不同，设备小修、中修和大修的具体内容又有所不同，企业应根据各自特点分别制定具体规定。

为了提高设备的修理效率，保证修理质量，目前主要采取以下几种修理组织方法。

(1) 部件修理法。即事先准备好质量良好的各种部件，修理时，将设备上已损坏的部件拆除，换上准备好的部件，然后把换下去的部件送去修复。该法有助于节省现场零件拆卸、修理、装配的时间，缩短停机时间，但需储备一定的周转部件，占用较多的资金。这种方法主要适于那些具有大量同类型设备的企业和停工损失严重的关键设备。

(2) 分部修理法。即按照设备各个独立的部分，分别按顺序进行修理，每次只修一部分。这种方法可以充分利用节假日或非生产时间进行修理，从而增加了设备的生产时间。此法适合于修理时间较长、生产任务较重的设备以及具有一系列构造上独立的部件的设备。

(3) 同步修理法。即在修理时将工艺上联系紧密的设备安排在同一时间内进行，实现修理同步化，以减少停机的次数和停机时间。此法适合于流水生产线和自动生产线的设备修理、联动设备中的主机与辅机及配套设备修理等。

3．设备维修制度

设备维修制度主要有以下几种。

(1) 计划预修制。它是苏联在 20 世纪 50 年代建立的一种维修制度，我国在第一个五年计划期间引进了这套维修制度，目前有些企业仍在使用。

计划预修制的核心是有计划地进行预防修理。它根据零件磨损理论及故障理论，在设备的使用生命周期内，通过计算，确定设备检查、小修、中修和大修的次数及相应的修理工作定额(包括修理间隔期、检查间隔期、修理复杂系数、修理劳动量定额等)，然后确定修理周期结构，编制修理计划。设备的修理将严格按计划强制执行。基本内容包括：日常维护，定期清洗换油，定期检查，计划修理等。

目前常用的计划修理方法有标准修理法、定期修理法和检查后修理法 3 种。标准修理法是按标准预先做出计划，确定设备的修理日期、类别和内容。一旦计划确定，则严格按照计划进行修理，而不管设备零件的实际损耗情况。其优点是便于做好修理前的准备工作，缩短修理时间。其缺点是维修费用较高。这种方法一般适用于必须严格保证安全运转的重点设备。定期修理法是根据设备的实际使用情况，参考有关修理定额资料，制定设备修理的计划日期和大致的工作量。确切的修理日期和修理内容，则根据每次修理前的检查结果再做决定。该方法的主要优点是能够缩短修理时间，且维修费用相对较低。目前，我国较多的企业采用此方法。检查后修理法事先只规定设备的检查计划，而每次修理的时间和内容，则根据检查结果和以前的维修资料来决定。其优点是维修费用较低，但有可能延长设备的维修时间。该法一般适用于缺乏修理定额资料或不太重要的设备。

计划预修制强调有计划修理，克服了事后修理制度的缺点，在一定程度上实现了设备管理的基本要求。但是，由于设备的实际工作负荷经常有变化，设备的磨损状况往往与修理周期结构中预计的磨损情况有出入，导致制订的修理计划常常与实际情况不符。由于修理工作要严格按计划图表强制执行，结果经常进行没有实际需要的修理工作，浪费了大量的资源，修理费用高，经济效果差。

(2) 计划保修制。计划保修制是我国 20 世纪 60 年代在总结计划预修制的经验和教训的基础上建立的一种专群结合、以防为主、防修结合的设备维修制度，也是目前我国机械行业中广泛采用的一种维修制度。

计划保修制的核心是有计划地进行三级保养和大修理。它依据零件磨损及故障发生规律，在设备的使用生命周期内，通过计算确定设备三级保养和大修理的次数及相应工作定额，然后据此制定修理周期结构，编制修理计划，设备的保养及修理须严格按计划执行。

计划保修制克服了计划预修制重修理不重保养的缺陷。但由于其基础仍是计划，因而计划预修制的许多固有的缺陷也存在。

(3) 预知维修制。计划预修制和计划保修制均强调按时进行维修，结果导致执行计划过于机械，缺乏灵活性，因此随着设备状态监测和诊断技术的发展，人们逐步开始采用预知维修制度。所谓的预知维修制度，就是不规定固定的修理间隔期，而是根据设备诊断技术监测设备的监测和诊断，在必要时进行必要维修的设备修理制度。

预知维修的核心是依据设备磨损及故障理论，采用设备状态监测和诊断技术，将预防维修中的定时修理改为定期诊断，即对设备进行定期监测和诊断，对重要设备还可进行不间断的长期监测，再根据设备实际磨损状况，在必要时进行必要的维修。预知维修制使得设备的修理工作更切合实际，一方面可以控制过剩维修造成的人力、物力的浪费，另一方面还可预防故障发生。但是，预知维修所采用的某些状态监测仪器设备和精密诊断技术需要较大的投资。另外，故障诊断技术目前也还不很成熟，因此，预知维修制度在我国的应用尚不普及，还在发展之中。

(五)设备的更新与改造

陈旧设备不及时更新，技术上将影响其预定功能的实现，经济上将降低使用的经济效益；不合理地过早更新则不能充分发挥设备的作用，降低投资收益。所以，企业必须科学地进行设备更新与改造。

1. 设备的更新

1) 设备更新的基本理论

设备更新改造的基本理论是设备磨损理论和设备的寿命理论。设备磨损理论前面已做介绍，这里只介绍设备的寿命理论。

设备的寿命理论，是指设备从投入生产开始，经过有形磨损和无形磨损，直至在物质上、技术上或经济上不能或不宜继续使用，必须更新为止所经历的时间。设备寿命有三方面的含义。

(1) 物质寿命。物质寿命又称物理寿命或自然寿命，它是指从设备以全新状态投入运行开始，直至因有形磨损而基本丧失原有技术性能，不能继续使用为止所经历的时间。设备的物质寿命可以通过有计划的维护保养、检查修理来延长。

(2) 技术寿命。由于科学技术的迅速发展，在设备使用过程中出现了技术上更先进、经济上更合理的新型设备，从而使现有设备在物质寿命尚未结束时就被淘汰。从设备开始使用到因技术落后而被淘汰为止所经历的时间，就是设备的技术寿命。设备的技术寿命可以通过设备的技术改造来延长。

(3) 经济寿命。在设备的物质寿命后期，由于设备的磨损老化，必须支出高额的使用费用来维持设备的寿命，这时若再继续使用设备，显然不够经济。这种由使用费用的高低决定的设备使用寿命，称为经济寿命。经济寿命的长短取决于使用费用的增长速度。

2) 设备更新方案的分析决策

设备更新，尤其是大型流程式生产企业的主要生产设备更新，需要较多的资金，而且更新方案一旦确定，对企业以后的生产和经营，对企业的业绩都有很大的影响。所以企业在对设备更新做出决策前应进行详尽的分析。制定设备更新方案，一般要从市场、技术和经济三方面进行分析。

(1) 市场分析。设备更新一般会使企业的产品生产发生变化，如产品产量增加、产品质量提高、产品升级换代等。所以企业在设备更新之前，应对产品的市场前景进行分析，以确保更新设备的可行性。

(2) 技术分析。技术分析首先是对设备的先进性进行分析。先进性分析一般是对设计、结构、材料、工艺进行分析。其次是进行适用性分析，应根据企业设备更新的具体目标，结合企业现有资源情况进行分析，以确保设备更新后各方面因素的协调配合。最后是进行安全性分析，即要分析每一个设备更新方案的负影响、负效果。例如，设备更新所采用的技术对人员健康、安全有无影响，对自然环境和生态平衡有无影响，对资源消耗有无不利影响，对产业、职业、文化、风俗及人们的心理有无影响等。通过安全性分析，可以避开有技术缺陷的设备更新方案，即使无法避开，也可以事先准备防范措施，使更新方案更完善。

(3) 经济分析。企业进行设备更新的另一个直接目的就是希望通过设备更新，降低生产成本、提高劳动生产率、提高产品质量、增加企业的收入，实现更大的利润。

3) 设备更新时间的确定

生产实践中，影响设备更新时间的因素很多，如企业资金状况、产品发展规划、设备供应和产品竞争等，这些因素往往会推迟或加快某些设备的更新速度。正常情况下的设备更新时间就是设备经济寿命终点。目前，确定设备最佳更新期的常用方法是低劣化数值法，该法内容如下。

假定设备经过使用之后的残值为零，并以 K_0 代表设备的原始价值，T 代表使用的年数，则每年的设备费用为 K_0/T。随着 T 的增长，年平均的设备费 T 不断减少。但是设备使用时间越长，设备的有形磨损和无形磨损越厉害，设备的维护修理费用及燃料、动力消耗增加得越多，这就叫作设备的低劣化。若这种低劣化每年以 λ 的数值增加，则第 T 年的低劣化数值为 λT，T 年中的平均低劣化数值为 $\lambda T/2$。据此，设备年均费用 γ 为

$$\gamma = \frac{\lambda}{2}T + \frac{K_0}{T} \tag{8.1}$$

取 $\dfrac{dy}{dt}=0$，则：

第八章 设备管理与物资管理

$$T^* = \sqrt{\frac{2K_0}{\lambda}} \tag{8.2}$$

式中：T^* 为最佳使用年限，亦即设备最佳更新期。

例如，某设备的原始价值为 11 万元，每年低劣化增加值为 0.6 万元，假定设备的残值为零，则设备的最佳更换期 T^* 为

$$T^* = \sqrt{\frac{2K_0}{\lambda}} = \sqrt{\frac{2 \times 10}{0.6}} \approx 6(年)$$

2．设备的改造

设备的改造是指对原有设备进行局部改革，以改善其性能，增加功能，提高精度和生产效率。设备的改造一般可分为设备的改装和设备的现代化改造两种类型。设备的改装是对原有设备的容量、功率、体积和形状进行改进，以提高设备的性能。如对原有的设备以小拼大、以短接长、多机串联等，或根据生产的需要，在原有设备上增加附件、专用夹具，以达到一机多用，扩大设备的使用范围，提高生产效率的目的。设备的现代化改造是通过应用现代科学技术新成果来改变现有设备落后的技术状况，如应用数控技术对原有的机床进行改造。设备的现代化改造一般是结合设备的大修理进行。

第二节 物资管理

一、物资管理概述

(一)物资和物资管理

物资是物质资料的简称，它既包括生产资料，也包括生活资料。但工业企业所需的物资，一般是指原材料、燃料、辅助材料、机电配套设备、工具等生产资料。

从广义上讲，物资管理是对整个物料流管理的总称，包括采购、厂内运输、收货、生产资料的内部控制、厂内仓储、物料搬运、发货与分配、厂外运输、厂外仓储等环节的管理。从狭义上讲，物资管理是指对企业的物资输入部分的管理，包括采购、厂内运输、收货、物料搬运和厂内仓储等。

(二)物资管理的意义

物资管理具有以下意义。

(1) 加强物资管理，有助于保证生产活动的顺利进行。

生产过程同时也是生产资料的消费过程。现代工业生产是高度专业化分工和广泛协作的社会化大生产，需要成千上万种物资，任何一种物资的供应差错都将直接影响生产的顺利进行。因此，做好物资供应工作，保障及时供应生产所需的各种物资，是生产活动得以顺利进行的前提。

(2) 加强物资管理，有助于提高企业的经济效益。

工业企业的物资储备资金常占企业流动资金的 40%～60%，而物资器材的消耗则是构成产品成本的主要部分。许多产品仅原材料一项就占产品成本的 50%～70%。所以，加强

物资管理工作，对保证产品质量、压缩储备资金、加速资金周转、降低产品成本、提高企业经济效益具有十分重要的意义。

(三)物资管理的内容

一般而言，企业物资管理的主要内容如下。

(1) 制定各类物资的消耗定额，搞好定额管理工作，包括定额的贯彻执行、考核、修订等工作。

(2) 编制物资供应计划，做好物资综合平衡工作，搞好物资调剂，充分挖掘企业内部潜力。

(3) 经济合理地组织物资供应工作，包括正确选择供应商，做好订货、采购、运输和物资的合理分配等工作。

(4) 制定物资储备定额和资金储备定额，采用科学的库存管理方法，使各类物资保持合理的库存水平。

(5) 做好仓库管理工作，在验收入库、保管保养、运输存放、发料送料、账务统计等工作中实行科学管理。

(6) 监督和指导生产部门节约使用物资，做好物资回收、修旧利废、综合利用、短线物资的节约代用等工作。

(7) 建立和健全物资管理的各种规章制度，包括物资管理部门的各级责任制度、物资计划管理制度、物料采购制度(包括招标采购)、仓库管理制度、限额供料制度、物料验收制度、物料统计制度、物料定额管理制度等。

(四)物资管理的体制

企业内部的物资管理体制有集中管理、分散管理、集中与分散相结合等几种基本形式。

1. 集中管理体制

集中管理体制(可简称集中制)是把企业内生产、销售、维修、科研、技改、基建、行政、生活后勤等各方面所需的物资，全部归物资供应部门统一管理。管理的内容包括计划、采购、保管、下料、送料和修旧利废等各个方面。集中管理的优点是便于对同类物资进行统一计划、统一订购、统一保管和集中下料，避免小批量分散采购、分散运输、零星下料和重复设库等，从而节约管理人员，节约材料，节约订购费用和运输费用，节约仓库面积，减少物资积压和资金积压等。其缺点是物资部门的规模大，服务面广，组织管理工作的难度很大，不易适应各部门对材料需求动态变化的要求。

2. 分散管理体制

分散管理体制(可简称分散制)是物资部门负责管理生产所需的各种物资和各类通用物资，如普通钢材、轴承、通用工具等。其他物资如基建用的砖瓦砂石、钢筋、水泥，科研用的特殊器材，维修用的备品、备件，以及办公用品等，则分别由基建处、研究所(室)、机动处以及行政后勤等各有关部门自行管理。各部门自编需求计划，经厂审核批准后，自行组织采购、保管和使用管理。分散管理的好处是使物资部门能集中精力抓好生产系统的物资供应工作，保证生产任务的完成。其他物资实行分口管理，有利于各部门灵活掌握，保证及时供应，适应工作需要。它的缺点是重复设置仓库，所需管理人员多，占用仓库面积多，物资积压、资金积压多。另外，由于分散采购和运输得不到优惠的批发折扣和合理的运输批量，从而导致采购和运输费用增加。

3．集中与分散相结合的管理体制

集中与分散相结合的管理体制的特点是物资的计划和采购业务由企业物资部门集中管理，物资的保管和发放由各有关部门自行管理。它具有上述两种体制的优点，既有利于统筹安排，合理组织物资的采购和运输，取得优惠折价和降低运费，又有利于物资使用部门实现对生产与物资供应的统一指挥与调度，使物资的日常供应管理能更好地符合生产的需要，减少脱节和矛盾。但是，它也保留了上述两种体制中的某些缺点，如需要相对较多的管理人员和仓库设施，积压的物资和资金较多。

4．设立物流部统管生产系统的物流工作

目前有不少企业学习国外经验，把"制造部"改为"物流部"，由物流部统一管理企业基本生产过程所用的各种物料，负责组织原材料、外购件的运输进厂，验收入库，生产过程各阶段的在制品管理，直至成品发运。这样有利于组织物料供应和安排生产计划紧密结合，有利于企业与供应商按JIT方式组织物料的供应与生产，加强企业间和企业内部供应链的统一管理。至于基建、科研、设备维修、行政等所需物资则分散由各部门自行管理。物资采购部门只负责选择供应商，汇总全企业消耗的主要物料，统一向外订购，和供应商谈判价格，签订合同，办理付款手续等，不再负责各种具体物料的运输、验收等物流工作。采购部就某种物料与供应商可能会签订一个全年的供货合同，至于具体的分批分期的交货要求，则由物流部与供应商根据生产进度和库存变化情况协商安排。通过物流部使物料供应与生产进度计划紧密衔接，可以大大降低库存储备，减少资金积压。

一个企业的物资供应系统采用何种管理体制，与许多因素有关，应根据企业的生产类型、企业的规模、物资部门管理人员的素质和物资供应系统拥有的技术手段和工具等具体条件而定。

二、物资消耗定额管理

(一)材料消耗的构成

对于机械制造行业，物资的消耗主要是材料的消耗。材料消耗包括以下几方面。
(1) 构成产品或零件净重的材料消耗，这是材料的有效消耗部分。
(2) 工艺性消耗，如边角余料、切屑等。
(3) 非工艺性消耗，包括由于供应条件的限制所造成的消耗和其他不正常的消耗。

(二)物资消耗定额的制定方法

1．技术计算法

技术计算法是指对于机械加工企业，由设计人员按产品零件的形状、尺寸和材质计算出零件的净重；然后，由定额人员按工艺文件确定工艺损耗部分，得出工艺定额。这种方

法比较准确，但工作量大。这种方法通常适用于产量较高或材料贵重的产品。

2．实际测定法

实际测定法是利用现场称量、测算等方式，对实际物资消耗进行测定，然后通过分析研究，制定物资消耗定额的方法。应用该法时应选择先进合理的典型件作为测定对象。

3．统计分析法

统计分析法是利用实际物资消耗的统计资料进行分析和计算。应用这种方法确定物资消耗定额时，不仅要参照以往同类产品物资消耗的统计资料，还要考虑到当前产品的特点和技术条件的变化。此法受统计资料准确性影响较大，但简单易行。

4．经验估计法

经验估计法是根据技术人员和工人的经验，经过分析来确定物资消耗定额。此法简单易行，但易受制定定额人员经验局限的影响，不够精确。

(三)物资消耗定额的管理

物资消耗定额的管理工作包括4个环节，即物资消耗定额的制定、执行、考核和修改。这4个环节相互联系，缺一不可。

1．物资消耗定额的制定

物资消耗定额的制定主要包括以下内容。
(1) 主要材料的消耗定额。公式如下：
单位产品(零件)消耗定额=单位产品(零件)净重+各种工艺性损耗总和
材料供应系数=单位产品(零件)非公益性损耗量/单位产品(零件)材料工艺消耗定额
材料供应定额=工艺消耗定额×(1+材料供应系数)
(2) 辅助材料可根据不同情况，分别按主要材料比例，按单位产品或单位时间用量计算。
(3) 燃料、动力消耗定额按不同用途分别制定。

2．物资消耗定额的执行

要严格认真地执行定额，坚持按计算出的定额需要量组织订货，按定额组织发料，废品要按手续补料，余料要办理退库手续。在定额执行中，要观察用料情况，发现定额中的问题。要及时推广节约用料的经验，实行节约材料奖励。限额发料是目前许多企业采取的一项重要制度，有利于加强物资管理，节约材料。

3．物资消耗定额的考核

通过对定额的执行情况进行考核和分析，有助于了解物资节约的经济效果，并能为进一步修改定额积累资料，不断提高定额的管理水平。定额的考核分析要强调材料的利用率、定额与实际用料的差异及其原因。

第八章 设备管理与物资管理

4. 物资消耗定额的修改

定额制定之后不宜随意修改，但是在定额执行考核中可能出现问题，需要调整定额。另外，由于产品设计的改进，新技术、新工艺、新材料的采用，材料节约措施的实现等都有必要对定额进行相应的修改。

三、物资供应计划和采购管理

物资供应计划是企业生产和财务计划的重要组成部分。物资供应计划是进行订货采购、储存、使用物资的依据，为企业其他计划的执行提供了物资保证。

(一)年度物资供应计划的编制

年度物资供应计划是企业各项目用料的全面计划，是指导供应工作的主要依据，也是实现全年生产进度的关键保证。编制年度供应计划主要是确定物资需要量和物资申请采购量这两个指标，并根据上述两个指标填写各类材料需要核算表。

1. 物资需要量的确定

正确地确定物资需要量，是编制物资计划的重要环节，因为物资的储备量和物资的申请、采购量都是以物资需要量为基础来确定的。物资需要量，先由各有关科室对产品生产、经营维修、新产品试制技术措施、劳动保护等用料进行核算，最后由供应科按照物资目录，分类、分品种、分规格加以汇总，列入供应计划。物资需要量的正确与否，直接决定了物资计划的质量。

物资需要量的确定方法主要有两种。

(1) 直接计算法，又称定额计算法。它直接根据材料消耗定额和计划来核算需要量。以产品主要材料为例，其基本计算公式如下：

$$\text{某产品某种材料需求量} = \text{计划产量} \times (1+\text{废品率}) \times \text{单位产品材料工艺消耗定额} \times (1+\text{供应系数})$$

供应系数是考虑由非工艺性损耗引起的需要量增加额。供应系数一般根据历年统计资料，结合计划年度情况而确定。

(2) 间接计算法。该法是以历史上实际物资消耗水平为依据，考虑到计划期影响物资消耗的因素，利用一定比例或系数对上期的实际消耗进行修正，借以确定物资需要量的方法。可用下面公式表示：

$$\text{某种物资需求量} = \text{上期该种物资消耗量} \times \frac{\text{计划期产品产值(或工时)}}{\text{上期产品产值(或工时)}} \times \left(1 - \text{计划期预计物资消耗降低率}\right)$$

用间接计算法确定物资需要量比较粗略，一般用来计算某些不便于制定消耗定额的辅助材料的需要量。在实际工作中，如果企业的生产任务尚未具体确定，而物资供应需要提前准备，为便于组织订货，也可先采取此法进行初算，待生产任务明确后再做调整。

【案例 8-1】

物资计划的准确性

案例综述：某项目材料组于 2007 年 10 月 8 日电话报 277 吨钢筋进场计划(包括 20 吨盘圆φ8)，次日电话通知取消盘圆φ8 的计划，招标认价后，确定由某公司运送此批材料，20 吨盘圆φ10 中标价为 3940 元/吨。2007 年 10 月 15 日，项目再次电话报计划 20 吨盘圆φ8，且现场急需，物资部随即询价确定由另外一家钢材商供应，单价为 3960 元/吨，比 10 月 8 日招标价上调 20 元/吨。后经查实，导致该项目的计划提报不准确的主要原因是业主设计变更频繁。

案例分析：该项目物资计划编制不准确主要原因是业主设计变更，给物资部采购招标工作带来一定的难度。最后尽管材料能够及时进场，没有影响现场正常施工，可由于期间钢材价格的上涨以及单独以 20 吨来招标，导致物资成本增加。

改进措施：①增强项目相关岗位人员的责任心，严格计划管理，保证物资计划编制能够及时、准确、有预见性，使材料能够在正常进场的同时最大限度地降低采购成本。②对于"三边"工程，项目部要及时与业主进行沟通协调，尽量减少设计变更给项目带来的负面影响及成本流失，同时做好相应材料的签证索赔工作。③物资部作为职能部门，要更好地发挥监督指导作用，及时履行物资计划管理的审查监督职能，做好与项目的沟通工作，采取有效措施尽量减少由于计划编制不准确、不及时造成采购工作被动。

2. 物资采购量的确定

由于生产任务、供应条件等的变化，计划期的期初库存量和期末储备量往往是不相等的。即使物资需要量不变，申请采购的物资数量也会发生相应的增减。当期初库存大于期末计划储备时，申请采购的数量就可以减少，反之，则要增加申请采购的数量。其计算公式如下：

$$\text{物资申请采购量} = \text{物资需求量} + \text{计划期末储备量} - \text{计划期初储备量} - \text{计划期内不可用资源} - \text{企业内可利用资源}$$

其中，计划期初储备量=实际库存量+预计到货量-预计耗用量

期末储备库存量按物资类别不同可通过以下方式确定。

(1) 采用周转储备的物资。在按物资类别确定期末储备量时，常把经常储备的 1/2，加上保险储备，作为期末储备量。在按个别物资确定储备量时，常把经常储备的 50%～75%加上保险储备，作为期末储备量。

(2) 采用提前储备的物资。这些物资在计划年度内间断地使用。而间隔时间和每次使用量又不相等。对这类物资可按需要日期确定一个提前期，根据提前期确定期末储备量。

(3) 采用季节储备的物资。这类物资在采购季节逐渐积累储存，达到一定数量就停止采购，以后只是继续耗用。期末储备量可根据下一年度具体需要量来确定。

企业内部可利用资源是指企业进行改制、综合利用和修旧利废等方面的物资。计划期内不可用资源是指由于生产任务变更或工艺方法的变化，导致原库存中材料的材质、品种、

规格不符合要求的那些物资。

(二)物资的采购

由于原材料和外购零部件的价值占产品成本的份额相当大，采购活动就显得特别重要。

1. 采购工作的主要任务

采购工作的主要任务具体如下。

(1) 确定原材料和外购零部件的供应地区和厂家，对供应地区和厂家进行评价。同供应厂家建立良好的关系，确保供货的质量和交货期，并负责处理不合格品的退货和替换工作。

(2) 寻求新的原材料和产品，并按企业的需要寻求新的供应厂家。

(3) 用与质量相匹配的价格购买物品，在考虑价格的同时还需要考虑使用成本。

(4) 开展降低成本的活动，进行价值分析、自制或购买研究、市场分析和长期规划，随时掌握企业所需物资的价格和可得性。

2. 采购步骤

采购步骤具体如下。

(1) 从各职能部门和库存管理部门获得对各种物资的需要量。

(2) 了解对各种物资的技术要求和等级。

(3) 按不同的供应商将物资分类编组。

(4) 对特定的物资进行招标采购。

(5) 按质量、价格、交货期等进行评标。

(6) 选择供应商。

(7) 发出订货后，进行催货，掌握供货进程。

(8) 检查到货进度和质量情况。

(9) 随时记录价格、质量等信息，以便对供应商进行评价。

3. 供应商的选择和维护

通常，对于那些不定期零星采购的物资，企业可以通过"货比三家"在市场上自由选购。但是，对于企业主导产品所用的原材料、主要材料和配套件等需要由外部长期大量供应的物料，则应认真选择供应商，并尽量与之建立长期稳定的供应关系。正确选择供应商是采购工作的一项重要决策。在实际运作中，由于货源的非单一性，企业往往会面临两种选择，或者从一个供应商处采购，或者选择多个供应商供货。如选择单个供应商，则工作量相对较小，但是风险大，供货的可靠性低，而且讨价还价的余地较低。如果选择多个供应商，则采购不到特定物资的风险性较小，供货的可靠性较高，讨价还价的余地较大。由于面临多个供应商，会造成工作量较大，与供应商的关系较松散。

一般而言，选择供应商要考虑以下条件：①设备能力。了解供应商的设备能否加工所需要的零部件或原材料并保证质量。②质量保证。这可以通过检查供应商的质量控制方法来确定：是否进行入厂检查，由何处进行检查；供应商是否进行统计质量控制；在制品检查方法；所采用的测量设备和工具；处理拒绝采用的原材料的方法；出厂检查和包装程序；包装、检查和测试的方法。③财务状况。财务状况可以反映供应商承担风险的能力。④成本结构。如果要选择一个长期合作的供应商，则需要了解供应商的成本结构。⑤合同执行情况。合同执行情况可以反映供应商的信誉。另外，选择供应商时还需考虑供应商的生产作业计划与控制情况等。

另外，企业还需与供应商建立长期稳定的合作伙伴关系，这对供需双方都是有利的。对于供货企业，由于订货任务相对稳定，因而有利于增强生产的计划性，并可通过生产的专业化程度的提高来提高生产率，保证产品质量，从而提高企业的经济效益。对于需方企业，由于货源稳定、供应及时，可以保证生产计划的顺利进行。另外，供需直接对口，所供物料完全按需方要求的型号、规格、尺寸生产，因此可大大提高材料的利用率，降低物耗。

4．价值分析

价值分析有助于降低物资采购的成本。价值分析要回答以下问题：①所采购的零部件的功能是什么？②这些功能是否必要？③能否找到实现这些功能的标准零部件？④零部件的成本是多少？⑤还有什么替代品可以实现这样的功能？⑥替代品的成本是多少？价值分析常常由一个包括工程技术人员、生产管理人员和采购人员的小组来完成。

5．自制或购买分析

在组织生产的过程中，对某些零部件，自制还是购买是一项重要决策，它会直接影响到产品或服务的质量和成本。进行自制或购买分析时，要综合考虑零部件成本、零部件的可获得性、零部件质量、设备和专门技术的可获得性、技术保密性等因素。

四、仓储管理

仓储管理是企业物资供应管理工作的重要组成部分。仓储管理工作的主要内容包括：物资的验收入库，物资的保管维护，物资的发放，库存物资的统计和分析，库存物资的盘点。

(一)物资的验收入库

物资验收是指根据合同对到库物资进行检验和核对。物资验收是供需双方责任和权益的交接点，也是采购工作和仓库管理的分界线。到库物资经验收入库后，一切责任就由仓库承担了。把好验收这一关是避免入库物资在品种规格、性能质量和数量上发生差错和混乱，保证供应的物资准确无误的重要措施。物资验收入库一般要经过提货、验收、办理入库手续等过程。可以到供货单位或车站、码头去提货，也可通过专用线直接将物资运到企业的仓库。验收包括质量检查和数量点收。验收不合格的不得入库，并将货物妥善保管，以便同供货单位交涉。只有当数量、质量和单据都验收无误后，才能办理入库、登账、立卡等手续，并将入库通知单连同发票、运单一起交财务部门。

(二)物资的保管维护

物资入库后要做好保管维护工作。根据各类物资的不同性质和特点，要合理存放，妥善管理。要考虑储存环境的特点(如温度、湿度、日晒、尘土等)和存放时间等因素，采取必要的防锈、防腐、防霉等防护措施，使库存物资在保管过程中不变质、不变形、不损坏，保持其原有的性能和质量。另外，要求做到各种物资有账有卡，账目清楚，数量准确。物资要分类存放，不混不乱。要做到物资上有标签，货架有编号，能见账知货位，见物知账页。对不上架的物资要堆码整齐，易于核对，便于存取，便于贯彻先进先出的存放原则。目前，我国很多企业采取的"四号定位"法和"五五化"码垛法是物资保管维护中的好经验。

(三)物资的发放

物资的发放是物资供应工作直接为生产第一线服务的重要环节。限额发料制是被许多企业所采用的一项有效的物资管理制度。它是按计划期的生产任务和物资消耗定额核定该项任务每种物资的计划用量。仓库严格按照核定的计划用量发料，一切计划外用料，仓库有权拒绝发放。在遇到料废和生产计划临时变动需要追加用料时，要按制度规定办理补料和变更用料的手续。节约用料有奖，浪费则罚。实施限额发料制有利于贯彻执行物资消耗定额和提高生产计划的严肃性，促进用料部门精打细算、节约用料，从而降低物耗和产品成本。物资的发放有送料和领料两种形式。送料是由仓库按用料单位的计划送料上门。领料是由用料单位到仓库自行提货。

(四)库存物资的统计和分析

做好库存物资的统计和分析工作，对保障供应、压缩不必要的库存、加速物资和资金的周转、提高物资管理工作的水平具有十分重要的作用。物资库存量统计和库存台账是物资管理的基础资料。仓库每次收料或发料后，要随时登账并结算库存。要经常统计和分析各种物资的耗用情况。当库存量降到订货点时，要通知采购部门及时订货。当开始动用保险库存时，要发警报，以便物资供应部门和生产部门及早采取措施，避免因缺料而耽误生产和科研、基建等工作。在统计和分析时，还要发现哪些物资已超储，哪些物资短缺，并进一步分析原因，以便采取相应措施去解决。

(五)库存物资的盘点

由于保管不善，可能造成某些物料发生损耗或丢失。为了保证做到库存物资账物相符，需要对库存物资定期组织盘点，通过盘点查清各种物料的实际库存数量。盘点时应按一定的手续并经有关领导批准后方可进行。盘点的内容是检查账面数与实存数是否相符，有无超储积压，物资有无损坏、锈蚀或变质。

过去盘点主要依靠手工管理，由于库存物资数量众多，每逢月末、季末和年末进行盘库时，需要停产，组织大批人力入库盘点，既费时、耗力，还影响生产。随着库存管理信息系统的应用，现已采用循环盘点法。该法首先对库存物资按其使用的频率进行分类，确定每类物资循环盘点的周期。对于天天领用的或使用较频繁的物资，确定较短的盘点周期(如每周一次或两周一次)；不常使用的物料则确定较长的盘点周期(如一月一次或一季一次)。根据物料盘点周期的长短，在计算机内排出一份每天需要盘点的物料名单。仓库管理人员每天一上班查看一下当天需要盘点哪些物料，就可以利用工作的空隙时间完成对有关物料的盘点。这样就把库存盘点工作变成一项经常性的工作，不仅不需要停产，不需要调用专门的人力来进行盘库，节省了人力，而且还使各种物料的盘点工作能及时进行，从而能真正做到账物相符。

五、库存控制

在整个企业的生产经营中，库存主要是指企业的生产物资，其具体形态表现为原材料、在制品、产成品和一般消耗品。

(一)独立需求与相关需求

独立需求是指某一物品的需求量和其他物品的需求量之间没有关系，其最明显的特点是需求的对象和数量不确定，如用户对企业产成品、维修配件等的需求。相关需求是指和其他某项或数项物品有关的需求，如对零部件和原材料的需求就是相关需求，其需求量可以根据最终成品的需求量精确地计算出来。

(二)库存控制系统

库存控制系统是解决订货时间和订货数量问题的常规联动系统。常见的库存控制系统有连续、双堆、定期、非强制补充供货、物料需求计划等。连续和双堆系统统称为固定订货量系统，它通过不断地观察库存是否达到重新订货点来实现库存控制。定期和非强制补充供货系统统称为固定订货间隔期系统，它通过有周期性规律的观测来实现对库存的补充。以上4种库存控制系统均适用于独立需求库存，而MRP/MRPⅡ则适用于相关需求的库存控制。

1. 连续库存控制系统

连续库存控制系统以经济订货量(Economic Order Quantity，EOQ)和订货点的原理为基础，其图解模型如图8-3所示。其中，B点为库存补充的重新订货点；每次的订货量为Q；库存周期中的平均库存量为$Q/2$；库存订货间隔期为$ac=ce$；订货提前期为$ab=cd=ef$。连续观测系统的工作原理是：连续不断地监视库存余量的变化，当库存余量下降到重新订货点时，就要向供货厂商提出订货，经过一段备运时间，新近订货到达，补充库存。

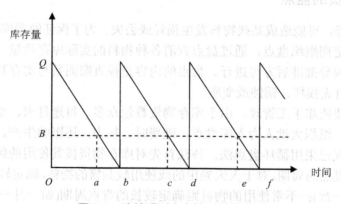

图8-3 连续观测库存控制系统模型

2. 双堆库存系统

双堆库存系统的显著特点是没有连续的库存记录。其工作原理为：订货点由肉眼来判定,当存货消耗一堆时,便开始订货,其后的需求由第二堆来满足。

3. 定期库存控制系统

定期库存控制系统的图解模型如图 8-4 所示,是一种以定期检查和订货为基础的库存控制法。在这个系统中,按规定周期 T 检查库存量并随即提出订货,将库存补充到目标库存量 S。定期控制系统不存在固定的订货点,但有固定的订货周期 T;每次订货没有固定的订货量,但需要补充到固定的库存目标量 E。因此,目标库存量 E 与订货周期 T 是建立该系统之前必须确定的主要参数。S 的确定主要需考虑订货周期与订货提前期$(T+L)$期间的库存消耗量。而订货周期 T 可以通过经济订货周期(EOI)模型来求得。

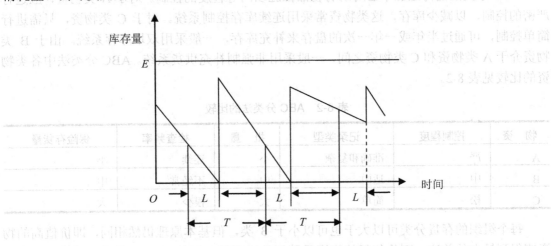

图 8-4　定期库存控制系统模型

4. 非强制补充供货系统

非强制补充供货系统也称为最小-最大系统,是连续系统和定期系统的综合。该系统也是按规定的周期检查库存量,但订货要在库存余额已经降至预定的订货点时才进行。如检查日库存余额高于订货点,便不订货;如在检查日库存余额等于或低于订货点,便进行订货。订货数量为最高库存水准与检查期间的库存水准之差。

以上 4 种库存控制系统的主要特点如表 8-1 所示。

表 8-1　库存控制系统的特点

因素	库存系统				
	连续	双堆	定期	非强制补充供货	物料需求计划
订货数量	固定	固定	可变	可变	可变
订货点	固定	固定	可变	可变	可变
检查周期	可变	可变	固定	固定	固定/可变
需求率	固定/可变	固定/可变	固定/可变	固定/可变	固定
前置时间	固定/可变	固定/可变	固定/可变	固定/可变	固定/可变
保险存货量	中	中	大	很大	小/无

(三) ABC 分类法

1. ABC 分类法的基本原理

企业的库存物资存在这样的规律，即少数库存占用着大部分的库存资金，而大多数的库存物资仅占全部库存资金的极小部分。利用库存与资金占用之间的这种规律对库存进行分类，称为"ABC 分类法"。其中 A 类物资往往占用了库存资金的 75%~80%，而其品种数却仅占库存项目总数的 10%~20%；B 类物资占库存资金的 10%~15%，品种占 20%~25%；C 类物资仅占库存资金的 5%~10%，而品种却占 60%~65%。

ABC 分类法使得企业不必对所有物品都施以同等程度的控制。对于 A 类物资，应进行严密的控制，以减少库存，这类物资常采用连续库存控制系统。对于 C 类物资，只需进行简单控制，可通过半年或一年一次的盘存来补充库存，一般采用双堆库存系统。由于 B 类物资介于 A 类物资和 C 类物资之间，一般采用非强制补充供货系统。ABC 分类法中各类物资的比较见表 8-2。

表 8-2 ABC 分类法的比较

物资	控制程度	记录类型	批量	检查频率	保险存货量
A	严	准确和复杂	小	连续	小
B	中	适中	中	不经常	中
C	松	简单	大	很少	大

每个组织的存货分类可以大于也可以小于 3 类，但基本原理仍然相同，即价值高的物资应得到最大的关注，而价值低的物资只稍加关注即可。另外，ABC 分类主要是以库存的资金价值为基础，并未考虑到物品的获利能力或急需程度，因此现实情况中，可能出现某些 C 类物品不足而导致生产中断的现象，这就要求管理者在实际运用 ABC 分类法时予以充分注意。

2. ABC 分类法的实施

ABC 分类法的具体步骤就是将每种物资的年用量乘以单价，然后按价值从大到小排列，再根据分类思想进行整理即可。年用量可根据历史资料或预测数量来确定。

本 章 小 结

本章包括两方面的内容，一是设备管理，二是物资管理，这二者都是企业进行运营活动的基本保障。在设备管理方面，首先阐述了设备与设备管理的内涵、设备管理的发展历程和趋势，其次重点介绍了设备管理的基本内容，如设备规划、选购、安装与调试、维修及更新改造，尤其是详细说明了设备维修制度。在物资管理方面，首先探讨了物资与物资管理的概念、物资管理的意义、物资管理的内容及管理体制。接着，分析了物资消耗定额的构成及物资消耗定额的制定方法，如技术计算法、实际测定法、统计分析法和经验估计法等。然后，说明了物资供应计划的制订、物资采购和仓库管理工作，特别是详细介绍了常见的库存控制系统，包括连续、双堆、定期、非强制补充供货、物料需求计划等。

第八章 设备管理与物资管理

复习思考题

1. 设备管理的意义是什么？
2. 试述设备管理由事后修理走向综合管理的必然性。
3. 试述设备管理的主要内容。
4. 如何选购设备？主要考虑哪些因素？有什么评价方法？
5. 试述设备的磨损规律及故障发生规律。
6. 设备状态监测与诊断技术有哪些内容？其应用范围是什么？
7. 如何合理使用设备？使用设备与维护设备的辩证关系是什么？
8. 设备修理有哪些类别？如何组织设备的修理？
9. 试对不同的设备维修制度进行综合评述。
10. 应如何理解设备的寿命？
11. 设备更新与设备技术改造有何本质上的区别？
12. 简述物资管理的含义。
13. 工业企业物资管理工作的主要内容是什么？
14. 简述物资消耗定额的制定方法。
15. 选择供应商时应考虑哪些因素？
16. 仓储管理一般包括哪些内容？
17. 简述常见的几种库存控制方法。

第九章 企业资源计划与集成制造

(1) 了解ERP的发展历程及各阶段的特点。
(2) 熟练运用MRP的基本原理和运算逻辑。
(3) 了解应用ERP和企业实际相结合的实战策略。
(4) 熟悉CIS思想理念，掌握CIMS现代制造的支撑体系。

物料需求计划(MRP)　企业资源计划(MRPⅡ)　企业资源计划(ERP)　主生产计划(MPS)　物料清单(BOM)　低层代码　计算机集成制造(CIM)　计算机集成制造系统(CIMS)

MRP 的诞生

1946年2月14日，世界上第一台电脑ENIAC在美国宾夕法尼亚大学诞生。"二战"期间，美国军方用其来计算炮弹弹道。这部机器使用了18800个真空管，长50英尺，宽30英尺，占地1500平方英尺，重达30吨。它计算速度快，每秒可从事5000次的加法运算。由于耗电量大，每次开机时，整个费城西区的电灯都为之"黯然失色"。另外，真空管的损耗率相当高，几乎每15分钟就可能烧掉一只，操作人员须花费至少15分钟的时间才能找到坏掉的管子，使用极不方便。那时起直到九年之后，真正可靠的计算机才改进完成。

1957年，美国"生产与库存控制协会"成立，随后推出第一套MRP软件，这是现代企业管理软件的开端。MRP的发展经历了两个阶段，即时段式MRP和闭环式MRP。

时段式MRP，从主生产计划出发，一是将物料需求区分为独立需求和非独立需求分类加以处理，二是对库存状态数据对时间分段的概念，从而解决了何时订货以及订货数量问题。

在此基础上，一方面把生产能力作业计划、车间作业计划和采购作业计划纳入MRP，同时，在计划执行过程中，加入来自车间、供应商和计划人员的反馈信息，并利用这些信息进行计划的平衡调整，从而围绕着物料需求计划，使生产的全过程形成一个统一系统。这就是闭环式MRP。闭环式MRP将物料需求按周，甚至按天进行分解，使得MRP成为一个实际的计划系统和工具，而不仅仅是一个订货系统，这是企业物流管理的重大发展。

(案例来源：MBA智库文档 http://doc.mbalib.com/view/ea650685abbaedecc3e88f6fd3802b0e.html)

第九章 企业资源计划与集成制造

几乎在实用计算机出现的同时，MRP 就应运而生了，为什么呢？历史上，生产与运营专家一直致力于研究一种准确计算制造业物料需求的系统。而在 20 世纪 60 年代之前，企业配备物料的方法无外乎供货点法等，但供货点法对物料的配置也仅仅是大概或估算，并没有完全按照"需要"按时提供，不仅浪费很大，而且供货率并不高。MRP 的出现从根本上解决了浪费和供货率的问题，并且是切实按照产品装配的需要按时按比例提供物料，不鼓励早也不鼓励晚。但 MRP 的运算量很大，仅靠人脑和手工计算根本无法处理庞大的计算量，直到计算机的出现才解决了这个难题。可见，不能说计算机的诞生促进了 MRP 的出现，而要说计算机的出现是 MRP 发展的必备条件，MRP 的思想早已有之，只是在苦苦等待这种工具的出现后才具备了可操作性。

随着移动互联网、物联网等新技术的飞速发展，各行各业都在发生深刻变革。为了满足全球市场需求，提高核心竞争力，利用 ERP 系统进行信息化建设成为企业的必然选择。特别是进入 21 世纪后，现代制造日益彰显出集成化、数字化、智能化、绿色化等发展趋势。为此，本章详细介绍了企业资源计划(ERP)发展历程、基本原理及实施条件，并简要概述了计算机集成制造系统(CIMS)关键技术、一般结构和发展趋势。

第一节 订货点法和 ERP 的发展历程

企业资源计划(ERP)是 20 世纪 90 年代首先由加特纳(Gartner Group Inc.)提出的，是经历 MRP、MRP Ⅱ 等几个阶段才逐渐发展而成的，它不仅涉及物料需求的计算，形成一种生产计划与控制系统，而且涉及生产能力和一切资源，是一种资源协调系统，还将单个企业的系统扩展到整个供应链，是一种整个增值链条上得到整体优化的方法和思路。ERP 代表了一种新的生产管理思想，是一种新的生产组织方式，目前它已经成为企业和供应链管理的有效工具。

一、订货点法

在 MRP 诞生之前，企业用于处理物料计算的方法主要是订货点法，但在使用过程中发现用传统的订货点法来处理制造过程中的供需矛盾有很大盲目性，结果会造成大量的原材料及在制品库存。从思路上看，订货点法和 MRP 一样也是要解决订什么、订多少以及何时订的问题，它是依靠维持一定的库存来保证需要的，但由于对产品的需要仅仅是一种估算，订货点法不可避免地带来了以下缺点。

(1) 盲目性。对需求的情况不了解，盲目地维持一定量的库存会造成积压，因为这里所谓的一定量是用经济批量确定的，经济批量并没有说明到底什么时候用，库存中的物料也许很快就用，当然也许很久之后才用，即使长时间不用，按照经济批量的原理也会保持必需的库存量，靠经常性地维持库存来保证需要，是由于对需求的数量及时间不了解造成的，这种盲目直接造成物料及资金积压的浪费。

(2) 高库存与低服务水平。使用订货点法会造成高库存与低服务水平。由于对需求不了解，只能靠维持高库存来换取高服务水平，这本身就是浪费。但事实上，即使高库存得到的是独立需求物料的高服务水平，即当我们处理的物料和其他物料没有关系时，订货点法是有效的；如果我们所要处理的物料是相关需求的，即这种物料在需求上是从属于其他物料的时候，就不再那么有效。例如，单种物料服务水平达到 95%以上时应该是很高的了，如果再提高服务水平就会使库存大量增加，从理论上讲服务水平接近 100%，则库存量必然趋于无穷大。如果装配一个部件需要 5 种零件时，给每种零件都供给 95%的服务水平，5 种零件都不发生缺货的概率是 $0.95^5 = 0.774$，相当于每 4 次就会遇到 1 次缺货，实际上一台产品往往包含上千种零件，要想不发生缺货几乎是不可能的。

(3) 形成块状需求。采用订货点法的条件是假设需求是均匀的。但是在制造过程中形成的需求一般是不均匀的，不需要时为零，一旦需要就是一批，即块状需求，订货点法加剧了这种需求的不均匀性，这和订货点法的假设是矛盾的。

订货点法是用于处理独立需求问题的，它不能令人满意地解决生产系统内发生的相关需求问题，经过长时间的探索，人们终于找到了 ERP 的前身——MRP，使用它可以精确地确定对零部件、毛坯和原材料的需求数量和需求时间，消除了盲目性，实现了低库存与高服务水平的双赢。

二、ERP 的发展历程

ERP 的发展，源自信息技术的广泛应用和管理技术的进展。ERP 的发展，经历了以下几个发展阶段。

1. MRP 阶段

在 MRP(material require planning，物料需求计划)阶段，企业的信息管理系统对产品构成进行管理，借助计算机的运算能力及系统对客户订单、库存物料、产品构成、加工工时、生产能力的管理能力，实现依据客户订单，按照产品结构清单展开并计算物料需求计划。系统以均衡生产、减少库存、优化库存为管理目标。

2. 闭环 MRP 阶段

要考虑生产能力，从内部来看必然涉及车间层的管理，从外部来看必然涉及采购。此时单靠 MRP 就不够了，于是就从 MRP 发展到闭环 MRP。闭环 MRP 的"闭环"实际有双重含义。一方面，它不但考虑物料需求计划，还将与它有关的能力需求、车间生产作业计划和采购等方面考虑进去，使整个问题形成"闭环"；另一方面，从控制论的观点来看，计划制订与实施之后，需要取得反馈信息，以便能够修改计划与实行控制，这样又形成"闭环"。

3. MRP II (manufacture resource planning，制造资源计划)阶段

20 世纪 80 年代，人们把生产、财务、销售、工程技术、采购等各个子系统集成为一个一体化的系统，并称为制造资源计划(manufacture resource planning)，在闭环 MRP 管理系统

的基础上，从整体最优的角度出发，通过运用科学的方法对企业的各种制造资源和产、供、销、财各个环节进行有效的计划、组织和控制，使它们得以协调发展，并充分地发挥作用。

4. ERP 阶段

进入 ERP(enterprise resource planning，企业资源计划)阶段后，以计算机为核心的企业管理系统更为成熟，系统增加了包括财务预测、生产能力、调整资源调度等方面的功能，配合企业实现 JIT 全面管理、质量管理和生产资源调度管理及辅助决策的功能，成为企业进行生产管理及决策的平台工具。

5. 电子商务时代的 ERP

Internet 技术的成熟使企业信息管理系统增加了与客户或供应商实现信息共享和直接交换数据的能力，从而强化了企业间的联系，形成了共同发展的生存链，体现了企业为生存而竞争的供应链管理思想。ERP 系统已经实现这方面的功能，使决策者及业务部门实现跨企业的联合作战。

以下几节将逐步分析 ERP 发展历程中的各个阶段来更深入地了解 ERP 的内涵。首先我们要关注的是 ERP 发展的基础——物料需求计划。

第二节　物料需求计划

一、MRP 的基本原理

物料需求计划(Materials Requirement Planning，MRP)，是 20 世纪 60 年代发展起来的一种计算物料需求量和需求时间的系统，是按反工艺路线的顺序，根据最终产品产出数量和时间来确定部件、零件、毛坯，直至原材料的需求量和需求时间。简单地说就是要制订原材料、零部件的生产和库存计划(决定外购什么、生产什么、什么物料必须在什么时候订货或开始生产、定多少、生产多少、每次的订货量和生产批量是多少等)。

MRP 的最终结果可以阐述为以下两点。

1. 采购订单的确定

要从最终产品的主生产计划(MPS)导出相关物料(原材料、零部件、组件等)清单(BOM)和库存量，通过 MRP 系统的计算确定采购订单。

2. 生产订单的确定

根据物料的需求时间和生产(订货)周期来确定其开始生产(订货)的时间，也就是生产订单的确定。

从图 9-1 可以清楚地看到 MRP 工作原理。

按照 MRP 的基本原理，从产品销售到原材料采购，从自制零件的加工到外协零件的供应，从工具和工艺装备的准备到设备维修，从人员的安排到资金的筹措与运用，都是围绕 MRP 的基本原理进行，从而形成一整套新的生产方式。

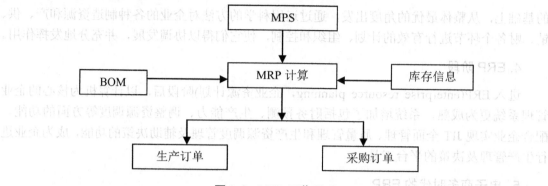

图 9-1　MRP 工作原理

二、MRP 的计算模型

从 MRP 的工作原理中可以看出，MRP 的运算是系统实施的难点及系统成败的关键。所以了解 MRP 的计算模型有助于我们了解 MRP 的工作原理。首先要弄清楚 MRP 计算的目标，即保证供应用户所需产品，取得生产所需的原材料以及零部件；保证尽可能低的库存水平；计划生产活动、交货进度与采购活动，使各车间生产的零部件、外购配件与装配的要求在时间和数量上精确衔接。

为了达到这些目标，我们将从 MRP 的输入、处理和输出三个方面入手。

(一) MRP 的输入信息

MRP 系统有三种输入信息，即主生产计划、库存状态与产品结构信息。

1. 主生产计划

企业主生产计划(MPS)是根据需求订单、市场预测和生产能力等来确定的，它规定在计划时间内(年、月)，每一生产周期(旬、周、日)最终产品的计划生产量。它表示计划需求每种成品(产品)的数量和时间。主生产计划是 MRP 的主要输入，它是 MRP 运行的驱动力量。产品产出计划中所列的是最终产品项。它可以是一台完整的产品，也可以是一个作为最终项目的完整的部件，甚至是直接出售的零件。

产品生产计划根据市场预测与用户订货来确定，但它并不等同于预测，因为预测未考虑企业的生产能力，而计划则要进行生产能力的平衡后才能确定；预测的需求量可以随着时间的起伏发生变化，而计划可通过提高或降低库存水平作为缓冲，使实际各周期生产量趋于一致，以达到均衡稳定生产的目的。产品主生产计划是 MRP 的基本输入，MRP 根据主生产计划展开，导出构成这些产品的零部件与材料在各周期的需求量。

产品主生产计划中规定的产出数量可以是总需要量，也可以是净需要量。一般来说，在产品产出计划中列出的为净需要量，即需要生产的数量。于是，由顾客订货或预测得出的总需要量不能直接列入产品产出计划，而要扣除现有库存量，算出净需要量。

有些企业除生产成品外，同时还生产(并销售)用于维修或试验用的备件、部件，它们属于独立需求。这些备件、部件的品种、数量、需求时间等也应通过预测及用户订货来确定，并输入 MRP 系统中。

表 9-1 为某产品产出计划的一部分。它表示产品 A 的计划产出量为：第 5 周 10 台，第 8 周 15 台；产品 B 的计划产量为：第 4 周 13 台，第 7 周 12 台；配件 C 的计划产量为：第 1 至 9 周，每周产出 10 件。

表9-1 产品主生产计划

产品和配件	周次								
	1	2	3	4	5	6	7	8	9
产品 A(台)					10			15	
产品 B(台)				13			12		
配件 C(件)	10	10	10	10	10	10	10	10	10

产品主生产计划的计划期，即计划覆盖的时间范围，一定要比最长的产品生产周期长。否则，得到的零部件投入产出计划不可行。产品产出计划的滚动周期应该同 MRP 的运行周期一致。若 MRP 每周运行一次，则产品产出计划应每周更新一次。

另外，主生产计划从时间上可分为近期确定性计划和远期尝试性计划。这是由于近期需要的产品项目都有确定的顾客订货，而远期需要的产品，只有一部分是顾客订货，而另一部分是预测的。确定性计划以周为计划的时间单位，尝试性计划可以以月为计划的时间单位。没有常识性计划往往会失去顾客，因为很多顾客订货较迟，而交货又要求比较急。随着时间的推移，预测的订货将逐步落实到具体顾客身上。

2. 库存状态

库存状态的内容包括当前库存量、计划接收量、提前期、订购(生产)批量、安全库存量。库存状态处于不断的变动之中，MRP 每运行一次，它就发生一次大的变化。MRP 系统与订什么、订多少、何时发出订货等重要信息，都存储在库存状态文件中。

库存状态文件包含每一种物料的记录。表 9-2 为元件 C 的库存状态文件记录。其中，时间是这样规定的：现有数为一周结束时的数量，总需要量、预计到货量、净需要量和计划发出订货量即为一周开始时的数量。根据实际需要，每个数据项都可以做更细的划分，如预计到货量可以细分成不同的来源，现有数可以按不同的库房列出。

表9-2 库存状态文件记录

元件 C	周次										
LT=12 周	1	2	3	4	5	6	7	8	9	10	11
总需要量						300			300		300
预计到货量		400									
现有数/20	20	420	420	420	420	120	120	120	-180	-180	-480
净需要量									180		300
计划订货量							180		300		

总需要量是由上层元件的计划发出的订货量决定的。在本例中，A 产品在第 6 周、第 9 周和第 11 周的开始装配数量各为 150 台，一台 A 包含 2 个元件 C，则对元件 C 的总需要量

各为 300 件，预计到货量为发出的订货或开始生产的元件的预计到货或预计完成的数量。本例中，将在第 2 周得到 400 件元件 C。现有数为相应时间的当前库存量。对于本例，在制订计划的时候，元件 C 的当前库存量为 20 件，到第 2 周，由于预计到货 400 件，所以现有数为 420 件。到第 6 周，用去 300 件，现有数为 120 件。到第 9 周，需用 300 件，现有数已不足以支付，将欠 180 件。因此，现有数将为负值，那时需要提前发出订货。

在逐周计算净需要量时，期末现有数第一次出现负值的周期的净需要量就等于该周期末现有数的绝对值，表示累计的净需要量。计算过程如表 9-3 所示。

表 9-3 净需要量的计算

周 次	期初现有数	预计到货量	总需要量	期末现有数
1	20	0	0	20
2	20	400	0	420
3	420	0	0	420
4	420	0	0	420
5	420	0	0	420
6	420	0	300	120
7	120	0	0	120
8	120	0	0	120
9	120	0	300	−180
10	−180	0	0	−180
11	−180	0	300	−480

3. 产品结构信息

产品结构又称为零件(材料)需求明细。图 9-2 中以字母表示部件组件，数字表示零件，括号中数字表示装配数。从图 9-2 可见，最高层(0 层)的 M 是企业的最终成品，它是由部件 B(一件 M 产品需用 1 个 B)、部件 C(每件 M 产品需用 2 个 C)及部件 E(每件 M 产品需用 2 个 E)组成的。依次类推，这些部件、组件和零件中，有些是工厂生产的，有些可能是外购件。如果是外购件，如图 9-2 中的 E，则不必再进一步分解。为了便于表达，上层物料称为父项，下层物料称为子项，在计算机存储中，我们只描述父项和子项，不描述各层物料。

当产品结构信息输入计算机后，计算机根据输入的结构关系自动赋予各部件、零件一个低层代码。低层代码概念的引入，是为了简化 MRP 的计算。当一个零件或部件出现在多种产品结构的不同层次，或者出现在一个产品结构的不同层次上时，该零(部)件就具有不同的层次码。如图 9-2 中的部件 C 既处于第 1 层，也处于第 2 层，即部件 C 的层次代码是 1 和 2。在产品结构展开时，是按层次代码逐级展开，相同零(部)件处于不同层次就会产生重复展开，增加计算工作量。因此当一个零部件有一个以上层次代码时，应以它的最低层代码(其中数字最大者)为其低层代码。图 9-2 中各零部件低层代码如表 9-4 所示。一个零件的需求量为其上层(父项)部件对其需求量之和，图 9-2 按低层代码在作第 2 层分解时，每件 M 直接需要 2 件 C；B 需要 1 件 C，因此，生产 1 件成品 M 共需 3 件 C。部件 C 的全部需求量可以在第 2 层展开时一次求出，从而简化了运算过程。

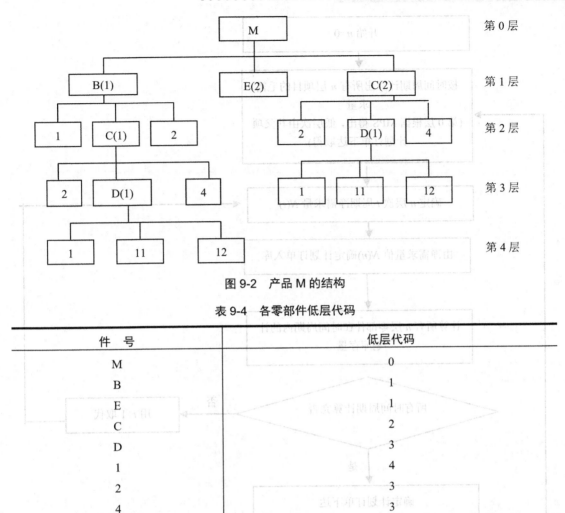

图 9-2 产品 M 的结构

表 9-4 各零部件低层代码

件 号	低层代码
M	0
B	1
E	1
C	2
D	3
1	4
2	3
4	3
11	4
12	4

(二)MRP 的处理

在介绍库存状态文件时，曾提出 5 种库存状态数据：总需要量、预计到货量、现有数量、净需要量和计划发出订货量。这 5 种库存状态数据可以分成两类，一种为库存数据，另一种为需求数据。预计到货量和现有数量为库存数据，这些数据要经过检查才能进入系统；总需要量、净需要量和计划发出订货量为需求数据，由系统计算得出，只有通过计算才能验证。

进行 MRP 处理的关键是找出上层物料(父项)和下层物料(子项)之间的联系。这种联系就是按父项的计划发出订货量来计算子项的总需求量，并保持时间上的一致。MRP 的运算逻辑如图 9-3 所示。

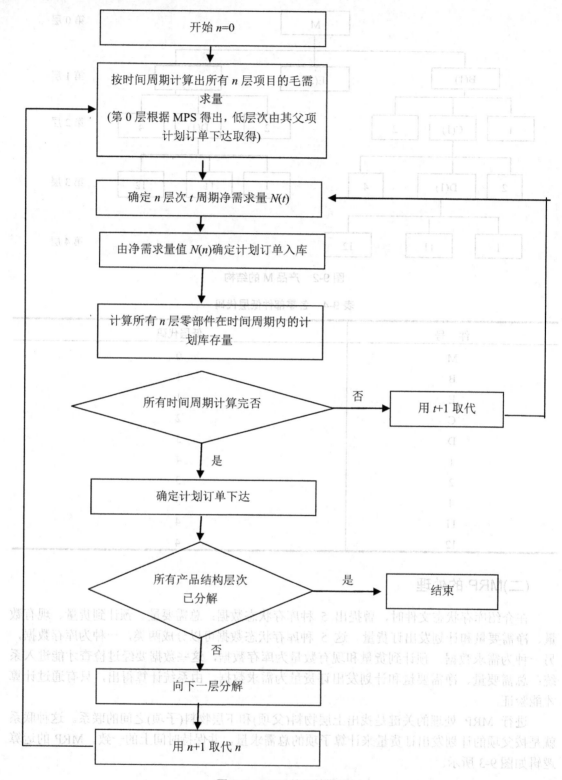

图 9-3 MRP 的运算逻辑

要提高 MRP 的处理效率，可采用自上向下、逐层处理的方法。按照这种方法，先处理所有产品的第 0 层，然后处理第 1 层……一直到最低层，而不是逐台产品自上向下地处理。这样做的好处是每一项目只需检索处理一次，效率较高。为此，需要对每个元素编一个低层码，这有助于逐层处理。

MRP 系统处理的过程中常用到的推算逻辑公式如下：

毛需求量 $G(t)$ 由父项需求推算

净需求量 $N(t)$ = 毛需求量 - 预计到货量 $S(t)$ - 前期库存量

预计库存 $H(t)$ = 前期库存 + 预计到货量 + 计划订单产出 - 毛需求量

计划订单产出 $P(t)$ = 净需求量

计划订单下达 $R(t)$ = 一个提前期后的计划订单产出 $P(t+L)$

为了具体说明 MRP 的处理过程，以图 9-4 所示的产品为例，逐层计算。产品 X 各项信息如下：现有库存量为 8；物料名称为 X；安全库存量为 0；提前期为 1 周；批量为 10。产品结构如图 9-4 所示。

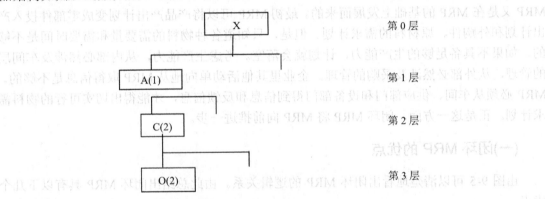

图 9-4　X 的产品结构图

根据图 9-4 所示，可以计算出各物料 X 的订货数量，如表 9-5 所示。

表 9-5　MRP 运算

时段	0 期	1 期	2 期	3 期	4 期	5 期	6 期	7 期	8 期	9 期	10 期	11 期
毛需求量		17	13	5	7	12	11	5	13	10	5	7
预计到货量		10										
预计库存量	8	1	8	3	6	4	3	8	5	5	5	3
净需求			12		7	6	7	2	5	5		7
计划订单产出			20		10	10	10	10	10	10		10
计划订单下达		20		10	10	10	10	10	10		10	

(三) MRP 的输出

经过 MRP 处理之后，就得到了最终项目的主生产计划的依据，并按 BOM 库存记录确定的各零部件的需求数量和需求时间，MRP 就可输出分时段的零部件制造计划和外购件的采购计划。与"生产什么""生产多少"同等重要的是"什么时候生产"。因此，在制造订单和采购订单中要体现"时间"。订单的计划要及早做好,要有足够的时间完成最终项目的生产,同时又不使物料在进入某一生产过程前进行不必要的等待。

MRP 的输出主要包括两项:①对各种物料的具体需求,包括需求量和需求时间;②订单的发出时间。这些结果被称为措施提示信息。MRP 记录的计算是针对 BOM 中的每一项进行的,这些记录的汇总就表示当前的物料需求信息,然后计划人员根据这些信息做出发放新订单、催促执行订单等决定。实际上,计划人员并不需要浏览 MRP 的全部计算结果,只要注意那些需要引起他们注意的物料项,浏览这些物料项的主生产计划(MPS)记录即可。

第三节 制造资源计划(MRP Ⅱ)

一、MRP Ⅱ 的产生背景

在本章第一节中简单介绍了 MRP Ⅱ。MRP Ⅱ 是在闭环 MRP 的基础上产生的,而闭环 MRP 又是在 MRP 的基础上发展而来的。最初 MRP 可以将产品产出计划变成零部件投入产出计划和外购件、原材料的需求计划。但是,只知道各种物料的需要量和需要时间是不够的,如果不具备足够的生产能力,计划就会落空。考虑生产能力,从内部必然涉及车间层的管理,从外部必然涉及采购的管理。企业里其他活动单向地从 MRP 取得信息是不够的。MRP 必须从车间、供应部门和设备部门得到信息和反馈信息,才能得出切实可行的物料需求计划。正是这一方面,闭环 MRP 将 MRP 向前推进一步。

(一)闭环 MRP 的优点

由图 9-5 可以清楚地看出闭环 MRP 的逻辑关系。由此总结出闭环 MRP 具有以下几个优点。

(1) 自上而下的可行计划。

MRP 是从上而下依次不间断地进行,而闭环 MRP 在此基础上增加了每个环节可行性的判断,若上一层次不可行,则重新回到主生产计划进行调整,调整过后符合要求的再向下一程序运行,直至每个程序都具有实际可行性,以此形成多个闭环。

(2) 自下而上的执行反馈。

当下一程序出现问题时,可及时向主生产计划进行反馈,从而可增加主生产计划的预见性和有效性。

(3) 实时应变。

闭环 MRP 解决了能力计划的动态问题,一旦发现问题,可以及时进行计划的修改,从而增加计划的可行性。

(二)MRP Ⅱ 的定义

在由 MRP 发展到闭环 MRP 后,成功地应用闭环 MRP 的人们很自然地联想到,既然库存记录足够精确,为什么不可以根据它来计算费用?既然 MRP 得出的是真正要制造和购买的元件,为什么不能依据它作采购方面的预算?既然生产计划已被分解成确定要实现的零部件的投入产出计划,为什么不可以把它转化为货币单位,使经营计划与生产计划保持一致呢？人们又认识到了闭环 MRP 的一些不足，如：①计划的源头是从生产计划大纲(PP)及主生产计划(MPS)开始，而对企业的高层、长远经营规划尚无考虑；②闭环 MRP 中包含了以制造为主线的物流和信息流，但在企业中非常重要的资金流却无反映。针对闭环 MRP 的不足和局限，20 世纪 70 年代末 80 年代初，有关专家在闭环 MRP 的基础上加入了企业的高层长远经营规划(宏观决策层)及企业的财务职能，形成了制造资源计划(MRPⅡ)。有关闭环 MRP 与 MRPⅡ的主要区别参见表 9-6。

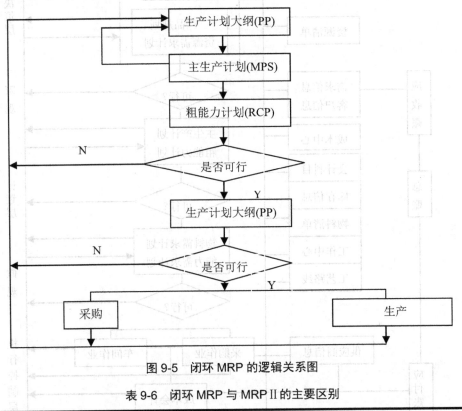

图 9-5　闭环 MRP 的逻辑关系图

表 9-6　闭环 MRP 与 MRPⅡ的主要区别

对　象	区　别	
	计划源头	系统模块
闭环 MRP	生产计划大纲(PP)	生产计划
MRPⅡ	经营规划(BP)	生产计划与控制子系统 经营子系统 财务子系统

我们对 MRPⅡ进行以下定义：制造资源计划(MRPⅡ)是指企业对其生产系统的经营活动建立一种计划模型，并通过利用该模型把企业的制造资源和经营任务的需求进行平衡，从而保证企业目标的实现。

MRPⅡ的运作原理是建立在相关需求、时间分割、能力平衡基础上的。在 MRPⅡ的功能模块中，核心是物料需求计划(MRP)的处理模块，主要用以解决产品生产中的零部件及物料需求量的问题。把生产活动与财务活动联系在一起，是从 MRP 向 MRPⅡ迈出的关键一步。MRP Ⅱ 实际上是整个企业的系统，它包括整个生产经营活动：销售、生产、库存、生产作业计划与控制等。MRP Ⅱ 的逻辑结构图如图 9-6 所示。

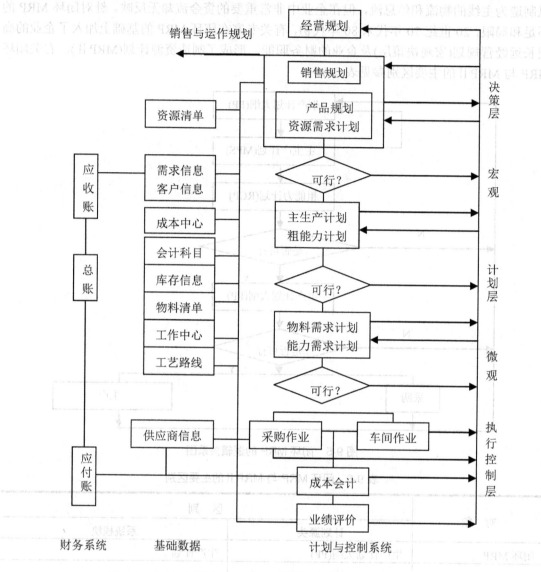

图 9-6 MRP Ⅱ 的逻辑结构图

(三) MRP Ⅱ 的层次

MRP Ⅱ 的主要处理模块以及逻辑关系如图 9-7 所示。

从图 9-7 可看到 MRP Ⅱ 分五个层次，各层次间一脉相承，逐级(层)细化、互为因果。MRP Ⅱ 的五层次的主要区别就在于计划内容的详细程度、计划的时间跨度及周期不同。一般把前三个层次(经营规划、生产计划大纲和主生产计划)称为主计划。

虽然 MRP Ⅱ 的计划层次各有特点，但其共性是每个层次都要解决三个基本问题，即：打算生产什么？(生产的目标)能够生产什么？(能力的限制)怎样解决需求与能力之间的差异？

第九章 企业资源计划与集成制造

1. 经营规划(层次 1)

经营规划是企业计划与控制的最高层次，也是 MRPⅡ的最高层次。该层次是对企业的经营目标(通常用货币值表示)、方针及财务和资源能力的长远规划。如市场的选择与目标，产品方向的选择及质量要求，设备的更新与改进，厂房、厂区的扩建或缩小，所需的水、电、气和油等资源的长远供应情况。计划跨度为 2~7 年，计划周期为 0.5~1 年，即每 0.5~1 年核实、修订一次。

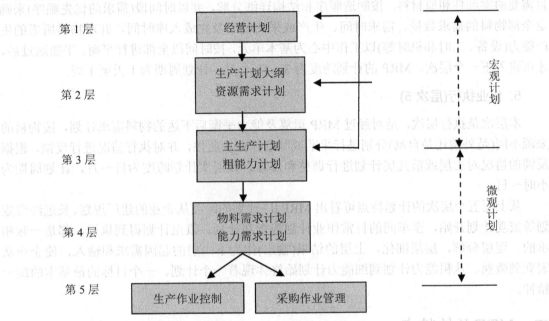

图 9-7　MRPⅡ中计划与控制的层次

编制经营规划所需的信息通常是由市场销售、技术、生产、财务或战略规划等几个部门提供，经营规划一旦制定后，反过来要指导这些部门的工作。

经营规划是推动企业其他层次计划的动力，是企业长期的、宏观的、战略的发展总目标，企业的全体员工都在直接或间接地为实现经营规划做出各自的贡献。

2. 生产计划大纲及资源需求计划(层次 2)

生产计划大纲承上启下，是对经营规划的细化和分解。生产计划大纲的输入来自经营规划的输出，而生产计划大纲的输出又是主生产计划的输入。生产计划大纲根据经营规划确定的企业生产的产品方向，进一步解决产品系列的生产数量及所需资源，协调需求与可利用资源的矛盾。

生产计划大纲计划跨度为 1~3 年，计划周期为 1~3 个月。生产计划大纲的编制除同经营规划一样需市场销售、技术、生产和财务等部门提供的信息外，最主要的输入是经营规划所确定的以货币值形式表示的企业销售目标及库存水平。生产计划大纲就是围绕经营规划确定的销售目标及库存水平，编制切实可行的、进一步细化的计划。

生产计划大纲仍是企业宏观的计划。

3. 主生产计划及粗能力计划(层次 3)

主生产计划是对计划的可行性进行验证并对生产所需能力进行合理配置。其核心是寻求企业生产能力与任务的平衡方案，进行必要调整，使得生产进度计划得到优化。

4. 物料需求计划及能力需求计划(层次 4)

物料需求计划是对主生产计划的进一步细化和分解，是对主生产计划所确定的最终项目需要的零部件和原材料，按制造顺序和结构详细分解，并以时间段(需求的优先顺序)来确定全部物料的需求数量、需求时间、生产或采购时间及完成入库时间，并对物料所需的生产能力(设备、工时和机时等)以工作中心为基本单元，按时间段全部进行平衡。平衡通过后，才可进入下一个层次。MRP 的计划跨度为 3～18 个月，计划周期为 1 天至 1 周。

5. 作业执行(层次 5)

本层次是执行层次，是对经过 MRP 运算及能力平衡后下达的物料需求计划，按物料的来源不同(是外购还是自制)分别进行采购或制造作业及监控，并对执行情况进行反馈，根据反馈的情况对上层或前几层计划进行调整和修订。该层次计划跨度为日～月，计划周期为小时～日。

从上面五个层次的计划特点可看出 MRP II 计划的跨度从企业的建厂规划、长远经营规划等宏观计划开始，至车间的日常作业计划等微观计划，直至计划得到执行，都是一脉相承的。逐层分解，层层细化，上层的结果(输出)作为下一层的起因需求和输入，使企业从宏观到微观、从粗能力计划到细能力计划始终体现着一个计划、一个目标的最基本的统一精神。

二、MRP II 的特点

MRP II 系统的特点可从 6 个方面来说明，每一个特点都含有管理模式的变革和人员素质或行为规范的变革。

1. 计划的一贯性和可行性

MRP II 系统是一种计划主导型的管理模式，计划层次从宏观到微观，从战略到战术，由粗到细逐层细化，但始终保持与企业经营战略目标一致。"一个计划"是 MRP II 系统的原则精神，它把通常的三级计划管理统一起来，编制计划集中在厂级职能部门，车间班组只是执行计划、调度和反馈信息。计划下达前反复进行能力平衡，并根据反馈信息及时调整，处理好供需矛盾，保证计划的一贯性、有效性和可执行性。

2. 管理系统性

MRP II 系统是一种系统工程，它把企业所有与生产经营直接相关部门的工作连成一个整体，每个部门都从系统整体出发做好本岗位工作，每个人都清楚自己的工作同其他职能的关系。只有在"一个计划"下才能成为系统，条框分割各行其是的局面将被团队精神所取代。

3. 数据共享性

MRPⅡ系统是一种管理信息系统，企业各部门都依据同一数据库的信息进行管理，任何一种数据变动都能及时地反映给所有部门，做到数据共享，如图9-8所示，在同一数据库支持下，按照规范化的处理程序进行管理和决策，改变过去那种信息不同、情况不明、盲目决策、相互矛盾的现象。为此，要求企业员工用严肃的态度对待数据，专人负责维护，保证数据的及时、准确和完整。

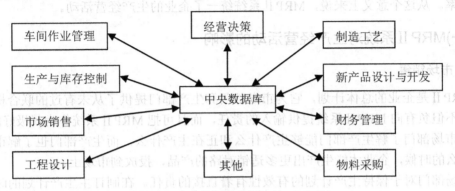

图9-8 中央数据库支持下的 MRPⅡ

4. 动态应变性

MRPⅡ系统是一个闭环系统，它要求跟踪、控制和反馈瞬息万变的实际情况，管理人员可随时根据企业内外部环境条件的变化迅速做出响应，及时调整决策，保证生产计划正常进行。它可以保持较低的库存水平，缩短生产周期，及时掌握各种动态信息，因而有较强的应变能力。为了做到这一点，必须树立全员的信息意识，及时准确地把变动了的情况输入系统。

5. 模拟预见性

MRPⅡ系统是生产经营管理客观规律的反映，按照规律建立的信息逻辑必然具有模拟功能。它可以解决"如果怎样……将会怎样"的问题，可以预见相当长的计划期内可能发生的问题，事先采取措施消除隐患，而不是等问题已经发生了再花几倍的精力去处理。这将使管理人员从忙忙碌碌的事务堆里解脱出来，致力于实质性的分析研究和改进管理工作。

6. 物流、资金流的统一

MRPⅡ系统包罗了成本会计和财务功能，可以由生产经营活动直接产生财务数字，把实物形态的物料流动直接转换为价值形态的资金流动，保证生产和财会数据一致。财会部门及时得到资金信息用来控制成本，通过资金流动状况反映物流和生产作业情况，随时分析企业的经济效益，参与决策，指导经营和生产活动，真正起到会计师和经济师的作用。同时也要求企业全体员工牢牢树立成本意识，把降低成本作为一项经常性的任务。

三、MRPⅡ的集成管理模式

企业作为社会经济的细胞，是一个有机整体，它的各项活动相互关联、相互依存和相互作用，应该建立一个统一的系统，使企业有效地运行。在以往，一个企业内往往有多个系统，如生产系统、财务系统、销售系统、供应系统和技术系统等。它们各自独立运行，缺乏协调，相互关系并不密切。在各个系统发生联系时，常常互相扯皮，出了问题又互相埋怨。由于MRPⅡ系统能够提供一个完整而又详细的计划，使企业内部各个子系统协调一致，形成了一个整体，这就使得MRPⅡ系统不仅作为生产和库存的控制系统，而且成为企业的整体计划系统，使得各部门的关系更加密切，消除了重复工作和不一致性，提高了整体的效率。从这个意义上来说，MRPⅡ系统统一了企业的生产经营活动。

(一) MRPⅡ系统对生产经营活动的影响

1. 市场销售

MRPⅡ是企业的总体计划，它为市场部门和生产部门提供了从未有过的联合机会。市场部门不但负有向MRPⅡ系统提供输入的责任，而且可把MRPⅡ系统作为其极好的工具。只有当市场部门了解生产部门能够生产什么和正在生产什么，而生产部门也了解市场需要生产什么的时候，企业才能生产出更多适销对路的产品，投放到市场上。

市场部门对于保持生产计划的有效性有着直接的责任。在制订主生产计划的时候，由市场部门提供的预测数据和客户订单是首先要考虑的信息。在对主生产计划进行维护的常规活动中，市场部门的工作也非常重要。这里的关键是通过及时的信息交流，保持主生产计划的有效性，从而确保主生产计划作为市场部门和生产部门协调工作的基础。

2. 生产管理

过去，生产部门没有科学的管理工具，经常受到市场销售部门、财务会计和技术等部门的批评。反过来，生产部门也对其他部门不满。这些抱怨主要是起因于企业内部条件和外部环境的不断变化，生产难以按预定的生产作业计划进行。因此，一方面，生产计划部门无法提供给其他职能部门所需的准确信息；另一方面，第一线的生产管理人员也不相信计划，认为计划只是"理想化"的东西，永远跟不上变化。有了MRPⅡ以后，计划的完整性、周密性和应变性大大增强，使调度工作大为简化，工作质量得到提高。总之，从MRPⅡ得到的最大好处是，从经验管理走向科学管理，使生产部门走向正规化。

3. 采购管理

采购人员有一个最难处理的问题，被称为"提前期综合征"。一方面是供方要求提早订货；另一方面是本企业不能提早确定所需的物料的数量和交货期。这种情况促使他们早订货和多订货。有了MRPⅡ系统，采购部门就有可能做到按时、按量地供应各种物料。而且，由于MRPⅡ的计划期可以长达一至二年，产品所需的外购物料能提前相当长时间告诉采购部门，并能准确地提供各种物料的"期"和"量"方面的要求，避免了盲目多订和早订。同时，由于MRPⅡ不是笼统地提供一个需求的总量，而是要求按计划分期分批地交货，也为供方组织均衡生产创造了条件。

4. 财务管理

实行MRPⅡ，可使不同部门采用共同的数据。事实上，一些财务报告在生产报告的基

第九章　企业资源计划与集成制造

础上是很容易做出的。例如，只要将生产计划中的产品单位转化为货币单位，就构成了经营计划。将实际销售、生产、库存与计划数相比较就会得出控制报告。当生产计划发生变更时，马上就可以反映到经营计划上，可以使决策者迅速了解这种变更在财务上造成的影响。

5. 技术管理

过去，技术部门并未从企业整体经营的角度来考虑自己的工作，似乎超脱于生产活动以外。但是，对于 MRP II 这样的正规系统来说，技术部门提供的却是该系统赖以运行的基本数据。它不再是一种参考性的信息，而是一种作控制用的信息。这就要求产品的物料清单必须正确，加工路线必须正确，而且不能有含糊之处。同时，修改设计和工艺文件也要经过严格的手续，避免混乱。

(二)MRP II 系统与我国传统管理模式的比较

从统计资料上看，我国应用 MRP II 的企业还很少，应用的效果还不甚理想。据有关部门调查，引进的 MRP 软件包，只有约 1/3 能正常应用；1/3 需修改后才能应用，还有 1/3 不能投入运行。因此，MRP II 是否适合我国国情，它能否在我国广泛应用，是我国企业管理人员及计算机应用部门十分关注的问题。

MRP II 是一种组织现代化大生产的技术，一种科学的管理工具，它的应用有其特定的背景及应用条件，我国工业企业要应用 MRP II，应正视其背景因素，积极创造适合于国情的应用条件，才能发挥 MRP II 的功能。

我国传统企业有其特定的背景，它基于我国国土面积大，资源丰富，劳动力充足的估计，以及几千年"自给自足"小农经济思想的影响。在追求以产值为目标的外延式扩展模式时，以高于发达国家 3 倍以上的能源及原材料消耗，来维持庞大的"大而全""小而全"的工业生产体系，整个经济处于投入多、产出少、消耗高、效益低的粗放型发展状态。

改革开放后，我国企业的经营机制由生产型向生产经营型转变，目前正处于完善社会主义市场经济体制的过程中，改革是一个相当长期的过程，我国企业中许多情况与 MRP II 的条件和假设相矛盾。传统生产模式与 MRP II 思维的主要差距见表 9-7，我国企业管理现状与 MRP II 应用条件的差距见表 9-8。

表 9-7　MRP II 系统与我国传统管理模式比较

功　能	MRP II 系统	我国传统管理模式
确定生产的产品	追求利润最大化，以销售收入确定最佳产品组合，有准确的主生产计划表，以销定产	根据国家计划和市场需求决定产品组合，追求产值指标，以产定销
确定生产率	经营计划以及生产计划、主生产计划的协调，使生产均衡性高，与生产能力相符合	产品生产前松后紧，加班加点随机性大，产品质量以及配套率低
确定所需的物料	严格按计划投料。产品结构准确率在 98%以上，而且每项物料均有存货记录和产、供、销的信息	按照订货点法确定物料，材料定额富余度大，库存严重积压，资金周转率低

续表

功 能	MRP Ⅱ 系统	我国传统管理模式
确定能力	生产能力需求计划严格排定工作中心负荷	生产能力供需不平衡。为了防止能力不足，一般多购置设备，负荷率一般只有70%左右
执行材料计划 (一)自制项目	严密的专业分工与协作，自制项目追求增加产品的附加价值，一般只有4～6个加工层次，物料清单简单明了	零部件自制率达80%以上，加工层次多达10层左右，难以控制物料执行计划
(二)外购件	有采购计划管理，也有严格的供货提前期及数量控制	由于受市场发育不全的限制，外购件数量少，而且很少有期量标准
执行能力需求计划	执行能力需求计划成为实现生产计划的保证，是整个企业价值的创造阶段	追求设备满负荷，生产工人每时每刻有活干，实现产值指标，而不顾市场需求
反馈信息	每日有输入输出报告在线处理，实时跟踪，动态调整	严重滞后，下月初才有上月末的生产统计资料，无法实现动态调查

表9-8 MRP Ⅱ 系统应用的条件与我国企业管理现状比较

项 目	MRP Ⅱ 系统应用的条件	我国企业管理现状
一、物料： (一)原材料供应	能及时从市场上买到	一般每年两次订货会议，用订货点法确立需求，尽可能多订货，代用料、代用件成为具体供应的应变部分，且数目大
(二)与供应商关系	一般有多个供货来源，在供应商中选择价廉物美的原料	由国家物资部门或上级主管部门统管，企业获取原材料要凭关系，而且质量得不到保证
(三)库存	每件物料需入库后再出库，有统一编码和确定的货位，库存准确率在95%以上	库存积压非常严重，仓库管理中没有固定货位，零部件盘亏盘盈工作复杂，账物不符
(四)在制品	当工序发生问题时，允许在制品存在，以保证连续生产，目标是取消等待加工队列，实现"零库存"	在制品储备定额较高，而且定额工期不变，对在制品突破下限十分重视，而对超越上限则反应不灵敏。在制品积压多
(五)产品质量	记录实际废品数，并且用一些公式来预测废品数，且能统计分析质量问题	允许有废品，但由于限额发料措施不严，工人可以多生产零部件以抵消废品，使产品质量难以控制，废品返工返修管理复杂
二、批量	用某种公式计算批量，一般对库存费用、生产准备费用，以及物料需求计划的订单统筹考虑，以确定最佳经济批量	投料与批次有标准遵循，但在生产现场由操作工人控制的比重大，生产前松后紧且随机性大
三、生产周期	每个物料项均有准确提前期，工序的通过时间、过渡时间，工时定额的准确率在95%以上。提前期严格控制与执行	由于工序长，零部件在多个车间周转；生产周期长，生产准备时间及生产等待时间没有标准，也难以控制。认为提前期越长越好，多数车间及采购部门希望提前期加长而不是缩短

第九章 企业资源计划与集成制造

续表

项　目	MRP II 系统应用的条件	我国企业管理现状
四、设备能力	工作中心的能力工时统一核算，考虑设备维修的需求	设备落后，超期服役的多，工时数据难以确定，设备维修量大
五、反馈信息	以日为单位统计物料、能力、进度，进行实时跟踪，动态调整	生产作业统计以日为单位核算，工单由工人管理，零件完工、流转、废品以及返修品信息有不真实的因素
六、工人素质	要求生产工人的技术水平高，管理人员素质高	工人的技术素质低，无法从事多工种的工作，管理人员凭经验管理

我国实施 MRP II 的过程中要逐步缩小差距，它将有助于企业从粗放型管理方式向集约型方式转变，主要工作表现在以下几方面。

1. 从以产定销到以销定产

MRP II 根据"以销定产"安排计划，是对传统计划经济下"以产定销"安排计划的彻底否定，这对促进市场经济的发展起到了积极的推动作用。

过去，企业注重产值指标，以设备或者其他制造资源为中心组织生产，追求设备的满负荷，追求每个工人每时每刻必须有活干，不注重产品的生产价值向商品价值的转化，产成品积压。而市场上急需的商品却生产不够，供需脱节严重。MRP 是严格按照市场需求的数量及交货期限组织生产；在生产系统内部，各部门各工序严格按照计划订单的数量及日期来安排组织生产，既不鼓励超前，也不鼓励拖后。上道工序按下道工序的要求进行生产；前一生产阶段为后一生产阶段服务，整个企业以"销售为中心，以服务为宗旨"，展开其一切活动，最终达到按期为顾客提供合格的产品和服务的目的。

我国近几年来一直强调"以销定产"的经营思想。这种强调的重点，往往落实在企业针对市场的界面上。按照系统的观点，在企业内部机制的运行中，各部门环节都是"以销定产"主线的延伸。MRP II 的实施，能使企业彻底摆脱过去的生产管理方式的影响，实现生产经营机制的转变，促进管理的科学化、现代化。

2. 严格按生产计划和作业计划组织生产

MRP 严格按照计划集中管理，与传统的以实施为中心的管理形成鲜明对比，要保证生产系统的正常高效率运行，企业必须完善计划体系，严格按计划管理组织生产。传统生产管理常以加大库存量来保证交货期和实现均衡生产，造成成品贮存、在制品积压、流动资金周转慢和生产周期长等一系列后果。用缺货单或临时督促、加班加点等方法进行调度和调节，管理效率低。采用 MRP II 后，对生产能力及负荷进行粗平衡和细平衡，使在每个时间区间负荷与能力协调一致，计划按时间滚动，在任务下达条件具备时，按优先顺序安排任务，使物流畅通无阻，保持现场在制品量最低，创造出文明的生产环境。

3. 打破产品品种界限，按零部件最佳批量安排生产

传统生产模式是按产品品种组织生产，生产管理人员按产品划分管理界限。但现代生产中产品愈来愈多，不同产品间有许多共用件、通用件，按产品台套封闭式的管理方式既

不科学，也不经济，且在生产管理上引起很多的矛盾。MRP 是按零部件最佳经济批量组织生产，管理人员要打破原有按产品各自分工的界限。

4. 实现数据的综合管理

实现 MRPⅡ后，企业主要信息由数据库统一集中管理，由各部门共享。在同一数据基础上做出生产计划、供销计划、成本计划，为实现统一指挥、统一计划和控制的生产体系打下基础。

综上所述，可以看到，MRP 的实施与企业的深化改革、转轨变型是一个相辅相成的过程，是建立现代企业制度的一项重要的内容。

第四节 ERP 的基本原理

一、ERP 系统概述

20 世纪 90 年代初，美国著名的 IT 分析公司 Gartner Group Inc.根据当时计算机信息处理技术的发展趋势和企业对供应链管理的需要，对信息时代以后的制造业管理信息系统的发展趋势和即将发生的变革做出了预测，从而提出了企业资源计划这个概念。近几年来，伴随着全球信息技术的飞速发展，网络技术和电子商务的广泛应用，人们已经从工业经济时代步入知识经济时代，企业所处的商业环境发生了根本的变化。顾客需求变化、技术创新加速、产品生命周期缩短等构成了影响企业生存和发展的 3 股力量：顾客(customer)、竞争(competition)、变化(change)。为适应以"顾客、竞争、变化"为特征的外部环境，企业必须实行企业资源计划，将企业内部各个部门，包括财务、会计、生产、物料管理、品质管理、销售与分销、人力资源管理、供应链管理，利用信息技术整合，连接在一起。ERP 的作用是将各部门连贯起来，让企业的所有信息在网上显示，不同管理人员在一定的权限范围内，通过自己专门的账号、密码，可以从网上轻易获得与自身管理职责相关的其他部门的相关数据，如企业订单和出库的情况、生产计划的执行情况、库存的状况等。企业管理人员通过 ERP 可以避免资源和人事上的不必要的浪费，高层管理者也可以根据这些及时准确的信息，做出最好的决策。

经过前几节的学习，对从 MRP 到 MRPⅡ再到 ERP 的功能扩展做出总结，见图 9-9。

ERP 的管理思想的核心是实现对整个供应链和企业内部业务流程的有效管理，主要体现在以下 3 个方面。

(1) 体现对整个供应链进行管理的思想。

在知识经济时代，企业不能单独依靠自身力量来参与市场竞争，企业的整个经营过程与整个供应链中的各个参与者都有紧密的联系。企业必须将供应商、制造厂商、分销商、客户等纳入一个衔接紧密的供应链中，这样才能合理、有效地安排企业的产供销活动，才能满足企业利用全社会一切市场资源进行高效的生产经营的需求以期进一步提高效率并在市场上赢得竞争优势。简而言之，现代企业的竞争不是单个企业间的竞争，而是一个企业供应链与另一个企业供应链的竞争。ERP 实现了企业对整个供应链的管理，这正符合了企业竞争的要求。

第九章 企业资源计划与集成制造

```
                                              CRM/APS/BI
                          多行业、多地区、多      电子商务
                          业务供需链信息集成      Internet/Intranet

                                         法制条例控制     法制条例控制
                                         流程工业管理     流程工业管理
                                         运输管理        运输管理
                                         仓库管理        仓库管理
                                         设备维修管理     设备维修管理
                          物流、资金流      质量管理        质量管理
                          信息集成          产品数据管理    产品数据管理

                          销售管理          销售管理        销售管理
              库存计划     财务管理          财务管理        财务管理
              物料信息集成  成本管理          成本管理        成本管理

MPS, MRP, CRP    MPS, MRP, CRP    MPS, MRP, CRP    MPS, MRP, CRP
库存管理          库存管理          库存管理          库存管理
工艺路线          工艺路线          工艺路线          工艺路线
工作中心          工作中心          工作中心          工作中心
BOM              BOM              BOM              BOM

    MRP              MRPII            ERP             ERPII
20世纪70年代      20世纪80年代     20世纪90年代     21世纪
```

图9-9 从MRP到ERP II的功能扩展图

(2) 体现精益生产、同步工程和敏捷制造的思想。

ERP支持混合型生产系统,其管理思想体现在两方面:一方面表现在"精益生产(lean production, LP)",即企业按大批量生产方式组织生产时,纳入生产体系的客户、销售代理商、供应商,以及协作单位与企业的关系已经不是简单的业务往来,而是一种利益共享的合作关系,基于这种合作关系,组成了企业的供应链,这即是精益生产的核心;另一个方面表现在"敏捷制造(agile manufacturing, AM)",即企业面临特定的市场和产品需求,在原有的合作伙伴不一定能够满足新产品开发生产的情况下,企业通过组织一个由特定供应商和销售渠道组成的短期或一次性的供应链,形成"虚拟工厂",把供应和协作单位看成企业组织的一部分,运用"同步工程(simultaneous engineering, SE)"组织生产,用最短的时间将产品打入市场,同时保持产品的高质量、多样化和灵活性,这就是"敏捷制造"的核心。

(3) 体现实现计划和事中控制的思想。

ERP的计划体系主要包括:主生产计划、物料需求计划、能力计划、采购计划、销售执行计划、利润计划、财务预算和人力资源计划等,并且这些计划功能和价值控制功能已经完全集成到了整个供应链中。ERP事先定义了事务处理的相关会计核算分录,从而保证了资金流与物流的同步记录和数据的一致性。从而可以根据财务资金的状况追溯资金的流向,也可追溯相关的业务活动,这样改变了以往资金流、信息流滞后于物料流、信息流的状况,便于实施事务处理进程中的控制与决策。此外,计划、事务处理、控制与决策功能,

都要在整个供应链中实现。ERP 要求每个流程业务过程最大限度地发挥人的工作积极性和责任心，因为流程与流程之间的衔接要求人与人之间的合作，这样才能组织管理机构从塔式结构转向为 T 形或菱形结构，扁平化的组织机构提高了企业对外部环境变化的响应速度。

由此可见，ERP 的应用的确可以有效地促进企业管理的现代化、科学化，适应竞争日益激烈的市场要求，它的导入已经成为大势所趋。

二、ERP 系统构成

ERP 是将企业所有资源进行整合集成管理，简单地说是将企业的物流、资金流、信息流三大流进行全面一体化管理的管理信息系统。它的功能模块已不同于以往的 MRP 或 MRP II 的模块，它不仅可用于生产企业的管理，而且在许多其他类型的企业，如一些非生产、公益事业的企业也可以导入 ERP 系统进行资源计划和管理。这里仍然以典型的生产企业为例来介绍 ERP 系统的构成，也就是所说的功能模块。下面以 SAP 公司的 R/3 应用系统为例，介绍典型的 ERP 系统的功能和模块。

图 9-10 所示是一个 R/3 应用系统主要模块结构的示意图。R/3 系统采用用户/服务器(client/server)架构，用 ABAP/4 语言编写。R/3 系统主要分为四大子系统：财务会计(financial accounting)、制造与物流(manufacturing and logistics)、销售和分销(sales and distribution)、人力资源(human resources)。每一个子系统又包含多个功能模块，每个模块既可以独立运行，也可以组合起来运行。由于模块间是集成的和使用公共数据库，某个功能领域的业务处理结果，可以立即更新所有其他领域的相关信息。

下面简要说明这四个子系统的功能。

1. 财务会计

R/3 的财务会计系统包括三个主要的功能模块：财务(FI)，控制(CO)和资产管理(AM)。财务模块又包含应收账款、应付账款、总账和资本投资模块。财务模块可以完成转账、关账、按月度和年度编制财务报表以及编制财务计划和预算的功能。

控制模块包括：成本核算、成本中心、利润中心以及整个企业的会计核算和计划，内部订单管理、转账、关账和费用分摊，以及获利性分析和各种报告功能。该模块还包含作业成本核算(activity-based costing，ABC)的功能，ABC 被认为是一种适合流程型管理的成本核算方法，它可以按活动将成本合理地分摊到不同的业务过程。

资产管理模块具有管理公司所有类型资产(包括固定资产、租赁资产和不动产)的功能。其中的资本投资管理模块具有管理、度量和监控资本投资项目的能力，司库模块可以对公司的现金和基金进行管理。

2. 制造与物流

制造与物流是 R/3 系统中最大、最复杂的子系统，它分为五个模块：物料管理(MM)、工厂维修(PM)、质量管理(QM)、生产计划和控制(PP)以及项目管理(PS)。每个模块又包括多个子模块。

物料管理模块覆盖了供应链的所有任务，包括物料消耗计划、采购、供应商评估、发票确认，还包括库存和仓库管理，同时还支持电子看板/准时交付管理功能。

第九章 企业资源计划与集成制造

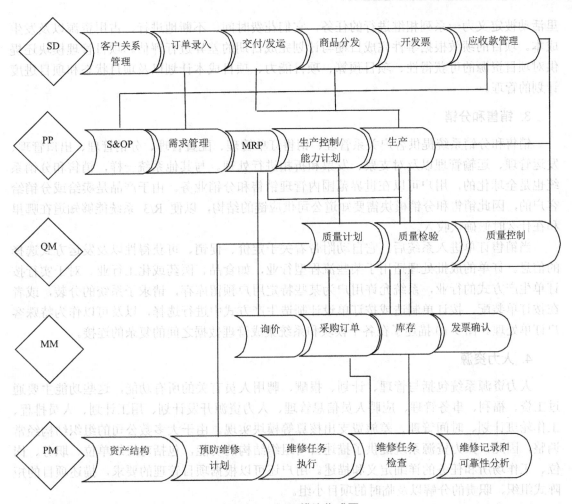

图 9-10 ERP 模块集成图

工厂维修模块支持设备维修和预防维修的计划与维修活动，并可以生成维修报告，管理维修记录。

质量管理模块能够对质量检验和质量保证体系进行管理，其质量管理体系是按照 ISO9001 标准构建的，它集成了外购和生产过程的质量控制，可以对来料质量和工序质量进行统计检验和控制。

生产计划和控制模块支持离散的和流程型的制造过程，以及支持重复生产方式和按订单配置(configure-to-order)生产方式。该模块所包含的多个子模块支持所有的制造管理功能，包括：负荷平衡和能力需求计划、物料需求计划、产品成本核算、物料清单展开和压缩、计算机辅助设计(CAD)人机对话界面以及工程更改管理。该模块允许用户将返修任务纳入作业计划排程，生产订单可以从销售订单生成，也可以从企业的网站上生成。

项目管理模块允许用户设立、管理和评价大型的复杂项目。项目财务成本子模块专注于项目的成本核算和费用预算，而项目制造子模块则用来计划和监控项目的数据和资源。项目管理模块允许用户按项目的典型阶段(包括概念阶段、规划阶段、详细计划阶段、批准阶段、实施阶段以及竣工阶段)进行管理。它可以对具有相互作用的活动网络进行管理。这里活动被定义为一系列相继进行的任务，它们花费时间、不断地进行、占用资源以及发生成本。项目的绩效根据事件完成日期与计划完成日期的差异进行评估。项目管理模块还提供对项目资源的可获得性、项目预算、项目能力、项目成本计划以及项目状态和项目进度计划的管理。

3. 销售和分销

销售和分销系统提供客户关系管理、销售订单管理、配置管理、分销管理、出口管理、发运管理、运输管理以及对支票、发票和折扣进行处理。与其他系统一样，销售和分销系统也是全球化的，用户可以在世界范围内管理销售和分销业务。由于产品是卖给或分销给客户的，因此销售和分销模块需要知道公司供应链的结构，以便 R/3 系统能够知道在哪里和在什么时候确认收入。

当销售订单进入系统后，它自动附带着关于定价、促销、可获得性以及发运方式选择的信息。订单的成批处理适用于某些流程型行业，如食品、医药或化工行业。对于实行按订单生产方式的行业，系统允许用户为某些特定用户预留库存，请求子系统的分装，或者在按订单装配、按订单制造或按订单设计制造生产方式中进行选择，以及可以作为特殊客户订单处理。图 9-10 描述了在各个模块和系统集成管理数据之间的复杂的连接。

4. 人力资源

人力资源系统包括与管理、计划、报酬、聘用人员有关的所有功能，这些功能主要通过工资、福利、事务管理、应聘人员信息管理、人力资源开发计划、用工计划、人员排程、工作轮班计划、时间管理、差旅费支出核算等模块实现。由于大多数公司的组织结构经常调整，因此，人力资源系统提供了描述公司组织结构的功能，包括对组织单位、职务、岗位、工作场所和任务的详细定义和描述。用户还可以根据项目管理的要求，描述项目的矩阵式组织、职责的分解以及临时的项目小组。

三、ERP 系统实施

随着我国加入 WTO 后管理现代化、信息化进程的加速，众多企业都盼望早日实施 ERP 系统。但是，面对 ERP 实施成功率很低的严峻现实，又望而却步。ERP 系统的实施是企业的大事。在此过程中，要涉及企业运营的各个环节以及所有的部门与员工，要涉及人的思维方式和行为方式的改变。因此，实施 ERP 系统是一项复杂的系统工程，必须精心组织。经验表明，ERP 的实施三分软件，七分实施。数十年来，人们在实施应用领域进行了广泛深入的实践，积累了丰富的经验。国际著名管理大师 Oliver W. Wight、Thomas F. Wallace、Darryl V. Landbater 等在这方面做出了杰出的贡献，形成了一套标准的实施应用方法。在标准实施应用方法的基础上，各种软件供应商又结合其软件系统的特点，推出了大同小异的实施应用方法，作为他们的服务产品。ERP 实施应用的方法和步骤不能照搬，关键是掌握核心思想。就实践中遇到的情况看，有的企业先从库存管理做起，有的企业先从采购管理做起，有的企业先从财务管理做起。情况各异，不一而足。但是，在领导重视、教育与培训、工作方针与规程等方面却又有共同之处。所以，在具体的实施应用过程中，系统用户可以把本书介绍的方法与软件供应商推荐的方法结合并进行裁减，一定能够得到适合自己

第九章　企业资源计划与集成制造

实际情况的实施方法。

企业实施 ERP 的过程，也是其在管理领域应用计算机和实现管理现代化、信息化的过程。把计算机应用到一个企业(或组织)的管理中去，一般要经过从低级到高级的成长过程。

(一)ERP 实施条件

据报道，我国上千家企业实施 ERP 的成功率只有 10%。这个调查结论，确实令人对 ERP 的实施闻而生畏，以致使许多想上 ERP 系统的企业裹足不前。这也充分说明，实施 ERP 需要具备一定的条件。

(1) 有长期的经营战略，产品有生命力，能持续稳定地占有市场，有稳定的经营环境。

信息化建设是一笔风险投资，而且会随着发展的需要继续长期投入，不是一次性"消费"。因此，一个经营亏损的企业，是没有力量实施 ERP 系统的。实施 ERP 企业的产品必须能持续稳定地占有市场，要有效益。有人说："ERP 是锦上添花，不是雪中送炭"，就是从这个角度来讲的。也就是说，企业要有一个比较正常稳定的经营环境，才有利于实施 ERP 系统。

(2) 领导班子有改革开拓、不断进取的精神，有决心对项目实施的成败承担责任。

实施 ERP 系统必然要涉及观念更新、管理改革，要实现企业的整体效益。对一个安于现状，"自我感觉良好"，或热衷于个人或小圈子利益的领导班子，是不可能成功实施 ERP 系统的。企业所处的市场竞争环境比较健全，有实现现代企业制度的机制。ERP 是市场经济的产物，如果沿用计划经济时代的办法，与其管理思想和方法必然格格不入。回顾 20 世纪 80 年代，一些企业实施 MRPⅡ遭受失败或夭折，一个重要原因就在于此。

(3) 管理工作基础扎实，数据完整。

ERP 就像一座大厦，应该建筑在夯实的基础之上。混乱的管理和不完整、不准确的数据就像一盘散沙。计算机界有句名言："进去的是垃圾，出来的还是垃圾！"因此，扎扎实实做好各项基础工作，保证各项管理数据的完整准确，是实施 ERP 的重要前提之一。

(4) 各领导层理解 ERP，建设 ERP 系统的需求明确，有统一的目标。

实施 ERP 系统不仅需要企业高层领导的承诺，还必须有中层领导的支持(包括车间主任一级)。ERP 系统是一个信息集成系统，哪怕有一个部门或个别环节存在一点麻烦和障碍，信息就集成不起来。因此，只有高、中领导层都能清楚 ERP 的原理、运行机制和实施难点，同时为了实现企业的整体利益，使企业得到进一步生存和发展，能以身作则，并下决心坚持更新观念、深化改革，才有可能组织好全体员工，使 ERP 系统实施取得成效。"管理以人为本"，人始终是决定性的因素，而"人心齐"是成功实施 ERP 系统的一个非常重要的条件。

如果以上条件不具备或存在较大的差距，则说明暂时不具备实施 ERP 的起码要求，不要贸然实施 ERP。否则，可能造成巨大的人力、物力和财力的浪费。应该认识到，ERP 系统是企业信息化建设不可缺少的重要组成部分，但不是万能的灵丹妙药。例如，如果企业的主要问题是产品结构不符合市场需求，则首先要考虑 CAD，加强市场开拓和新产品开发；如果是产品质量不过关，则先要考虑 TQM 和必要的技术改造，提高产品质量。在做出实施 ERP 系统的决策之前，一定要弄清楚企业最迫切需要解决的是什么问题，ERP 系统可不可以解决这些问题。

(二)ERP 实施策略

ERP 系统的实施是指将 ERP 功能系统合理地应用到客户的实际业务环境中，建立 ERP 运行系统的过程。ERP 系统实施的输入是 ERP 功能系统，输出则是 ERP 运行系统。ERP 系统实施过程也是 ERP 系统使用权转移过程。

一般来说，有三种不同的实施 ERP 系统的战略，即 Bing Bang 实施战略、面向模块的实施战略和面向流程的实施战略。

1. Bing Bang 实施战略

在这种实施战略中，企业制订了庞大的 ERP 实施计划，包括所有模块的整个 ERP 系统的安装是在整个企业范围内一次性完成的。如果执行得仔细和彻底的话，那么 Bing Bang 战略可以降低 ERP 系统的集成成本。在早期的 ERP 系统实施中，经常采用这种实施战略，但是这种战略造成了比较高的失败率。Bing Bang 实施战略的前提是把 ERP 系统的实施作为一个巨大的信息系统的实施。对于那些基础数据比较完整、管理制度比较健全、组织机构比较稳定、业务流程比较规范以及工作岗位职责定义比较明确，且有一定的计算机技术运行基础的企业，或者那些规模不是特别大的企业，适合采用这种类型的实施战略。

2. 面向模块的实施战略

一般情况下，这种实施战略把实施范围限制在一个职能部门。这种实施战略适合于那些并不共享多个跨部门和业务单元的通用业务流程的企业。在每一个单元安装一个独立的 ERP 系统的模块，在项目的后期阶段集成整个 ERP 系统的各个模块。这是 ERP 系统实施战略中最常使用的方法。每一个业务单元都可能有自己的 ERP 系统和数据库。面向模块的实施战略通过缩小 ERP 系统的实施范围而降低了 ERP 系统实施项目的成功率。面向模块的实施战略特别适合于大企业的 ERP 系统。在这些规模庞大的企业中，各个业务部门之间往往比较独立。

3. 面向流程的实施战略

这种实施方法重点放在支持一个或几个涉及多个业务单元的关键业务流程上。ERP 系统的初始化定制局限于与业务流程关联的功能方面。面向流程的实施战略适合于那些业务流程不是特别复杂的中小企业。例如，银行的业务相对来说比较单一，储蓄管理业务流程、信贷管理业务流程和结算管理业务流程是银行的关键业务流程。在这些业务流程比较单一的企业中，采用面向流程的实施战略极易获得成功。

第五节　计算机集成制造系统

一、CIM 和 CIMS 的定义

随着市场竞争的日益加剧以及全球化市场的形成，制造技术已成为一个国家在市场竞争中或战场对抗中获胜的支柱。制造技术的发达程度也已经成为衡量一个国家综合实力和科技发展水平的重要标志之一。工业发达国家普遍认为，从某种意义上讲，制造技术已成

第九章　企业资源计划与集成制造

为国家命运的主宰。20 世纪 80 年代起，CIM 哲理被人们普遍接受，CIMS 成为制造工业的发展热点。进入 21 世纪，现代制造日益彰显出集成化、数字化、虚拟化、网络化、智能化、绿色化等发展趋势。尤其是伴随着信息技术的发展，制造业信息化成为提升企业现代制造水平的重要抓手，将信息技术融入企业经营、管理、开发、生产和服务全过程，形成了设计数字化、生产过程数字化、管理数字化和企业数字化，并通过对产品内在信息或外在附加信息的处理来达到扩展产品信息功能和提升产品性能的目的。

计算机集成制造系统(Computer Integrated Making System，CIMS)是一种企业生产制造与生产管理进行优化的哲理。这种哲理首先是在 1974 年由美国 Joseph Harrington 博士在其论文 "Computer Integrated Manufacturing" 中提出的。其基本观点是：这是针对企业所面临的激烈市场竞争形势而提出的组织企业生产的一种哲理。其基本思想是：①制造企业中的各个部分(即从市场分析、经营决策、工程设计、制造过程、质量控制、生产指挥到售后服务)是一个互相紧密相关的整体；②整个制造过程本质上可以抽象成一个数据的搜集、传递、加工和利用的过程，最终产品仅是数据的物化表现。简言之，CIMS 是过程集成+信息制造的思想体现。为此，我们认为，CIMS 是通过计算机软硬件，并综合运用现代管理技术、制造技术、信息技术、自动化技术、系统工程技术，将企业生产全部过程有关的人、技术、经营管理三要素及其信息与物流有机集成并优化运行的复杂的大系统。

从生产工艺方面分，CIMS 可大致分为离散型制造业、连续性制造业和混合型制造业三种；从体系结构来分，CIMS 也可以分成集中型、分散型和混合型三种。

CIMS 是企业管理运作的一种手段，是一种战略思想的应用，其初期投资大，涉及面广，资金回笼周期长，短期内很难见到效益，因此在对 CIMS 作效益评价时不能单凭货币标准来衡量其效益，要多方面综合考虑其效益指标。所谓综合效益指 CIMS 对企业和社会所能带来的各种效益。可以从以下几个方面来理解。

(1) 应用 CIMS 提高了劳动生产率为企业带来的利润，也为国家增加国民收入做出了贡献。

(2) 应用 CIMS 提高了企业对市场的应变能力和抗风险能力，对企业实现经营战略做出了贡献；为提高企业市场竞争力，促进技术进步所做的贡献。

(3) 为提高整个企业员工素质和技术水平做的贡献。

(4) 为节约天然资源所做出的贡献。

(5) 通过应用和推广 CIMS 技术，为国家优化产业结构，发展新产业，提高在国际市场上的竞争力所做的贡献。

二、CIMS 的关键技术

CIMS 是传统制造技术、自动化技术、信息技术、管理科学、网络技术、系统工程技术综合应用的产物，是复杂而庞大的系统工程。CIMS 的主要特征是计算机化、信息化、智能化和高度集成化。目前各个国家都处在局部集成和较低水平的应用阶段，CIMS 所需解决的关键技术主要有信息集成、过程集成和企业集成等问题。

(1) 信息集成。针对设计、管理和加工制造的不同单元，实现信息正确、高效的共享和交换，是提升企业技术和管理水平必须首先解决的问题。信息集成的首要问题是建立企业的系统模型，利用企业的系统模型来科学地分析和综合企业的各部分的功能关系、信息关系和动态关系，解决企业的物质流、信息流、价值流、决策流之间的关系，这是企业信息集成的基础。其次，系统中包含了不同的操作系统、控制系统、数据库和应用软件，且各系统间可能使用不同的通信协议，因此信息集成还要处理好信息间的接口问题。

(2) 过程集成。企业为了达到 T(效率)、Q(质量)、C(成本)、S(服务)、E(环境)等目标，除了信息集成这一手段外，还必须处理好过程间的优化与协调。过程集成要求将产品开发、工艺设计、生产制造、供应销售中的各串行过程尽量转变为并行过程，如在产品设计时就考虑到下游工作中的可制造性、可装配性、可维护性等，并预见产品的质量、售后服务内容等。过程集成还包括快速反应和动态调整，即当某一过程出现未预见偏差，相关过程及时调整规划和方案。

(3) 企业集成。充分利用全球的物质资源、信息资源、技术资源、制造资源、人才资源和用户资源，满足以人为核心的智能化和以用户为中心的产品柔性化是 CIMS 全球化目标，企业集成就是解决资源共享、资源优化、信息服务、虚拟制造、并行工程、网络平台等方面的关键技术。

三、CIMS 的一般结构与实施

CIMS 的功能由经营管理分系统、工程设计制动化系统、质量保证分系统和制造自动化分系统组成。

CIMS 包含了一个制造企业的设计、制造、经营管理三种主要功能，要使这三者集成起来，还需要一个支持环境，即分布式数据库和计算机网络以及指导集成运行的系统技术。

四个功能分系统：①管理信息分系统，以 MRPⅡ为核心；②产品设计与制造工程设计自动化分系统，即 CAD/CAPP/CAM 系统；③制造自动化或柔性自动化分系统，如数控机床等；④质量保证分系统，包括质量检测、评价、控制、跟踪等。

两个支撑分系统：①计算机网络分系统；②数据库分系统。

实施 CIMS 的生命周期可分为五个阶段：第一，项目准备；第二，需求分析；第三，总体解决方案设计；第四，系统开发与实施；第五，运行及维护。

CIMS 的结构参见图 9-11。

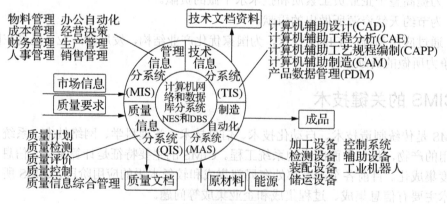

图 9-11 CIMS 结构图

四、CIMS 集成的内涵

集成和连接不同，它不是简单地把两个或多个单元连接在一起，它是将原来没有联系或联系不紧密的单元组成为有一定功能的、紧密联系的新系统。两种或多种功能的集成包含着两种或多种功能之间的相互作用。集成是属于系统工程中的系统综合、系统优化范畴。CIMS 的集成，从宏观上看主要是以下 5 个方面。

(1) 系统运行环境的集成；
(2) 信息的集成；
(3) 应用功能的集成；
(4) 技术的集成；
(5) 人和组织的集成。

当前，CIMS 已发展为"现代集成制造(contemporary integrated manufacturing)与现代集成制造系统(contemporary integrated manufacturing system)"，已在广度与深度上拓展了原 CIM/CIMS 的内涵。

五、CIMS 的发展趋势

CIMS 的发展趋势具体如下。

(1) 集成化。从当前企业内部的信息集成发展到过程集成(以并行工程为代表)，并正在步入实现企业间集成的阶段(以敏捷制造为代表)。

(2) 数字化/虚拟化。从产品的数字化设计开始，发展到产品全生命周期中各类活动、设备及实体的数字化。

(3) 网络化。从基于局域网发展到基于 Internet/Intranet/Extranet 的分布网络制造，以支持全球制造策略的实现。

(4) 柔性化。正积极研究发展企业间的动态联盟技术、敏捷设计生产技术、柔性可重组机器技术等，以实现敏捷制造。

(5) 智能化。智能化是制造系统在柔性化和集成化的基础上进一步发展与延伸，引入各类人工智能技术和智能控制技术，实现具有自律、分布、智能、仿生、敏捷、分形等特点的新一代制造系统。

(6) 绿色化。包括绿色制造、环境意识的设计与制造、生态工厂、清洁化生产等。它是全球可持续发展战略在制造业中的体现，是摆在现代制造业面前的一个崭新的课题。

本 章 小 结

本章全面介绍了物料需求计划(MRP)，简要介绍了制造资源计划(MRPⅡ)和企业资源计划(ERP)。第一节简单介绍了 ERP 的发展历程；第二节论述了 MRP 的基本原理，分析了 MRP 在生产经营活动中的地位和作用，并详细讲述了 MRP 的逻辑计算；第三节和第四节分别介绍了 MRPⅡ和 ERP 的基本原理；第五节介绍了 CIS、CIMS 的内涵、结构及其发展趋势。

复习思考题

1. ERP 的发展经历了哪些阶段?各阶段的效益及局限性是什么?
2. 简述 MRP 的原理。
3. MRP 系统有哪些输入输出?其处理过程如何?
4. 为什么说 MRP II 统一了企业生产经营活动?
5. 简述 ERP 在我国实施过程中应注意的问题。
6. CIMS 的功能结构包括哪些?
7. 未来现代制造的发展趋势有什么特征?

第十章　绿色产品与绿色制造

(1) 了解绿色技术的产生与内涵、绿色产品的概念与阶段特点和每阶段的工作内容。
(2) 认识绿色制造的研究现状、内涵及其要求。
(3) 熟悉绿色设计的概念与特点、分类。
(4) 掌握绿色工艺实现途径、规划技术、选择原则。
(5) 认识 ISO14000 国际环境管理标准的特点、内容与实施意义。
(6) 认识再造工程的发展现状、概念与基本内容。
(7) 了解绿色包装的材料与技术，改进产品结构与包装。

绿色制造　绿色技术　绿色设计　绿色包装　再制造工程　ISO14000

引导案例

格力：用绿色制造　制造绿色

2018 年 6 月 12 日至 15 日，工信部节能与综合利用司发布《2018 年绿色制造系统集成项目公示》，长沙格力暖通制冷设备有限公司 "空调换热器绿色制造系统集成项目" 入选。这是继 2017 年 9 月入选工信部 "商用空调智能工厂试点示范""工业互联网应用试点示范"后，长沙格力再获工信部认可。

据悉，此次入选项目是长沙格力在格力电器工艺部指导下，对空调换热器工序流程进行革新，改变了行业内此前普遍存在的空调换热器制造工序中 "高资源消耗、高环境损耗、高碳排放" 工艺现状，每年可实现降低碳排放 9064.4 吨、节能效益 1611.4 万元、降低材料成本 8736.2 万元，在空调制造领域掀起了一场 "绿色革命"。

传统生产模式亟待革新

众所周知，空调换热器是空调内部不可或缺的核心系统功能件，但在换热器的传统生产工序中，会产生废渣、废油、废水、废气、噪声等多种环境废弃物，对生态环境造成威胁。

据了解，对环境影响较大的空调换热器制造工序主要有零件成型与钎焊连接，举例来说，在换热器生产过程中，冲翅片工序与小弯头成型工序均需使用大量的挥发油，每吨挥发油会产生 3.15 吨的碳排放，且对操作工人的身体健康有一定影响；管路焊接、部件焊接及烘干工序涉及液化气燃烧，每吨液化气会产生 2.43 吨碳排放，以上工序还会伴随大量的噪声。

我国是全球最大的空调制造基地，产量占全球的70%以上，制造过程中的过度用气、用油产生污染的情况亟待解决。

绿色制造引领行业转型

解决空调换热器制造工艺中的浪费、污染情况，还要从各项工序流程中入手。格力率先牵头行业上下游企业、生产制造单位、第三方平台、科研机构等，对空调换热器制造过程进行全方面梳理，围绕关键工艺进行突破。通过工序合并、流程再造、绿色工艺、绿色材料等技术应用，系统开展绿色工艺革新工作。针对换热器冲翅片、小弯头成型、胀管、烘干、焊接等工序，开发节能减排、低碳环保的全新换热器部件绿色制造模式，在节能减排的同时，也为操作工人的健康增添了一道"保护屏"。

通过实施绿色制造关键工艺技术装备产业化，并从"关键工艺技术的创新和绿色化改造""绿色装备和材料的创新和集成应用""推进绿色关键技术标准"三个方面推进绿色工艺革新，格力打造出"空调换热器制造绿色关键工艺系统集成"示范性工程，引领行业的绿色发展转型，形成具有"高技术含量、高可靠性、高附加值"特点的绿色制造产业链。目前格力已就该项目申请了30项专利，并将建立两项绿色制造技术标准。

格力在空调换热器绿色制造系统上做出革新，打造出引领行业发展、具有推广潜力的空调换热器绿色生产新模式，将有力推动行业实现绿色发展，为打赢"蓝天保卫战"注入新动能。

（案例来源：新华网，http://www.xinhuanet.com/tech/2018-07/20/c_1123154740.htm）

绿色制造是一个综合考虑环境影响和资源消耗的现代制造模式，其目标是使得产品在设计、制造、包装、运输、使用到报废处理的整个生命周期中，对环境负面影响最小，资源利用率最高，并使企业经济效益和社会效益协调优化。绿色制造是解决制造业环境污染问题的根本方法之一，是实施环境污染源头控制的关键途径之一。绿色制造实质上是人类社会可持续发展战略在现代制造业中的体现。

本书把绿色制造单独作为一章，特别强调了绿色技术在先进制造系统中的重要性。面对资源、环境和人口的世界性难题，根据我国人口众多、资源较少和环境较差的国情，我们既要努力建设绿色制造文化，又要切实掌握和运用绿色技术。只有尽早付诸实施，才能避免经济发展走弯路。因此，本章比较详细地介绍了绿色技术、绿色产品、ISO14000、绿色设计、绿色工艺、绿色包装和再制造工程技术。

第一节 绿色技术的产生与内涵

一、绿色技术的产生背景

环境和资源问题不仅是确保社会经济可持续发展的基本条件，而且直接涉及人类的生存质量。20世纪60年代以来，全球经济得到了前所未有的高速发展，但因忽略了环境污染问题，结果带来了全球变暖、臭氧层破坏、酸雨、空气污染、水源污染、土地沙化等恶果。与此同时，大量消费品因生命周期的缩短，造成了废旧产品数量猛增。据统计，造成环境污染的排放物的70%以上来自制造业，它们每年产生出大约55亿吨无害废物和大约7亿吨有害废物。在美国，近15年来其垃圾填埋场近70%以上已失去功效。在我国，采用的垃圾掩埋法占地面积大，堆放垃圾的土地面积超过5亿平方米，不但侵占了大量土地资源，而且处理费用很高，形成了潜在的二次污染。

面对上述问题，如何最大限度地节约、合理利用资源，最低限度地产生有害废物，保护生态环境，已成为各国政府、企业和学术界普遍关注的热点。因此，一种集资源优化利用与环境保护于一体的清洁化生产思想或绿色技术概念应运而生，它是人们绿色消费浪潮的产物，是实现人类社会可持续发展的有效途径。

可持续发展意指在生态允许的限度内，不断改善或提高人们的生活质量。它包括两个方面的含义：一是要在生态允许的限度内求生存；二是要兼顾或平衡社会发展、经济增长和生态环境等诸多因素。

二、绿色技术的内涵

绿色是一种令人感到清洁、轻松和欢快的颜色。人们所说的"绿色"实质上是指绿色消费，人们的绿色消费导致了绿色浪潮的兴起，进而引申出绿色技术、绿色设计、绿色制造等理念。所谓绿色技术(Green Technology，GT)或西方称之为"环境友善技术"(Environmental Sound Technology，EST)，是能够最大限度地节约资源和能源，减少环境污染，有利于人类生存而使用的各种现代技术、工艺和方法的总称。

绿色技术的内涵主要表现在以下方面：①虽然人类蒙昧时代、野蛮时代、农业文明时代的原始技术具有一定的绿色性，但不像今天所说的绿色技术那样具有现代意义；作为一种现代技术体系，绿色技术并非专指某一种技术或产业部门的技术。②绿色技术是一种无害于人类赖以生存的自然环境的"无公害或少公害"技术。③使用绿色技术生产出来的产品有利于人类健康和福利，有利于人类文明的进步。

要彻底解决环境污染问题，必须从源头上治理，具体到制造业，要求考虑产品整个生命周期对环境的影响，最大限度地利用原材料、能源，减少有害废物和固体、液体、气体的排放，提高操作安全性，减轻对环境的污染。从绿色技术角度看，要解决环境污染问题，必须进行三个层次的创新，即末端治理技术创新、绿色工艺创新和绿色产品创新。末端治理技术是针对环境污染问题的传统环境治理法，它包括垃圾掩埋法、垃圾焚烧法等，它无法从根本上实现对环境的保护，因此，需要进行末端治理技术创新，这种创新不需要改变现有生产工艺，而只需直接附加于现有生产过程，方法相对简单但绿色程度有限。

三、绿色产品的概念与特点

绿色产品(又叫环境协调产品)源于前联邦德国，它意指那些在不增加成本、不牺牲产品质量并满足设计方案的约束条件下，在产品生命周期全过程中符合特定的环境保护要求，对生态环境无害或危害极小，资源利用率最高，能源消耗最低的产品。相对于传统产品而言，绿色产品能在产品的生命周期内，保护蓝天碧水，创建一个无烟、无尘、无毒、少噪声及无污染的清新世界。

目前，世界上公认的绿色标准主要有三个方面：①产品的生产周期全过程中资源和能源利用少。依据特定的环境保护要求而提出不污染或少污染环境，对生态环境无害或危害极少。②产品在使用过程中低能耗，不会对使用者造成污染性危害，也不会产生新的污染物。③产品使用后可以分解拆卸，尽量减少零部件，使原材料合理使用。当产品生命完结后，其零部件经过翻新处理后可以重新使用或安全废置。

按照这些绿色标准，绿色产品可定义为：在产品生命周期全过程中，能符合特定环境的要求，对生态环境无害或危害很少，而生产中资源利用率最高，能源消耗最低的产品。

绿色产品是采用绿色材料，通过绿色设计、绿色制造、绿色包装而生产的一种节能、降耗、减污的环境友好性产品。绿色产品的显著特征是其环境友好性，这种友好性是其区别于一般产品的重要特征，而环境友好性通常用"绿色程度"来度量。绿色产品的"绿色程度"体现在产品的生命周期全过程，而不是产品的某一局部或某一个阶段。

绿色产品的生命周期呈闭环性，而普通产品的生命周期呈开环性。普通产品的生命周期是指产品从"摇篮到坟墓"的过程，产品废弃后的一系列问题很少被考虑，结果是废弃后的产品难以回收再用或者作为低级材料加以回收，呈现开环特征。绿色产品的生命周期是指产品从"摇篮到再现"的过程，它在普通产品所具有的设计、制造、使用环节基础上，扩展了废弃或淘汰产品的回收、再用、处理环节，呈现闭环特征。

绿色产品的生命周期包括四个阶段：①确定绿色产品的概念和指标，并按此完成规划及设计开发过程；②产品制造或生产过程；③产品使用过程以及使用中的维修、服务过程；④废弃淘汰产品的回收、再用、处理或处置过程。

第二节 绿 色 制 造

一、绿色制造的研究现状

绿色生产(green production)即绿色制造(green manufacturing)，又称环境意识制造(environmental conscious manufacturing)、面向环境的制造(MFE)等，近年来的相关研究非常活跃。关于绿色制造的研究始于 20 世纪 80 年代。1996 年，美国制造工程师学会(SME)发表了关于绿色生产的专门蓝皮书——Green Manufacturing，提出绿色生产的概念，并对其内涵和作用等问题进行了较为系统的介绍；1998 年，SME 又在国际互联网上发表了题为"绿色生产的发展趋势"的网上主题报告；美国 Berkeley 加州大学不仅设立了关于环境意识设计和制造的研究机构，而且还在国际互联网上建立了可系统查询的绿色生产专门网页；国际生产工程学会(CIRP)近年来发表了不少关于环境意识制造和多生命周期工程的研究论文；美国 AT&T 和许多企业也以企业行为投入大量研究。特别是近年来，国际标准化组织(ISO)提出了关于环境管理的 ISO14000 系列标准后，推动着绿色生产研究的发展。可以毫不夸张地说，绿色生产研究的强大绿色浪潮，正在全球兴起。

二、绿色制造概述

制造业必须尽可能减少资源消耗和尽可能解决由资源消耗所带来的环境问题。可以肯定,未来的制造业应该是环保型的产业,其产品应该是绿色产品。谁掌握了绿色制造技术,谁的产品符合绿色商品的标准,谁就能赢得竞争。

由于绿色生产的提出和研究历史很短,其概念和内涵尚处于探索阶段,至今还没有统一的定义。综合现有文献,特别是借鉴美国制造工程师学会的蓝皮书的观点和我们所做的研究,绿色生产的基本内涵可描述如下:在不牺牲产品功能、质量和成本的前提下,系统考虑产品开发制造及其活动对环境的影响,使产品在整个生命周期中对环境的负面影响最小、资源利用率最高,并使企业经济效益和社会效益协调优化。

绿色制造实质上是人类社会可持续发展战略在现代制造业中的体现。绿色制造的"制造"涉及产品整个生命周期,是一个"大制造"的概念,并且涉及多学科的交叉和集成,因此体现了现代制造科学的"大制造,大过程,学科交叉"的特点。

三、绿色制造的要求

绿色制造要求生产绿色产品。目前,世界各国特别是工业发达国家投入了大量的人力、物力,并以一定的经济基础作后盾,对绿色工业产品及其相关技术开展了广泛研究。绿色产品的"绿色程度"贯穿产品生命周期全过程,绿色产品评价也应面向产品的整个生命周期。绿色产品评价指标体系由产品的基本属性、环境属性、资源属性、能源属性、经济属性及社会属性组成。绿色制造在生产绿色产品的过程中,要求做到以下几个方面。

1. 宜人性

尽量减少和消除产品在制造和使用过程中对人体的危害,如电磁辐射、噪声等;采用人机工程学的原理,在产品制造和使用过程中让人感到舒适。

2. 节省资源

资源包括三个方面:能源、材料和人力。所谓节能,就是要求产品的制造和使用较以前能显著地节省能量,能高效率地利用能源,或者以安全、可靠和取之不尽的能源为基础,如太阳能、风能及地热能等;所谓节材,就是要求尽量减少使用稀少的矿物材料和与生态环境密切相关的动植物资源;另外,还要利用高度发达的信息技术、通信技术和计算机网络技术,最大限度地利用包括人力资源在内的各种资源。

3. 延长产品的使用周期

延长产品使用周期的目的是减少浪费,这不仅仅是技术上的问题,还是人们的观念问题。延长产品的使用周期显然与现代社会追求时髦、追求与众不同的个性相悖。延长产品的使用周期有三种方法:一是提高产品的质量,使产品本身具有较长的生命周期;二是在产品设计时就考虑到以后由于技术的发展或其他问题而对产品进行升级换代的需要;三是将产品的易磨损部分设计成可拆卸、可更换的部件,以减少损失,使产品可重复使用。

4. 可回收性

产品的可回收性是将产品的整个生命周期扩展为包括设计、制造、销售、使用、维护和回收各环节。如德国奔驰汽车的可回收性已经作为主要目标被列入开发计划,其目标是汽车的金属部件、塑料部件和其他材料,包括各种使用液的回收率要在95%以上。产品的可回收性设计要求主要体现在三个方面:一是产品所用的材料在报废后的分离工作;二是强调产品的可拆卸设计;三是材料的可重复使用性,如选用可回收的塑料等。

5. 清洁性

清洁性主要是指产品制造和使用过程中对环境的少污染和无污染。因此,要研究和采用少污染、无污染的制造技术,减少甚至消除制造过程中"三废"的排放。在产品设计选材时,对那些还无法回收的零件要尽量采用在自然环境中容易降解的材料,即在产品设计时就要尽量减少产品报废所需的费用,要想到产品失效后的出路问题,污染将被视为设计上的漏洞。

第三节 绿 色 设 计

一、绿色设计的概念及其特点

(一)绿色设计的概念

产品设计是一个将人的某种目的或需要转变为一个具体的物理形式或工具的过程。传统的产品设计理论与方法是以人为中心,以满足人的需求和解决问题为出发点,而无视后续的产品生产及使用过程中的资源和能源的消耗以及对生态环境的影响。

绿色设计就是针对传统设计的这种不足而提出的一种全新的设计理念。它是将防止污染、保护资源的战略集成到生态学和经济学都能承受得起的产品开发中的主动方法,因此从它诞生之日起就受到学术界和工业界的普遍认同,并且日益受到重视。

绿色设计,通常也称为生态设计、环境设计、生命周期设计或环境意识设计等,是指在产品全生命周期内,着重考虑产品环境属性(可拆卸性、可回收性、可维护性、可重复利用性等),并将其作为设计目标,在满足环境目标要求的同时,保证产品应有的功能、使用寿命、质量等。绿色设计源于传统设计,但又高于传统设计,它包含产品从概念设计到生产制造、使用乃至废弃后的回收、重用及处理的生命周期全过程,是从可持续发展的高度审视产品的整个生命周期,强调在产品开发阶段按照生命周期的观点进行系统的分析与评价,消除潜在的、对环境的负面影响,将"3R"(reduce,reuse,recycling)直接引入产品开发阶段,并提倡无废物设计。但是,"完全"的绿色设计是不可能的,因为绿色设计涉及产品生命周期的每一阶段,即使设计时考虑得非常全面,但由于所处时代技术水平的限制,在有些环节或多或少还会产生非绿色的现象,有些材料目前尚无理想的替代品,在制造工艺过程中还无法完全取代切削液等,但通过绿色设计可以将产品非绿色现象降到尽可能低的程度。

第十章 绿色产品与绿色制造

(二)绿色设计的特点

绿色设计主要具有以下特点。

(1) 绿色设计拓展了产品的生命周期。

绿色设计将产品的生命周期延伸到了"产品使用结束后的回收重用及处理处置",即从"摇篮到再现"的过程。这种拓展了的生命周期便于在设计过程中从总体的角度理解和掌握与生产相关的环境问题及原材料的循环管理、重复利用、废弃物的管理和堆放等,便于绿色设计的优化。

(2) 绿色设计是并行闭环设计。

传统并行设计的生命周期是指从设计、制造直至废弃的所有阶段,而没有考虑产品废弃后的各个环节,因而是一个开环过程。而绿色设计要求产品生命周期的各个阶段必须被并行考虑,建立有效的反馈机制,因此绿色设计的生命周期除传统生命周期各阶段外,还包括产品废弃后的拆卸回收、处理处置,实现了产品生命周期阶段的闭路循环。

(3) 绿色设计有利于保护环境,维护生态系统平衡。

设计过程中分析和考虑了产品环境需求,这是绿色设计区别于传统设计的主要特征之一,绿色设计可从源头上减少废弃物的产生。产品可循环或回收利用无污染环境的废弃物,在可能的情况下选用废弃的设计材料,如拆卸下来的木材、五金等,减轻垃圾填埋的压力。最大限度地使用可再生材料,最低限度地使用不可再生材料。将产品的包装降到最低限度。

(4) 绿色设计是可以在不同层次上进行的动态设计过程。

可将绿色设计分为三个层次:第一层为治理技术与产品的设计,如 DFRC(可回收性设计)、DFD(可拆卸设计)等,其目标是简化、减少或取消产品废弃后的处理处置过程及费用;第二层为清洁预防技术与产品的设计,如 DFE(为环境而设计),其目的在于减少生命周期各个阶段的污染;第三层是为价值而设计,目的在于提高产品的总价值,这种价值体系是人与环境的共同体。

二、绿色设计的种类

1. 面向可维护性的设计

尽量延长产品的生命周期是绿色产品设计中应重视的问题。显而易见,延长产品生命周期以最终减少产品报废后的各种处置工作,从而提高资源利用率,减少对环境的负面影响。延长产品的生命周期,增加产品的可维护性是一个重要的方法。因此,必须在设计阶段就考虑产品的拆卸性,尤其是易损件的拆卸和维修。这正是面向可维护性的设计(design for maintenance,DFM)所研究的内容。

2. 面向节能的设计

现在,越来越多的人都在关注产品在使用过程中所消耗的资源及其给环境带来的负担。对其使用造成的能源消耗问题应给予足够的重视,这正是面向节省能源的设计(design for energy saving,DFES)所研究的内容。为了减少各类产品,特别是家电类产品功耗问题,人们也进行了许多研究。Philips 公司研制的 SMPS 多芯片电源模块,被称为"绿色芯片"(green chip),它以绿色设计为目标,可以使许多电源在转入闲置待机方式时功耗大为减少。面向节省能源的研究也关系到产品的储存和运输环节，减轻产品的重量、减小产品体积的设计阶段，可能会减轻产品的运输给环境带来的负担。

3. 面向可回收的设计

产品的回收在其生命周期中占有重要的位置。寿命终了的产品最终通过回收又进入下一个生命周期的循环之中，回收是实现生态工业的先决条件。面向可回收的设计(design for recycling，DFR)正在引起人们的高度重视。

4. 面向可拆卸的设计

拆卸被定义为系统地从装配体上拆除其组成零部件的过程，并保证不对目标零部件造成影响。拆卸分为破坏性拆卸和非破坏性拆卸两种。目前对面向可拆卸的设计(design for disassembly，DFD)的研究主要集中于非破坏性拆卸。只有在产品设计的初始阶段就考虑报废后的拆卸问题，才能实现产品最终的高效回收。

在考虑可拆卸时，还要考虑拆卸的成本。拆卸成本与拆卸的深度有关，即拆卸成本与所用的时间和拆下的零部件的多少成正比。

第四节 绿 色 工 艺

在金属成型工业中各种润滑剂的使用、能量和资源消耗、电物理加工(激光、电火花加工)和电化学加工(电离、沉降)等工艺都存在对环境污染和对人身安全与健康的危害。采用绿色工艺是实现绿色制造的重要一环，绿色工艺与清洁生产密不可分。清洁生产要求对产品及其工艺不断实施综合性的预防措施，其实现途径包括清洁材料、清洁工艺和清洁产品。清洁工艺即绿色工艺，是指既能提高经济效益，又能减少对环境造成影响的工艺技术。它要求在提高生产效率的同时必须兼顾削减或消除危险废物及其他有毒化学品的用量，改善劳动条件，减少对操作者的健康威胁，并能生产出安全的与环境兼容的产品。

一、绿色工艺的实现途径

绿色工艺的实现途径具体如下。

(1) 改变原材料投入。

要增加对副产品的利用、回收产品的再利用以及对原材料的就地再利用，特别是工艺过程中的循环利用。

(2) 改变生产工艺或制造技术。

改善工艺控制，改造原有设备，将原材料消耗量、废物产生量、能源消耗、健康与安全风险以及对生态的损坏减少到最低限度。

(3) 加强对自然资源使用以及空气、土壤、水体和废弃物排放的环境评价。

根据环境负荷的相对尺度，确定其对生物多样性、人体健康、自然资源的影响评价。

二、绿色工艺的主要问题

在工艺编制的过程中加入环境意识，存在着两个重要问题，即对不同废弃物的环境影响评价和对各种不同工艺方案的复杂性做出评估。可以从不同的层次加入环境意识，制定分层结构零件工艺策略，如从微观工艺(零件特征基础上的工艺优化)和宏观工艺(通过对几何形态和加工过程的分析决定特征加工顺序)两方面来分析零件各特征的加工工艺，包括加工顺序、加工参数、切削工具、切削液、加工质量以及环境评估，实现从最基本的特征单元评估工艺设计和决策对环境的影响。应从生命周期的全过程对绿色工艺进行研究。推行绿色工艺既要从技术入手，又要重视管理和宣传问题。

三、绿色工艺规划技术

大量的研究和实践表明，产品制造过程的工艺方案不一样，物料和能源的消耗将不一样，对环境的影响也不一样。绿色工艺规划就是要根据制造系统的实际，尽量研究和采用物料和能源消耗少、废弃物少、对环境污染小的工艺方案和工艺路线。针对制造系统的绿色性要求，在进行零件制造、产品装配、产品包装等方面的工艺种类选择时，应遵循以下原则。

1．适应性原则

制造工艺种类应与加工对象所需的各特征属性要求相匹配。这里所指的特征属性主要包括加工对象的材料特征、形状特征、质量要求特征、生产批量特征、交货时间特征等。适应性原则也要求在选择工艺种类时，应与制造资源相适应。

2．最优化原则

制造工艺种类应是在满足其加工对象各特征属性要求下的最优工艺种类。

3．发展性原则

既要注意对传统工艺方法的合理利用，更应注意选择有利于优质、高效、清洁、低耗的新工艺、新方法，应有利于生产和社会的可持续发展。

4．综合平衡原则

由于诸多实际因素的影响和限制，使加工过程同时达到优质、高效、清洁、低耗的最优化目标往往是比较困难的。因此要综合平衡，力求加工过程的整体优化。

5．系统化原则

应考虑到该工艺种类的纵横联系。从纵向来看，加工过程由若干满足加工对象特征属性要求的工艺种类构成。因此，针对某一属性要求的可行工艺种类应构成一个可行的备选方案集，以利于工艺规程设计时的整体优化。从横向来看，某工艺种类绿色性的优劣，除本身使用的情况外，还应考虑到形成这一工艺种类的前期生产环节的绿色性问题。另外，任何一个工艺种类的实现都是靠人的直接或间接参与来实现的，因此在考虑工艺种类的选择时，高素质的人员也是不可忽视的问题。

第五节 绿色包装

一、绿色包装的概念

(一)绿色包装的来源

1987年联合国环境与发展委员会发表了《我们共同的未来》宣言，1992年6月，联合国环境与发展大会又通过《里约环境与发展宣言》《21世纪议程》，在全世界范围内掀起了一场以保护环境和节约资源为中心的绿色浪潮。绿色，表示天然生长植物，喻义植被茂盛，生机勃勃，代表着生命和生机；绿色浪潮或绿色革命是指向环境污染和资源破坏宣战，呼吁为人类创造一个洁净、清新、回归大自然生态环境的群体行为。一时间，崇尚自然，保护环境的"绿色食品""绿色冰箱""绿色汽车""绿色建材""绿色服饰"直至"绿色市场""绿色工业""绿色城市"等相继涌现，形成一股势不可当的洪流。包装多属一次性消费品，生命周期短，废弃物排放量大。据统计，包装废弃物年排放量在重量上约占城市固定废弃物的1/3，而在体积上则占1/2，且排放量以每年10%的速度递增，从而使包装废弃物对环境的污染问题日益突出，引起世界公众及环保界的高度重视。美国等国的环保界对减少包装废弃物的污染提出了三方面的意见：一是应尽量不用或少用包装；二是应尽量回收包装；三是凡不能回收利用的可以生物分解，不危害公共环境。为此，德、法、美等国先后制定了严格的包装废弃物限制法。"绿色包装"作为一个新理念，在20世纪80年代末90年代初也涌现出来。国外把这个新概念也称为"无公害包装"或"环境之友包装"；我国包装界引入这个新概念始于1993年，采用环保的寓义，统称为绿色包装。

(二)绿色包装的内涵

从绿色包装的起源分析，可看出绿色包装最重要的含义是保护环境，同时兼具资源再生的意义。具体而言，它应具备以下含义。

(1) 实行包装减量化(reduce)。包装在满足保护、方便、销售等功能的条件下，应是用量最少。

(2) 包装应易于重复利用(reuse)，或易于回收再生(recycle)。通过生产再生制品、焚烧利用热能、堆肥化改善土壤等措施，达到再利用的目的。

(3) 包装废弃物可以降解腐化(degradable)。不形成永久垃圾，进而达到改善土壤的目的。reduce、reuse、recycle和degradable即当今世界公认的发展绿色包装的3R1D原则。

(4) 包装材料对人体和生物应无毒无害。包装材料中不应含有有毒性的元素、卤素、重金属或含有量应控制在有关标准以下。

(5) 包装制品从原材料采集、材料加工、产品制造、产品使用、废弃物回收再生，直至最终处理的生命周期全过程均不应对人体及环境造成公害。

前面四点是绿色包装必须具备的要求。最后一点是依据生命周期分析法(LCA)，用系统工程的观点，对绿色包装提出的理想的最高要求。

第十章 绿色产品与绿色制造

(三)绿色包装的定义及分级目标

通过上述分析,我们对绿色包装可做出以下定义:能够循环复用、再生利用或降解腐化,且在产品的整个生命周期中对人体及环境不造成公害的适度包装,称为绿色包装。绿色包装是一种理想包装,完全达到它的要求需要一个过程,为了既有追求的方向,又有可供操作分阶段达到的目标,我们可以按照绿色食品分级标准的办法,制定绿色包装的分级标准。

A级绿色包装:指废弃物能够循环复用、再生利用或降解腐化,含有毒物质在规定限量范围内的适度包装。

AA级绿色包装:指废弃物能够循环复用、再生利用或降解腐化,且在产品整个生命周期中对人体及环境不造成公害,含有毒物质在规定限量范围内的适度包装。

上述分级,主要的考虑是首先要解决包装使用后的废弃物问题,这是当前世界各国保护环境关注的热点,也是提出发展绿色包装的主要内容;在此基础上再解决包装生产过程中的污染问题,这是一个已经提出多年,现在仍需继续解决的问题。生命周期分析法固然是全面评价包装环境性能的方法,也是比较包装材料环境性能优劣的方法,但在解决问题时应有轻重先后之分。采用两级分级目标,可使我们在发展绿色包装中突出解决问题的重点,重视发展包装后期产业,而不要求全责备,搅乱发展思路。在我国现阶段,凡是有利于解决包装废弃物的措施,能解决包装废弃物处理的材料都应给予积极的扶持和促进。

二、绿色包装的内容

绿色包装的内容具体如下。

1. 绿色包装设计

传统的包装设计理论和方法是以人为中心,以保护商品为目的,以满足人的需求和解决包装问题为出发点,而无视后继的包装产品的生产和使用过程中的资源和能源消耗以及对环境的影响,特别是忽略包装废弃物对环境的影响。而绿色包装设计(green packaging design)就是针对传统设计理论中的不足,提出的一种全新的设计理念。它是将保护资源和环境的战略集成到生态学和经济性都能承受的新产品设计中。绿色包装设计就是在包装产品的生命周期内,着重考虑产品的环境属性(可回收性、可自然降解性、可重复利用性等),并将其作为设计目标,在满足环境目标要求的同时,保证包装的应有功能(包装质量、成本、保质期等)。绿色包装设计包含了生态设计、环境设计等新的现代设计理念。绿色包装设计面向商品全生命周期,是面向从设计到产品的使用及包装材料的废弃回收的全过程,从根本上防止环境污染,节约资源和能源,保护环境和人类的健康,实现可持续发展。绿色设计源于传统设计方法,又高于传统设计方法,强调在包装产品的开发阶段按照全生命周期的观点,对包装材料、包装方法及技术、包装工艺及生产过程、产品储存、运输及使用,特别是使用后的包装废弃物进行系统的分析与评价,消除潜在的对环境的负面影响。将"3R" (reduce、reuse、recycling)引入包装产品的开发阶段,提出实现无废弃物设计。

2. 选择绿色包装材料

各种包装材料占据了废弃物的很大一部分。据报道,城市固体废弃物的1/3为产品包装,这些包装材料的使用和废弃后的处置给环境带来了极大的负担。尤其是一些塑料和复合化工产品，很多是难以回收和再利用的，只能焚烧或掩埋处理，有的降解周期可达上百年，给环境带来了极大的危害。因此，产品的包装应摒弃求新、求异的消费理念，要简化包装，这样既可减少资源的浪费，又可减少环境的污染和废弃物的处置费用。另外，产品包装应尽量选择无毒、无公害、可回收或易于降解的材料。

3. 改进产品结构和包装

通过改进产品结构，减少重量，也可改善包装、降低成本并减小对环境的不利影响。有研究表明，增加产品的内部结构强度，可以减少 54%的包装材料需求，并可降低 62%的包装费用。

第六节　国际环境管理标准

一、ISO14000 环境管理体系标准产生的背景

许多发达国家，包括美国、日本，特别是西欧国家把改善环境状况和走可持续发展道路，当成是 21 世纪国际竞争能否成功的关键。为适应世界潮流、迎接新世纪的挑战，普及环保知识，推行"绿色制造"和"绿色消费"受到世界各国的广泛重视。西方国家已相继采取了许多行之有效的措施促进企业环境管理工作的发展，如英国于 1992 年公布和实施的 SS7750 环境管理体系规范，原欧共体已在 52 个工业行业中推行了生态管理工作。这些活动为建立规范化的环境管理制度积累了丰富的实践经验。进入 20 世纪 90 年代以后，环境问题变得越来越严峻，国际标准化组织都对此做了非常积极的反应。1993 年 6 月，ISO 成立了第 207 技术委员会(TC207)，专门负责环境管理工作，主要工作目的就是要支持环境保护工作，改善并维持生态环境的质量，减少人类各项活动所造成的环境污染，使之与社会经济发展达到平衡，促进经济的持续发展。其职责是在理解和制定管理工具和体系方面的国际标准和服务上为全球提供一个先导，主要工作范围就是环境管理体系(EMS)的标准化。为此，ISO 中央秘书处为 TC207 预留了 100 个标准号，标准标号为 ISO14001~ISO14100，统称为 ISO14000 系列标准。

环境管理体系这个概念产生以后，经过了 3 年的发展与完善，达到了可以用标准来衡量的程度。于是 ISO 考虑将其标准化，于 1996 年 9 月出台了两个国际标准——ISO14001 和 ISO14004 标准，这是环境管理体系标准化发展史上的一个非常重要的里程碑。

目前 ISO/TC207 共有 25 个机构，美国承担了其中 5 个机构的秘书处，加拿大承担了 4 个，英国、法国和挪威各承担了 3 个，德国承担了两个，澳大利亚、荷兰、瑞典和日本等国各承担了一个。

二、ISO14000 环境管理体系标准的内容

ISO14000 环境管理系列标准是一个完整的标准体系，它是总结了国际上的环境管理经验，结合环境科学、环境管理科学的理论和方法而提出的环境管理工具，丰富了传统的环境管理的手段，把环境管理的强制性和保护、改善生活环境和生态环境的自愿性有机地结

合在一起，使企业找到一条经济与环境协调发展的正确途径，使人类沿着可持续发展道路进入 21 世纪有了保障。

根据 ISO14000/TC207 的分工，各分技术委员会负责相应的标准制定工作，其标准号的分配如表 10-1 所示。

表 10-1　ISO14000 环境管理体系标准号的分配

分技术委员会	标准代码	标准含义
SC1	ISO14001~ISO14009	环境管理标准体系(EMS)
SC2	ISO14010~ISO14019	环境审核与环境监测标准(EA)
SC3	ISO14020~ISO14029	环境标志标准(EL)
SC4	ISO14030~ISO14039	环境行为评价标准(EPE)
SC5	ISO14040~ISO14049	产品生命周期评价标准(LCA)
SC6	ISO14050~ISO14059	术语和定义(T&D)
WG1	ISO14060	产品标准中的环境指标
	ISO14061~ISO14100	(备用)

从表 10-1 可以看出，ISO14000 系列标准是个庞大的标准系统，它由 6 个子系统构成，这些系统可以按标准的性质和功能来区分。

(一)按标准的性质区分

1. 基础标准子系统

基础标准子系统中含 SC6 分技术委员会制定的环境管理方面的术语与定义。

2. 基本标准子系统

基本标准子系统包含由 SC1 分技术委员会制定的 ISO14001~ISO14009 环境管理体系标准。这也是 ISO14000 系列标准中最为重要的部分。它要求组织在其内部建立并保持一个符合标准的环境管理体系，体系由环境方针、规划、实施与运行、检查和纠正、管理评审 5 个基本要素构成，通过有计划地评审和持续改进的循环，保持组织内部环境管理体系的不断完善和提高。实施环境管理体系标准可以帮助组织建立对自身环境行为的约束机制。同时，也是系列标准中其他标准得以有效实施，先进环保思想与技术得以发挥最大作用的基础，从而促进组织环境管理能力和水平不断提高，最终实现组织以及社会的经济效益与环境效益的统一。

3. 技术支持系统

技术支持系统包含以下几类标准。

(1) SC2 分技术委员会制定的环境审核的标准。作为体系思想的体现，环境审核和环境监测标准(ISO14010~ISO14019)着重于"检查"，为组织自身和第三方认证机构提供一套标准化的方法和程序，对组织的环境管理活动进行监测和审计，使得组织可以了解并掌握自身环境管理现状，为保障体系有效运转，改进环境管理活动提供客观依据，更是组织向外界展示其环境管理活动对标准符合程度的证明。

(2) SC3 分技术委员会制定的环境标志的标准。为了促进组织建立环境管理体系的自觉性，ISO14000 系列标准中包含了环境标志标准(ISO14020~ISO14029)。通过环境标志对组织的环境表现加以确认，通过标志图形、说明标签等形式，向市场展示标志产品与非标志产品环境表现的差别，向消费者推荐有利于保护环境的产品，提高消费者的环境意识，形成强大的市场压力和社会压力，以达到影响组织环境决策的目的。

(3) SC4 分技术委员会制定的环境行为评价标准。在环境管理体系的建立和运行过程中，建立一套对组织的环境行为进行评价的系统管理手段，通过连续的数据对组织环境行为和影响进行评估是 ISO14000 系列标准的另一重要组成部分，即环境行为评价标准(ISO14030~ISO14039)。这一标准不是污染物排放标准，而是通过组织的"环境行为指数"表达对组织现场环境特性、某项具体排放指标、某个等级的活动、某产品生命周期综合环境影响的评价结果。这套标准不仅可以用来评价组织在某一时间、地点的环境行为，而且可以对环境行为的长期发展趋势进行评价，指导组织选择更为"绿色"的产品以及预防污染、节约资源和能源的管理方案。

(4) SC5 分技术委员会制定的生命周期评定的标准。为了从根本上解决环境污染和资源能源浪费问题，ISO14000 还要求实施从产品开发设计、加工制造、流通、使用、报废处理到再生利用的全过程的产品生命周期评定标准(ISO14040~ISO14049)，以对这个过程中每一个环节的活动进行资源、能源消耗和环境影响评价，这使得对组织环境行为的评价超出了组织的地理边界，包括了组织产品在社会上流通的全过程，从而发展了环境评价的完整性。

(二)按标准的功能区分

按标准的功能区分，可将标准分为以下类型。

1．评价组织的标准

(1) 环境管理体系的标准；
(2) 环境审核的标准；
(3) 环境行为评价的标准。

2．评价产品的标准

(1) 环境标志的标准；
(2) 生命周期评定的标准；
(3) 产品标准中的环境指标的标准。

三、ISO14000 的主要特点

ISO14000 的主要特点可归纳为以下七个方面。
(1) 它不以政府行为作为动力，而是以消费者的消费行为作为根本动力。
(2) 它是一个自愿性标准，不带任何强制性，因而不具有法律约束力。
(3) 它没有绝对量的设置，只要求企业或组织依据自己的实际情况，对法律和法规的要求做出承诺，并提出自己的环境目标指标。
(4) 它潜意识地要求企业或组织全面考察其环境行为，有计划地实施持续改进措施。

(5) 它要求管理过程程序化、文件化，管理行为和环境问题具有可追溯性。

(6) 它要求贯彻产品全生命周期的思想。它不仅强调企业或组织本身达到标准的要求，还对其原材料供应商提出环境要求，从而促进整个行业的环境状况的改善，尤其是那些污染较严重的原材料生产行业将为此付出代价。

(7) 它具有广泛的适用性。由于它并不解决技术和产品标准，仅仅解决产品生产企业是否符合环境保护法规、是否与承诺一致的问题，任何性质的企业或单位、发达国家以及发展中国家都可以实施这一标准，因而它适合于所有工矿企业、机构、部门的环境管理。

四、实施 ISO14000 的意义

实施 ISO14000 的意义有以下五点。

(1) 有利于实现环境与经济的协调发展，有利于加强政府对企业环境管理的宏观指导，有利于对污染物、排放物的总量控制。

(2) 有利于推动可持续发展战略。过去的企业环境管理工作多数靠政府部门利用行政力量来推动，而 ISO14000 的实施可以将企业的环境保护转变成企业为了自身利益，而在经济上采用绿色制造及工艺技术。

(3) 可加速产业结构调整，促进经济增长从粗放型转向集约型，可鼓励企业在整个生产过程中控制污染，积极开发无毒无污染的产品，积极采用节约原材料和能源的新工艺。

(4) 有利于提高企业的整体管理水平，不仅节约能源和资源，而且降低生产成本，还可提高产品的环境价值，减少因污染或违反环境法律、法规所造成的环境风险、费用开支。

(5) 可提高企业的环境效益和经济效益，改善环境，提高员工的环境意识，提升企业形象，增强消费者的信心。

第七节　再制造工程

一、再制造工程的发展

(一)国外再制造业的情况

再制造工程(remanufacturing engineering，RE)是一个发展迅速的高科技维修的新兴产业，是实现绿色制造的重要技术途径。国外对再制造工程的研究日趋广泛，对再制造产业的管理制度日趋完善。

1996 年，美国波士顿大学制造工程学教授 Robert T. Lund 在 Argonne 国家实验室的资助下，领导了一个研究小组对美国的再制造业进行了深入调查，调查范围涉及汽车、压缩机、电器、机械制造、办公设备、轮胎、墨盒、阀门 8 个工业领域，他们撰写了题为"再制造业：潜在的巨人"的研究报告，建立了一个有 9903 个再制造公司的数据库。研究结论表明，再制造业在美国经济中已占有重要地位。汽车再制造业是美国最大的再制造行业，2001 年汽车再制造零部件的年销售额为 365 亿美元。再制造零部件包括内燃式发动机、传动装置、离合器、转向器、启动机、化油器、闸瓦、水泵、空调压缩机、刮水器电动机、油泵、制动作筒、动力控制泵和缓冲器等。美国还制定了再制造中长期规划：2005 年再制造产品

的年销售额达 1000 亿美元；2010 年保证所有再制造产品性能达到或超过原产品；2020 年再制造业基本实现零浪费，并确保产品的质量和服务。

2000 年日本提出了"循环型社会"的构想，内容包括三个方面：资源的再利用、废旧产品或零部件的再使用、减少垃圾的产生，目标是实现全面资源节约和环境保护。日本拥有占世界 1/10 比例的汽车，每年都有 500 万辆以上的车报废。实际上，许多汽车通过再制造恢复了原有功能，延长了汽车的使用寿命。欧盟委员会于 2000 年 2 月通过了一项有利于环境保护的新规定，未来欧盟所有的汽车用户将享受免费旧车回收。从 2002 年起，废旧汽车的可再生利用率将达到 85%，到 2015 年将达到 95%。

(二)国内再制造业的情况

我国的再制造工程虽然起步较晚，但已受到政府部门、学术界、工程界和一些企业的重视。我国政府对废旧物资的再生利用非常重视，并在国民经济发展的各个时期都制定了相应的规划：20 世纪 80 代提出了废弃物处理的"资源化、减量化、无害化"政策；90 年代提出了可持续发展战略。

再制造工程是 21 世纪 AMS 发展的一个重要组成部分和发展方向，并已成为一种极具潜力的新型产业。事实上，再制造是一种系统创新(模式加技术)，涉及全球行业及时间范围，要求多学科(机械、电子、冶金、材料、物理、化学等)的系统研究，它体现了 AMS "大制造、全过程、高技术"的特点。

二、再制造工程的内涵与内容

(一)再制造工程的内涵

1. 再制造工程的定义

定义一：再制造工程是以产品全生命周期设计和管理为指导，以优质、高效、节能、节材、环保为目标，以先进技术和产业化生产为手段，来修复或改造废旧产品的一系列技术措施或工程活动的总称。

定义二：再制造工程是在工厂里通过一系列的工业过程，将已经服役的产品进行拆卸，不能使用的零部件通过再制造技术进行修复，使得修复以后的零部件的性能与寿命期望值具有或者高于原来的零部件性能。

定义一强调统筹考虑产品全生命周期内的再制造策略，以资源和环境为核心概念，在优先考虑产品的环境属性的同时，保证产品的基本目标(优质、高效、节能、节材和环保)，从而实现企业经济效益和社会效益的协调优化。定义二严格地将再制造的维修技术与传统的修复操作和回收利用划分开来，充分考虑了能源、材料、环境等诸多因素。

再制造与再循环有很大的区别。如果将产品的形成价值划分为材料值与附加值，材料本身的价值远小于产品的附加值(包括加工费用、劳动力等)。再制造能够充分利用并提取产品的附加值，而再循环只是提取了材料本身的价值。

2. 再制造的过程

一个完整的再制造过程可以划分为三个阶段：①拆卸阶段，将装置的单元机构拆散为单一的零部件；②将已拆卸的零部件进行检查，将不能继续使用的零部件进行再制造维修，并进行相关的测试、升级，使得其性能能够满足使用要求的阶段；③将维修好的零部件进行重新组装的阶段，一旦发现装配过程中出现不匹配等现象，还需进行二次优化。这三个阶段中的每一个阶段与其他两个阶段紧密相连、互相制约。这些都表明了再制造过程与传统的制造过程有着明显的区别，表现出很大的灵活性，传统的制造方法已不适用于再制造系统。

3．再制造工程的活动

再制造工程的活动包括：①产品修复(repair)。即通过测试、拆修、换件、局部加工等，恢复产品的规定状态或完成规定功能的能力。②产品改装(refitting)。即通过局部修改产品设计或连接、局部制造等，使产品适合于不同的使用环境或条件。③产品改进或改型(modification or improvement)。即通过局部修改和制造特别是引进新技术等，使产品使用与技术性能得到提高，适应使用或技术发展的需要，延长使用寿命。④回收利用(recycling)。即通过对废旧产品进行测试、分类、拆卸、加工等，使产品或其零部件、原材料得到再利用。

4．再制造产品的标准

1998年，Lund等提出了可进行再制造产品的七条标准：①耐用产品；②功能失效的产品；③标准化的产品与具有可互换性的零件；④剩余附加值较高的产品；⑤获得失效产品的费用低于产品的残余增值；⑥生产技术稳定的产品；⑦再制造产品生成后，满足消费者的要求。

5．再制造工程的作用

再制造工程能够大量恢复设备及其零部件的性能，延长使用寿命，降低全生命周期成本，节能节材，减少环境污染，形成新的产业，创造更大价值，符合国策(人口、资源、环境)的要求。美国曾对钢铁材料的废旧产品进行再生产的环境效益分析，研究发现，再生产能够节约能源47%～74%，减少大气污染86%，减少水污染76%，减少固体废弃物污染97%，节约用水量40%。日本某汽车再制造生产企业对每辆汽车进行6～8周的再制造，其价格约为新车的1/2。我国海军对051型导弹驱逐舰实施再制造，得出延寿10年比更换新舰使用10年的费效比高0.42倍的结论。

再制造的生态效益非常显著。以节省材料为例，相当于减少了对金属矿石、煤、石油以及其他材料的开采，如通过再制造重新利用1吨铜金属，至少可以避免200吨铜矿的开采，而所有这些矿石的开采，需要大约1吨硝酸铵炸药，需要0.5吨化学药品用于矿石的筛选，还需要大约1吨焦炭或其他有机燃料用于矿石的熔炼。此外，在矿石的开采、熔炼、精炼过程中，还会产生大量固体废弃物。最后，在熔炼和精炼过程中还会产生大约3吨二氧化碳和二氧化硫气体，这还不包括产生的大量灰尘和烟雾。

(二)再制造工程的基本内容

1．再制造策略

再制造产品开发的步骤包括：改善材料质量、减少材料消耗、优化工艺流程、优化流通渠道、延长生命周期、减少环境负担、优化废物处理及优化系统功能等。预测和响应多变的消费市场，在环境影响和资源消耗方面，要更多地关注消费者的意愿，不断发展核心竞争能力、组织结构和再制造业务的优势，改善质量，降低成本，为用户提供优质服务。

2．再制造经济性

产品生命周期成本分析研究显示，产品使用和维修所消耗的费用往往数倍于前期(开发、设计、制造)费用。建立产品成本评价模型，主要考虑以下问题：对于产品的不同生命周期的选择，确定其成本和利益；确定哪种产品进行再制造；分析不完善的市场，考虑较快的产品降价；以合理的价格获取核心部件；确定哪种零件需进行翻新；从毛坯再制造开始，根据产品整个预期生命周期所承担的费用，确定产品的价格以获利最大等。

3．再制造模式中的产品回收途径

现有产品的分销系统可以转化为"双行道"，同时进行产品的回收，提高消费者的回购率，使再制造商从中获利。产品回收存在不确定性、随机性及动态性等特点，为此必须建立回收产品的途径，建立再售产品的渠道，同时要消除消费者对再制造产品可能存有的偏见。解决这一问题需要采用面向回收的设计技术。

4．再制造的设计技术

在产品全生命周期内，对满足产品的环境设计目标的零部件要能够回收再造和循环再用，一些材料能够再生或安全地处理掉。所以影响再制造设计的因素很多，要改善再制造设计方法，考虑产品毛坯材料的选择、零部件可拆卸性和可再制造性等要求。再制造产品零件拆卸方法的设计是特别重要的，因为拆卸对于再制造的可行性和成本是重要的决定因素。再制造的设计强调无损拆卸，而有损拆卸一般适用于简单的材料回收。因此，选择有损或无损过程将导致不同的产品设计。

5．再制造的生产技术

表面工程技术和快速成型技术是再制造工程的关键技术，而这些与失效分析、故障诊断检测和寿命评估等技术的发展和应用是分不开的。再制造过程中的质量控制是其核心问题，要确保再制造产品质量达到或超过新品。便于装配和回收的产品设计，却阻碍再制造生产。从影响环境的角度来看，许多消费品在使用阶段比制造阶段更严重。

6．再制造系统结构的创新

从系统角度看，再制造系统一般包含再制造设计系统、再制造过程系统、管理信息系统、质量控制系统、物资能源系统、环境影响评估系统等。产业生态学为产业转型、企业重组、产品再制造提供了一个集成系统的方法。例如，地毯制造商的产品废料可以被轿车公司用来制造隔音材料；从轿车座椅上回收的聚氨酯泡沫，被处理用于地毯的衬底材料。这样如同在生物生态系统中一样，地毯公司、轿车公司和回收公司存在一个共生的关系。

再制造工程的内容存在于产品生命周期中的每一个阶段，如表 10-2 所示。

第十章 绿色产品与绿色制造

表 10-2 再制造工程在产品全生命周期各阶段的内容

阶 段	再制造工程内容
产品计划	确定产品的再制造性。再制造性是指对技术、经济和环境等因素综合分析后,废旧产品所具有的通过维修或改造,恢复或超过原产品性能的能力
产品设计	将产品的再制造性考虑进产品设计中,以使产品有利于再制造。产品再制造性的 2/3 是由产品设计阶段决定的
产品生产	①保证产品再制造性的实现;②对产品加工和装配过程中出现的超差或损坏零件通过表面工程等再制造技术,恢复到零件的设计标准后使用;③利用产品末端再制造获得的零部件参与新产品的装配
产品销售	建立销售、维修与回收一体化的循环管理系统,确保再制造工程的连续性
产品使用	①落后产品的再制造升级,以恢复或提高产品的性能;②再制造的零件用于产品维修
产品报废	①对产品整体再制造,直接投入使用;②对零部件再制造,生产出再制造零部件用于新产品或产品维修

本 章 小 结

本章介绍了绿色技术的产生和内涵、绿色产品的概念与阶段特点和每阶段的工作内容;介绍绿色制造的研究现状、内涵以及宜人性、节省资源、延长产品的使用周期、可回收性、情节性的要求;介绍了绿色设计的概念及其特点,绿色设计的面向可维护性的设计、面向节能的设计、面向可回收的设计、面向可拆卸的设计的分类;介绍了绿色工艺的实现途径、主要问题、规划未来以及适应性、最优化、发展性、综合平衡、系统化的选择原则;介绍了绿色包装材料、技术、改进产品结构与包装;介绍了 ISO14000 国际环境管理标准的内容、7 个主要特点与 5 项实施意义;介绍了国外、国内再制造工程的发展现状、概念与基本内容和在产品全生命周期各阶段的内容。

复习思考题

1. 请说出绿色生产的基本概念以及它的重要性。
2. 何谓绿色消费、绿色技术?
3. 绿色生产的意义何在?
4. 何谓绿色包装?绿色包装的内容有哪些?
5. 再制造工程是如何定义的?
6. 再制造工程的基本内容是什么?它与产品生命周期有何关系?

习题答案见右侧二维码。

习题答案.doc